上海社会科学院创新译丛
主编 张道根 于信汇

Thomas A. Hutton

Cities and the Cultural Economy

城市与文化经济

[加] 托马斯 · A. 赫顿 著
上海社会科学院
公共文化服务与文化治理研究创新团队 译

上海社会科学院出版社
SHANGHAI ACADEMY OF SOCIAL SCIENCES PRESS

丛书编委会

本丛书的出版得到
上海社会科学院创新工程办公室的大力支持

献给莱斯莉和西耶那

For Lesley and Siena

目　录

前　言

本书是劳特利奇出版社“城市和城市化的批判概论”系列中的一本，这一系列图书由马尔科姆·迈尔斯(Malcolm Miles)和约翰·伦尼·肖特(John Rennie Short)编辑完成。《城市与文化经济》的主题与马尔科姆·迈尔斯的《城市和文化》以及保罗·L. 诺克斯(Paul L. Knox)的《城市和设计》这两本早先出版的书目相关联，包括城市文化的表现特征、空间的社会生产，以及全球化、跨国主义和新自由主义塑造的城市对文化身份的争夺等。同道们的优秀著作让笔者也得以有机会在这套丛书中发表自己的研究主题，即着重探讨大都市创造力与空间紧密依存关系中的文化产业、劳动力市场和生产关系矩阵。

笔者并没有将创意经济设定为一种孤立的现象，或者从本质上将其视为发达经济体最近几轮工业转型的产物，而是以发展的视角来审视它。笔者将文化经济定位为一个演进过程，这一过程包括创意公司长时间沉淀、重组、迭代的复杂经验，以及技术、市场和行政管理带来的创新效应。文化经济吸收了城市遗留的悠久历史特征，成为艺术、资助和象征价值生产的特殊场域。在近代早期，艺术、设计和工业的协同创新曾经在一个半世纪前的巴黎（1844 年的法国工业博览会）和更负盛名的伦敦大展（1851 年）上公开亮相。历史上代表城市经济的手工艺生产形式也体现在我们这个时代的创意产业中，渗透着先进的数字通信和生产技术的痕迹。

当代文化经济的兴起也可以追溯到 20 世纪的最后几十年，当时出现了两大结构性进程：后福特主义和后工业主义。后福特主义是大西洋地区经济体成熟后规模产业崩溃的写照，同时反映了制造业劳动力向东亚成长型经济体的转移，由此产生的“新型国际分工”现已扩展到服务和文化产业。工业设计、数字出版、多媒体和其他创意性活动包含了“柔性专业化”制度和 20 世纪 90 年代“新经济”的基本要素，它们承接了福特主义下的产业和城市劳动力，也即当代城市文化经济的先驱。

而作为一项国家计划的后工业主义，则带来某些意识形态价值和政治信息，它贬低传统制造业和生产劳动的社会价值，由此导致城市工业区内投资的减少和劳动力的流失。制造业的撤资使得艺术家和中产阶级士绅再次占据了工业区和工人阶级社区：预示着 21 世纪城市中普遍存在的新自由主义和秩序混乱的到来。专业人士和管理人员组成的“新中产阶级”被认为是后工业化特有的社会阶层，并且关系到文化经济的形成，体现在作为身份象征的文化产品的消费中，也体现在提升了城市景观审美度的高档住房和生活设施的选择中。

《城市与文化经济》的范围涵盖了莎伦・佐金（Sharon Zukin）

所描述的“全球城市/都市农村”二分法中涉及的多尺度联系（和张力），这也是城市研究话语的一个突出特点。这个概念有助于界定文化经济，因为熟练劳动力、聚集经济、创意机构、消费市场和大都市的建筑环境为文化产业的发展提供了便利。作为一条公理，专业化的文化区已经成为全球化城市的定义性特征，彼得·霍尔（Peter Hall）发表在《城市研究》上关于“创意城市”的颇具影响的论文（2000）也肯定了这一观点。但是，城市和创意公司之间这种广泛的互补性，被反复发生的冲突和地方性混乱所破坏，这些冲突和混乱源于资本迭代的压力、持续的升级趋势以及开发商和城市机构对房地产再开发实行的“最佳利用”原则等因素。

文化与城市：全球化、结构调整与城市产业民族志

在发达社会和转型社会中，全球化无疑代表了城市发展和变革的强大力量。《城市与文化经济》将文化分析纳入全球城市发展的当代层面，继承了20世纪末全球城市研究的思路，即将金融、公司控制权和先进的生产性服务作为重要的权力象征。笔者感兴趣的主要是全球进程如何在地方层面重塑文化实践和生产，因此将自己的方法描述为“城市—工业民族志”：把工业区话语视为城市地理在当代的再现。笔者对“城市—工业民族志”的解读包括：将居住社区改造成文化生产、表演和消费的场所，以及在已建立的工业区内反复进行结构调整。笔者以更宏观的城市系统的发展趋势以及大都市的结构调整为开端，以详细的案例研

究和城市及相关地点的深度描写来呈现叙事。这些反过来又使笔者能够引入社交群体和相关工作实践的故事，其中充满了偶遇、交流和冲突情节。

"城市—工业民族志"方法使笔者能够发现城市文化发展形成过程中的局部偶然性，以及一般（或结构性）趋势的影响；并在某种程度上深入研究复杂的社会、经济和环境关系，因为它们构成了文化经济的要素。虽然劳动力、市场和生产关系是研究的核心，但笔者认为，"城市—工业民族志"涵盖了一系列更为广泛的主题，其中必然包括住房市场和中产阶级士绅化、未实现的国际化理想及其与城市文化身份的联系，以及建筑、建筑环境、文化表达和生产之间的密切关系等。

笔者提出的"城市—工业民族志"这一理念也使我们能够追踪地方一级随着时间推移而发生的变化。本书主要论述了当代城市文化经济的发展特点，但是，历史视角更有助于我们理解城市的遗产和传承，以及文化与城市经济之间复杂关系演变的历程。历史上，"文化"一直是亚洲城市及社会中城市主导地位的象征（以北京、首尔和河内为例），也是文艺复兴时期城市（尤其是佛罗伦萨）的标志。像巴黎、维也纳和柏林这些城市，从 19 世纪中叶一直到法国的美好时代（Belle Époque）（1871—1914），在视觉艺术、表演艺术、哲学和社会学这些领域就扮演着重要角色，包括之后魏玛德国（1919—1933）在电影制作、戏剧和建筑方面格外源源不断的创新等。

《城市与文化经济》的一个重要目的就是去解释某些影响广泛的命题有何价值，这些命题重新思考了文化在发达社会和经济体系中的地位，包括艾伦・斯科特(Allen Scott)关于城市认知文化经济的提议，以及斯蒂芬・克拉特克(Stefan Krätke)关于城市创意资本的严谨概念，上述二者都有力地批评了理查德・佛罗里达(Richard Florida)被普遍效仿的“创意阶层”概念，以及文化经济新的概念构架及其在城市转型中的地位。对城市文化经济的研究也可以为更宏观的理论研究提供一个切入点，因为创意产业与空间和场所改造、住房和中产阶级士绅化以及特定社区有着复杂的关系。文化经济与城市劳动力市场之间有着尤为强大的联系。新兴的文化企业和就业形式，促进了诸如非正规的、临时的、不稳定的不良劳动条件的形成。

城市与文化经济：受众、议程和贡献者

《城市与文化经济》面向的读者首先是人文社科以及城市规划管理研究领域的高年级本科生和硕士生。笔者的目的是提供该领域最权威研究的综述，并针对城市发展和变革这个备受争议的领域展开辩论。笔者汲取了学者们关于城市研究中有关文化经济的研究，特别是地理学、规划学、社会学、政治学和行政管理研究，并参考了文化人类学、建筑学、文化研究和区域科学的代表之作。

与此同时，笔者还结合自己田野调查和研究的丰富经验，在大都市更宽广的轨迹和空间范围内展开讨论，再现文化经济与城市和社区之间相互依存、相互竞争的关系。因此，笔者在伦敦(1973 年以来)、温哥华(1978 年以来)、旧金山(1993—2003 年)、

新加坡(1999—2003 年)和西雅图(2012—2014 年)的田野经验以及对米兰、巴黎、多伦多、蒙特利尔、香港和东京等城市的多次实地考察,为本书提供了丰富的信息。不论是从大都市多尺度空间和不断演变的城市系统的角度,还是从不断变化的行政管理和资本迭代的社会付出所引起的政策反馈的角度来看,这种广泛参与使笔者逐渐认识到了工业创新和结构调整在更宏观的城市转型理论中的核心作用。

此书收录了笔者的年轻同事和研究生们提供的重要内容,他们的著作代表了文化在城市研究话语演变中的作用,在下文的致谢中他们的贡献会得到进一步的肯定。他们深刻的见解增加了本书主题的独创性,反映了年轻学者的创新研究实践,在制定这一领域的新议程方面做出了突出贡献。

致　谢

感谢我的同事们，直接地或间接地为提升本书质量，丰富本书内容做出了突出的贡献，在此向他们表示诚挚的谢意。

这些同事包括过去十五年里在该研究领域中我教授过、指导过或合作过的年轻学者和研究生们，他们提供了关于城市文化经济的新思考，新观点，以及某些关键图表等。其中要特别感谢伊莎贝拉·伯格米尼（Isabella Bergamini）、乔治·塔万诺·布莱西（Giorgio Tavano Blessi）、吉多·费雷利（Guido Ferelli）、路易·莫雷诺（Louis Moreno）、尼古拉斯·林奇（Nicholas Lynch）、默里·麦肯齐（Murray Mckenzie）、拉克尔·特立尼达·卡切里斯（Raquel Trinidad Cáceres）、钟盛（Sheng Zhong）、本·安德森（Ben Anderson）、爱德华·琼斯（Edward Jones）、比约恩·苏尔博格（Björn Surborg）和马库斯·莫斯（Markus Moos），谢谢你们的慷慨付出。

此外，我还要感谢另外一些同事，他们影响了我对城市文化和创造力的思考，以及更宏观的产业结构调整和城市转型等方面的经验。当然，这些同事人数众多，不胜枚举，但是，至少以下学者确立了我对于文化在城市经济中的地位的看法，包括彼得·霍尔(Peter Hall)、大卫·莱伊(David Ley)、特雷弗·巴恩斯(Trevor Barnes)、杰米·派克(Jamie Peck)、艾伦·斯科特(Allen Scott)、安迪·普拉特(Andy Pratt)、迈克尔·因德加德(Michael Indergaard)、格雷姆·埃文斯(Graeme Evans)、安德鲁·哈里斯(Andrew Harris)、苏珊·费恩斯坦(Susan Fainstein)、琳达·麦克道尔(Linda McDowell)、麦瑞克·格特勒(Meric Gertler)、何光中(K. C. Ho)、迈克尔·利夫(Michael Leaf)、黛比·莱斯利(Debby Leslie)、诺玛·兰提西(Norma Rantisi)、皮尔·路易吉·萨科(Pier Luigi Sacco)、艾文·怀利(Elvin Wyly)、凯瑟琳·莫里(Catherine Murray)、卡尔·格洛达持(Carl Grodach)和丹·西尔弗(Dan Silver)。

劳特利奇出版社的安德烈·摩德(Andrew Mould)一直积极推动着此书的出版，且一如既往地对其写作目的、内容结构等提供了真知灼见。“城市和城市化的批判概论”丛书的编辑马尔科姆·迈尔斯和约翰·伦尼·肖特就如何规划此书进行了简明扼要的指导，两位匿名评审也对此书草稿提供了精炼到位的点评。莎拉·吉尔克斯(Sarah Gilkes)、凯利·克拉克内尔(Kelly Cracknell)和汀·贝克(Ting Baker)一直是图书制作方面的楷模，自始至终耐心、热情又专业。

在不列颠哥伦比亚大学，我还要衷心感谢埃里克·莱因伯格(Eric Leinberger)，从 1998 年起，他一直是我的制图员，也是地图制作和平面设计领域一位难得的同事。默里·麦肯齐(伦敦大学学院地理系）作为此书的研究助理和撰稿人，表现堪称典范。最后，还要感谢西耶那·赫顿（Siena Hutton）帮忙准备了此书的照相底片。

对版权所有者的致谢

作者和出版方对授权在书中复制如下材料致以诚挚的谢意。

奥默·阿尔贝尔（Omer Arbel）和博奇（Bocci）：图 1.3

彼得·霍尔先生：图 2.3

旧金山规划署：图 3.6，3.7，3.8

艾伦·斯科特和牛津大学出版社：图 6.8

斯蒂芬·克拉特克和威利-布莱克韦尔（Wiley—Blackwell）出版公司：图 7.7，7.8

钟盛：图 7.21

除特别说明，书中图片均由作者版权所有。

书中所有版权资料均已最大限度获取所有者授权，如有错漏，诚挚欢迎所有者与我们联系，我们将在今后版本予以改正。

第一章

简介：城市、文化经济与城市研究

过去30年来，文化经济已成为“发达”社会和“转型期”社会中城市发展的一个重要特征，其主体涵盖生产和消费领域的各种机构、行业、公司和劳动力。

文化经济并不意味着与较早时期的经济完全决裂，而是代表了一种复杂的综合体，混合了新事物（特别是生产和通信技术创新）与更为成熟的发展因素：包括资本、劳动力市场、生产系统和空间。

新媒体、数字产品、文化旅游和社交媒体等“新文化经济”的发展，无论是在民众的想象中，还是在城市官员的愿望中，都占据着中心地位。“文化”渗透到城市的各个方面，包括身份形成、社会组织、生产方式、表演和场所等，每一方面又反过来有助于塑造城市经济的结构和制度，并促进城市的整体发展。

第一章通过确定与城市文化经济相关的关键主题，以及与每个主题相关的重要学术案例，为本书界定了研究范围，包括：文化与城市生长和发展；文化生产与消费；文化与城市空间重塑；文化与社区再生；文化与建筑环境；文化产业与新一轮的士绅化。

文化与城市：历史与当代视角

文化在历史上一直是城市发展的核心，这体现在从古到今城市发展变化以及城市意象的形成过程中，“过程”和“场所”之间复杂的相互依存关系上。多种形式的“文化”是城市的基本要素之一，与社会、政治、行政、贸易、交流和教会等职能形成互补，这些职能共同构成了区域领土和民族国家内城市空间存在的理由。

城市——尤其是处于国家城市等级顶端的首要城市（primate cities）——在历史上一直作为专业化的、高价值的文化表达和生产场所而存在。文化是城市发展的基础，代表着身份和权力，彼得·霍尔在其权威著作《文明中的城市》（1998）中的分析正体现了这一点，他分析了城市在其有影响的关键时刻文化往往处于统治地位。实际上，城市文化活动的优势在很大程度上源于其资本、熟练劳动力、市场和政治权力的集中。历史上，城市还包括富裕人口（当然还有更多的穷人），主要是经济和政治精英，他们拥有大量可自由支配的财富，可以用来消费艾伦·斯科特（1997）所说的高价值“文化产品”——艺术品、时装、珠宝、食品和定制家具等——不论是彼时还是当下，都是社会地位的象征。还有一种传统，即艺术赞助：作为公民使命或个人承诺，为艺术家和其他创造性艺人提供财政支持、空间和担保。

城市文化经济要素：部门与产业

普遍来说，对城市文化经济持包容的态度是比较明智的。因此，任何体现象征意义或由文化因素塑造的人类活动都可被认为有助于保持城市的文化活力，尽管销售、贸易或交换也是融入城市经济的条件。文化和创造活动在经济体系中可以包括消费市场中的最终产品，如音乐表演和视觉艺术；也可以涵盖城市经济生产过程中的投入（例如消费品的工业设计；建成环境中的建筑）；还包括为了个人的自我实现而进行的各种创意行为，超越了“经济”本身，但可能有助于个人创造力的发展，面对社区的“文化资本”的增加也有所助益。

笔者在分析时更注重生产的逻辑和思维方法，由此传达了文化在更宏观的城市——区域经济中的地位。这一立场既承认当代城市消费的显著性，也承认生产和消费在文化经济中的相互渗透，但对“消费城市”的论断，抑或城市为“娱乐机器”这种更为激进的观点，则表示了一定的怀疑：这些比喻为当代城市的再理论化提供了并不充分的基础。与之相应笔者则希望提出一个非常宽泛的文化生产概念，其中涵盖了创作冲动在城市意象生产中的中心地位、文化在空间生产中的作用，以及更宏观地说，文化内容在发达经济体知识生产中的显著地位。

评估文化经济规模的一个重要内容是为分析、理论构建和决策设定一个健全的活动分类。考虑到许多创意领域的界限模糊，而且在日新月异的技术时代，新媒体和社交媒体等关键文化产业也无时无刻不在改变，因此这项工作可以说是一项非常复杂的任务。19 世纪初至 20 世纪中叶，早先为典型工业城市定位的部门、工业类型、劳工和生产系统，可以说是基于制造业及其劳动力，同时也包括相关的仓储和分销职能而建立的分类法。

作为服务性部门，其服务内容往往包括知识和信息生产等“无形物产出”活动，因此可以用一种二元分类的方法将之涵括为：(a)最终需求服务，这种服务直接向消费者提供，包括零售、个人服务和大多数公共部门服务；(b)中间需求服务，这些服务主要由服务提供商（例如会计师事务所、公司律师事务所、咨询公司等）向企业提供。最终需求服务面向当地—区域市场，而中间需求服务往往面向出口市场（即区域或国家以外），从而产生增长。其中最专业、价值最高的（在收入和销售方面）产业往往被称为“先进生产性服务”（Bryson and Daniels，2007）

英国艺术和人文研究理事会对文化经济活动进行了有益的分类（见表 1.1）。这种功能途径下的分类包括博物馆、美术馆、艺术市场、展览等“文化推广和保护”类活动，音乐、表演艺术等“创意活动”类；新媒体、社交媒体、出版和广播等“创意沟通”类，以及文化活动中的商业、监管、伦理和知识产权等“创意衔接配合”类活动。

表 1.1　英国艺术与人文研究理事会：创意经济的组成部分

文化推广和保护	创意活动	创意沟通	创意衔接配合
博物馆、画廊、图书馆和档案馆	音乐和表演艺术	广告、品牌推广和“体验”经济	商务创意配合
文化遗产服务	视觉、文学和图像艺术	出版和印刷媒体	科学技术和创意研发
艺术和古玩市场	视频和电脑游戏	电影、电视、广播、“新媒体”及其他广播	文化生产及新技术
考古工作	建筑	互联网、社交网络和其他新媒体	技术进步的伦理互动
展览和节庆	手工艺、设计和时尚		知识产权的规章制度

资料来源：Luciana Lazzeretti (2013) *Creative Industries and Innovation in Europe*. Abingdon and New York: Routledge, p. 108

创意产业的经济价值

关于创意产业分类的另一个关键问题是艺术和文化对经济的贡献。正如安迪·普拉特(2009)所观察到的，相对于银行和金融、总部办公室和公司控制、先进生产性服务(advanced producer services，简称 APS)和高价值制造业等主要“驱动因素”，许多人将艺术视为城市经济的边缘要素。但是，随着过去30年创意产业的复苏，加上(在许多情况下)制造业和一些服务业就业类别(特别是文书工作)的减少，显然需要重新评估文化的经济价值。为此，英国文化、媒体和体育部(2001)制定了一项颇有影响力的主要文化产业结构(见下文文本框)及经济价值和就业水平评估。

英国文化、媒体和体育部：创意产业路径地图

2001年，英国文化、媒体和体育部(the UK Department of Culture, Media and Sport，简称DCMS)公布了一份英国经济中主要文化产业的清单，包括颇有影响力的对产业活动的分类，以及对产出价值、劳动力和就业、各产业区域集中程度的评估。DCMS及其顾问和指导，包括安迪·普拉特(当时任职于伦敦政治经济学院)，承认了这一工作中固有的技术和方法问题，但同时提出了"创意产业"的工作定义："源于个人创造力、技能、才华，并有可能通过开发和利用知识产权来创造财富和就业的产业"(节选自该清单背景部分，第5页)。

这项工作的目的首先是让人们认识到创意产业对英国经济(估计为1 125亿英镑)和就业(130万人)的价值，更重要的是，这项工作可以帮助制定针对这些产业有效发展的政策和方案。

英国创意产业清单以及(年度)销售和就业的经济价值估计如下：

软件和计算机服务：364亿英镑；55.5万人

DCMS称英国是仅次于德国的欧盟第二大软件市场，其重要的专业领域包括金融行业软件等。

设计：267 亿英镑，7.6 万人

报告指出，英国在设计的所有领域都是“世界设计领导者”，包括“设计教育”。

出版业：185 亿英镑，14.1 万人

销售和就业突出了出版业对英国经济的重要性及其在国际上的重要地位。

电视和广播：121 亿英镑，10.2 万人

英国电视行业被公认为欧洲最具活力的行业之一（第 16 页），在海外销售可观，颇负盛名。

音乐：46 亿英镑；12.2 万人

英国是全球第三大唱片市场，在线音乐制作和发行的增长率很高；“电子商务正在挑战传统的交付系统”，而线上销售“给内容创作者带来了麻烦，例如保护其权利和收益”（第 15 页）。

电影和视频：36 亿英镑，4.5 万人

英国在电影和视频的制作销售方面国际领先，并日益受到数字化进程的重塑。

艺术品和古玩市场：35 亿英镑，3.7 万人

DCMS 声称“英国是世界第二大艺术品和古玩市场的所在地”（第 14 页），伦敦是欧洲艺术商品交易中心，在这里，英国文化协会为英国艺术家提供专门的支持性服务。

广告：30 亿英镑，9.3 万人

就广告部门而言，伦敦是全球三大广告中心之一，由此凸

显了英国的地位。

建筑：17亿英镑，2.1万人

越来越多的英国建筑师在海外工作，获得国际报酬，由此提升了英国建筑部门的销售和出口业绩。

互动休闲软件：10亿英镑，2.1万人

英国互动休闲软件产业包括50名以上员工组成的“高度资本化”的工作室，也有数量更加庞大的5—15名员工组成的小型工作室。此外，英国是仅次于美国和日本的第三大互动休闲软件市场。

时装设计：6亿英镑，1.2万人

英国拥有全球第四大时装设计行业，60%的公司出口（第14页）。

表演艺术：5亿英镑

英国有800多个正式演出场所，500多家专业的舞蹈、戏剧、歌剧公司和音乐剧院，每年支持约550个节庆假日。

手工艺：4亿英镑，2.4万人

手工艺是传统创意产业的支柱，目前正经历一个增长阶段，在高等教育机构中学习手工艺和设计课程的学生越来越多（第14页）。

以上列举了产业价值的准确数字，但比数字更重要的是，这说明它们均是国家级收入和就业增长的重要来源。虽然各国按行业分列的收入和就业数字差别很大，但法国、意大利、西班牙、荷兰、日本、印度、加拿大、美国等国也拥有诸多具有高经济价值的文化产业。

文化与城市：六个相互依存的领域

人们总是倾向于把重点放在文化经济的部门、产业、企业和劳动力等方面，因为这些方面无疑是创造性生产和消费的核心要素。但是，社会、政治和关系因素（Boschma，2005）也是理解不同领域的文化、场所、社会中各种联系的关键，因为它们渗透到人类经验的各个方面。下面将简短地讨论一下塑造了城市文化经济结构和系统的重要依存关系。

文化经济中的两种实践：praxis 和 practice

笔者首先从 praxis 和 practice 这两个“实践”的概念入手进行分析，复杂的概念体现了多重的且常常是矛盾的含义，但重要的是，这两个概念涉及作为人类活动组织基础的身份和社会文化关系的问题。人类学家、社会学家和文化研究学者对“praxis”的意义争论不休。齐格蒙特·鲍曼（Zygmunt Bauman）对于许多人文社会学科的学者来说有着尤为突出的贡献，他提出了一个令人信服的论点，即“praxis”是关键的组织社会结构。鲍曼在他关于《文化即实践》（*Culture as Praxis*）的开创性文章中指出，“人类实践（praxis），从其最广泛、最普遍的特征来看，在于把混乱变成秩序，或者用一种秩序代替另一种秩序——秩序在这里是‘可理解’‘有意义'的同义词"(Bauman, 1973: 119)。

关于社会身份这一突出问题,鲍曼提出以下建议:

> 从根本上来说,社会身份根植于社会关系相对固定的本质;"社会"的本质首先在于通过互动而发展维持相互依存的网络。社会关系本身就是现实互动的"硬核"(因为社会结构是社会组织的硬核,也是"社会上某段时期内行事的方式")……它们确实是模式,是不稳定的事件外壳中稳定的内核。
>
> [Bauman, 1973: 88]

人类学家迈克尔·希金斯(Michael Higgins)认为,对于鲍曼来说,"文化的过程涉及行为和象征秩序的形成,这种秩序使人类可以面对和改变自己所处的环境"(Higgins, 1980: 167)。鉴于发达社会、城市和都市地区的经济具有鲜明的社会性质,其特点是具有共同的信仰、价值观和传统等多重网络,鲍曼"文化即实践"的思想显然对我们理解文化经济至关重要。

而"practice"则吸收了共同的价值观、传统和技能,这些价值观、传统和技能构成了社会资本,塑造了城市—区域经济的轮廓,包括艺术、文化生产和表演的形式,在以文化为基础的关键经济领域中得到认可。例如位于罗马和米兰之间被称为"第三意大利"的城市和地区,包括埃米利亚-罗马涅区(其中有博洛尼亚、帕尔马、摩德纳和皮亚琴察等城市),就以文化产品和服务为特色著称,这些特色包括食品和葡萄酒、汽车、纺织品和服装、陶瓷、高等教育等等。再如德国西南部上莱茵地区的巴登—符腾堡创新区

（包括斯图加特、曼海姆、卡尔斯鲁厄、弗赖堡和海德堡等城市），该地区则以专门从事精密工程、电子、汽车生产、光学工业、高级研发以及高等教育而著称。安纳西·萨克森尼（Annalise Saxenian）曾在文章中强调信息生产和交换网络作为加利福尼亚硅谷独特的"Practice"，奠基了该地区的系统结构（Saxenian，1991），而罗伯塔·卡佩罗（Roberta Capello）和亚历山德拉·法吉安（Alessandra Faggian）则阐述了"共同学习和关系资本"在地方创新实践中的作用（2005）。

城市和地区的文化禀赋（生态资本、人力和社会资本、景观因素、建筑环境质量等）的差异往往为独特的文化实践（Practice）奠定了基础。但是还有文化规划原则，这些原则经修正后可用于具有鲜明模态的地方，如地理位置、历史、定居模式、生产形式等方面，正如伊莎贝拉·伯加米尼（Isabella Bergamini）在下面所要说明的：

文化区规划的设计过程
——意大利伦巴第东部（Eastern Lombardy）
和加拿大不列颠哥伦比亚省考伊卡山谷（Cowichan Valley）
不同地域文化表达形式的分层网络系统比较

伊莎贝拉·伯加米尼，米兰理工学院奥尔特雷普·曼托瓦诺（Oltrepò Mantovano Area）地方文化区域协调员，文化遗产设计和技术博士

伊莎贝拉·伯加米尼的博士研究重点是调查基于文化

的区域发展项目，通过分析“行政文化区”作为农村背景下提高文化资本的工具以及创新性文化基础设施规划和基于文化的农村发展方案，将文化规划作为方法和工具纳入更广泛的领土发展战略中。

在博士研究期间，伯加米尼参加了由卡里普罗基金会(Cariplo Foundation)推动的一个项目，目的是在意大利奥尔特雷普·曼托瓦诺地区(Oltrepò Mantovano region)建立一个行政文化区。该地区位于宝河流域(Po River Valley)右岸，具有浓郁的农村特色和丰富的文化资产，包括自然公园、古老的农村建筑、景观遗产，以及机械行业和手工业等。在这样一个集成了不同文化表达形式的分层网络系统中，该项目尝试对这一地理区域进行改造。伯加米尼在研究中探索了推动整体设计进程的工具和方法，该进程可以整合人力资源、旅游、创新、文化、研究和创意企业，以期产生积极的社会经济成果。奥尔特雷普·曼托瓦诺文化区的定义是围绕着文化身份建立起来的，其基础是本地社区和利益相关方(包括政府和公共机构、公司、各种机构和协会、志愿者、学校、艺术家和创意企业)的共同目标和参与性行动战略。

伯加米尼的研究将奥尔特雷普·曼托瓦诺地区的经验与加拿大不列颠哥伦比亚省温哥华岛南部的考伊卡山谷地区进行了对比，这两个地区在历史、社会文化背景和治理模式等方面截然不同。在考伊卡山谷，通过设立艺术和文化司，开始了该区域文化发展的设计进程，其任务是管理地方市政当局为文化旅游分配的投资。考伊卡山谷地区制订了战略计划，确定了资金和其他资源、伙伴关系、文化特性、文化基础设施和发展模式，从而形成了愿景，即确定并推广艺术家和其他创意人员的需求愿景。规划过程涉及多个利益相关方，如学校、土著文化中心、艺术社区和当地文化部门工作人员等。

尽管奥尔特雷普·曼托瓦诺地区和考伊卡山谷文化区的背景迥异，但文化规划者在许多方面遇到了类似的挑战和机遇。这两个区域的文化经济都包括文化和生态旅游、手工食品和葡萄酒工业、视觉艺术和文化教育等。不同学科领域的实践都参与进来共同应对这些问题，例如：创意经济、知识经济、体验经济、社会经济、文化政策、文化遗产、保护、社会学、经济地理学、建筑技术、通信、设计和城市研究等，其中每一项都为文化区域的规划提供了丰富的入口，但也需要在跨学科研究、管理、团队建设和有效协商方面具备丰富技能。此外，案例研究表明，如果文化规划能够与区域发展的各系统有效地联系起来并实现交叉影响，则更具创新性。文化经济是一个充满矛盾的复杂系统，无论理论还是实践，都是对知识的挑战，因此，有必要对文化发展采取整体性规划。

[Daniele Fanzini, Giorgio Casoni and Isabella Bergamini (eds.) 2014 *Enhancement of Cultural Heritage and Development of the Territory*(Valorizzazione dei beni culturali e sviluppo del territorio). Mantova: Fondazione Cariplo e Distretto Culturale, and Milan: Politecnico di Milano.]

生产(Production)和表现(Performance)

生产和表现是城市文化经济的核心。由于任何文化物品、服务或表演都必须以某种方式"生产",因此文化经济包括了多种多样的大规模系列活动。文化部门的生产涉及文化产品(产品和服务)的设计、采购、制造和最后组装。文化生产发生在迈克尔·斯道珀(Michael Storper)和罗伯特·萨莱斯(Robert Salais)所称的"行动框架"内,这些框架位于发达经济体城市——区域范围内的各种"生产世界"中(Storper and Salais,1997)。

发达经济体"生产世界"中的文化生产:经济的行动框架

迈克尔·斯道珀和罗伯特·萨莱斯

在理论细读和对法国、意大利、美国三个重要创新案例的详细实证分析的基础上,迈克尔·斯道珀(加州大学洛杉矶分校地理系)和罗伯特·萨莱斯(巴黎自然资源研究所)对我们理解发达经济体的生产理论和"行动框架"做出了重大贡献。构成先进经济体主要特征的文化和技术密集型生产系统模式方面的研究,就与他们的著作尤为相关。

斯道珀和萨莱斯在四个"世界"内构建了发达经济体的生产模式,具体如下:

工业世界。在这一基本模式中,"标准通用"产品是通过"关键资源和能力标准化公约"(包括劳动过程、技术和产品本身)制造并提供给"一般市场"(即由未区分的消费者需求组成的市场)，与主要以价格为基础的公司相互竞争(第32—34页)。

市场世界。在这一领域，生产者面临价格和产品需求方面的不确定性；市场世界的生产者被假定为“随时可以对买方欲望做出反应，而买方则假定这正是生产者的责任”(第35页)。

人际世界。在这一领域，存在着极大的不确定性，因为生产者没有“预先存在的外部参照点”，而是必须在交易各方之间具体确定质量”(第35页)。在这个“世界”中，典型的行业包括以工艺和设计为基础的产品生产、高科技的前沿部门以及“需要高度关注特定客户需要”的个人和商业服务(第35页)。不确定性在很大程度上是通过“人际关系”来解决的，因为“他们彼此了解，而历史，无论是个人的还是集体的，都是传统的构成部分”，这“使看似‘自发的’行动成为可能”(第36页)

知识资源的世界。这是一个高层次的实验和创新的世界，“旨在改变现有对象或服务的质量，开发新的对象或服务，或为现有对象或服务发现新的属性和用途”(第36页)。协议和规则是有目的地制定的，而不是像在人际交往中那样简单地按照传统传承；方法由行动者自己不断验证和调整，突出的案例包括研发项目，以及旨在“重组”新科技密集型元素的活动(第37页)。

体现生产“行动框架”的案例研究包括迈克尔·斯道珀和罗伯特·萨莱斯所说的巴黎-法兰西大都市地区的“法兰西

模式”，该地区专门从事高端技术和高端时尚产业。这些“名牌”之所以高度集中在法兰西岛地区，是因为该地区系统中创新者网络以特殊方式调动和协调资源，国家在高科技部门发挥主导作用，设计师和高级时装公司等组成的“历史悠久的社区”则对高级时装部门的运作至关重要。

斯道珀和萨莱斯对意大利东北部（North-east Central Italy，简称 NEC 地区）独特的生产世界也进行了深入调查，其中包括艾米利亚-罗马涅、托斯卡纳、威尼斯以及伦巴第、特伦蒂诺-上阿迪吉和弗里利-威尼斯-吉利亚的部分地区。NEC 地区计划在设计密集型、工艺性行业（包括服装、织物、皮革制品、家具和个人配件）以及与这些行业相关的机械部门和机械工程领域不断提升实力。正如斯道珀和萨莱斯所确认的那样，在一些部门中，这些地区生产的出口商品占据着很高的比例，其中一些甚至在世界市场上占据绝对主导地位（第 149 页）。关于 NEC 地区的生产优势，斯道珀和萨莱斯赞赏了其设计、工艺技能和手工生产的深厚传统，这种传统经由“组织生产活动的商业代理人”而进一步加强（第 150 页）。NEC 地区的公司和行动者还生动地展示了复杂且广泛的分包网络，这些网络激发了后福特时代成功的生产区域所特有的“灵活专业化”生产模式。

［Michael Storper and Robert Salais（1997）*Worlds of Production: the action frameworks of the economy*. Cambridge MA and London: Harvard University Press.］

一般说来，“表现”（performance）往往体现着个人或集体表达的文化形式，如语言、音乐、舞蹈等，通常在公共或准公共领域，并始终体现文化意义和符号表征。这些表现可以采取“古典”（或正式）的文化表现形式，代表几个世纪以来城市经济的核心，也可以采取“乡土”的表现形式，构成公共领域的日常表达。这些表现有助于城市的文化活力和创意表达，并包括街头艺人、非正式场合的即兴表演以及“非正式”或颠覆性的艺术形式。还有一些文化经济组合：如图 1.1 所示城市中的街头小吃摊，既是一种文化生产，也是一种表现形式，当然还实现了“在地”的消费。

图 1.1　伦敦埃克斯茅斯市场内的“乔力锅”非洲食品摊

体育运动中也有重要的文化内容，特别是职业足球，其中包括了丰富的历史、集体身份和关系问题，以及队徽、队标和其他标志的象征价值。越来越多的公司正日益成为职业足球的前沿玩家，而不仅仅是在足球队服上加上公司标志。尽管顶级足球俱乐部已成为全球品牌，但正如约翰·福特在《意大利足球史》(2007)中所述，足球附属机构仍具有强烈的地方特色。米兰圣西罗区的朱塞佩·梅扎体育场(图 1.2)是 AC 米兰队和国际米兰队的比赛场地，它向对手球队及其球迷展示出令人生畏的堡垒角色和领地象征。

图 1.2　米兰圣西罗区的朱塞佩·梅扎体育场

文化经济中的政策(Policy)与地方(Place)

社会经济行动者是当代文化经济发展的原动力，而国家在各个层面上依然扮演着重要的角色。在中央或联邦一级，国家往往在塑造、动员、审批等方面发挥作用，在某些情况下甚至将文化作为一种国家意识形态强行推广：这种做法在东亚和其他某些地区非常普遍。在地方一级，国家致力于鼓励或以其他方式影响文化表达(和文化产业)，例如通过一系列计划、分区、细则、条例、准则和其他法令，提供（或扶持）建筑和基础设施，管理社会空间关系，并维持一定的表现水准。

国家在“空间”生产中的中心地位体现在维持社会族裔传统和价值观念方面的行政角色、对公共建筑的投资以及提供保护建筑环境的政策和相关项目的支出，这些建筑包括为住房和文化活动征用的所谓适应性再利用的文化遗产景观。

亚洲城市文化与建筑环境研究：一种符号生产与社会生产方法

何光中和金元培

城市文化景观的形式，不仅代表了对建筑风格喜好的选择，也是政治和社会进程中随时间推移而出现的一个复杂结果，且因地方不同而不同。正如何光中(K. C. Ho)和金元培(Won Bae Kim)所说，景观是文化系统中的一个核心要素，因为不管是作为一个有序的对象组合，还是作为一个文本，它都是一个象征系统，通过它社会系统被复制，被体验，被探索(第 96 页)。

由于社会、经济和政治力量决定了建筑环境的生产，而建筑环境的性质在一定程度上又促成了城市中的社会行动，因此必须承认，二者存在着一种关键的互惠关系。随着时间的推移，一些政治经济、艺术赞助和阶级关系的传统产生了清晰的景观形式，在某些城市，包括在“西方”，如罗马、威尼斯、巴黎和马德里等地，都将这些景观形式视为文化符号。但在许多情况下，也需要承认某种流动性的存在，何光中和金元培认为，这种流动性是从“文化”到“文化语境”的建设性转变，“城市景观的象征意义由此被视为脆弱的且有争议的”（第97页）。

为了提升和整合亚洲城市建筑环境中各种力量的相互作用，何光中和金元培针对六个重要案例进行了独特的分类，其中四个案例突出了城市主导地位（首尔、北京、东京和河内），另外两个案例则说明了东亚近期的经济优势（中国香港和新加坡）。何光中和金元培审视的元素包括：(1)焦点——塑造建筑环境的力量；(2)地理——场地；(3)历史——时期划分；(4)与建筑环境相关的文化。

首尔。(1)国家、帝国、文化土地使用政策变化的影响；(2)赛昂桑加和尤多项目；(3)历史作为思想碰撞；(4)文化作为资源：权力的象征性体现。

北京。(1)政治力量在景观形成中的作用；(2)天安门广场；(3)历史作为沉积和分层；(4)文化作为身份：作为政治舞台的地方权力。

东京。(1)帝王制度的相互作用；国家和工业资本；(2)丸之内区的故宫；(3)历史作为沉积和分层；(4)文化作为愿景：文化即身份。

河内。(1)越南经济改革的影响；(2)“36条古街”；(3)信仰体系；历史作为沉积和分层；(4)文化作为愿景：信仰对建筑环境的影响。

中国香港。(1)中英政府，香港人民的价值取向；(2)住房市场，中国银行大厦，赤鱲角机场工程；(3)聚焦的历史：当代；(4)文化作为社会的价值取向。

新加坡。(1)国家与民间社会，全球与地方的连接；(2)自然保护区；(3)聚焦的历史，说明国家与社会的关系；(4)文化作为资源：运用价值观念及思想来构建舆论。

[由表5.1概括而成]

[K. C. Ho and Won Bae Kim (1997) 'Studying Culture and the Built Environment', Chapter 5 in: Won Bae Kim, Mike Douglass, Song-Chuel Choe and K. C. Ho, *Culture and the City in East Asia*. Oxford: Clarendon Press.]

同时，文化符号和习俗塑造了物质化的城市，包括空间、形式、共鸣以及附属意象，并经常被用以为国家利益服务，边缘化(或主动压迫)反对派群体或个人。城市的建筑形式是创造力和资本(人力和财力)的产物，无论是高端艺术形式还是乡土形式，都有助于提升城市的独特性，并促进对国家合法性和治理制度至关重要的象征性价值的生产。如上文文本框内容所述，文化作为城市发展的资本和资源，在以大西洋为中心的"西方"以及亚洲都有所体现(Kim et al., 1997)。

虽然笔者已将文化经济的关键方面列于上述六个相互依存的关系中，但在实践中，高端的创造性工作通常涉及其中的一些或全部，以下奥马尔·阿尔贝尔(Omer Arbel)的作品就是一个生动的案例。

奥马尔·阿尔贝尔与设计中的创造性协同作用

伦敦维多利亚和阿尔伯特博物馆 28.280 灯具安装示例

奥马尔·阿尔贝尔的实践包括文化产品设计领域的获奖作品，特别是照明设施。阿尔贝尔在温哥华的 OAO 项目与博奇照明公司相关，他是该公司的创意总监，其作品融合了工业设计、建筑、制造和材料研究，展示了设计、工艺和生产的整体质量——这种综合方法与福特时代设计和制造的单一任务导向形成了鲜明对比。

奥马尔·阿尔贝尔最著名的作品包括 2013 年在伦敦设计节上为伦敦维多利亚和阿尔伯特博物馆中庭设计和制作的 28.280 灯具。28.280 是一种垂直设计的枝形吊灯（图 1.3，如下），从中庭天花板延伸长度超过 30 米。正如阿尔贝尔所

图 1.3 奥马尔·阿尔贝尔在伦敦维多利亚和阿尔伯特博物馆中庭安装的 28.280 灯具，伦敦，2013 年。

来源：Omer Arbel and Bocci，Vancouver.

说，该项目有两个主要目标：第一，"纯粹地歌颂建筑惊人的高度，利用灯具为观众提供一种震撼的现象学体验"；第二，示范"复杂的玻璃吹制技术，将空气压力引入玻璃基质后，从间歇加热的玻璃基质中移除，然后迅速冷却"，从而展示制作过程的创新（摘自博奇新闻稿：2013 年 9 月）

奥马尔·阿尔贝尔设计的这件灯具生动地展示了艺术在企业化运作的背景下，创意企业所发挥的关键协同作用，包括"实践""生产"和"表现"等方面，但也存在某些复杂的功能上的相互依存关系，有助于形成城市"空间内"的文化活动，如下图所示。

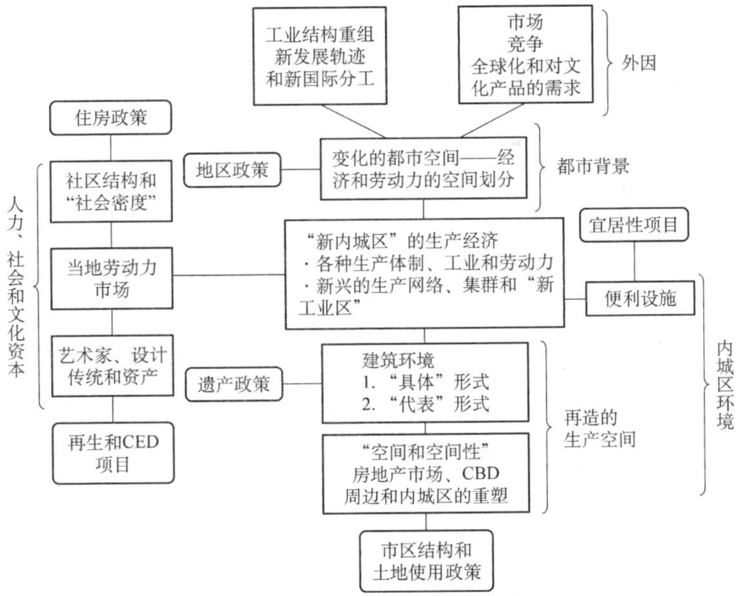

图 1.4　塑造城市生产经济的因素。

来源：Hutton(2008)，*The New Economy of the Inner City*. Abingdon and New York: Routledge.

城市“新文化经济”的兴起

上千年来，文化已成为城市、城市化进程和城市主义的一个基本特征，且不断经历创新（和错位）。现代时期，早在19世纪中叶，巴黎（1844年法国工业博览会）和伦敦（1851年伦敦大展）举行的大型博览会上就颂扬了“艺术”和“工业”之间的协同作用。但是自20世纪70年代以来，许多地区城市福特主义的崩溃，则刺激了“灵活专业化”生产制度的兴起，凸显了设计在发达经济体系中的新重要性，如工业设计、建筑和景观设计，以及用于原型开发的计算机成像系统等。

作为第二组结构性（或一般性）进程：20世纪80年代由玛格丽特·撒切尔（Margaret Thatcher，1979—1990年英国首相）开创的作为政治意识形态的后工业主义，出现了传统工业生产萎缩等倒退效应，其特点是投资大规模减少，劳动力流失，以及英国、西欧其他国家和北美主要工业大都市，如底特律、匹兹堡、芝加哥、纽约、克利夫兰和蒙特利尔等地的工业区和工人阶级社区的衰落。企业和劳动力从许多工业区撤离，最初吸引了艺术家和中产阶级士绅的注意，后又经历了自20世纪80年代以来连续开展的文化实验和创新，形成了以遗产景观和工业建筑环境为载体的重要残余形式。

新文化经济与早期经济制度的对比

就重要的方面而言，每种经济制度都是一种“文化经济”，即使正式的术语另有含义。毕竟，经济革新和结构调整的每一个主要阶段都是建立在某种文化价值、实践和传统制度的基础之上的。如丹尼尔·贝尔(Daniel Bell)在其开创性著作《即将来临的后工业社会》(基础书籍出版社：1973)中所提出的，这些基础包括工业革命，工业革命塑造的工业城市的出现，以及20世纪70年代后工业社会和知识经济的兴起。工业化对社区影响的典型例子是工人阶级人口的增长，他们是19世纪和20世纪欧洲和北美城市社会形态的主要组成部分。这些工人社区的特点是具有本地化的关系、信仰和行为文化，是曼彻斯特、伦敦和芝加哥等地跨学科城市人类学家的研究主题之一。

因此，到底是什么使当代经济被赋予了“文化”的色彩，以至于和早期的经济迥然不同，这是值得追问的问题。对于该问题的第一个回答涉及规模：虽然早期的生产方式体现了文化价值，但在当代经济中，文化产业产出和从事文化产业的劳动力规模远远大于早期发展时期。文化经济的相对重要性由于一些传统工业的萎缩而大大增加，这种萎缩首先缘于过去40年来成熟经济体中传统制造业的长期衰退，同时也缘于资本替代(文书工作)、公司的“裁员”(已削减到中层管理人员)以及传统购物区商店零售业所受的竞争压力(反映了全球连锁和电子零售的兴起)而导致的一些服务劳工群体的萎缩。

作为塑造当代文化经济的第二个因素，创造力和技术之间的协同作用可以说是文化创新、生产和劳动力增长的基础。数字媒体的创新，包括社交媒体作为一种创造性表达和交流形式的超常增长，加速了城市文化经济的扩张。

第三，空间是城市经济中促进文化活动的关键因素。城市空间的多样性使文化生产、消费和景观高度融合，文化区、艺术家聚居区和"创意区"都有助于文化经济的发展。

当代城市发展中的文化

近二十多年来，"新文化经济"的兴起，在许多方面强化了文化与城市的关系，并渗透到城市研究领域(Barnes, 2001)。城市学家认为，新媒体和其他文化产业的出现是后工业时代城市再生(regeneration)——甚至在某种程度上来说是城市复兴(renaissance)——的强大力量，尽管这种解释受到批判者的强烈质疑(Peck, 2005)。然而，即使不考虑实证主义观点的某些夸张，也有明确的证据表明，从公司、企业和劳动力的集中程度、产出和贸易量来衡量，新的文化经济是当代城市经济的一个重要组成部分(Pratt, 1997; Hau, 2000; Power and Scott, 2004; Markusen, 2006; Sacco, 2007)。在伦敦、巴黎、柏林、巴塞罗那、米兰、东京、纽约和洛杉矶等最大的都市文化活动中心，文化经济(包括生产和消费)在就业和产出方面可能在主要部门中排名第三(伦敦 GLA, 2012)。同样引人注目的是，2008 年金融危机及其持续危机肆虐期间，一些全球城市的创意产业仍在持续增长(Indergaard、Pratt and Hutton, 2013)。

文化与都市空间经济

新文化经济对城市的影响包括它在重塑城市空间经济中的

作用——以专门的工业区和“文化区”的形式出现，在许多最著名的案例中（如伦敦的克莱肯威尔和肖尔迪奇、纽约的曼哈顿中城、温哥华的耶鲁镇、旧金山市场街南区、芝加哥的柳条公园、上海的苏州河等）都包括了生产、休闲、消费和景观。这些地点往往集中在内城风光不再的后工业化地区（Hutton，2000；Krätke，2011），一些观察家甚至将创意经济视为从旧的制造业经济废墟中浴火重生的现代凤凰（Evans，2004；City Fringe Partnership，2005）。同时，这些地点也反映了现代发达经济体制下空间分工和社会分工的逻辑，是都市郊区文化经济的重要表征。这些郊区文化综合体包括大型电影制作单位（例如柏林大都市区的阿德莱肖夫区）、文化展览空间（例如北京大山子/798 区）和娱乐综合体（例如洛杉矶郊区和巴黎-法兰西岛地区的迪斯尼乐园）。总之，文化活动的新兴地理环境大大增加了城市空间经济的复杂性。

文化与城市新阶层的形成

文化劳动力的扩张促使理查德·佛罗里达（Richard Florida，2002）和他的助手们不仅提出了新的就业和职业群体诉求，而且还提出了一个完整的“创意阶层”概念，这个概念涵盖了住房偏好、身份、生活方式、就业和职业等。但另有学者坚持认为，文化工作者可以纳入到现有的阶级类型（Ley，2005），其他更具批判性的观点则攻击了“创意阶层”这篇文章的概念基础和实证基础（Peck，2005；Krätke，2011）。

城市文化、不平等和不稳定的劳动力市场

在当代文化经济中，就业和工作的本质虽然是某些人快乐的源泉，但也反映出一些严重问题，包括创意产业内劳动力市场的波动（和偶然性）、对年轻工人的长期剥削、管理人员和更多低级别工人之间的权力关系不对称以及持续存在的两性不平等问题（Jarvis and Pratt，2006；McRobbie，2011）。这里的比较或许较为恰当：大约20世纪20年代至70年代，是长达半个世纪的福特主义鼎盛时期，服务经济从70年代开始兴起，主要受专业型和管理型劳动力的增长推动，其扩张时期相对丰厚的工资和福利，为迅速壮大的中产阶级创造了合适的生活条件。但是，自20世纪80年代以来，新文化经济的增长与新自由主义治理的兴起同时出现，新自由主义治理的特点是国家和市场经济监管的紧缩，以及许多社会福利政策和项目的减少。新自由主义时代使许多工人，包括文化部门的工人，其工资、福利和社会支持普遍减少，除了处于或接近创造性劳动结构顶端的工人外，所有人的生存环境都更加严苛。

城市文化经济的结构解读

继大西洋地区多个城市的传统制造业崩溃之后，后工业化城市（Bell，1973）产生了以服务的生产和消费为基础的“新经济”，随之而来的是关于制造业中的服务自主性的争论。在20世纪最

后 25 年，“生产性”或“中间性”服务行业作为发达城市经济的主要增长要素占据了中心地位，这在很大程度上是由基于办公室的行业和职业界定的，尤其是具有独特社会标志、政治依附性和住房偏好的专业人士和管理人员组成的“新中产阶级”界定的(Ley, 1996)。

与城市经济发展的前几个阶段相比，城市文化经济跨越了极其复杂和漫长的发展历史，因此无法根据时间、劳动或生产方式进行简单的分类。几个世纪以来，以画廊、博物馆、交响音乐厅和展览空间出现的城市文化部门的经典作品形式，一直是创意城市的特征，它们与新媒体和数字音乐制作等更具现代感和实验性的创意产业以及酒吧和夜总会共存(虽然有时相处并不融洽)，为“24 小时城市”的理念做出了贡献。

此外，还有必要承认“日常”文化产品、实践和价值的价值，由蒂姆・埃德森(Tim Edensor)、黛博拉・莱斯利(Deborah Leslie)、史蒂夫・米林顿(Steve Millington)和诺玛・兰提西(Norma Rantisi)编辑的《乡土创造力空间：重新思考文化经济》(劳特利奇出版社，2012)一书中也认同了这一观点。这些日常创造力的“乡土”特征有助于塑造城市的街区和景观，有助于提升人们与地方的联系，也有助于发展社会关系，包括亲属关系、朋友、熟人以及更广泛的社区关系。

此外，虽然生产职能构成了工业城市(工厂、工业劳动、制成品)和服务业城市(办公室、专业人士和管理人员)的本质，而且是文化城市的支柱，但文化城市还包括消费和景观等重要方面。很难把所有这些特征都归入一个简单的解释或发展理论中。下面的文本框从“分析领域”的角度展示了文化经济和创意城市话语的广度。

创意经济的五个"分析领域"

安迪·普拉特和托马斯·赫顿

安迪·普拉特和笔者(2013)提出了"创意经济分析领域",试图吸收城市文化经济的复杂性和多样性,跨越漫长的时间序列和历史时期,同时强调"创意城市"和"创意阶层"的新奇特征,这些特征体现了政府、政策专家和利益群体的兴趣和愿望。我们并非要把城市的创意经济纳入一个基于唯一目标的包罗万象的理论中,而是确定了以下五个主要分析领域。

全球城市与文化经济

早期的世界城市模型(Hall, 1966)和全球城市模型(Friedmann and Wolff, 1982; Sassen, 1991)最初强调专业

图 1.5 托斯卡纳区的中世纪城市锡耶纳

化制造业，然后强调银行、法律、会计等“先进生产性服务”(advanced producer services，简称 APS)是城市系统的核心，从而将公司控制和中介性金融所表达的“权力投射”作为首要决定因素。因此，直到最近，“创意经济才从全球城市的争论中消失”(Pratt and Hutton，2013：5)。但文化部门的整体(生产、消费和景观)现在已成为伦敦、巴黎、纽约和东京等国际一流城市的一个不可分割的特征，因此彼得·霍尔等人将文化产业和活动(以及相关的消费产业和设施)纳入了他的“多中心全球城市中的主要服务集群”(Hall，2006)模型中，该模型是在他突破性著作《世界城市》(1966)出版 40 年后发布的。我们认为，文化产业的专业化，例如电影和视频制作、出版、建筑、工业设计等，将日益成为城市全球规划的决定因素，也将成为都市劳动力和空间经济的重要组成部分。

历史文化名城

这里我们认识到了文化城市的复杂历史性，它具有当代的发展特征，也具有更广泛的谱系。意大利文艺复兴时期，文化历史名城在西方表现得最为突出，其中罗马、博洛尼亚、那不勒斯，尤其是佛罗伦萨、锡耶纳、比萨和卢卡等托斯卡纳大区内的城市，展现了艺术、设计、赞助、政治和城市发展的重要协同作用。两个世纪后，工业革命将制造业经济叠加在城市景观和聚落形态上，但到了 19 世纪中叶，工业革命开始在其过程和产品中融入创意冲动，1851 年的伦敦大型展览会就曾以颂扬都市“艺术与工业”之间的联系而著称。在东亚，蕴含着权力投射和艺术表现的文化形式，是首要城市形成的重要组成部分——在国家城市体系中这种首要地位一直延续到现在。因此，在重要案例中，当代文化经济代表了城市创造性职能的重新定位，而不是在所有方面都从头发展。

文化作为吸引外国直接投资的诱饵

现在，文化经济已是全球（和全球化）城市之间竞争的新自由主义要求的重要表现，而非因其内在艺术价值而被肯定的人类奋斗领域。这一论点将文化和其他设施定为诱因，不仅吸引"创意阶层"的艺术家和设计专业人士，还可能吸引更具经济影响力的行动者，如投资者和主要资本持有者，以及生物技术、制药、工程等领域的驱动性公司。我们在此提出，"城市是这一进程中的自愿伙伴，例如主动建设专门吸引这类受众的基础设施"(6)。

我们还参考了保罗·诺克斯(Paul Knox, 2011)颇有说服力的评论，即建筑环境（包括传统建筑和街区以及新的高端设计项目）由于其具体的、特殊的和不可移动的特性而发挥着"独特的产品差异化优势"(Pratt and Hutton, 2013: 91)。所有这一切都表明，这一战略的成功催生了一大批雄心勃勃的（或在某些情况下绝望的）模仿者，正如"仿古遗产城市"展示的那样(Hannigan, 1998)。这反过来又形成了一种倾向，即一方面倾向于利用"本地"的真实事物，另一方面又去追随看似成功的公式化模式，这是一种也许很自然但往往违背常理、适得其反的冲动。

文化作为社会再生

在这种解释中，文化是用乡土语言表达的，借鉴了社区和邻里高度地方化的“普通”和“日常”实践，以便在城市日益多元的文化和往往两极分化的地区培养一种包容感。参与往往是集体或协作的一部分，其目的是培养“高端文化”或美术，但并非必须培养“高端文化”或美术，尽管在许多情况下，文化产品可能包括具有商业潜力的高质量产出。查尔斯·兰德里(Charles Landry)提出的“创意城市”的理念，尤其强调文化和跨文化问题的解决是城市治理的关键，换言之，将文化规划作为“建设更美好城市的手段，而不是目的本身”(Pratt and Hutton，2013：91)。

文化作为产业政策

传统意义上的产业政策在国家经济中的核心作用已经失去了昔日光彩，至少在盎格鲁经济圈(即英语文化圈)如此，在盎格鲁经济圈中，公共服务的“市场化”和私有化十分常见，人们普遍怀疑国家是否有能力影响经济增长。但发展政策的确对文化和创造力进行了重要部署。这包括在国家一级，各国政府设法部署文化产业和劳动力作为增长工具，以保持区域和国际的竞争优势，并在某些情况下弥补因结构调整周期而被削弱的能力。

我们以新加坡为例。新加坡起步较晚，之后将文化(如果并非全都是西方模式所暗含的多样性和先锋主义)作为其国家发展政策的主要组成部分。在欧盟国家，例如英国、德国、意大利和荷兰，文化产业和劳动力也被用作国家经济发展的工具，包括培训和强化劳动力市场、市场支持和基础设施投资等。在地方-区域一级，文化经济在发达社会和转型期社会中日益成为城市经济发展项目的核心。

[Andy Pratt and Tom Hutton (2013) 'Reconceptualising the Relationship between the Creative Economy and the City', *Cities* (Elsevier) 33：86—95.]

城市与文化经济：意义标志与关键争论

城市新文化经济的研究和政策议程的制定，似乎与 20 世纪 70 年代和 80 年代关于都市结构调整的社会经济影响的争论有相似之处，后者体现在后工业化和后福特主义的文献中（英国的经验见 Massey and Meegan，1980；美国去工业化的社会经济后果见 Bluestone and Harrison，1982）。当时与现在一样，新就业形成的质量、士绅化压力以及城市空间和场所重塑等问题影响了城市研究的方向（Cremin and Roberts，2011）。

文化与发展的实证和批判研究视角

在后工业化社会中，文化引领城市增长和发展的能力这一更大问题引起了学者、城市学家、公务员和专业人士的热烈讨论。理查德·佛罗里达（Richard Florida）、查尔斯·兰德里（Charles

Landry)、凯文·斯托拉里克(Kevin Stolarick)和罗杰·马丁(Roger Martin)等实证主义学者指出了创造力的再生潜力，而杰米·派克(Jamie Peck)、罗杰·基尔(Roger Keil)、斯蒂芬·克拉特克(Stefan Krätke)、瑞贝卡·索尔尼特(Rebecca Solnit)和安吉拉·麦克罗比(Angela McRobbie)等批判学者则认为文化是城市增长的引擎，但这种观点并不像前者那么活跃。就影响文化经济和创意产业发展的因素的相对重要性，不同观点展开了争论，例如佛罗里达用"3T"(talent, technology and tolerance，人才、技术和包融)作为"创意阶层"的基础，而斯蒂芬·克拉特克等批判学者则坚持认为资本、劳动力市场和集聚等既有因素更为重要。

"生产主义"与"消费主义"的文化经济观

关于生产和消费部门相对贡献的辩论引起了艾伦·斯科特(Allen Scott)、迈克尔·斯托珀(Michael Storper)、特雷弗·巴恩斯(Trevor Barnes)、爱德华·格莱泽(Edward Glaeser)、杰德·科尔科(Jed Kolko)、艾伯特·塞兹(Albert Saiz)和特里·尼科尔斯·克拉克(Terry Nichols Clark)等重量级学者之间的争论。当时的背景是大西洋地区许多大中城市的制造业产能和劳动力大规模萎缩，包括上世纪70年代和80年代福特主义工业的崩溃以及旨在振兴城市制造业基础的项目普遍失败。格莱泽、科尔科和塞兹(2001)认为，城市传统的生产优势已经被全球化和市场因素侵蚀，而现在城市为消费行业和劳动力提供了更多潜力。一些观察家认为，这体现了一种文化部门的概念，即文化部门主要由消费构成，无论是将其视为城市核心（餐馆、咖啡馆、酒吧、咖啡屋）的多种便利设施，还是视为以传统角色著称的歌剧、交响乐或舞蹈形式呈现的精英文化场所。消费显然是城市经济的重要组成部分，但不同的是，笔者强调不同行业文化生产的关键基础，比如，新媒体和视频游戏生产，以及建筑、电影和工业设计等既有行业。

文化、创意经济与城市空间重构

关于文化主导型发展对城市空间和场所重塑的影响，彼得·霍尔（2000）、迈克尔·因德加德（2004）和安迪·普拉特（2009）都在此方面作出了重大贡献。在此笔者承认城市文化产业发展的多层次性。文化产业和劳动力，特别是在生产部门（也包括消费活动），已经取代了市内工业区的传统制造业和仓储。当代城市文化生产行业比以往历史悠久的行业和公司更具流动性，其基础的不稳定性既受行业继承的影响（即以新的、更有利可图的行业取代旧的行业），也受城市房地产市场错位的影响。企业和产业层面的不稳定最明显的表现是本地层面的不稳定，如将社区和居民区改造为“文化区”，信息技术、金融和先进生产性服务等利润更高的行业面临着错位压力等。

文化、艺术与社区再生

文化和艺术引领社区再生的潜力推动了一个研究方向，其中包括安·马库森（Ann Markusen）、查尔斯·兰德里（Charles Landry）、多米尼克·鲍尔（Dominic Power）、黛博拉·莱斯利

(Deborah Leslie)和诺玛·兰提西(Norma Rantisi)等学者的工作，涉及治理问题和政策制度研究。自20世纪90年代以来，文化主导的再生在许多城市发挥了更大作用，尽管更有力的重新开发项目是在奥运会和国际博览会等“城市大型项目”和“标志性事件”的引导下完成的(Olds，2001)。但大型项目也越来越多地纳入了以文化为中心的资本密集型工程，如米兰的比可卡项目、汉堡沿易北河的哈芬城项目和巴塞罗那传统工业区的22@项目。

文化、遗产与城市建筑环境

新文化经济公司与劳动力以及城市的遗产景观之间的相互依存关系，已经引起了众多学者的关注，如伊尔塞·赫尔布莱希特(Ilse Helbrecht，2004)、何光中(2009)、笔者(2006)和保罗·诺克斯(2011)。工业城市的基础设施主要包括工厂和仓库，而高层办公楼和零售综合体是服务型“后工业”城市的主要建筑形式。为文化经济的行业、机构和劳动者建造的建筑环境，包括用于文化表演的交响音乐厅、剧场和画廊等。而许多创意产业的首选建筑形式是适应性地再利用19世纪的多层工业建筑，有时是工厂，但更常见的是位于内城老工业区的仓库。这方面的范例包括伦敦(“城市边缘区”的几片地方)、科隆(位于莱茵河东侧的多伊兹区陈旧的工业建筑内)和纽约(如旧的肉类包装区)。文化产业在遗产环境中的集聚不仅仅是成本问题，也反映了遗产建筑和景观让创意公司和员工产生共鸣的强大亲和力。

文化产业与城市士绅化

文化产业在促进士绅化方面的作用已得到城市和社会地理学家的认可。一些研究表明，在新兴的创作活动区域以及在邻近的居民社区内，例如曼哈顿南部的“硅巷”(Indergaard, 2004)，多伦多帕克代尔工业区的自由村(Catungal、Leslie and Hii, 2009)，伦敦的肖尔迪奇社区(Harris, 2012)等，都出现了严重的社会混乱，使得艺术家和其他创意人员进入衰落的内城工业区和居住区的最初兴奋都有些回落。

城市文化、创意产业与社会阶层的形成

城市研究的一个关键主题是社会阶层的形成，尤其是争论文化经济工作者是否属于准自主的“创意性阶层”，或者更确切地说，是否属于不断壮大的“新中产阶级”：这是20世纪80年代许多城市结构调整以来后工业化城市发展的一个重要面向(Ley, 1996; Hamnett, 2003)。关于社会阶层形成及其影响的争论超出了学术界争论的范围，因为它也是社会和社区规划中住房和相关公共服务规划的核心。这些方案涉及在彼此竞争的群体和选区之间分配公共资源，以此作为在重新评估的城市中保持一定社会多样性的手段。

城市与文化经济：本书的逻辑与结构

本书的目的是对城市的文化经济进行有力批判，包括对发达

和“转型期”社会中的城市研究话语进行论辩。有必要对创意经济的规模和增长影响（经常为了宣传目的而夸大其词）进行严格评估，具体说明由偶然因素形成的地方-区域发展趋势（但这一趋势又经常被总结为将各类现象的普遍化），并对文化产业项目的社会效益和成本进行核算（创意议程的支持者往往低估成本）。

第 2 章分析了文化经济全球化的趋势，包括生产和通信技术、新兴产业和社会特征的空间扩散。本章肯定了偶然性的重要性，如治理和体制关系、生产系统和网络的质量以及劳动力——每一项都在地方和区域范围内产生了“差异”。第 2 章还结合了跨国主义、世界主义和后殖民主义的论述，针对狭隘的基于全球城市形成的经济学观点提出了挑战。

第 3 章考察了文化的政治经济学，包括文化经济形成（运行）过程中的治理和代理问题。在过去 30 年中，城市出现了一种新的文化经济，这在一定程度上与后工业主义的遗留问题有关，也与旨在吸引资本和人才进入低绩效城市和地区的城市再生计划的激增有关。在过程和项目中塑造出的真正社区都努力将文化作为一种工具来配置以使社会经济得到更新（Markusen, 2006），尽管主要侧重于公司、房地产开发和市场的狭隘复兴战略已导致了某种社会混乱。越来越多的城市案例表明，民间培养当地艺术家的努力与更宏大的政策存在冲突，这表明治理机构的运作愈加复杂了（Leslie and Rantisi, 2004）。本章回顾了重点城市的一系列治理经验，包括分类模式和方法，并对最具影响力的文化主导型城市发展的再生潜力学派进行了批判。

城市研究的一个关键领域涉及文化产业在都市劳动力市场

中的地位。文化经济劳动力包括一大批新媒体工作者(将创造性才华与技术知识相结合),还包括艺术家、策展人等既有职业,以及建筑、工业设计和电影等领域的专业人员。在文化劳动力的队伍中,性别和人口也发挥着重要作用。第4章综述了文化劳动力在城市劳动力市场结构和系统中的位置,展示了创意性工作在资本主义经济"不稳定"的劳动力市场和就业形式中的地位,参见安吉拉·麦克罗比(Angela McRobbie)、海伦·贾维斯(Helen Jarvis)、琳达·麦克道尔(Linda McDowell)和其他批判学者所述。

第5章介绍了创意城市的居住模式和住房问题。文化工作者在城市住房市场中占很大比例,而且常常表现出特定的住房偏好,尽管在大多数情况下,其选择受到收入的限制。几十年来,艺术家或其他创作人和邻里之间的联系一直是士绅化话语的核心,包括莎伦·佐金颇有影响力的著作《阁楼生活》(1989[1982])所述。艺术家们形成了后工业化地区再殖民的最初群体,但最终被更富裕的群体所取代,因此创意公司也被利润更高的企业、高档住房以及"新中产阶级"所取代(Butler and Lees, 2006; Hamnett and Whitelegg, 2007),包括专业创意精英。

第6章论述了城市文化生产的关键空间,包括重要的理论贡献。自从一个多世纪前阿尔弗雷德·马歇尔(Alfred Marshall)提出"工业区"概念(Arena and Queéré, 2004)以来,工业化的空间表现形式已成为经济理论界不可或缺的主题。20世纪80年代,出现了关于"新工业区"发展意义的重要文献,"新工业区"这一概念结合了灵活专业化、社会资本、生产传统和地方属性等要素,典型如罗马和米兰之间的"第三意大利"。在过去20年里,由专业生产和消费组成的“文化街区”兴起，它被公认为是创意城市的决定性的空间特征。文化街区是一个相对独立的专业化生产和消费区，由本地化的供应商和客户网络支撑，而在许多情况下，文化街区这一理想模式已被更为复杂的“扩展生产系统”所取代，在这一系统中，投入（劳动力、设计、资本和管理）来自国际，从而在全球化市场中开展激烈竞争。最后，第6章还总结了城市文化经济空间的典型分类。

第7章对重点城市文化产业区的案例，及其图像研究进行了介绍。这里笔者特地选择了一些城市（伦敦、柏林、西雅图、温哥华、新加坡、上海、首尔和北京），这些城市提供了尤为丰富但颇有争议的文化发展历史，这些历史不仅受到创意创新和生产流程改进的影响，也受到战争、政治动荡、经济危机和严重社会冲突的影响。笔者借鉴了各种学术资料和文献，其中的叙述生动地展示了工业承继过程中文化的层积累加效应，同时也揭示了城市文化意象中的连续与脱节。

有人认为，项目评价和评估通常代表了一个跨越科学和应用领域的政策研究的“黑洞”（或薄弱环节）。一般情况下，用于这一目的的资源很少，而且很多时候出于政治目的和个人动机，其结果往往被夸大其词。考虑到人们对这类项目的要求很高，地方-区域收入和资源产生的压力也很大，而且文化项目与城市政策之间充满了复杂的叠合关系，因此文化主导的再生发展评价模式和工具就可以说至关重要。在第8章中，笔者回顾了一些文化政策和项目评估模型，并从发达城市社会和转型期城市社会中抽取了一些示范性案例进行了展示。

《城市与文化经济》的最后，对从大量最新文献中获取的21世纪新文化经济的主要理论意义和政策经验进行了论述。这些问题包括：新的文化产业与其他经济部门有何联系？我们如何看待新文化经济体从本地化的产品网络向日益全球化的生产系统过渡，而后者构成了全球化城市（和经济体）的一个重要特征——这对创意产业和公司的成功有何影响？一方面是一般进程和结构变化，另一方面是更多的地方—区域因素，包括政策因素和社会力量，两者之间的"因果关系平衡"是什么？

其次，本书对当代城市文化经济概念的界定进行了批判性反思。其中一个理论问题是，文化经济能否最有效地被定位为20世纪80年代以来包括新经济、知识经济等在内的六次突发创新和结构调整中的一次？从更早的过程和推测中，包括40年前"后工业社会"兴起时丹尼尔·贝尔（1973）的文化观，有没有可能概念化一个更广泛、更丰富的城市谱系，作为文化生产和相关社会阶层形成的理论场域？

本书最后的结论部分，对这一丰富的城市研究领域的研究前沿提出了建议，涉及地理学、社会学、人类学、建筑学和设计学科、经济学、政治和政府研究以及规划学等相关领域。

拓展阅读

Peter Hall.（1998）*Cities in Civilisation*. London: Weidenfeld & Nicolson. 深入而全面地探讨了经济、社会、文化、科学和政治背景下，多个城市的崛起及其在城市化历史中（从古典时代一直到20世纪后期）最具影响力的巅峰时期。

David Hesmondalgh.（2013）*The Cultural Industries*. Third edition.

London：Sage. 对文化产业及其对当代经济和城市发展的重要意义进行了有益的描述和分析。

Stefan Krätke.（2011）*The Creative Capital of Cities：interactive knowledge creation and the urbanization economies of innovation*. Malden，MA and London：Wiley-Blackwell Publishing. 通过探讨文化和德国的城市体系，并以柏林为重要案例，批判性审视了创造力在发达经济体中城市和地区发展的核心地位这一观点。

Charles Landry.（2006）*The Art of City Making*. London and Sterling，Virginia：Earthscan Books. 积极倡导艺术、文化和设计在塑造城市未来和城市发展进程中的潜在作用力。

Luciana Lazzeretti.（2013）*Creative Industries and Innovation in Europe*. Abingdon，UK and New York：Routledge. 阐释了文化、技术和创新在欧洲国家、城市和城区发展中的重要协同作用。

Malcolm Miles.（2007）*Cities and Culture*. Abingdon and New York：Routledge. 通过透视城市及其社区中的艺术、文化机构、遗产、生活方式等，深刻而有力地探讨了文化、城市和城市主义之间的复杂关系。

Dominic Power and Allen J. Scott.（eds.）（2004）. *Cultural Industries and the Production of Culture*. London and New York：Routledge. 深入探索了发达经济体中文化和生产专业化之间的重要联系。

Andy C. Pratt.（2014）*Cities：The Cultural Dimension*. Government Office for Science，UK，Future of cities：working paper. London. 有效融合了文化在城市增长和变迁中的发展特点，内容细致翔实。https://www.gov.uk/government/uploads/system/uploads/attachment_data/file/36821-cities-cultural-dimension.pdf.

Allen J. Scott.（2000）*The Cultural Economy of Cities*. London：Sage. 将文化、创意产业和劳动力对于城市和市区发展的意义进行了重要的理论概括，并提供了典型案例。

Sharon Zukin.（1995）*The Cultures of Cities*. Oxford：Blackwell. 影响深远的一部著作，聚焦于城市、社区和文化之间的互补和冲突，包括文化在本土层面的意义分歧和实际应用，以及工业和房地产市场对文化的挪用。

第二章
文化经济与全球化城市

纵观历史，城市一直是地方文化的宝库，它包括建筑、方言、社会、政治组织等主要或次要的文化标志，也是音乐、文学、艺术和手工艺生产表现出来的创造力的中心。艾伦·斯科特列举了一些城市以及它们在文化产品方面的专长，认为这些文化产品极大地提升了城市的经济基础和市民认同，而哈维·莫洛奇（Harvey Molotch）则在“产品中的地方”（Place In Products）这一概念中讨论了本地化生产要素的相互依存关系，由此进一步升华了这一论点。但全球化也可能使文化劳动、生产习惯和资产等在当地引发混乱，主要是由于城市在生产、消费和景观等不断延展的网络内重新调整而产生的。

在关于文化与城市发展之间关系的争论中，最前沿的问题是专业的文化产业与全球（或世界）城市之间日益紧密的联系。从彼得·霍尔的开创性著作《世界城市》（*The World Cities*）（1966）到萨斯基亚·萨森高屋建瓴的《全球城市》

(*Global Cities*)(1991/2001),全球城市地位的标志都是强调公司控制、专业化的银行和金融服务以及法律、会计和管理咨询等“先进生产性服务”。但是,显然我们需要将行政管理、社会和环境因素也纳入全球化城市文化塑造的学术研究中,这不仅是对狭隘的经济学观点的挑战,也是扩大分析视角的一种手段,有助于展开更丰富、更卓有成效的讨论。

毫无疑问,专业化、高利润的服务对全球市场中的城市依然至关重要,但越来越多的人认为,“文化”是世界城市的基本特征。电影、电视、出版、音乐和表演艺术等文化产业是纽约、巴黎、伦敦和东京等全球顶尖城市的主要产业,也是孟买、里约热内卢、约翰内斯堡和伊斯坦布尔为代表的所谓“全球南方”新兴都市的主要产业。与全球城市专业化的其他领域一样,文化投资、熟练劳动力和旅游业的激烈竞争也是故事的一部分,因此文化常被用作新自由主义制度内获取竞争优势的工具。但是,虽然文化经济是城市重要地位的标志,但有必要审视“日常全球化”,“日常全球化”以更微妙的方式重新配置了城市及其经济的发展,而这些微妙的方式也为文化表达与文化的实现、接触、参与提供了机会。

文化与城市:全球化趋势和张力

有人认为,城市的文化经济建立在地方和区域环境的坚实基础之上,这几乎是不言自明的。反过来,这种观点的产生,又是因为人们认识到文化生产和表演与当地企业和劳工的具体形式之间的紧密联系，以及某些地方与文化产品线和品牌之间的密切关系。艾伦·斯科特在《城市文化经济》(*The Cultural Economy of the Cities*)(1997)一文中肯定了这些联系，其中包括著名的玻璃制品(威尼斯附近的穆拉诺)、皮革制品(佛罗伦萨)和时装(巴黎)的历史案例。还有一些具有重要经济意义的文化节，这些节日在许多情况下都与特定地方的历史有关，例如锡耶纳的帕利奥节。

这些地方与产品之间的历史联系一直延续到20世纪，例如电影(洛杉矶)、赛车(比如法拉利，产地为意大利的马拉内罗-埃米利亚-罗马涅)和商业航空(西雅图)。此外，即使在文化产业分布更广的领域，例如食品产业，我们也可以轻易地举出与特定地方密切相关的重要特产和品牌的例子，仅举几例，如：帕尔马奶酪(博洛尼亚和帕尔马)、香蒜酱(热那亚)、波尔多红酒(波尔多)和日本清酒(东京)。地方和文化的关联也延伸到了文化表演，例如圣彼得堡的基洛夫芭蕾舞团和柏林的爱乐乐团，还有全球巡演的太阳马戏团，它起源于蒙特利尔，总部也设在蒙特利尔。

这些文化产品专业化具有持久的地方性，与近代后期大规模工业变革和劳动分工的普遍趋势形成了鲜明对比。这一趋势致力于制造业、仓储和物流行业的工业城市的兴起，伴随工人阶级、住房、社区等代表工业化的社会因素一同成长，最早开始于英格兰北部城市，随后在越来越多的城市地区扎根，包括英国中部地区、德国鲁尔区、美国大湖区和加拿大圣劳伦斯河沿岸。两次世界大战期间，亨利·J·福特(Henry J. Ford)的福特汽车公司开创了一种新的生产系统，将技术应用于该公司底特律工厂装配线

图 2.1 星巴克咖啡，位于伦敦斯皮塔菲尔德附近的布鲁斯菲尔德街

上进行专业化生产，并命名为一种新的制造体系。

20 世纪的最后 30 年，大西洋地区的城市出现了一种全新的劳动力结构，注重服务业，特别是基于办公室的中介（或生产性）服务业，同时出现了一种新的国际分工（Fröbel, Heinrichs and Kreye, 1980），这意味着生产能力和就业向东亚和东南亚的增长型经济体转移。最近，继工业劳动力的这种空间结构调整之后，在服务部门内出现了更为复杂的进程，包括商业外包（或中介性）服务和各种消费行业的全球化（图 2.1）。这些趋势表明，创新、结构调整和劳工改革的舞台从地方和区域扩大到国际和全球领域，全球城市随之崛起。

20 世纪 80 年代取消管制的“烟囱角逐”战略和哈维的“创业型国家”（1989）体现了城市与国家之间对投资的激烈竞争，这种竞争现已让位于吸引高利润服务和创意企业等更全面的计划。文化产业为当地经济增值，可作为更宏观战略的组成部分，吸引利润丰厚的技术密集型公司和行业以及熟练劳动力，同时也是城市世界主义的重要标志，而城市世界主义被普遍认为代表着全球城市的地位。正如杨淑爱（Brenda Yeoh, 2005: 945）指出的，“以整合经济和文化活动作为城市复兴战略的基础，城市正在'走向全球'"，一种新形式的城市间竞争"围绕文化和艺术的生产和消费而加剧，其形式往往是巨型项目和标志性活动、文化产业部门的发展以及城市形象塑造和品牌活动的兴起"。

第二章将文化经济置于全球（或世界）城市话语的演进中，首先承认文化是全球城市的标志，接下来通过对过去50年话语谱系的梳理，从彼得·霍尔的开创性著作《世界城市》（1966），一直到约翰·弗里德曼（John Friedmann）和萨斯基亚·萨森的标杆性研究。本章不仅介绍了文化部门和产业的分类，而且讨论了文化作为"权力投射"（power projection）的面向这一特点，指出文化的这一面向被普遍视为全球高端城市的标志，并构成了竞争优势的基础。

当然，实证主义城市学者和马克思主义者之间存在着巨大的意识形态差距，但每个群体中的不少人都持有一个共同点，那就是他们对资本主义制度在全球城市体系中塑造文化的作用有着固定的认识。对一些批评家来说，这种对资本和市场影响的过分重视，使他们在讨论中一叶障目，无形中忽视了"机构和行为者"的作用，例如社区协会、移民网络、妇女团体和其他进步运动。因此，第二章讨论了关于塑造全球城市的重要思想和争论，纳入了跨国主义和世界主义的概念，这些概念对主流全球化范式的正统学说提出了挑战。

接下来，我将概述文化以及城市全球化的"日常"方面，以说明文化、文化经济与社会个人和群体之间的复杂关系。最后一节介绍了一种特殊的文化产业——文化旅游——这是一项重要的增长性产业，但也涉及身份和关系行为的概念，这使讨论回到了早先对跨国主义、世界主义和现代性的描述中来。笔者认为，这些描述必然构成了当代城市文化经济兴起的框架。

作为全球城市标志的文化

最近关于全球城市的讨论提出了文化的“主流化”。文化经济的定位不仅是更大、更重要部门的附属部门，也是为都市的增长、发展和活力作出贡献的领域。与金融和商业服务相比，城市文化经济的运作方式在内容当然还有网络动态方面存在差异。就此，以伦敦市长的名义发表的《世界城市文化报告》(2013 年 10 月)，提出以下观察：

> 关于全球化的流行说法认为，世界正在变得“扁平化”，变得更加同质，因为电信、航空旅行和英语的持续传播，使得不同的地方表面上看起来很相似。但是世界并不平坦，距离依然存在……城市之间以及城市与偏远农村之间仍然存在差异。即使是表面上相似的世界城市，也依然彼此不同。原因是什么？文化。把城市联系在一起的是贸易、商业和金融。使他们彼此不同的是文化。当世界城市与全球的思想知识交流时，正是它们的本地文化(和文化生产者)将这些外部影响转化为独特的内容。
>
> 《世界城市文化报告，2013：21》

这一论断似乎很有道理，但也值得商榷。一方面我们可以区分“同质城市”，即基本上由单一文化基础或起源形成的城市，另一方面是异质城市，其发展受到多种文化因素的影响。同质城市可能包括京都、河内、马德里、罗马和佛罗伦萨，而异质城市则包括伦敦、芝加哥、旧金山和新加坡。

文化“易读性”与历史文化名城的矛盾

这种二分法隐含的意思是，与同质城市相关联的“文化易读性”或真实性更高，在某些情况下与相关城市的国家(以及地方-区域)文化显著性联系在一起。对许多人来说，建筑环境和景观的整体一致性是文化易读性的有力标志，北京和巴黎就是突出的例子。然而，使形势复杂化的是欧洲重要城市的文化(再)分层经验，这些城市可能具有发展的同质基础，例如那不勒斯的希腊起源、伊特鲁里亚人对某些托斯卡纳城市的影响以及巴塞罗那作为罗马帝国前哨的历史渊源(图 2. 2)。

图 2. 2　公元前 1 世纪巴塞罗那哥特区奥古斯都罗马神庙的柱子

如果这些古典历史文化名城能充分发挥其独特的建筑环境优势，既能满足特定的专业化生产，又能吸引文化旅游者，那么成为文化底蕴更加多样的城市，突出其创新作用和功能，无疑是有益的。在某些情况下，这一历史又很可能充满矛盾和冲突，例如在后殖民城市中，需要承认受压迫的甚至是种族主义的过去，安东尼·D. 金（Anthony D. King）的早期著作《殖民城市发展：文化、社会权力和环境》（Colonial Urban Development：culture，social power and environment）（1976）就是例证。

帝国主义活动的主导叙事是殖民者和被殖民者之间的压迫和不平等关系。但正如阿克巴·阿巴斯（Ackbar Abbas）（1997）所指出的，殖民城市可能预示着全球城市的到来，就像中国香港和新加坡一样。帝国主义前哨的一些项目遗留问题包括：港口和其他基础设施、银行和其他贸易便利化机构以及人力资本，构成了这些城市在全球资本流动中所享有的主要竞争优势。这两个新兴的全球城市绝不是后殖民时期的典型经验，相反却表明有必要仔细研究国家与各种社会力量之间的持续接触和互动。

城市文化经济：变革的多个方面

地方突发事件影响城市文化经济的发展。但是文化经济也有其重要的发展趋势，呈现出更为常见的表现方式。第一个方面就涉及全球城市经济结构的变化。正如彼得·霍尔（2006）所指出的，文化经济无论是在生产功能还是在共同消费上无疑都是全球城市的一个结构性特征，包括其在都市空间经济中的地位（图 2.3）。

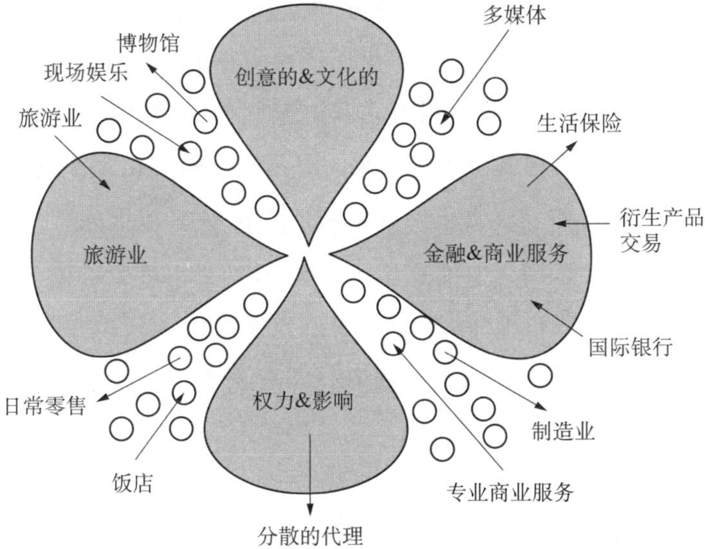

图 2.3　彼得·霍尔的多中心全球城市主要服务集群示意图。

来源：Peter Hall(2006).

这代表着伦敦、纽约、东京和芝加哥等全球城市的重大结构调整，在这些城市中"文化"一直作为一种产业存在，并对景观和建筑环境的结构产生影响，但现在已在包括金融和商业服务在内的主导部门中占据一席之地。可以想象，文化经济及其组成部门，工业和劳动力，包括生产和消费，可能在全球城市的主要产业中排在前三。

文化与"全球南方"新兴都市

在东亚和东南亚的主要大都市，包括东京、首尔、上海、中国香港和新加坡等地，新文化经济的兴起越来越成为重要的发展特色。此外，在（所谓的）“全球南方”大都市，以孟买、圣保罗、伊斯坦布尔和阿克拉为例，新的文化经济也占据着重要地位，其表现日益凸显，代表性行业包括音乐和电影制作、新媒体和时装设计等。其中许多城市几个世纪以来一直是重要的文化生产场所，反映了精英设计和表演文化在一定程度上由皇室和贵族赞助而演变过来的优越条件。但笔者在这里要指出的是，这些传统文化产业和艺术及工艺行业，现在与新媒体和先进通信技术等“新文化经济”并存有时也很不容易，这也与创意需求在全球空间的传播情况相一致。

技术与文化传播

新文化经济全球化的另一个方面是利用技术加速文化生产创新，在许多情况下，通过积极执行政策来加速，由此使全球化渗入不同等级的城市，将中小城市也包含进来。新文化经济的一些特征在某些城市得到复制，虽然它们有着完全不同的行政管理模式和政策制度（见 Turner，2006；Surberg，2006 关于河内的观点），但这种普遍的政策效仿至少在一定程度上引发了 21 世纪全球化的这一显著特征（Evans，2003；Peck，2005；Hutton，2008）。

显然，在文化经济时代，衡量城市全球地位的标准包括取决于企业集中和管控程度的“权力排名”。但小城市在文化经济中也发挥着重要作用，其中包括大量历史名城，这些城市可能是专业性活动的中心，例如文化产业中的手工艺或新手工制作地，或者拥有重要的文化机构，包括具有世界意义的教科文组织的所在地，或者拥有具有突出文化历史价值的景观；事实上，一些城市（例如意大利北部的曼图亚{见图 2.4}和维罗纳以及法国南部的阿尔勒和佩皮尼昂）往往拥有其中两个甚至更多的特征。

图 2.4　意大利东伦巴第的曼图亚

小城市也是新文化经济全球景观的一部分。技术和创造力的协同作用是新文化经济的显著特征，这一特征在加利福尼亚尤为突出。库比蒂诺位于圣何塞以西，毗邻硅谷（人口约 6 万），其中苹果公司的总部在该市拥有约 3.4 万名员工。库比蒂诺还拥有甲骨文、IBM、惠普和奥利维蒂等大公司的重要业务。此外，山景城（2010 年人口为 7.406 6 万）位于加利福尼亚州圣克拉拉县，是谷歌、莫兹拉、财捷和赛门铁克等大公司的总部所在地，而 YouTube 总部位于加利福尼亚州圣马特奥县的圣布鲁诺（人口为 4.1 万）。虽然这些例子遵循的逻辑很容易被认为是大型技术公司在远郊地区寻求园区式环境，但谷歌、苹果和其他跨国公司在洛杉矶、旧金山、纽约、西雅图和伦敦等世界城市也拥有非常庞大的业务，包括工程、产品开发、营销和销售等（见图 2.5）。这些趋势凸显了新文化经济的复杂图景。

图 2.5　华盛顿西雅图弗里蒙特区的谷歌园区

世界演变与全球城市话语

关于城市全球化的学术谱系始于彼得·霍尔 1966 年出版的关于世界城市的开创性著作。此中的历史语境很重要：霍尔的"世界城市"理论是在战后后殖民背景下形成的；"西方"(或有争议地被称为"第一世界")与经济互助委员会国家(或称苏联控制的"第二世界")之间的冷战对其理论亦有影响；而由于渐进运动、对社会经济不平等和环境恶化的担忧，以及越南战争引发的社会骚乱和抗议等因素而导致的社会动荡加剧也是其理论形成的重要背景。大部分情况下，受第二次世界大战破坏的欧洲主要城市在 20 世纪 60 年代中期大多实现了实质性的大规模复兴，包括建造新的住房，制造业和新兴服务业的增长等。

霍尔的研究对伦敦、巴黎、兰斯塔德-荷兰、莱茵-鲁尔、莫斯科、纽约和东京七个城市地区的经济、发展特点和规划问题进行了详细分析。以上每一个城市（或地区）都在其国家城市系统中占据着主导地位，拥有工业和贸易的最大份额，并体现了其国家领土内最高程度的经济专业化，反映了其重要的历史优势。

彼得·霍尔在1966年的著作中介绍了主要“世界城市”的工业结构调整经验。他理所当然地承认了专业化制造业对世界城市的持续重要性，但与此同时，他预测城市经济的全面结构调整才刚刚开始。霍尔特别指出，虽然制造业的多种形式可以分散化，但是，逐渐引领都市发展的接触密集型、基于办公室的服务业，在拥有众多供应商、客户、资本和信息的中心商业区即都市最大的工业集聚区将最为繁荣。地理学家让·戈特曼（Jean Gottmann）早些时候在其对都市的经典研究中也指出了这一点，他的研究聚焦于美国东北部沿海地区的城市化（1961）。

约翰·弗里德曼和戈茨·沃尔夫："全球城市假说"

在著名的论文《世界城市形成：研究和行动纲领》中，约翰·弗里德曼（John Friedmann）和戈茨·沃尔夫（Goetz Wolff）断言，全球城市的主要特点是“生产性服务和金融服务占主导地位”，这反过来又促进了全球城市网络的形成，在这个网络中，这些城市“通过通信和金融彼此紧密相连”，从而能够对世界市场进行高度控制（1982：319）。

弗里德曼和沃尔夫的著作与彼得·霍尔15年前的《世界城市》的主要区别在于，他们重新强调了全球城市系统的行为，而不是城市以及国家经济和政治的首席地位。他们的论点是，在战后大公司已经超越了国家市场的界限，转而投入到控制全球生产、市场和资本流动的战斗中。国家级工厂的主导作用逐渐让位于一批新兴的“跨国公司”，在这些公司中，参与全球市场“原则上不受限制”（311）。这里作者承认了伊曼纽尔·沃勒斯坦（Immanuel Wallerstein，1974）提出的“全球核心”的等级观念的广泛影响和独创性，这些“全球核心”包括欧洲、北美和日本的主要控制中心；由墨西哥、西班牙、埃及、巴西、新加坡、中国台湾和韩国等工业经济体组成了“半外围核心”，这些国家和地区的资本和技术知识很大程度上依赖于“核心”；最后是以农业经济为主的“世界边缘”（311）。

弗里德曼和沃尔夫承认，他们有意提出有关全球城市的假设，是因为人们认为提出“世界城市形成的全面理论”（320）为时尚早。该假设的基本要素可归纳如下：

1. 经济结构调整，其特点是职业阶层的增长，以及管理、银行和金融、法律和会计服务、电信和计算、国际运输系统、研究和高等教育等关键职能在全球城市崛起中的核心地位，受到房地产、酒店和高端零售、国际旅游、政府服务和制造业等其他专业服务的扶持——尽管在许多最发达的全球城市和社会中，后者的功能正在减弱。

2. 社会结构调整，其特点是劳动力和社会明显两极分化，上层越来越多地由高级企业管理人员和专业人员组成的“跨国精英”所主导,其中大多数是 30 至 50 岁的男性,底层则是大量且不断增加的穷人和非正规就业或失业人口。

3. 实体结构调整,很大程度上由于全球城市对住房和基础设施的巨大需求而形成,其中许多城市正在接近甚至超过 1 000 万人口;洛杉矶及其广袤的“市区”就是世界城市扩张的一个缩影。

4. 政治冲突,随之而来的多是由于结构调整的不均衡和日益严重的不平等带来的社会冲突。城市中的“经济空间”的显著差异,加剧了全球城市中的政治冲突,这种“经济空间”往往“遵循资本的逻辑”,又是“受利润驱动和个性化的”(325);从正反两方面看,人们居住的“生活空间”的地域特征实现着他们的梦想,寄托着他们的希望和归属:这些都给负责协调空间需求冲突的规划者和公职人员带来了巨大挑战,而且在房地产膨胀、迁徙和其他混乱的压力下,往往缺乏维持全球城市社区生活质量的财政或监管资源。

弗里德曼和沃尔夫最后呼吁开展能够超越世界系统研究的“抽象模型”的研究,通过“在世界经济体系及其空间表现——世界城市”(328)之间建立牢固的联系,从而影响迄今为止依然存在的城市研究的主要领域。

萨斯基亚·萨森与“全球城市”:纽约、伦敦和东京的首席地位

萨斯基亚·萨森(Saskia Sassen)在其著名的《全球城市》(2001[1991])一书中进一步强调了专业化金融和中介服务,而

非强调界定典型工业城市的大规模制造业。萨森的分析和理论推测集中在三个城市：纽约、伦敦和东京，这三个城市履行着最专业的金融和公司控制职能，似乎主宰着各自的大陆区域。

萨森对“世界城市”(world city)的概念进行了重要界定，“世界城市”指的是几个世纪以来我们所看到的某一类型的城市(2001：xix)，包括罗马、威尼斯和伦敦等帝国中心，更重要的是，他把“世界城市”与当代“全球城市”(global city)区别开来——“全球城市”是一种新型都市，在主要由取消管制、私有化和新的国际生产劳动分工形成的新兴国际经济中发挥最专业的金融和管理作用。相比弗里德曼和沃尔夫早期的模型而言，萨森关于全球城市兴起的观点也是围绕一系列假设构建的，可概括如下：

1. 全球经济是由经济活动的分散(特别是在制造业中)以及同步进行的一体化而塑造的，后者由全球城市的复杂战略职能进行管理。

2. 由于专业的财务、管理和服务职能日益复杂，总部业务和控制中心越来越多地外包。

3. 从事极其复杂任务的专业化服务公司由于市场高度的不确定性以及决策和服务提供速度的需要，而受到集聚经济的制约，全球城市的中心相当于处于“极度密集的信息循环”中。

4. 总部和控制职能可以下放，但“确定全球城市独特生产优势的关键部门是高度专业化和网络化的服务部门”。

5. 专业服务职能需要“全球附属机构网络或某种其他形式的伙伴关系”，从而促使人们“加强城市间的交易和联系”。

6. 与高端服务行业相关的高级专业人员的就业迅速扩张，

这意味着“有资质的人才”对“报酬结构”施加了向上的压力，反过来又加剧了全球城市内部空间和社会经济不平等的程度。

7. 全球城市内高端专业服务公司和就业的首要地位加大了低利润经济活动的压力，例如制造业和分销部门，导致这些活动日益非正规化，成为“生存的一种方式”。

[Saskia Sassen, 2001: xx-xxi]

根据详细的实证证据，萨森指出，“全球城市”包括巴黎、法兰克福和米兰等重要金融中心；但处于全球金融和生产性服务网络顶端的是三个城市：纽约、伦敦和东京。其中每一个城市都经历过严重的经济衰退和财政危机，包括制造业和劳动力的萎缩。但到了 20 世纪末，由于主要金融机构和咨询、法律服务、会计、工程和建筑等专业服务行业的高度集中，这些城市实现了对全球资本流动的高度控制。

萨森对全球城市分析的一个创新之处在于，她认识到纽约、东京和伦敦三巨头之间的关系具有互补性，表现为证券交易所、商业银行、外汇和证券等主要金融和服务职能的明显优势。每一个城市都被视为所在区域的领头羊。纽约和伦敦的地位可能依然如此，但随着东亚、东南亚和南亚经济格局的重组，日本经济长期萎靡不振，而上海、首尔和香港等强势竞争对手的崛起，东京的地位可能会变得不那么稳固。

全球文化城市：正式和非正式活动的分类

就最基本的分类来说，文化活动往往以简单的二分法来描述。伦敦市长批准发布的《2012年世界城市文化报告》将文化产业和活动划分如下：在博物馆、剧院和美术馆等长期文化场所开展的“正式”文化活动；以及在俱乐部、酒吧、餐馆、户外和节日环境中举办的“非正式”文化活动（2012：17）。这一定义具有一定的实用性，但在某些重要方面显然有局限性：例如，英国一年一度的格林德伯恩音乐节主要在室外举行，但同时也提供高水平的专业歌剧，汇聚了一批国际明星演员；而这些“盛大的歌剧表演”则常在维罗纳古典圆形剧场上演，因此显然是“正式的”。而巴厘乌布古典舞的露天表演进一步体现了正式与非正式之间的模糊界限——表演气氛可能显得非正式，但在许多情况下，舞台和动作遵循着传统路线。

《世界城市文化报告》（以伦敦市长鲍里斯·约翰逊为代表的一组研究人员和官员编写）中也许包含了一种更有用的分类法，其中包括将全球城市与较小中心区域划清界限的六组文化产业、活动及其特征。

文化和全球城市——节选自《世界城市文化报告》

伦敦市长，2013

文化遗产

全球文化城市在很大程度上是由一个城市的历史塑造的，代表着世代传承的“文化遗产”。全球城市的重要文化遗产包括大型画廊、博物馆和工作室，其中收藏了大量的国内作品以及国际作品；还包括主要的绿地（如伦敦海德公园、纽约中央公园和东京上野公园)。其他举措还包括设立世界遗产地,比如柏林三处,伦敦四处,孟买两处,巴黎四处。纽约的高线公园是在废弃铁路的基础上开发的,堪称通过适应性再利用建立起来的文化遗产的范例,同时结合了生态和建筑的优点。

文学文化

世界上主要的大都市,许多发挥着首都的功能,也孕育了历史上众多著名的作家,比如莎士比亚和狄更斯(伦敦),左拉和巴尔扎克(巴黎)等。文学文化的深度也可以通过书店和经销商的数量来衡量:伦敦有大约 800 家书店,而纽约则有 750 家。"全球南方"的世界城市拥有更多的书店,反映了其在国家中的首席地位及其对各自国家文学生活(和身份)的重要性,圣保罗有 870 家,约翰内斯堡有 1 000 多家。出版行业本身就是全球城市的另一个主要文化产业,在全球城市中也具有良好的代表性。

电影和游戏

电影制作总是与洛杉矶联系在一起。洛杉矶是美国主要的全球城市之一,但在伦敦、米兰,尤其是孟买,电影也很重要。正如《世界城市文化报告》(44)所说,孟买在电影制作方面可能是世界领先的城市。全球文化城市也拥有高水平的电影"消费"能力,例如巴黎就有 302 家电影院和 1 003 块银幕。主要全球城市在电影节排名中也具有良好的代表性,柏林、东京、纽约和伦敦都是当中的佼佼者。随着视频游戏产业作为城市文化经济中一个新兴增长点崛起,全球城市既有视频游戏的开发商，也布局了销售点：孟买有大约300个视频游戏吧，上海有近600个，东京则有近1 000个。

表演艺术

正如《世界城市文化报告》所说，全球(和全球化)城市在人才的丰富性和多样性以及观众和可供演出的场地规模方面都具有强大优势。更具体地说，剧院、音乐、喜剧和舞蹈"在某些方面是城市文化的精髓，因为只有当有艺术才华和技能的人能够与足够多的支持他们的观众聚集在一起时，他们才会蓬勃发展"(47)。举例来说全球文化城市中剧院的数量可以说部分反映了这种集聚规模，比如纽约420家、巴黎353家、东京230家和伦敦214家。在音乐方面，巴黎、东京和伦敦拥有大约350个现场音乐场地，而柏林和纽约则拥有200多个场地。纽约每年的舞蹈表演在全球城市中名列前茅(约6 300场)，而巴黎、伦敦、上海和东京则各有至少1 500场。

人与人才

虽然许多城市的人才基础都在教育机构、培训中心和学徒工坊中，但世界城市的一个显著优势在于支持性机构和部门的质量，包括特殊目的的机构，以及位于"通才"大学内的文化教育机构。《世界城市文化报告》小组的报告显示，虽然大多数城市都设有专门的文化表演机构或学位教育(音乐、戏剧和舞蹈)，但往往是主要世界城市拥有最集中的精英机构，如纽约茱莉亚特音乐学院。研究小组还发现，柏林和巴黎有声名显赫的电影学校，东京有一所时装学校，伦敦有一所设计学校，孟买和巴黎有多所建筑学校。此外，还有一些重要的机构专门从事互补学科和职业教育，例如意大利的米兰理工大学，该校拥有建筑、工程和规划等大型学院。规模和专业化重要性的另一项证据是，伦敦的各类艺术和设计学院包括大约 35 000 名学生，而上海有大约 43 000 名学生在“通才”大学中学习艺术和设计(50)。

文化活力和多样性

“时尚氛围”(buzz)可以吸引人才，提升创造力，虽然关于“时尚氛围”的定义和内涵的争论仍在继续，但显然，城市街道和空间的社会密度、相互作用和“能量”在许多城市中促进了文化经济的发展。在这方面，《世界城市文化报告》的作者们认为，主要城市的文化经济在很大程度上取决于“环境的安全和活力，社区融合的意愿，居民的公民自豪感，以及在一个日益个人化的世界里欢聚一堂共同庆祝的愿望”。这不是一个容易量化的领域，但衡量活力和多样性的一些有用指标可能包括：夜总会、迪斯科舞厅和舞蹈俱乐部的数量：圣保罗和上海约有 2 000 家这样的地方，而东京酒吧数量惊人，高达 14 000 家。在饮食这一关键领域，东京再次成为世界主要文化城市的领头羊，拥有 15 万家就餐场所，而伦敦有 3.7 万个，巴黎和纽约则各有 2 万多个。就社区活动而言，悉尼在街头节庆方面在发达城市中脱颖而出，而圣保罗狂欢节则吸引了 400 万人参加——“相当于城市人口的三分之一以上”(53)。

[世界城市文化报告，伦敦：伦敦市长，2013]

除了标志着城市分量和地位的文化产业、机构和劳动力的聚集程度之外，全球城市在提供必要的基础设施和专业知识方面也发挥着独特的作用，这些基础设施和专业知识使“委托、分销、管理和其他专业职能能够让文化部门将产品推向市场”（2012：17）。

文化经济与全球城市：权力投射

一定程度上，世界城市在文化领域的地位标志依然沿袭了早期的模式，即（早期）将城市规模、专业化和工业能力作为关键标志，然后是“后工业化全球城市”变体，这种变体更注重中介性金融和生产性服务。在这一传统中，人们更倾向于从企业集中度和全球空间“权力投射”的角度来看待其地位。

因此，根据世界和地区文化聚集中心的排名，亚伯拉罕森（Abrahamson，2004；在 LDA，2008 中被引用）发布了一项全球文化城市等级报告，将纽约置于榜首；其次是二级城市，包括伦敦、洛杉矶、巴黎、悉尼和东京；然后是多伦多，只有这一个城市处于第三级；然后是第四梯队，包括卢森堡、中国香港、“全球南方”的主要文化中心（开罗、马尼拉、墨西哥城和孟买），最后是纳什维尔——美国公认的“音乐城市”。

在 2008 年的标志性出版物《伦敦：一次文化大审计》中，伦敦开发署（London Development Agency，简称 LDA）的一个专家小组解释了为什么强调企业集中度是衡量城市系统中全球文化地位的标准，理由如下：

> 关注这些聚集体有几个原因。一是它们的主导作用。迪士尼公司 2006 年的收入为 340 亿美元，资产为 530 亿美元(其中 220 亿美元为商誉，说明无形资产在文化部门的重要性)。时代华纳 2006 年的收入为 440 亿美元，资产为 1 310 亿美元(其中 410 亿美元为商誉)。维亚康姆的总收入为 110 亿美元，资产为 220 亿美元……二是因为这些全球生产商和其他小生产商的“长尾”(long tail)之间的协同作用，后者在寻求世界分销链时往往以前者为导向。
>
> [LDA，2008：15－16]

的确，在后一种情况中，“一个小型创意性创业公司非但不会逃避来自媒体巨头的竞争，反而往往会寻求机会，甚至以被收购为目标”(同上)。这种行为模仿了(特别是)技术领域小公司“先建后售”的战略，在这一领域中，小公司向大公司提供关键投入，随着时间的推移开发重要的专有技术，大公司觊觎这些技术，就要直接收购小公司及其关键员工。

虽然在文化行业大型企业吞并小型企业的做法已司空见惯，但也有一系列更具战略性的兼并和收购，这是企业在全球市场重新定位的重要组成部分。当然，媒体和新媒体公司如谷歌(Google)、苹果(Apple)和脸书(Facebook)等都已有先例，收购了中等规模或更大规模的公司，这一战略在某些情况下是为了避免竞争，或者是为了在新兴领域提升关键能力。

虽然对城市排名的有用性有合理争论，当然也有关于全球化城市带来的不平等和混乱的激烈争论，但是，“文化”和文化经济正日益成为国际网络和系统中城市权力投射的一部分。高度集中的专业文化机构、工业生产部门和劳动力以多种方式支持着城市在全球系统中的定位，特别是在与金融、商业服务和高等教育方面的优势相结合的情况下。

对于纽约、巴黎、柏林和伦敦等城市来说，文化经济的深度提升了“全球品牌”，而重要的媒体行业和机构有助于塑造国际性观点和意见，并在专题广播中突出“城市叙事”，为城市的宣传呐喊助威（Krätke and Tayler，2004），突出的例子包括设在亚特兰大的英国广播公司（BBC）和有线新闻网（CNN），以及设在纽约、华盛顿特区和洛杉矶的主要演播室，这些演播室通常都提供关于主要城市文化特征和景点的专题片。最近进入全球广播行业的是半岛电视台（Al-Jazeera），总部设在波斯湾的多哈，由卡塔尔资助，它为新闻和专题报道提供“另一种声音”，最初是在中东地区，但随其逐渐成功进入国际广播市场，影响力越来越大。

全球城市媒体主导地位

来自英国广播公司和全国性报纸的范例

全球城市往往主导着媒体的新闻和专题报道，主要是因为它们具有经济、政治和文化意义，也因为它们在全国性报纸、电视，尤其是越来越在社交媒体中占据主导地位。巴黎、东京、纽约、洛杉矶和伦敦等全球媒体最集中的城市即是如此。

全球城市的这种主导地位往往是一个令人关切的问题，媒体行业的专业人员、学者以及这些区域和城市的代表人物都表明了这一点，他们认为自己在媒体报道中处于边缘地位。在英国，媒体被认为主导着新闻和专题报道。英国《卫报》2008 年的一篇报道援引了英国广播公司信托基金主席迈克尔·莱昂斯爵士(Sir Michael Lyons)的话，他说英国广播公司通过“以伦敦为中心”进行报道，损害了其他地区的利益[www. theguardian. com/media/2008/june12/bbc；2014 年 11 月 30 日访问]。

《新政治家》最近对 8 家看起来是“全国性”的英国报纸中的地区报道进行了一项调查，关键结果显示，几乎一半(49. 1%)的“全国性新闻”报道集中在英国的伦敦-东南部地区——这个数字大约是伦敦-东南部地区占全国人口比例(26. 6%)的两倍。在全国性报纸上发表篇幅更长、更深入的报道时，呈现出了更大的地区偏见：多于 300 字的报道中，58. 6%的报道以伦敦和东南部地区为中心，这着实令人震惊。[www. newstateman. com/newspapers/2013/08/London-newspaper-bias-half-national-news-about-south-east；2014 年 11 月 30 日访问]。

愈来愈推崇全球城市的这种趋势与其作为跨国大都市的突出地位有关，这些城市在与国际移民、商业化流动、外国学生和游客之间的沟通和文化网络建设上日益建立起深度的连接。

跨国主义、世界主义与城市文化经济

城市的经济不是在生产系统、企业和劳动力的分立框架内自主运作的，而是在复杂的社会、文化和政治/治理系统中“嵌套”在不同的空间尺度内的。可以说，所有这些人类系统反过来，又都嵌套在生态系统中，因为每个系统都依赖环境资产、资源和各种服务来维持运转。接下来我们选择了一些比较有影响力的研究，讨论有关城市世界主义和跨国主义的复杂的、争议性的观点，每一种观点都有力地挑战了狭义的全球化经济模式。

全球文化城市中的经济本质主义批判

爱德华·索亚：文化与“后都市”

爱德华·索亚(Edward Soja)在《后都市：城市与区域批判研究》(*Postmetropolis: critical studies of cities and regions*, 2000)中对文化与城市发展和全球化的关系进行了重构。上个世纪之初，影响索亚对城市再理论化的一个基本思想是：超越坚持市场和经济主体至上的“地缘政治经济”观点的主导模式，接受关于全球化进程及其结果的新兴“文化研究话语”。他提出了一种综合的方法来重新定义全球化和城市，其中涵盖了来自文化研究专家、人类学家、社会学家和规划者等多方面的观点。

索亚批判了占主导地位的全球城市叙事，最引人注目的是他把特定地域视为身份的象征。因此，对纽约全球功能的探讨主要局限于曼哈顿的企业高层综合大楼，包括大型银行和其他金融公司以及总部，而根据同样的逻辑，伦敦的全球城市地位取决于伦敦金融城和码头区的金融和商业特色。在以上每种情况下，全球城市话语都倾向于将扩展的内城、郊区和远郊范围内的城市-区域空间边缘化。

索亚认为，对中央商务区（CBD）公司高层办公大楼的这种过于狭隘的关注，促使金融、保险和房地产（三者合起来简称 FIRE）行业成为衡量全球城市形成的一种"话语优势"。这是对占主导地位的全球城市叙事的强烈对抗，因为都市发展轨迹显然涵盖中心城市以外更广泛的经济（和更丰富的社会文化），还包括快速发展的郊区文化产业和不断增长的就业——而这正是多伦多约克大学罗杰·凯尔（Roger Keil）正在主持的"全球郊区主义"国际研究项目的重点。[http://www.yorku.ca/suburbs：2014 年 6 月 15 日访问]

反思资本主义及其对城市空间的影响

阿君·阿帕度莱与"脱节的资本主义"的文化景观

后殖民批评家阿君·阿帕度莱（Arjun Appadurai）批评左倾思想家夸大了资本主义产生僵化的同质性全球文化的趋势，呼吁学会欣赏"无组织资本主义"中反复出现的"分裂、讽刺、抵制和复杂的空间动态"特征，这些特征是由"我们刚刚开始理论化的经济、文化和政治之间的某些根本性脱节"形成的（阿帕度莱，1996：32—33）。阿帕度莱在其《消散的现代性——全球化的文化向度》(*Modernity at Large: cultural dimensions of globalization*)一书中进行了分析,对"全球文化经济"及其构成的"全球文化进程"的整合可以通过以下五个相互关联的文化—经济景观的运作和概况来解释:

(1)民族景观,由游客、移民、难民、流亡者和外来务工人员组成的;(2)技术景观,由包括数字通信技术在内的电信领域的不断创新产生;(3)金融景观,包括全球空间内流动日益频繁的货币及其运作模式;(4)媒介景观,由以电子形式传播的图像,以及平面媒体、电影、电视中的想象而塑造;(5)意识形态景观,包括启蒙运动的"欧美宏大叙事"以及西方民主和市场经济的主导地位形成的政治意识形态,但越来越多地受到反叛分子和反对派的抗议。阿帕度莱对全球化城市景观重塑过程的多元视角,至少与资本主义及其文化混乱的本质主义观点形成了鲜明的反差和对立。

[Arjun Appadurai (1996) *Modernity at Large: cultural dimensions of globalization*. Minneapolis: University of Minnesota Press.]

定位全球化:迈克尔·彼得·史密斯的"跨国都市主义"

在构建全球化与城市文化之间的关系方面,一个反复出现的问题是,我们需要理解将城市社区与国际组织、社会和机构联系起来的社会文化网络的作用。迈克尔·彼得·史密斯(Michael Peter Smith)的《跨国都市主义:定位全球化》(*Transnational Urbanism*: *locating globalization*, 2001)是这一领域的代表性著作,这不仅是因为他用经济学的观点批判了几乎完全集中于资本主义的力量及其倒退的外部原因和结果,而且还因为他提出了丰富的社会文化关系理论,至少为全球城市的宏大叙事提供了有力的补充。

在第一节中,史密斯批判了占主导地位的全球城市模式,尤其批判了戴维·哈维、约翰·弗里德曼和萨斯基亚·萨森提出的"资本"和"经济"的主导角色,这种主导角色是全球化宏大叙事的主要组成部分,包含了下列假设:

1. 国际经济的全球化,伴随而来的是经济越界的增加。

2. 资本流动性增强,其部署集中在少数几个全球城市。

3. 主要"核心国家"城市从制造业转向商业和金融(或生产性)服务。

4. 全球城市集中了"指挥和控制"职能,由这些城市逐渐扩大的生产性服务部门在全球范围内加以协调。

5. 将这些城市按等级组织成一个全球城市系统,其目的是积累、控制和部署国际资本。

[Smith, 2001: 49—50]

作为对这些普遍性假设的反驳,史密斯认为"不论如何,城市有不同的历史、文化融合、国家经验和城市空间的政治调控模式"(51)。他承认,作为社会文化和政治进程的跨国互联已有漫长的千年历史,包括14世纪马可波罗在中国和阿拉伯的"旅居"、欧洲城邦的经济联盟和汉萨同盟的成立、导致意大利在1861年复兴运动中形成的“政治行动”以及20世纪初的大规模国际移民(2001：166)。

史密斯还批评哈维对“基础”知识的元理论探索，这促使他提出了资本积累的功能主义理论和“文化”的上层建筑概念，这种概念彻底地把经济与文化实践分离开来，并使后者从属于前者(Smith，2001：10)。作为一种另类的理论立场，史密斯主张对正在全球化的城市进行解读，在这些城市中，“文化”被揭示为“人类实践不断变化的产物”，而不是“更深层的”经济需求的反映(11)。史密斯更认同全球化世界中文化认同的“偶然”模式，在这种模式中，“种族和性别意识不会自动从阶级意识中抹去”(同上)。

史密斯将洛杉矶作为一个特别合适且理论上成果丰硕的研究区域，提出了一种全球化城市的不同模式，该模式考虑到了当地的偶然情况。这里的偶然性包括社会组织差异的重要性，地方文化的丰富性，以及“自下而上”的机构在全球城市网络形成中所参与的进程和作用等。史密斯描述了洛杉矶清洁工争取公平劳动权利和福利的斗争，这一群体的力量由于当地协会和离散网络的资源而大大增强。史密斯敏锐地意识到当代洛杉矶的资本和跨国公司的力量，以及主要由这些力量形成的深刻的社会分歧，但是，史密斯仍然有理有据地阐述了有效的“跨国网络机构”在促进社区、环境和个人进步等方面的作用。作为一家补充型企业，拉奎尔·特立尼达卡·切雷斯(Raquel Trinidad Cáceres)为洛杉矶的文化规划提供了一种革新战略——既是一个“全球都市”，又是一个由不同社区组成的“跨国城市”。

谁是下一个洛杉矶？

跨国城市革新的文化规划透视

拉奎尔·特立尼达卡·切雷斯

无论是在实际中还是在想象中，洛杉矶都是一个与众不同的城市；这是一个具有丰富多样的文化、种族、语言、社会、政治、自然和历史景观的地方，这些景观任何时候都显而易见。由爱德华·索亚、艾伦·斯科特、迈克·戴维斯等人所在的洛杉矶城市学院（Los Angeles School of Urban Schoarship）使城市规划和城市研究变得更为复杂。洛杉矶广阔的地理区域、悠久的汽车文化，加上严重的收入不平等、公共空间私有化和复杂的种族关系，使得通过艺术和文化规划突出洛杉矶兼收并蓄的公民的丰富历史和故事变得更加重要。

2009 年完成的这一项目的研究对象仅限于洛杉矶。为了对该市的文化规划进行批判性分析，该项目将 1992 年仍在实施的《文化总体规划》作为调查的主要规划文本。此外，还特意将研究建立在基层艺术家和市政工作人员的声音基础上，并辅之以本土洛杉矶人的个人观察和经验。

例如，20 世纪 70 年代纽约市街头蓬勃发展的涂鸦艺术在被定为违法行为之后，在整个洛杉矶依然盛行。艺术形式表达了全世界各个城市中心的工人阶级、边缘人群和/或有色人种社区的精神气质。可悲的是，由于涂鸦与帮派文化、暴力、滑板文化以及涂画式签名的关联，这种艺术一直没有得到洛杉矶市文化规划计划的支持。这座城市只有一个被批准可以涂鸦的地方，位于偏远的威尼斯区的西面，涂鸦艺术家聚集在那里可以自由安心地作画。这只是洛杉矶如何支持社区艺术家的思想和经历的例子之一，艺术家们的这些思想和经历凸显了他们在这个极其复杂的地方的遭遇。洛杉矶的地盘、社会和经济之争依然在酝酿，亟需做出更多改变。而在艺术方面，这个城市的多样性可以从该研究中得到一些关键的启示：

- 设定一个政治愿景：洛杉矶市缺乏解决流浪、经济适用房、教育、粮食安全和艺术等首要问题所必需的更大的政治愿景。一项明确的计划有助于清晰地指导文化规划和所有其他相关问题。
- 实施机构间和部门间的合作与协调：为机构间和部门间合作与协调所做的努力已经被证明并不成功。除了关键部门的参与，以便从所有相关部门获得资金并建立问责制之外，还需要评估哪些措施可行，哪些措施不可行。
- 重新调整街道和公共空间，使之具有多样性：修订城市分区条例，允许街道有多种用途。这些用途可以包括举办即兴音乐会，提供批准的场所练习涂鸦艺术，以及其他各种视觉艺术和表演活动。

- 更新许可程序：重新起草许可证，授权增加在公共空间（包括地铁站和街角）进行公共表演的机会。
- 继续对艺术和文化进行投资：在经济萧条时期，美国联邦政府于20世纪30年代建立了工程振兴管理局（Works Progress Administration），雇用了许多艺术家。以史为鉴，联邦政府和地方政府可以采取适当步骤，在未来为所有居民投资艺术和文化。

世界主义文化与全球化城市

彼得·范德维尔（Peter van der Veer）在他的《世界主义的选择》（*Cosmopolitan Options*，2002）一文中对世界主义的起源及其文化意义作了深刻的阐述。他认为，世界主义与西方启蒙运动和世俗的普世主义相关，对不同的（和有分歧的）文化经验既有知识上的包容，也有审美上的包容。世界主义与探险、殖民和日益全球化的贸易联系在一起，而就全球化的贸易而言，世界主义也与亚当·斯密（Adam Smith）和约翰·斯图尔特·密尔（John Stuart Mill）提出的"世界资本"的兴起相关。

这种世界主义的早期表现为驻非洲、亚洲和拉丁美洲的欧洲人（包括传教士和殖民官员）的某种宽容。但即使在这种殖民时代对跨文化关系的良性解读中，帝国主义国家与臣服者之间的权力严重失衡也造成了深刻的压迫和混乱。权力是通过军事力量和一系列旨在征服土著人民的惩罚性法律和条例行使的，但“文化”在推行欧洲霸权方面也发挥了重要作用，尤其是范德维尔所说的英语和其他欧洲语言在控制殖民社会的沟通和社会关系中发挥的权力。

斯蒂文·维托维克和罗宾·科恩：世界主义的构想

斯蒂文·维托维克（Steven Vertovec）和罗宾·科恩（Robin Cohen）在他们编撰的《构想世界主义：理论、语境和实践》（*Conceiving Cosmopolitanism: theory, context and practice*, 2002）一书中，通过对六个主要理论领域的概述，对世界主义城市和社会的构建作出了贡献。在该著作中，维托维克和科恩提出了一个在多层面（社会、团体、个人）运作的世界主义的动态模型，渗透到人类行动和经验的各个领域，并不断受到技术革新的影响。

构想世界主义：理论、语境和实践

斯蒂文·维托维克和罗宾·科恩

作为社会条件的世界主义。维托维克和科恩承认，数字通信、移民、大众旅游和商品自由流通的影响塑造了一个国际化的城市世界，引用克利福德·格尔茨（Clifford Geertz）的精辟评论，即“令人震惊的是，世界在其每个地方都变得越来越像科威特的集市，而不是英国人的俱乐部”（1986：121）。世界主义作为社会条件的积极影响包括“充满活力的文化创造力”，以及它“对各种种族中心、种族化、性别化和民族叙事的政治挑战”，而更负面的影响包括“标准化”的商品、形象、实践和口号的出现，这些都属于全球化的、杂糅的、看似“没有根基”的世界主义文化(7—8)。

作为哲学或世界观的世界主义。维托维克和科恩提出了一种政治哲学的二元结构，在这种结构中，思想家们与社群主义者(他们认为道德原则和义务基于特定的群体和背景)和世界主义者(他们呼吁我们生活在一个由权利和正义统领的世界中)交替结盟。他们还引用了乌尔里希·贝克(Ulrich Beck)(1998)等学者的著作，这些学者主张一种“与国家政治不符的、全球和地方问题的新方言”(29—30)。

世界主义作为政治项目之一：跨国机构。在这一思想中，“世界城市”表现为超越地方政治界限的本地跨国机构和合作机构的形成和运作，追求公正的城市主义模式和城市环境。

世界主义作为政治项目之二：多主体。维托维克和科恩的项目在这里生动地阐释了个人对多个群体或其他“主体”的反应，回顾了古希腊斯多葛派及其对自我、家庭、群体、城市和国家等同心圆互动的生命意识。从政治角度而言，“国际都市接受甚至鼓励个人对‘多重归属’做出回应”(9—11)。

世界主义作为态度或性情。在这里，个人通过旅行和其他外向活动，学会了欣赏不同的、相左的、甚至是冲突的文化价值和实践，这些价值和实践融会贯通，渗入他们日常生活的经历和实践中。

世界主义作为实践或能力。维托维克和科恩在此强调世界主义作为实践，超越了对差异或“混搭”文化规范的冷漠接受，或者雷格·科尔霍恩(Craig Colhoun)所描述的“消费主义的世界主义”，而是更积极地致力于运用经验丰富的“差异”，成功地在‘多个世界’内部和之间移动(维托维克和科恩：牛津大学出版社，2002：7—11)。

[Stephen Vertovec and Robin Cohen (eds.) (2002) *Conceiving Cosmopolitanism*. Oxford: Oxford Universtity Press.]

世界主义的政治层面延伸到了跨国交往，世界主义被认为是一种“实践或能力”，就城市“社会环境”的日益多样化而言，维托维克和科恩的世界主义模型与迈克尔·彼得·史密斯的“跨国城市主义”概念有着本质性联系。

文化经济与城市“日常全球化”

虽然文化被认为是全球城市权力投射的一部分，但正是一系列更细微、更全面的“日常全球化”塑造了大城市和小城市的经济，进而塑造了它们的劳动力市场、社会形态和社区。这些大多是小规模且往往是“视线之外”的趋势，但其累积影响却不容忽视，这也从侧面说明城市文化经济的创新和变革是多层次的。

日常全球化和公司

传统上，研究文献将独立公司（即不是分支机构、工厂或办事处的公司）视为典型的内嵌于特定城市或地区的公司，并在很大程度上由当地环境或特色所塑造。工业革命初期，英国城市企业出现了明显的产品专业化，尤其是工业生产的本地化。阿尔弗雷德·马歇尔（Alfred Marshall）认为，传统工业区内的企业有着共同特点，而这种特点则基于该地区生产关系的独特性。在福特主义鼎盛的时期，某些城市与其支柱产业（如底特律的汽车、曼哈顿的服装等）相互依赖，包括可从事专业工业生产的熟练劳动力储备。当然，最终产品的市场在许多情况下可能超出工业区；但物理设备、劳动力和辅助生产系统大多是高度本地化的。

当然，这种本地化以某种形式依然存在于许多公司中，但也有一些因素形成了本地外甚至全球性的运营特征。许多创意公司是由移民创办的，包括移民企业家，他们带来设计价值和文化实践，可以用来塑造创新的文化产品（和服务）。创意公司文化劳动的构成要素一直在演变。例如，笔者参观了旧金山南园区的一家工业设计公司（“融合项目”），15 名专业人员中包括 8 个不同国籍的人，他们利用不同的教育背景和设计传统为“文化产品”进行创新服务。在工业中发挥这种“设计融合”潜能被认为是一种突出的竞争优势。

日常全球化和市场

全球化以其杂糅且清晰的表现形式，以多种方式影响了创意性企业在市场中的参与。电子零售的迅速扩张改变了生产者和消费者市场之间的关系，也绕过了制造厂家的代理商、批发商、销售商和其他中介机构。文化产品部门，包括时装、珠宝、配饰等，特别适合于电子零售，因为在大多数情况下，这些产品小到足以通过快递或其他邮寄服务运输，而且日益高效的文化商品图像及展示可以利用全球最大的电子零售商亚马逊（Amazon）等平台的全球影响力，在广告方面创造经济效益。

互联网和相关的新媒体平台及渠道的不断拓宽，即使是规模很小的公司，也能够加入国内和国际消费市场，且无需支付代理商和其他贸易中介费用。例如：佛罗伦萨、锡耶纳、卢卡等地的文化产品和工艺品的个体手工生产者通过建立网站，便可以进入国外消费市场。

在城市劳动力市场方面，互联网有助于国际/全球范围内招聘熟练劳动力，或者为特殊生产任务招聘临时工；经常从外部来源采购图片的电子游戏公司就是一个例子。这里笔者引用的例子来自总部位于温哥华的一家游戏公司，他们从中国采购艺术作品，质量与从当地采购的作品大致相当，从而实现了可观的经济效益。

最后，文化经济中生产和消费的融合为全球化提供了细小的日常实例。比如，在最近访问新加坡期间，笔者观察到唐人街（位于 CBD 以西）有一个新咖啡店的广告牌，宣称这家店将推出“美国华盛顿西雅图”出产的咖啡，这显然是对质量的认可，并向假想出来的鉴赏家发出信号，表明这种饮品将体现出哈维·莫洛奇（2002）所说的“产品中的地方”。

日常全球化和城市社区

莎伦·佐金(Sharon Zukin)的《城市文化》(*The Cultures of Cities*)(1995)对社区和全球化话语做出了开创性的贡献,她认为新兴的“象征经济”是城市再开发的关键因素。根据佐金的诠释,城市文化本质上是一个有争议的术语,它与文化在城市复兴中发挥作用的三个载体有关:种族、美学和营销。就后一种意义而言,社区的文化特性可由市场参与者有效地利用,包括房地产公司,它们在新的开发项目的营销和推广中会“捕捉”选取社区的某些面向和特点。蒂莫西·肖特尔(Timothy Shortell)最近就在他的专著《日常全球化:布鲁克林和巴黎移民社区的空间符号学》(*Everyday Globalization: a spatial semiotics of immigrant neighbourhoods in Brooklyn and Paris*)(劳特利奇出版社,2014)中再次肯定了这一论断。

城市社区文化变迁的各个方面塑造了创意产业及其制度,以及城市文化生产和消费的格局。国际移民使某些城市社区和地区以及整个城市/都市的社会和文化资本多样化并“再次混杂”,伦敦城郊的克勒肯维尔(Clerkenwell)的演变就是例证。19 世纪,瑞士、意大利和提契诺移民的定居为这里带来了一批技术高超的工匠和精密仪器工人。一些移民家庭还开办了餐馆和咖啡馆,给该地区的消费带来了新的文化变革。战后,作为伦敦的后殖民社会重建的一部分,大量西非和加勒比移民涌入,形成了新的艺术和文化生产形式,特别是视觉艺术和纺织品等手工艺的生产,以及餐馆、咖啡馆和非正式的食品市场中的消费。

在新兴的中等规模的跨国都市中，日常全球化也有一些重要方面，这些方面塑造了文化价值观、实践和表现。丹·希伯特(Dan Hiebert)关于“地方层面的世界主义”的文章是在温哥华撰写的，更具体地说，是在东温哥华自己的社区中撰写的，他有机会观察和分享文化日益多元的社区中的日常生活经验。希伯特首先区分了对跨国主义和世界主义的解读：对于跨国主义，希伯特指的是“同时经历并依附于两个或更多地方的个人”；而世界主义则“普遍适用于具有显著文化多样性的地方”（Hiebert，2002，Vertovec and Cohen，2002：211）。作为一种分类，希伯特认为，世界主义可以通过工作、消费、社会交往等多个领域在地方层面上进行，以跨文化互动的质量和频率为变量。

丹·希伯特享受着他所在的国际化社区的“日常”生活品质，包括他所描述的那些在后院从事园艺活动的人之间的对话，那里已经演变成一个欢乐的聚会场所。这种简单的小规模耕作和生产活动是社区成员间有效且彼此享受的共同实践形式，战后初期，这个社区还是一个以欧洲工人阶级为主的群体聚集区，现在已经发生了巨大的变化。

但是，希伯特并没有忽视跨国城市社区生活中存在的更多问题。并非所有移民群体都有相同的跨文化交流经验(或机会)，这反过来又会影响世界主义的质量。他指出，温哥华的中国人口虽然在重要方面存在着内部差异，但其规模之大，足以构成一个自给自足的社区，在这个社区中，“个人可以选择在中国环境中生活一辈子”(215)。在希伯特看来，温哥华的印第安人和伊朗人社区呈现出飞地特征，而该地区的菲律宾人、非洲人和拉丁美洲移民社区(215)显然并非如此。

文化旅游：世界主义、身份认同与自我实现

文化旅游是旅游业整体增长最快的部门之一，日益成为城市文化经济的重要组成部分。法扎尔·里兹维(Fazal Rizvi)指出，"全球流动性已成为我们时代的一个决定性特征"，包括旅行和不断与生活和工作在世界各地的朋友和同事交流"(2011：17)。在这一节中，笔者将阐释旅游业增长背后的要素，文化旅游作为一个超越其传统小众地位的独特领域的兴起，以及很多充满矛盾和争论的方面。

旅游业作为一种产业和个人消费领域，在战后经历了高增长率，这是西方社会长期繁荣、收入增长以及社会和文化发展促成的结果。20世纪50年代和60年代，北美、日本和西欧稳定的生活和繁荣的中产阶级的扩张，为出国旅游创造了机会，而这一活动以前大多情况下只有富有的社会精英才能实现。国际航空公司的发展、旅馆和其他关键基础设施的投资以及日益复杂的营销方案极大地促进了旅游业的扩展，这些方案唤起了人们对概念上的"异国"的渴望，似乎那些"异国"超越了游客平淡无奇的日常世界。

到了20世纪70年代，旅游和旅行经历扩展到了亚洲和拉丁美洲，并且包括了新兴的旅游市场类别，如生态旅游、会议旅游、导游旅游和现在无处不在的游轮服务。尽管欧洲-美洲经典航线仍然存在，游轮旅游则在很大程度上取代了传统的北大西洋航

线。这一时期还出现了迅速扩张的“背包客”旅游，这种扩张是由人口和(可支配的)收入因素决定的，此外，年轻和成熟游客都渴望在国际酒店和主流消费之外获得“更有质感”的旅行体验。

文化旅游：从小众利基市场到快速增长领域？

旅游业一直以某种“文化”的形式存在，包括19世纪和20世纪初英国人和美国人的经典“大旅游”(Grand Tour)体验。在这些旅游中，游客游览巴黎、维也纳和意大利的历史名城，特别是佛罗伦萨、威尼斯和罗马，以及坎帕尼亚大区的那不勒斯、索伦托和卡普里。这些精心挑选的“欧洲大陆”之旅包括各种动机和目的，其中当然包括文化提升和教育，但也包括通过欣赏艺术、建筑、音乐和美食，来达到身份塑造、个人认同和自我实现的内容。富裕家庭的小姐们在这一代文化游客中尤其突出，反映了与阶级有关的社会价值观和习俗，在某些方面也反映了女性进入大学和学院时所受的限制。

但在过去几十年里，公开的“文化旅游”数量经历了尤为显著的增长，再次反映了人口的因素，尤其包括了战后婴儿潮一代早期的一大批富裕退休人群，东亚、东南亚等新兴高增长经济体的游客，以及所谓的“金砖国家”(巴西、俄罗斯、印度、中国和南非)的富人。

文化旅游体验的动因：约翰·厄里的“世界主义美学”

在本章的前面部分，引入了“国际都市”的概念，由此使人们能够更广泛更细致地理解城市文化经济的发展。在这一整体框架内，很有必要阐释和厘清文化旅游经验中“都市”的含义。约翰·厄里(John Urry)对世界主义美学与文化旅游者世界观和情感之间的联系提出了一些富有想象力的观点，概括如下：

表 2.1　世界主义美学

1. 真实和模拟流动的宽泛模式，在此模式中，人们认为自己有*权利*到任何地方旅行，并至少有*权利*消费所有环境。
2. 对所有地方、民族和文化产生好奇心，以及至少能从历史、地理和人类学的角度对这些地区及其文化有基本的描绘能力。
3. 对其他民族和文化抱持开放态度，并具有欣赏所拜访之地语言/文化要素的意愿/能力。
4. 有走出常规的旅游区域并承担风险的意愿。
5. 具备依据广博的历史和地理知识定位自身社会及其文化的能力，在不同环境、地点和社会之间有一定的思考和审美判断能力。
6. 具备某种符号学技能——能够解读旅游标志，了解它们的含义，并知道它们什么时候具有讽刺意味，需要冷静或超然地对待。

资料来源：John Urry（1995）*Consuming Places*. London and New York: Routledge, P. 167.

这些属性在美学上重新定位了文化旅游者，不仅仅是作为一个满足于从旅行中获得某种短暂乐趣的人，而是作为一个“世界主义者”，刻意地寻求更深层次欣赏和参与的机会，期待（和欣赏）各地的“差异”。

文化旅游领域的细分及其利基市场

与城市环境中文化旅游的增长相一致的是正在进行的行业细分和专业化。这些项目包括“文化遗产旅游”项目，尤其是参观一些与众不同的旅游景点和机构，而非巴黎的卢浮宫和佛罗伦萨的乌菲兹美术馆等大众景点；游客有机会在城市中的大学和学院注册（大部分是非学分）课程，获得学校提供的各种能力提升帮助——这已经日益成为高等教育机构重要的收入来源。此外，城市基础设施和建筑环境的历史特色被重新设计给游客（和当地人），纽约的“高线公园”就是一个例子，从用于运输肉类包装和相关行业的高架铁路变为一条有趣的公园道路，为曼哈顿新兴街区和文化区提供了各种便利条件（图 2.6 和 2.7）。

图 2.6　纽约第 10 大道附近高线公园的甘斯沃尔特(Gansevoort)入口

图 2.7　从高线公园看曼哈顿切尔西画廊区

食品无疑是文化旅游的一个重要领域，但这一领域的体验内容越来越多样化，其中可能不仅包括参观米其林星级餐厅，还包括参观小吃和特色饮品市场、围观“手工打造”或当地正宗的饮食场所，以及观摩烹饪课程和教学等。而对于那些不满足于这些日益主流的旅游经历的人来说，还有机会访问巴格达、地拉那、仰光等动荡地区，这些地方肯定会让人看到“差异”，甚至会带来一些风险。

遗产与文化旅游——以新加坡为例

虽然建筑、表演和地方等方面的“遗产”一直是文化旅游的一个重要因素，但过去 20 年引入了新的叙事和竞争因素，部分原因是由于政府、社会力量和市场参与者眼中的历史和记忆截然不同。T. C. 张（T. C. Chang）和杨淑爱（Brenda Yeoh）对新加坡历史的重要特征进行了深刻的分析，尤其是自 20 世纪 80 年代以来，当时新加坡政府表示愿意在占主导地位的现代主义发展奇迹中找出一块空间，用于保护新加坡的历史建筑和遗址。

在新加坡的文化遗产旅游方面，致力于保护土著和殖民时期重要标志的专业人员和公共团体付出了一定努力，但主角依然是国家，主要通过新加坡旅游局的政策和方案来施加影响。到了 20 世纪 80 年代，新加坡旅游局担心，为了给现代商业和住宅发展让路而全面拆除大部分低密度的旧建筑，实际上会抹去新加坡历史上独特的景观特征，使新加坡与曼谷、仰光等其他亚洲国家和城市相比，处于明显的劣势，因为那些国家和城市拥有丰富的共鸣文化符号。自 20 世纪 80 年代起，新加坡旅游局在建筑师、设计师和市区重建局（“市建局”）人员的专业协助下，制订了一套有选择的保存和保护计划。

在“新亚洲-新加坡”的口号下，新加坡投资恢复了指定历史地区的传统建筑环境，特别是唐人街、小印度、甘榜格南，以及旧的公民文化殖民政府区，从而认同了新加坡的多元文化历史。但正如张和杨两位作者看到的那样，保护过程包含了新的叙事和对过去微妙的“重新编码”，以适应政府的目的和游客的期望，从而扭曲了地方的历史、冲突和混乱的复杂层级。

新加坡中央商务区西面的唐人街历史街区案例，说明了与保护计划相关的更多问题。将唐人街重新包装进游客手册中，把“唐人街简化为一张清晰可见的单向通道地图，游客在地图上穿过的空间没有任何意义，而这些空间将寺庙、购物中心和标志性建筑等具有文化或商业意义的突出节点连接起来”(Chang and Yeoh，1999：111 - 112)。因此，这种官方的旅游指南体现了该地区的叙事，是一种易于被游客消化的审美体验。

图 2.8　新加坡唐人街直落亚逸(Telok Ayer)区的街景

虽然国家行为人与游客之间的关系构成了互动的一个层次，但文化旅游，尤其是文化遗产旅游，还涉及地方行为人和社区团体的叙事和反应，只是他们的声音往往在编写指导游客消费的官方文件时被边缘化。在这里，张和杨认为社区团体对官方文化遗产旅游宣传的反应更为微妙。他们提到新加坡文化遗产协会(Singapore Heritage Society,简称 SHS)的作用,这是一个致力于提升"文化遗产意识"的社区组织。SHS 批评了新加坡旅游局关于唐人街的提议,认为在"资本主义利润标准的简单原则"驱动下,可能会将保护区变为他们所谓的"民族主题公园"(112)。相反,新加坡文化遗产协会建议将"节日活动与日常生活文化相结合"(113)。杨淑爱早些时候的研究表明,社区内部强烈反对新加坡旅游局推动的唐人街保护计划:342 名受访者中,51.5%的居民反对政府的做法,因为这种做法采取了"建筑和美学优先"的形式,而不是更有意义地展示新加坡的过去(Yeon and Lau, 1995: 63)。

总结:文化、全球化和竞争

正如我们以上所看到的,"文化"既是城市和城区的"独特差异"(沿用 Paul Knox 的说法),也是全球化中的强大力量,涉及工业创新和结构调整、各种形式的贸易和交流、媒体和通信以及移民等。这种特殊形式的二元发展自然会造成(或加剧)紧张局势和冲突,但是从积极的方面来说,也有助于丰富文化,有助于个人和更广大社群身份的实现,也有助于提供经济机遇。

此外,文化、文化机构和文化产业是全球城市的重要标志,也是(传统上)国家层面重要的象征符号。就后一维度而言,文化的政治和权力象征在亚洲首都城市高度发展,正如金元培、麦克·道格拉斯、崔尚全(Sang-Chuel Choe)和何光中(1997)在书中表明的观点一样。但是众所周知，在法国、西班牙，特别是文艺复兴时期的意大利，以及在非洲和南美洲“与外来文化接触之前”的社会和文明中，“高雅文化”无疑是一个强大的权力象征。然而这种文化竞争和争夺日益在国际和全球范围内展开——这是批判学者所认为的新自由主义治理和寻求竞争优势的重要组成部分。

因此，毫不奇怪，这种文化竞争和在文化经济中争取优势的做法已经从国家和较大的地区政府渗透到地方，在地方一级，创意产业的规划、政策和项目在其多数管辖区内都十分活跃。因此，第三章将讨论城市文化治理和更宏观的与文化相关的政治经济问题，其中也必然包括政策和项目中的深层次政治内容、对主流文化政策条例的批评，以及当代城市文化机构的一些实证案例。

拓展阅读

Ackbar Abbas. （1997） *Hong Kong: Culture and the Politics of Disappearance*. Minneapolis: University of Minnesota Press. 细腻而全面地解读了在中国的文化政治背景下，香港从殖民城市到国际都市的转型过程。

Tim Edensor, Deborah Leslie, Steve Millington and Norma Rantisi (eds.). （2009） *Spaces of Vernacular Creativity: rethinking the cultural economy*. Abingdon and New York: Routledge. 对创造力在城市再生和民生“振兴”项目中的应用进行了全面深入、颇有见地的评价，并肯定了街区、劳动阶级和日常创意行动者中间的各种文化的积极作用。

Lily Kong and J. O'Connor. (eds.) (2009) *Creative Economies, Creative Cities: Asian-European Perspectives*. New York: Springer. 汇聚了不同学科的研究论文，涉及欧亚两大经济创新、结构重组和经济发展区域中的创意产业、文化园区和扶持性政策。

Eleonora Pasotti. （2013） ‘Brecht in Bogatá: how cultural policy transformed a clientilist political culture', Chapter 3 in: Carl Grodach and Dan Silver (eds.) *ThePolitics of Urban Cultural Policy*, pp. 42 - 53, Abingdon and New York: Routledge.

Leonie Sandercock. (1998) *Towards Cosmopolis: planning for multiculturalcities*. Chichester, UK: Wiley. 研究了多文化城市和社区中进步式规划的复杂、冲突和潜力,堪称一部颇具影响力的著作。

Timothy Shortell. (2014) *Everyday Globalization: a spatial semiotics of immigrant neighbourhoods in Brooklyn and Paris*. Abingdon and New York: Routledge. 通过研究两个跨国城市中社区层面的文化和社会实践以及身份形成过程,有力地质疑了全球化的整体性经济观点。

Michael Peter Smith. (2001) *Transnational Urbanism: locating globalization*. Oxford: Blackwell. 论证了全球化或跨国城市中当地的社区群组、街区协会、劳动力团体和女权运动组织的发展潜力。

Edward Soja. (2000) *Postmetropolis: critical studies of cities and regions*. Oxford: Blackwell. 以新颖前卫的观点批判了城市增长和变迁方面的代表性论述,并构建了新的概念框架,从而更好地理解城市的形式、复杂性、机遇和不平等现象。

John Urry. (1995) *Consuming Places*. London and New York: Routledge. 后工业背景下的地方塑造和再塑造领域的一部重要著作,涵盖了城市和农村环境中的文化和生态因素。

S. Yusuf and K. Nabeshima. (2005) 'Creative Industries in East Asia', *Cities* 22(2): 109 - 122. 探索性地描述并分析了创意产业和劳动力在亚洲城市中日益增长的重要性。

第三章

文化的政治经济：治理、代理和行为者

过去20年来，城市文化经济崭露头角。一方面，后工业主义的遗产传统成就了城市文化经济的成长，另一方面，这种经济与旨在通过吸引资金、人才涌入低效城市、城区以促进不断发展的城市更新计划也有着千丝万缕的联系。21世纪，与城市文化经济相关的事项范围不断扩大，也因此在更加广泛和多层面的意义上衍生了各种文化项目的政策空间，如卡尔·格罗达奇(Carl Grodach)和丹·西尔弗(Dan Silver)(2013)所观察到的，蕴藏或明或暗的政治价值。文化政策的政治由市场、社会力量和地方政府之间的权力关系塑造，既包括象征性信息，也包括更多的工具性应用。

正如安·马库森(Ann Markusen)对地方经济发展中的"艺术红利"所描述的那样，文化规划包括真实的基于社区的流程和计划，使得创造力能够成为社会经济复兴的工具。但更新策略也导致了变位，包括"工人阶级士绅化"，以及更为人们熟悉的社会阶层升级的趋势。从文化经济治理的角度来看，商业利益也具有重要影响力，在重新估值的城市地带，创意产业与房地产市场之争可以让我们管窥一二。

随着城市文化经济的发展，下面这样的例子会越来越多。城市基层信誓旦旦地承诺要促进当地艺术家与更加雄心勃勃的政策共存，哪怕这会很别扭，这就表明治理/体制结构将更为复杂，并且会伴随冲突和紧张。尽管有明确的证据表明政策的制定应该适应各个城市的条件，但文化部门却表现得特别阴险，好像他们就只是受了罗素·普林斯（Russell Prince）的“政策流动性”以及杰米·派克（Jamie Peck）所称的“旅行真相”的诱惑力这两种理念的影响。在本章中，笔者将回顾一系列具有指导意义的城市治理经验，包括对一些很有影响力的模型和方法的分类，以及影响最大的思想流派对城市文化主导型发展的再生潜力的评论。

引言：文化治理领域的变化

在本章中，笔者阐述了文化经济关键的政治方面，包括政府方面和治理方面。论述中不仅涉及中央政府把“文化”作为发展工具使用的现象，而且涉及文化经济公司、文化经济主体与当地政府在这个全球化、不断重组和新自由主义盛行时代下的相互作用。由于发达经济体的创造性和创新性（产品设计、原型开发、市场营销）越来越大的作用，以及文化、国家和社会之间关系的复杂性，文化治理构成了政策创新研究中一个特别丰富的领域。

在20世纪上半叶“工业城市”发展的高峰时期，大多数地方政府的文化规划是一个边缘的政策领域。地方政府的核心职能包括提供基础设施（街道、学校、污水管道）；监管和控制发展，包括工业区划和土地使用、负面环境和社会经济外部效应的管理；以及住房供应。也有一些重要的例外情况，比如“文化”构成了经济重要组成部分的巴黎。

随着20世纪70年代以后服务城市（或后工业化城市）的兴起，城市越来越关注文化的经济机遇和社会发展潜力，这在很大程度上是由于国际移民时代多元文化的丰富（和挑战）以及文化在工业衰退之后促进复兴的可能性。这种兴趣的增强表现在文化规划在社会和社区部门中的扩张，以及相关文化发展计划的试验。文化发展在地方治理体系中扮演重要作用，不仅在市场参与者（企业，行业协会），工会和劳工联合会，社区协会和移民团体中发挥作用，也在各种形式的合作社和政府部门所构成的网络中占有重要位置。

从地方政府目标和计划的角度来看，目前，不管是“先进”社会还是“过渡”社会，“文化”都已经完全渗透到城市和社区的政策体系之中，并且越来越多地实验多层次治理的形式（比如涉及两级或更多级政府或机构的文化计划）。

政治，政策和多层次治理

哈维·拉扎尔 & 克里斯琴·勒普瑞奇

哈维·拉扎尔（Harvey Lazar）和克里斯琴·勒普瑞奇

(Christian Leuprecht)在一篇文章中阐述了他们对多层次治理的理解，该文比较了联邦制国家(包括德国、美国、墨西哥、澳大利亚、南非、加拿大、瑞士)和单一制国家法国的经验。他们认为，政策问题越来越复杂，这些问题呈现出跨领域的趋势，同时，政府决议在经济、法律、金融、文化和环境等方面的相互依赖性增强，这些都为多层次治理的实施提供了条件。多层次治理有可能更有效地结合资源(知识和“专有技术”，政策和监管权力以及财务资源)，从而解决这些复杂问题。

拉扎尔和勒普瑞奇表示，多层次治理起源于欧盟，“最初意味着要把国家‘扩大’到欧盟层面，即，成员国自愿放弃某些权力，而对欧盟这一新出现的超国家结构负责”(2007：3)。多层次治理发展迅速，既可以采取上述扩大的形式，也可以采取缩小的形式(例如地方政府与较小的区委员会或社区协会合作)。在某些情况下，政府合作伙伴之间的多层次治理合作可能“不像传统的垂直政府那样等级化，也不那样正式，也许更加平等”，而“当非政府行为者大量参与时”，也可以采取“网络化治理”的形式(2007：1)。

［Harvey Lazar and Christian Leuprecht (2007) *Spheres of Governance*: *comparative studies of cities in multilevel governance systems*. Montreal and Kingston: McGill-Queens University Press.］

文化规划有利于多层次治理，其中原因很多，首先，不同组织机构间有利益交叉，包括非政府组织（NGOs），基于社区的组织（CBOs）和非营利机构，以及劳工集体和企业改进组织；其次，文化规划涉及广泛的目的，包括社区复兴和地方重建；还有，参与者的目标往往相互冲突，为此需要持续的对话和冲突解决机制。

因为涉及对治理塑造文化经济的潜力的理解，本章首先讨论就经济史、政治体制和人口的社会构成差异而言的地方—地区性权变。本章会介绍三个城市的“文化政治”案例，三个城市分别是欧洲的鹿特丹，北美洲的纽约，以及南美洲的波哥大。从发展的各个时期，以不同的程度来展示文化与国家之间关系的复杂性。

接下来，笔者强调了产业结构调整对20世纪70年代以来地方层面文化政策演变的重要影响，因为“后工业化”体现了非常重要的政策价值，同时也是城市经济和社会变革的特殊阶段。为了说明这一点，我们可以看一下英国。人们普遍认为英国是政治文化激进变化的典范，而将中央政府迁到伦敦的做法被认为是体现战后政治价值观和政治实践演变的信号。我们还可以看一下另外两个参考案例，米兰和旧金山，这两座城市展示了后工业主义和文化“在地化”所造成的影响。

继过去十余年城市学者对“创意城市”做出的重要贡献，笔者接下来会仔细考察理查德·佛罗里达的“创意阶层”模型。该模型有相当的影响力，曾引起广泛效仿。本章最后讨论文化治理、政策和规划的运作特点，旨在说明文化经济在城市政策体系中的普遍影响以及城市以文化作为发展排头兵的“宏伟蓝图，壮志雄心”。

文化经济的政治、意识形态和治理

第二章讨论的全球化进程为地方政府提出了一些“结构性”或一般性的条件，特别是，需要应对工业结构调整带来的社会经济后果，以及在日益分化和不平等的背景下协调城市社会内部相互冲突的利益。政治议程也越来越受到经济发展中“文化转向”带来的机遇的影响。文化政策大多情况下不是地方政府自己提出来的，而是被城市复杂的社会现实，经济路径依赖以及产业结构调整和周期性财政危机所塑造出来的。以下是对鹿特丹，纽约和波哥大这三个有启发意义的城市的文化政策所展现的多变而富于争议性的政治的讨论。

阿里·罗米恩和让·雅各布·特里普:“对抗性城市”的政治——鹿特丹

阿姆斯特丹被公认为荷兰的“世界性”或“全球化”城市，这大部分得益于其关键性的银行和金融行业，以及独特的文化经济和创意产业的优势。而如阿里·罗米恩(Arie Romein)和让·雅各布·特里普(Jan Jacob Trip)(2013)所述，荷兰的第二大城市鹿特丹则既拥有重要的文化遗产，又拥有活跃的创意艺术团体，生动展现着城市文化与政治之间关系的复杂性。

罗米恩和特里普确定了鹿特丹的城市政策哲学的四个阶段：1945—1974 年的“工作城市”；1974—1986 年的“再生城市”；

1990—2002 年的“复兴城市”；2002 年之后的“对抗性城市”。首先，地方和国家发展计划相结合，这是荷兰规划的标志性模式，计划要优先重建在战争中受到严重损害的港口和工业区，“比起重建城市的住宅和文化功能，重建港口和工业区具有绝对的优先权”(Romein, Trip. 2013：56)。

20 世纪 60 年代末 70 年代初，鹿特丹的经济和政治发生了重大变化，工业衰退影响了许多西欧城市，破坏了“工作城市”计划的目标，导致了“结构性经济和社会衰退”(57)。在社会和社区活动团体的推动下，新上台的工党政府给鹿特丹提出了一个新的城市再生计划。这个再生计划的大背景包括去工业化，农民城市化和国家紧缩计划(57)，对当地的影响则是使艺术家和文化工作者群体百花齐放，朋克音乐和新浪潮音乐热烈非凡，“政策使文化消费和文化生产大众化了”(57)。而一场建筑现代主义复兴运动则为鹿特丹重建和发展的新阶段奠定了基础。

20 世纪 80 年代鹿特丹当地的政治转向继续以市场为导向，并且有增无减。商业界带头，联合更为保守的政治家们一起制订了“复兴之城”计划。他们抛弃了早些时候的“小而美”的主题，转而支持那些更大胆更宏伟的计划，并在名为“新鹿特丹”(1990)的声明中宣布了城市联合政府的愿景。正如罗米恩和特里普所述，新鹿特丹提出了一个综合议程，其中包含“经济，社会，空间和文化发展”，鹿特丹人将鹿特丹定位为“国际大都市”，表示要力争在势头大好的服务业中占据一席之地，吸引专业人才和外地游客，这在某种程度上体现了 20 世纪 80 年代的新自由主义精神。

到上个世纪末，新鹿特丹计划中的大部分经济和实体复兴项目已经得以实施。但正如罗米恩和特里普所言，闪亮的新型现代主义高层写字楼和建筑未能掩盖世纪之交鹿特丹转型的更深层次的特征和问题，比如说，鹿特丹在关键社会经济变量如失业率、劳动力的技能水平、少数民族和宗教群体的社会融合能力以及公共安全方面，在荷兰诸多城市中排名落后(58)，而这些负面的情况均导致了冲突和剥削。“对抗性城市”的绰号，至少部分说明了鹿特丹目前的社会经济现实。罗米恩和特里普不无遗憾地注意到，“文化”已经让位于更具功利性的“创意产业”，特别是建筑和城市设计，产品创新，音像制作(电影和新媒体)以及音乐等方面。虽然这些都是鹿特丹重要的创意产业，但在某种程度上鹿特丹已经失去了社区与当地政府之间的文化联系。

迈克尔·因德加德：纽约创意区的政治

社会学家迈克尔·因德加德(Michael Indergaard)对纽约“创意区的政治”(2009)颇为关注。纽约既是文化经济的领先中心，又是萨森提出的主导性的“全球城市”之一(2001)。因德加德从布迪厄(Bourdieu)的观点中得到启发，布迪厄认为“区”是资源冲突的竞技场，受产业结构调整和资本中介的压力(布迪厄，1991)。在大多数美国城市中，这种冲突的表现形式是行业协会和代理机构对抗房地产投资的力量和房地产部门的影响。

因德加德不愿盲目乐观地把文化当成城市繁荣复兴的直通车，他采纳了安·马库森的做法，将“创意城市”描述为“关于城市特征以及城市为谁运转的充满争议性的政治舞台”(Markusen,

2006：1937，引自 Indergaard，2009：1065)。他开篇便叙述了 1995 年至 2000 年期间纽约"新媒体周期"的政治和制度创新，这一点他早在 2004 年就在一篇写硅谷的专著中做过阐述(硅谷沿着百老汇绵延六条街区，一直从熨斗区到苏荷)。一个由文化、技术和商业交汇而成的企业群"招收了各种各样的企业家、工人、专业人员和企业高管"，组成了纽约新媒体协会(NYNMA)(Indergaard，2009：1069)。然而，伴随着 2000 年的网络崩溃，这个集政治机构和 20 世纪后期的城市幻想于一体的纽约新媒体协会最终还是烟消云散了。

和其他的新经济堡垒旧金山、芝加哥和伦敦一样，在 2002—2007 年期间，纽约经历了"二次迭代"创新，体现为广义上的所谓知识文化经济产业的增加——这是艾伦·斯科特的"认知—文化经济"的标志(2008)。但纽约艺术和文化产业的复苏伴随着金融业特别是证券业的增长，导致纽约收入结构和房地产市场分化加剧。值得一提的是，"房价涨幅最大的是在创意走廊的内部和边缘"(1075)，其中，切尔西、苏荷/格林威治和市中心 1994 至 2004 年间的增值率在 200％至 300％之间(1075)。

文化产业增加，房地产市场通胀，种种压力导致了因德加德所述的"创意产业的行业政治"(Indergaard，2009：1080)，其表现为纽约文化经济区各种机构和计划大泛滥。其中包括纽约市艺术联盟和曼哈顿下城文化委员会(LMCC)，他们与洛克菲勒基金会合作完成了《创意市中心》报告。该报告涵盖了支持艺术和文化复兴的理念，同时也表明了对房地产市场混乱的担忧，并警告说，"如果纽约不能让创意家们找到负担得起的住房和工作室，那么纽约就不可能成为一个能吸引人才的活跃的文化中心”(Indergaard, 2009: 1082)。

纽约文化区改革引起了人们对社会包容性的担忧,促使曼哈顿下城文化委员会于2004年出版了《市中心的数字未来》,这一报告基于硅谷的宝贵经验,融入了一系列旨在探索企业与员工之间协作可能性的研讨会的内容。在房地产市场持续通胀的情况下,由市议员艾伦·格尔森(Alan Gerson)领导的由30个艺术团体组成的新联盟在2004年作了一个题为《校园和走廊》的报告,其中强烈建议政府当局规范房地产对艺术社区的影响。仅仅一年之后,一个基础广泛的创意产业联盟(CIC)成立,其中不仅有艺术家,还包括酒吧、咖啡馆和商店等所有构成纽约艺术“场景”的元素,以反对在曼哈顿重新分区的建议。创意产业联盟认为,重新划定高层住宅和商业项目的建议很可能会破坏城市的多样性,更具体地说,会威胁到手工艺产业的存在和工人阶级的生存。

之后,“创意纽约”横空出世,成为有11 671家企业和非营利组织参与的最大的创意行业活动,代表约30万名员工,涉及设计、广告、电影和电视、广播、出版、建筑、音乐、视觉和表演艺术共九个创意产业。“创意纽约”建议将创意产业作为支撑纽约经济的主要行业,同时也将创意工作者技能发展和获取公共卫生资源的想法纳入其中。同之前的活动者一样,“创意纽约”的参与者们也意识到了错位和演替是21世纪全球化城市的特征,于是他们促请保留创意产业的“实惠空间”,并警告创意企业和工作人员“不要简单地‘殖民’另一个廉价空间,因为就价格而言,那些廉价空间根本不在同一段位”(Indergaard, 2009: 1085)。

纽约市政府有所表态，不仅在市政厅为艺术和非营利组织留了个位子，还提供了 1 亿美元的资金帮助低收入艺术家获得住房。但是，因德加德认为，纽约市长布隆伯格(Bloomberg)倾向于将讨论转向“基于市场的叙述”(1085)，因为这位市长先生提到纽约在与其他全球主要城市竞争资本和发展，压力巨大。市长先生在说明纽约市的优先事项时表示，开发曼哈顿土地资源时，为了维持企业，劳动力和社区的多样性，而对房地产市场采取更为严格的管理手段不利于实现吸引流动资本，达成“最佳利用”(和提高政府收入)等更具战略性的目标。

埃莉诺拉·帕索蒂：“波哥大的布莱希特——文化政策和政治文化”

在《城市文化政策政治》(Carl Grodach and Dan Silver, eds, 2013)的一章中，埃莉诺拉·帕索蒂(Eleanora Pasotti)谈到，自 1994 年选举以来，“文化”对哥伦比亚首都波哥大的政治与发展一直有着重要影响。这个故事的核心人物是来自哥伦比亚国立大学的数学教授安塔纳斯·莫库斯(Antanas Mockus)和他的同事符号学教授劳尔·巴拉甘·诺列加(Raúl Barragán Noriega)。在提出一系列直接选举市长的倡议之后(该种选举独立于有组织的政党和市议会候选人)，莫库斯宣布了“公民文化”的一种新方法，创新了公众与当选官员的关系，为社区丰富的文化资产又添上了新的一笔。

莫库斯计划的深层意图是通过加强“公民文化”来深化民主并赋予公民权利，他和巴拉甘·诺列加将“公民文化”定义为“共同的态度、习惯、行为和最基本的规则，使人们产生归属感，促进城市人合作共存，引领公民尊重他们共同的遗产，明确其权利和义务”（Mockus，1995：16，引自 Pasotti，2013：43）。这项计划有很多富有想象力的方法，用以提高波哥大的文明程度，其中包括针对首都波哥大内一些街道地方交通秩序乱得出名的现象，雇佣 420 名“哑剧表演者”表演，以鼓励驾车者，骑自行车者和行人文明行驶。

艺术和创造力在塑造波哥大新公民文化方面也发挥了重要作用。城市高收入地区是有着歌剧和其他正式文化表演的特权世界，而莫库斯致力于在此之外拓宽人们接触文化和艺术的途径。帕索蒂在“波哥大的布莱希特”中记叙了她在莫库斯担任波哥大市长第二任期间，与文化部部长 R·伦多诺（R. Londōno）进行的采访的一部分，作为指南，这段描述可以方便读者了解文化政策在社会包容性方面的作用。采访内容如下：

> 有必要打破文化障碍，因为文化障碍反映的是波哥大严重的阶级歧视。打破社会文化障碍需要有足够的空间让不同社会阶层的公民进行交流和互动。“公园音乐会”活动就实现了这一目标，因为这些都是最好的艺术……每个人都参加。这样一来，耻辱感就没有了，没有什么能像艺术这样打破社会文化障碍。
>
> ［与 R·伦多诺的采访，帕索蒂，2013：48］

莫库斯提高公民生活质量的计划还包括让社区参与城市公共空间的活跃。帕索蒂再次引用伦多诺的话说，“开放空间是公民生活的基本风景”，他还认为“街道、广场、公园、大街、交通都是公民日常生活的一部分”（Eleanora Pasotti 采访 R·Londōno，引用第 45 页）。莫库斯、伦多诺和其他官员的办法有种海纳百川、无所不包的气势，他们不仅在电视纪录片中录下了旅游营销中总是被标榜为“漂亮”的地方，还加入了城市中反映“复杂”文化遗产和“坚韧”生命力的自然景观：换句话说，他们展示了“真实”城市的多重形象。地方政府在文化、政治和公民社会方面的这种创新已经在规划文献中得到了认可，但是帕索蒂强调，真正的价值在继任市长延用莫库斯计划的时候才得以显现，才能表明当地政治文化正在逐步发展，向着更好的方向转变。

文化政策议程：城市后工业时代的遗产

城市经济动荡与 20 世纪 70 年代和其后的工业结构调整密切相关，是 20 世纪 70 年代以来城市文化规划和政策试验发展的重要背景。英国（Massey and Meegan，《工业重组-城市》，1980）和美国（Bluestone and Harrison，《美国的非工业化》，1982）的大都市受到的冲击尤其严重，而西班牙、法国，比利时、德国和加拿大的城市地区也同样受此影响，日趋衰落。相比而言，老工业城市，如利物浦、格拉斯哥、曼彻斯特、里尔、毕尔巴鄂、克利夫兰和底特律，失业尤其严重，与之同时大都市的大规模专门化的服务业也受到了重创。举例来说，伦敦制造业的工作岗位从 20 世纪 60 年代到 90 年代减少了 80 万左右，而纽约在同一时期失业人数也高达 50 万（Fainstein，2011）。

新自由主义和后工业规划议程

20世纪七八十年代工业重组过程中具有破坏性的社会经济影响刺激着各个国家寻找新产业，以期可能至少部分替代旧制造业经济失去的生产能力和劳动力。受政治、意识形态和政治经济的影响，政策反应的性质存在巨大差异。在英国，玛格丽特·撒切尔（Margaret Thatcher）的保守党政府（1979—1990）对工业制造业有组织的劳动者们采取了对抗态势，与此同时，强力推动以市场为基础的方式拓展先进服务业，特别是银行和金融行业，商业服务和房地产行业。标志性项目便是伦敦码头区的金丝雀码头项目（图3.1），这是东伦敦经济遭受工业衰退冲击后表面上"振兴"的核心，但实际上，英国政府在后工业满目疮痍的废墟上建立了一个全球金融综合体。

图3.1 伦敦码头区的金丝雀码头巨型金融商业项目

该项目由撒切尔领衔的保守政府环境部部长迈克尔·赫塞

尔廷(Michael Heseltine)管理，如彼得·霍尔(1998)那篇有名的文章中所述，该项目几乎完全没有社区咨询或任何实质内容，不仅导致当地社会失调，还令一家处于领先地位的开发公司奥林匹亚＆约克(Olympia＆York)破产。金丝雀码头和市场化发展战略受到了工会以及曼彻斯特、利物浦和伦敦当地的市级和区级议会的强烈抗议，但是反对的声音在1986年撒切尔废除市议会之后，就被彻底断绝了——这本身其实是一种政治行为，而绝不仅仅是一种行政行为，因为它重新调整了英国城市发展过程中政府权力在中央和地方之间的平衡，使之更加倾向于前者。

如果码头区项目和伦敦后工业经济的"金融化"是撒切尔新自由主义时代的标志，那么"文化"很容易被视为托尼·布莱尔(Tony Blair)(1997—2007年的英国首相)的"新工党"的图腾。"布莱尔主义"作为政治建构，其本质既暗含玛格丽特·撒切尔的市场经济视角，也反映出大力使用文化作为社会和经济发展工具的思想。正如罗素·普林斯(Russell Prince)所观察到的那样，政策研究产生的"创意产业概念"恰如"新工党项目正在全面展开"一样，为布莱尔提供了一个绝佳的机会，将自己既与由行业工会主导的"老的"(或传统的)劳动者区分开来，又与撒切尔主义的庸俗一面撇清关系，并且还跨越了阶级分化社会中"流行"文化和"高端"文化特征之间的传统鸿沟(Prince，2010：174－175)。

文化产业作为城市复兴的工具

格雷姆·埃文斯(Graeme Evans)曾在他的颇有影响力的著

作《文化规划：城市复兴?》(2001)中给出了一段关于当代文化规划起源的深刻叙述。正如埃文斯所述，历史上文化规划主要在国家层面进行，并一直关注(内部)身份形成和(外部)文化力量的投射，埃文斯所提到的"大巴黎计划"更是体现了国家社会及其主权政府和政体的价值观。如埃文斯所言，过去30年来，各个地方政府都承诺要用文化表现地方特色，为促进城市复兴，他们用一个个战略规划项目改变了城市景观和建筑环境。举例来说，欧洲有巴黎、里昂、巴塞罗那、毕尔巴鄂、格拉斯哥、曼彻斯特和柏林，而美国则是波士顿和巴尔的摩。

巴塞罗那拉瓦尔区当代文化中心主任：胡迪特·凯尔拉

众所周知，巴塞罗那拥有丰富多彩的文化形式(建筑和建筑环境、公共领域、文学、音乐、美食和足球)，说是西班牙最具戏剧性的城市也不为过，事实上，巴塞罗那在欧洲乃至全球范围内都可以说是很有文化意义的城市。同样有名的还有这座城市饱受争议的政治历史，加泰罗尼亚能不能从西班牙独立，这个问题从佛朗哥时代起，一直到今天都引人争论不休。而经济方面，巴塞罗那一直饱受西班牙和欧洲南部众多地中海国家严重的经济衰退的困扰。

巴塞罗那的一些社区内，社会经济问题同样犀利。比如说，在波布雷诺工业区和兰布拉大道以西有名的拉瓦尔区，技术密集型和市场化的"新经济"被植入传统工人阶级社区中。在拉瓦尔的心脏地带，我们找到了当代文化中心(图3.2)，

图 3.2　位于巴塞罗那拉瓦尔区的当代文化中心

这个曾经的工人阶级社区，如今已被移民和（尤其是北部地区）的社会升级所改造。

该中心的主任胡迪特·凯尔拉（Judit Carerra）以其出色的专业管理才能和对拉瓦尔极具包容和代表性特点的满腔热情，举办了许多展览和项目。在凯尔拉看来，这座当代文化中心（CCC）不仅是当代文化非凡活力的展示，而且是所有群体，不管是受益群体还是独立个体在拉瓦尔这个异常多样化的社区中共享的重要资源——是这个城市为这些迥异的（甚至有时候会爆发冲突的）当地团体提供的一个容身之处。

城市及其城区文化变迁的影响不能完全由其在地效应来衡量，而应考虑到更大的发展背景，必要的治理结构和制度扩展。在欧洲工业城市低增长（甚至负增长）的情况下，文化项目和展览大多数都是一次性投资，而复杂全面的多层次治理复兴计划则涉及劳动力市场、土地使用、再投资资本、社会项目和地方民主复兴，两者形成了鲜明的对比，弗兰克·穆拉尔特（Frank Moulaert）在《欧洲城市的全球化和综合区发展》的研究（2000）中如是写道。事实上，穆拉尔特的观点是，地方民主和社区赋权更有可能满足“当地人民的需求，甚至比市场力量更有效”，这种意识形态会促进对边缘社区或边缘社区附近的旗舰文化项目的投机性投资。

后工业城市地区文化主导的再开发

为了进一步说明大都市中文化主导再开发的可能性和局限性，笔者现在要对米兰和旧金山进行分析。这两个案例有特殊的重要性，因为分析对象们处于完全不同的治理和规划制度之中，所以会展现出一些重要的共同点和对比特征。

全面再开发中的文化：米兰的比可卡项目

意大利充满活力的创新性的北部城市体系之中，米兰是集金融、时尚、商业服务和高等教育于一体的强大经济体。因此，米兰并没有穆拉尔特（Moulaert）所说的欧洲后工业化城市的不适，相反，米兰体现了另一个维度，即以文化为主导的城市复兴项目治理的显著特性。位于米兰中北部老倍耐力(Pirelli)工业区的比可卡(Bicocca)复兴项目(图 3.3)，乍一看便传达出令人印象深刻的高级住宅设计开发的景观氛围，其中包括引人注目的阿尔钦博第剧院(Teatro degli Arcimboldi)(图 3.4)，米兰大学比可卡校园(图 3.5)以及迷人的公共领域设施。这些标志和符号既指向工业化

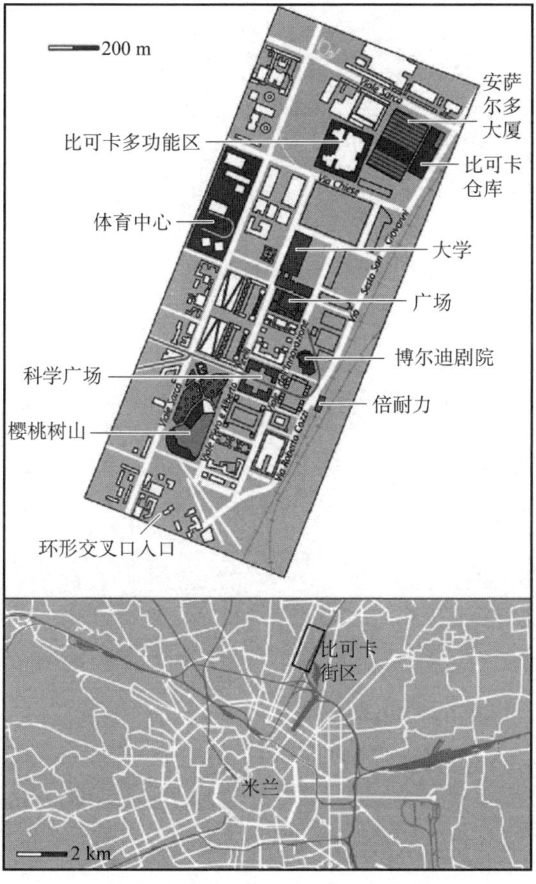

图 3.3　米兰，伦巴第，该图展示了比可卡项目的位置

图 3.4 阿尔钦博第剧院,比可卡,米兰

图 3.5 米兰大学,比可卡校园

的过去，也指明该地区作为先进生产体系创新区的未来。这是意大利工业三角的标志，而米兰是其中重要的中心。

但是，正如比可卡项目的两项独立审查所披露出的情况，缺乏完整的当地咨询流程，与当地合作伙伴的接触不充分，导致项目为当地社区带来的益处和机会不如预期（Sacco，Tavano Blessi，2009；dell'Agnese，Anzoise，2011）。皮耶尔·路易吉·萨科（Pier Luigi Sacco）和乔治亚·塔瓦诺（Giorgio Tavano）认为，比可卡文化议程的深层发展愿望与过度强调"事件"和"实物资产"相关（2009：1132），与被激发的当地社会资本和社会参与的潜力相反；而在埃琳娜·戴尔·阿格尼丝（Elena dell'Agnese）和瓦伦蒂娜·安扎伊斯（Valentina Anzoise）看来（2011），比可卡项目体现了当地民主赤字的后果以及当地薄弱规划政策和监管体系的局限性。

旧金山南部市场区（SOMA）的文化改造

一方面是倡导基于社区文化复兴的"耐心政策"的方法，另一方面是杰米·派克（Jamie Peck）带着嘲讽意味称之为"快政策"的模式（这个模式可以说是新自由主义的仿品，是一次性的重磅炸弹似的项目），这种分裂也算是旧金山南部市场区（SOMA）这一指导性案例的一大特色。当时的背景是，南部市场区传统行业正处于长期的下滑状态，与之相比，规模稍大一些的旧金山湾区经济也不理想，其金融、房地产和旅游业等主要行业正经历周期性衰退。在市内，旧金山市规划部门于 1993 年开始全面审查南部市场区、港口地带和东北任务工业区（NEMIZ）大范围的活动，以期评估激发“生产，配送和修理”（PDR）产业活力的可行性（图 3.6）。

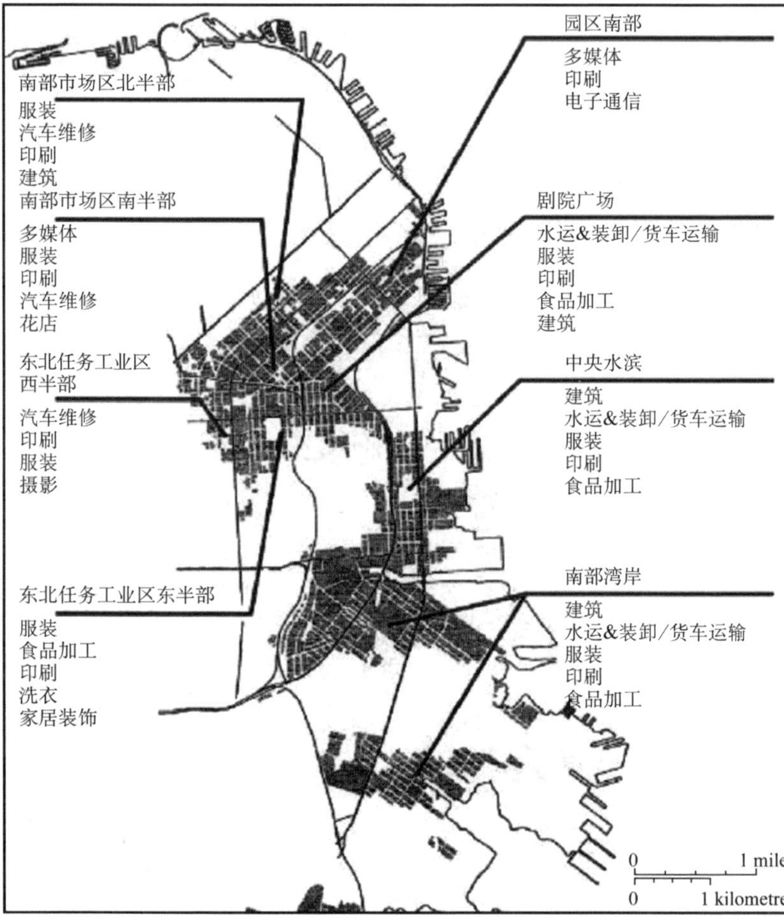

图 3.6　旧金山南部市场区（SOMA）和东北任务区内的工业区. 来源：旧金山市规划署（1997）。

耶尔瓦布埃纳和莫斯康中心的大型项目是南部市场区全面文化改造的重要组成部分，也是20世纪80年代复兴思想的典范。但是，尽管这些画廊、展览和表演场地都成功地吸引了新的资本和经济活动，也刺激了旧金山整体的文化经济，但这些好处却是以在当地造成严重混乱作为代价的。

大型工程项目本身直接导致人们流离失所，再就是资本进入低收入社区引起的错位——这些正是20世纪南部市场区发展历史中错位效应的一个小片段。切斯特·哈特曼(Chester Hartman)在其著作《待售城市》中称之为：旧金山的转型(2002)。而作为一种重要的次生效应，高档文化机构和先进艺术技术培训机构的出现，吸引了90年代后半期的"新经济"先锋——多媒体行业。南部市场区的新投资包括工业创新(该创新以无处不在的网络形式渗入整个地区)，新媒体服务(图3.7)以及代表这种新兴经济轨迹社会关联的实时工作室(图3.8)(对这一重要案例更全面的说明参见Hutton，2008：第7章)。对许多观察人士来说，技术驱动的新经济的增长已经使南部市场区的传统工业和艺术都出现了混乱，造成了海湾地区的社会两极分化和日益严重的收入分化(Solnit and Schwartzenberg，2000)。

文化政策的政治：概念性的问题及其辩论

随着近20年来文化产业在城市经济中的扩张，旨在理论化创意产业，尤其是研究创意产业在城市整体发展轨迹中突出重要性的学说纷纷涌现。要衡量这些学说，我们需要确定一些重要的

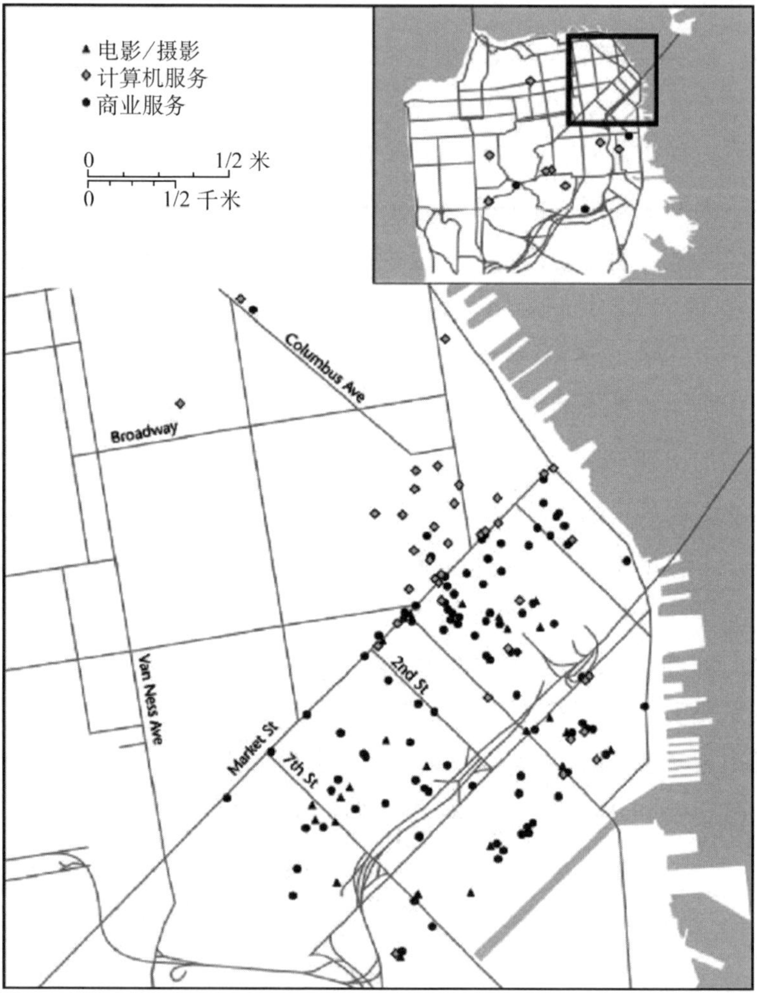

图 3.7　1997 年左右的南部市场区中的新媒体服务公司.资料来源：旧金山市规划署(1997)。

图 3.8　旧金山南部市场区的工作室。资料来源：旧金山市规划署(1997 年)。

基准。彼得·霍尔对世界城市发展及其后果进行了60年的深入研究，硕果累累。其著作主要研究文化在城市发展中的作用，其中包括一部大师级作品《文明城市》(1998)，以及发表在《城市研究》上的一篇颇有影响的论文《创意城市与经济发展》(2000)。

笔者认为，艾伦·J·斯科特的一系列文章和专论亦称得上成就非凡。斯科特终身致力于研究城市—区域经济，尤其是关于工业创新和重组的关键性的劳动力、空间和政策研究。他在国际性期刊《城市和区域研究》(1997)中发表了一篇《城市的文化经济》，该文章提供了一个特别有力的观点——城市与文化之间历史性的相互依存关系以及文化活动的当代表现形式都是不断发展的资本主义生产体系的一个侧面，体现了斯科特独特的政治经济学观点。

理查德·佛罗里达：极化的创意阶级

尽管很多学者都为我们理解城市文化及其与治理和政策的关系做出了有意义的贡献，但理查德·佛罗里达的工作却为研究城市新文化经济的政治经济提供了最有指导意义的参考。一方面是因为佛罗里达主张的广泛性(不仅地方政府在政策体系中广泛引用，连商业委员会也张口闭口都是佛罗里达的学说)；另一方面则是由于该学说极化的倾向。没什么可说的，文化能在城市政策和研究的议程中站到这样高的位置，佛罗里达功不可没。

由于佛罗里达学说的稳健性在很大程度上取决于他关于“创

意阶级”的经验维度和增长轨迹的主张，所以笔者在此对分析性和概念性问题做一个概述。笔者特别援引了四位学者——杰米·派克，安·马库森，艾伦·斯科特和斯蒂芬·克拉特克，他们都对该主题给出了深刻的评论以及建设性的反方建议。

佛罗里达的“创意阶级”概念和隐含的发展思想

在过去十多年的时间里，理查德·佛罗里达出版了多本关于创意阶级在当代城市发展中的作用的文章和论文。其中包括他那本最常被人引用的著作《创意阶级的崛起》(2002)，他在其中阐述了“文化是城市，特别是美国城市财富的中心”的思想。佛罗里达在新书《哪座才是你的城市》(2008)一书中指出，漂泊在据称为自由社会中的个人，可以根据生活方式偏好以及自己的技术、才能和职业来选择适合自己的最佳城市。

佛罗里达的中心论题涉及创意阶级的优势，创意阶级有好几个分支，在他看来，已经成为发达城市经济体中最具影响力的队列。早期，劳动者和工业城市的相关社会阶级(资本持有人、管理人员、主管、工人)逐渐没落，作为后工业时代特征的“新中产阶级”的管理者和专业人士后来居上，再以后创意阶级兴起。社会学家丹尼尔·贝尔(Daniel Bell)曾在他富于预见性的《即将到来的后工业社会》(1973)一书中阐述过相关理论。这个假定的创意阶级在佛罗里达有关发达经济体内的劳动者和职业分类中占有突出的地位，具体如下：(1)“工人阶级”，主要是制造业、运输业和建筑领域的蓝领工人，他们构成了马克思所说的城市无产阶级的绝大部分；(2)“服务业阶级”，这是一个数量众多且种类多样化的队伍，主要从事以最终需求为导向的服务工作，如医疗保健、零售、食品、维护/保洁等，普遍薪酬较低；(3)由林业，农场和渔业工人组成的“农业阶级”；(4)一个崛起的有力的新“创意阶级”，该阶级在发达城市经济体中越来越重要，极有可能成为最具推动力的劳动力群体。其中，类别(3)的工人的数量在大多数城市都很低，差不多可以看成是从属的劳动群体。

类似地，创意人士也不是一个同质化的群体，而是一个社会经济结构，该结构可以细分为三个主要群体：第一个是由工程师、自然科学家、经济学家和其他社会科学家、建筑师和学者组成的“超级创意人士”核心；其次是充满“波西米亚”气质的艺术家、音乐家、作家、设计师、演艺人员、传播和新媒体从业人员们；最后还有“创意型专业人士”(如商业服务专业人员，研究房地产及其发展的专家，熟悉政策和政府领域的官员)结成的组合，这些人实质上是创意阶级的“赋能者”(Florida，2002)。

根据佛罗里达的模型，超级创意人士成了文化创新和经济发展时代的精英先锋队，创意阶级作为一个整体，代表城市最不可或缺的动力，尤其是处在全球化不断进行，竞争日趋激烈，混乱随之而来，城市经常性裁员，两极分化不断加剧的这样一个时代背景之下。此外，佛罗里达认为，创意人士群体虽不能说无拘无束或“流动性极强”，至少可以说是相当适应城市系统之间以及城市内部的地区差异。这里所说的地区差异不仅体现在就业和创业可能性方面，而且还涉及独特的住房市场(户型、租期、地段和价位)、学校质量、社会价值和基础设施。最后，佛罗里达对学说进行了必要的延伸，指出鉴于创造性工作者对发达经济体做出了重要贡献，再加上精英创意人士有充足的市场需求，能够对备选城市有很大的选择余地，城市政府（包括他们的企业和其他分支机构）就必须提供合适的优惠条件来吸引明星创意人才——比如说业内领先的建筑师、电影人，有影响力的新媒体，以及文化企业家和专业人士。

佛罗里达的创意阶级学说透露了这样一个信息——21 世纪的城市发展轨迹呈现出了严重分化的态势。虽然佛罗里达和他的同事提供了一种累进的高级创意中心城市排行榜，但只要看看各个城市明星创意人士的人数，就会发现在某种层面上，这是一个特别残酷的二元世界，城市就分两种："有人的"星光熠熠，"没人的"漆黑一片。创意城市有一个相当僵化的等级，毫无悬念，处于顶点的是那些艺术、文娱和媒体的大都会中心，纽约和洛杉矶自然当仁不让；一些重要的文化中心，比如芝加哥、旧金山和西雅图，也是极受青睐的创意热点城市；再然后是奥斯汀、纳什维尔和波特兰这样相对较小的地方，虽然不及那些大城市，但在创作、表演以及时尚生活方式等方面，它们无论如何也算小有名气，是热气腾腾，元气满满的创意之都。

佛罗里达的创意阶级学说：批评和反对意见

自《创意阶级的崛起》出版以来十年左右，佛罗里达学说中的概念性和规定性要素引起了强烈的反响，并逐渐成为城市研究的一大特征，而且涉及多个社会科学领域（包括地理、社会学、经济学)以及政策和专业规划领域。对许多地方政府来说,创意阶级的模型似乎提供了将城市便利设施、“宜居”价值与高层次经济发展目标统一起来的诱人可能性。但是,虽然学术界不乏创意阶级学说的支持者,而大范围来看,批评意见仍占多数,有些人甚至表示自己是坚定的反对者。接下来,本文将介绍一系列针对创意阶级学说的批评以及一些颇有影响力的反对意见,并按时间顺序展示这场讨论的演变过程。

杰米·派克攻击“创意阶级”:错误的判断,荒谬的剧本(2005)

英国地理学家杰米·派克(Jamie Peck)代表了对理查德·佛罗里达创意阶级学说的严厉批评。杰米·派克曾在国际杂志《国际城市与区域研究》上发表著名的《与创意阶级斗争》,在该文中,派克并未将创意阶级模型定位成一个能解决后工业化城市衰败问题的有吸引力的政治性渐进式方案,而是将其作为新自由主义衍生的公式化典范,如果可能的话,结果会产生一点微小的经济收益,当然这种可能性也微乎其微,而与此相对应,两极化和士绅化的愈演愈烈几乎是必然事件。

佛罗里达曾断言,创意阶级是代表着艺术、科学、技术和新媒体等各个领域创新者、思想家和企业家的特权队伍,为了城市发展的更大利益,他们必须受到殷切的追求和迎合。网络泡沫经济崩溃,标志着20世纪后期“新经济”的消亡,这之后,在佛罗里达的创意判断下,“技术实力”(technological prowess)仅仅是必需的

“三个T”之一了，另外两个T是“人才”(talent)和“宽容”(tolerance)，对创意事业来说，每一个条件都与其他条件一样不可或缺。而派克则对该观点做了尖锐的回应，在派克看来，如果城市政府和机构对这些所谓的创意人士有求必应，更有可能会在那些曾在20世纪70到90年代后工业化中受到裁员冲击而刚刚恢复稳定的城市社区内，“制造”士绅化而不是带来经济财富的复兴。

理查德·佛罗里达的创意阶级学说是一种必然结果，因为城市想要在文化和创新的新时代找到自己的个性，实施更具前瞻性的创意招聘战略，但却缺乏“创新源泉”。而佛罗里达的咨询部门凯特拉蒂斯(Catalytix)刚好可以轻松解决这一迫切需求。佛罗里达在判断政策时有一套充满诱惑性的固有逻辑，那就是，除了一些陷入后工业衰退泥潭或处于特别荒凉地区的令人绝望的案例外，大多数城市已经具备了“创造性”，或者是有了正确的政策规划之后就可以获得“创造性”。尽管学术界一直有为促进经济复兴而推出不同程度方案的成功案例，但佛罗里达的营销手段却惹来了派克最尖锐的批评。在佛罗里达的学说中，并不是每个城市都可以达到波士顿、旧金山或西雅图那样的创意高度，但是通过实施适当的项目计划，至少可以在一定程度上激发城市的经济活力。而派克注意到，“这些踌躇满志的城市是佛罗里达的观众和市场”(747)，凯特拉蒂斯公司提供了现成的成套的复兴政策，价格合理，只要花上一笔五位数的费用，来一场实地考察和政策圆桌会议，就能实现一次飞跃式大升级。

派克认为，由于市场、政策和社会因素的共同作用，底特律、萨吉诺(密歇根州)和普罗维登斯(罗德岛)等衰败地区产生了一种文化主导的经济复兴幻想。对饱受经济衰退折磨的人来说,这种幻想简直像救命稻草。派克做了一个非常精辟的结论,他说,创意项目计划:

> 为精英演员群体赋了能,尽管这个群体并不安定,赋能也并不平稳。这些精英演员的策略有着深刻的含义,他们雄心勃勃想要尝试以具体的形式实现创意脚本中诱人的“旅行真相”……从他们的行为中就可以看出来了,他们一遍遍重复着“政策干预大法好”这一越来越老套的新自由主义曲目,不厌其烦。
>
> [Peck, 2005: 767]

安·马库森批判创意阶级学说:“模糊的因果逻辑”(2006)

安·马库森(Ann Markusen)是研究城市与区域经济发展的领先学者,出版了一系列著作,其中包括影响力极高的研究罗马米兰之间的“第三意大利”,特别是艾米利亚区的特殊生产领域内人际网络和劳资关系重要性的专著,她还曾在《经济地理》上发表文章《陷入险境的粘性财产空间》(1996),对劳动力市场进行深刻剖析。

在《城市发展与创意阶级的政治》(《环境与A规划》: 2006)中,马库森从政治经济、概念清晰度和经验问责三方面,对理查德·佛罗里达的创意阶级学说进行了批评。她开篇就揶揄创意阶级观念的营销大成功，从一开始，她就没把创意阶级视为一套概念，虽然“在商会、市长和其他市民支持者中广受好评”，但事实上，“通篇模糊其辞，胡说八道”（1922）。马库森批评佛罗里达把创造性与高等教育混为一谈的做法。通过仔细研究职业数据及其中的子类别，马库森认为，这种假设的关联在严格的审查之下根本站不住脚。

在马库森的分析中，佛罗里达高估了他所偏爱的职业类别中真实创意人士的数量，同时错过了创意阶级职业类别之外的大量创意工作者。马库森观察到，能被称为创意阶级的有以下几类，“涉及商业和金融的职业，包括索赔理算人和采购代理人；经理，包括销售经理和食品服务经理和丧葬总监……涉及计算机和数学的职业，比如精算师和税收人员（1923）。”但与此同时，“航空公司飞行员、船舶工程师、磨坊主和裁缝”也应被视为“创意职业”，尽管他们被排除在佛罗里达的创意阶级之外（1923）。马库森准备接受佛罗里达学说中的优点，即不依赖抽象的创造力的概念，而是将创造力定位为由某些职业所体现的东西（1925）。但总的来说，马库森认为，任何“创意人士”的推定分类都不应以主要职业群体的统计总结作为结束，而应“向内看，看每个大类里的细分内容”（1923）。

马库森还批评了佛罗里达对“创意阶级，多样性和城市空间之间相互关系的讨论”，更具体地说，是批评佛罗里达对创意人士的地点倾向的讨论，她注意到，在郊区甚至郊外，还有创意阶级之中广受推崇的质感丰富的内城，都可以发现重要的创意活动群。

而对于佛罗里达的“三 T”中的“包容”，马库森认为，理查德·佛罗里达对社会多样性的看法“特别令人不安”。她指出，大多数美国人都认为“多样性”这个术语包含种族、民族、移民、经济、阶级以及性取向。她在结论中说，“创意阶级是否确实在空间上接近别的多样性的社区，仍有待测试”(1923)。

马库森最尖锐的批评落在她眼里的创意阶级学说的概念和分析缺陷：

> 总的来说，像创意阶级和广义上的创意城市这样的大标题，因其概念模糊、证据无力、政治缄默而难免显得空洞乏力。到目前为止，这场讨论中没有多少内容告诉实践者和读者创造性的工作原理，创意活动与非创意活动的区别，以及创意职业和技能的训练方法；律师、工程师与艺术家的训练环境和职业环境是截然不同的，自然，他们所在的位置以及政治影响力也会有所差别。
>
> [1924]

基于克拉克(Clark)和利普赛特(Lipset)的研究成果(1991；2001)，马库森得出结论：

> 根据阶级利益、前景或行为模式等标准，根本没有所谓的创意“阶级”。因此对于那些致力于推动文化主导复兴大业的公务员、政策制定者和社区组织来说，创意阶级学说没有什么说得清的东西可供参考。现实情况是，创意城市的文

化经济是由多元化的，甚至有时候相冲突的群体和个人组成的，而且没有任何一个现成的模板足以在发展任务中动员每个群体。

[1924]

艾伦·斯科特和大都市的社会经济：认知文化资本主义(2008)

艾伦·斯科特在城市文化经济方面有几部比较有影响力的著作，其中既有对佛罗里达创意阶级理念和政策计划的批评，也有对于创意在先进城市—区域经济体系中的作用的反对意见。斯科特用他非凡的原创思想，对资本主义经济中的城市—工业创新和重组的起源、动力和结果进行了深入探究，为文化活动和劳动力赋予了更重要的角色，同时，他还提出了当今时代社会和工业因素的新型综合模式。

斯科特的学者形象是"生产主义者"，一直提倡工业、劳动力和关键生产场地优先，甚至要优先于大都市生活中看起来更智慧时尚的消费升级。因此，他在批评佛罗里达时，首先将创意阶级概念与爱德华·格拉瑟(Edward Glaeser)的"消费者城市"学说(Glaeser et al. 2001)以及理查德·罗伊德(Richard Lloyd)和泰瑞·尼古拉斯·克拉克(Terry Nichols Clark)用来描述后工业城市的"娱乐机器"联系在了一起。芝加哥可以作为他们的最佳案例。斯科特对创意阶级学说做了一个玩笑似的总结，内容如下：

> 首先，佛罗里达建议市政当局鼓励开发那些所谓的被创意阶级重视的设施。从该建议可以看出，自行车道和时尚餐厅的重要性是十分突出的，而回归分析似乎表明，冬天的供暖也对创意阶级很有吸引力……其次，佛罗里达提出，一旦城市有了合适的便利设施，创意阶级就会愿意落户了，尤其是在该地区的整体氛围宽容开放的情况下。第三，有了创意阶级的流入，当地经济的活力想必会得到极大的激发，再以后，建筑环境升级，整个城市的声望和吸引力得到普遍提升，这些都是水到渠成的事。
>
> [Scott，2008：80—81]

斯科特认为，创意阶级学说中“关键的分析操作”“围绕着这样一个内核：城市实际上只是自由流动个体的集合”，在斯科特看来，这种逻辑是在“重复新古典经济学的老一套”(81)，很可能会削弱空间、生产关系和劳动力在城市—区域创新体系中的关键作用。

在安·马库森和杰米·派克对佛罗里达创意阶级学说的批评基础上，通过分析工业革命时期英格兰北部的工业磨坊城镇，以及我们今天加利福尼亚州北部的著名的硅谷科技公司，斯科特阐述了劳动和生产关系的长远重要性。在城市—区域创新及其发展史上的每一个重大事件中，特定的劳动群体都被认为是生产的关键因素(比如说，第一个案例中的熟练和半熟练的生产/制造工人；以及第二个案例中的科学家、工程师和技术人员)，更进一步说，这些特定的劳动群体还与社会阶级的形成有着千丝万缕的联系，社会阶级（城市工业中的工人阶级，或者马克思所谓的无产阶级；技术精英——或者是“技术官僚”这样更具贬义的称呼）会随之形成，与之相应。但是，正如斯科特所肯定的那样，这些职业和社会群体的重要性不能孤立于创新和增长的复杂生态环境，而必须牢牢地置于生产关系、集聚经济和资本的环境范畴内，因为正是它们代表了过去两个世纪的发展基础。

斯蒂芬·克拉特克："城市的创意资本"（2011）

对创意阶级学说最全面的批评当推斯蒂芬·克拉特克（Stefan Krätke）的专著《城市的创意资本：互动知识创造和城市化创新经济》（威利·布莱克韦尔出版社，2011）。克拉特克对创意阶级学说的概念缺陷进行了冷静而无情的解构，随后又提出另一个引人注目的替代性模型——创新创意模型，该模型是从先进社会城市中持久的生产要素所衍生出来的。

斯蒂芬·克拉特克的分析建立在批评性研究的基础之上，该批评性研究把创意阶级问题化，并将其作为新自由主义价值观的肤浅产物。克拉特克对创意阶级脚本的批评非常透彻，对所谓的创意职业和相关社会阶层形态等维度进行了严格的实证检验；对佛罗里达关于德国城市体系（包括被认为是德国文化经济创意中心的柏林）的“关键主张”进行了细致的考察；最后还评估了社会文化的“地方特质”和创造性劳动力“选择性集中”之间的相互关系（Krätke，2011：39）。佛罗里达认为创意人士之中有政治阶级，但在克拉特克看来，这是完全不可信的，因为政治阶级表现出的是一种效仿新自由主义政策和计划的倾向，而这种倾向很可能会促使资金流向少数精英群体，从而使他们积累起庞大的资本，从整体上看，这种情况将会抑制“实体经济”生产的创新创造潜力（45）。

也许克拉特克最尖锐的批评落在他所认为的创意阶级大杂烩上，这个大杂烩混合了形形色色的产业和职业，而佛罗里达及其追随者又对其进行大肆渲染，吹嘘所谓的创意阶级是当代发展的巨无霸引擎，其经济动力超过其他所有劳动力的总和。克拉特克尤其反对佛罗里达把大量金融、咨询、房地产市场的专业人士算进创意阶级里，这些人往往“支持”“超级创意人士”和“波西米亚”团体的创新和推动作用（42）。实际上，这些人大多数都是白领专业人士，才不是什么创造力的后备军，他们的真面目是“经销商阶层”——“代表着以金融为主导，越来越投机的资本主义发展模式”。具体来说，克拉特克指出，政府对银行和其他金融机构进行了大规模的救助，考虑到这一点，“把金融和房地产专业人士归为‘创意阶级’的成员的做法就显得太天真了”（43）。克拉特克还回顾了半个世纪前熊彼特（Schumpeter）的观察结果（1954），熊彼特认为，在资本主义发展过程中，“只有少数企业家和公司管理者能算得上‘有创造力’；而绝大多数不过是不停模仿那些早已为人熟知的惯例、商业模式和产品配置的模仿者罢了”（44）。

假如一个城市有幸拥有大量的艺术家和科学技术专家，那么是否真的会有协同效应出现，从而充分激发出城市的工业创新和经济增长潜力？这是斯蒂芬·克拉特克批评分析的一个重点。

克拉特克认为，在没有对生产关系和互补社会联系进行深入分析之前，决不能将城市—区域经济中某些职业群体的“同位置”视为“相关性”。换句话说，待在同一个地方不一定意味着两者之间有相关或因果联系。最后，克拉特克断言，理查德·佛罗里达创意阶级模式中的五个组成部分——科学家和高科技专家、艺术创意工作者、金融和房地产专业人士、高管和商业顾问以及“政治阶级”——只有前两个是城市—区域创新过程的核心参与者。克拉特克对佛罗里达“定义不清”的创意阶级概念的批评，最终得出了这样一个结论，即“需要一个更加有区分度的分类”（45），其中还包括“对当今资本主义发展时代不断变化的阶级结构的深层理论分析”（46）。

城市文化政策的政治：操作问题

城市治理的新自由主义转向倾向于狭隘而功利地看待文化和创造力对城市发展的影响。但正如卡尔·格罗达奇（Carl Grodach）和丹·西尔弗（Dan Silver）所说，文化政策和计划的形成过程中确实存在“政治”。他们在《城市文化政策的政治》（2013）一书中围绕该重要主题进行了讨论。

下表3.1出自格罗达奇和西尔弗所编的《城市文化政策的政治》，描绘了地方治理、政策和城市文化经济要素之间相互流动和作用的系统图景。该表显示了四类影响城市文化政策和规划的关键变量，包括（a）“条件”（如城市规模和年龄，政治文化，体制结构和文化产业实力）；（b）“行动者”（包括公共机构和非营利组织，以及此类机构的联盟;发展游说团体,政治领导人和相关活动人士);(c)"渠道"(如公共媒体,基层组织,游说/抗议等可以借此进行政策辩论、谈判和碰撞的活动);(d)预算,专业知识,"文化的争鸣",以及正式的政策语言和政治"辞令"(Grodach, Silver, 2013: 7)。正如作者所指出的那样,"这些变量的范围表明,城市文化领域界限广阔,一系列的行动者和组织穿插其中,在各自政策领域内做着自己的工作"(Grodach, Silver, 2013: 8)。

表 3.1　理解城市文化政策的关键指标

<table>
<tr><th colspan="4">变量</th><th>结果</th></tr>
<tr><td>条件</td><td>行为者</td><td>渠道</td><td>资源</td><td>新的联盟/敌人</td></tr>
<tr><td>城市规模与年龄</td><td>政府机构</td><td>大众媒体</td><td>预算</td><td>新的组织/隔离</td></tr>
<tr><td>政治文化</td><td>非营利组织</td><td>基层组织</td><td>专业知识和经验</td><td>选举胜利/落败</td></tr>
<tr><td>城市等级中的地位</td><td>文化产业联盟</td><td>规划集会和计划等事宜</td><td>"文化争鸣"</td><td>改造的再发展项目</td></tr>
<tr><td>文化资本地位</td><td>发展游说团体</td><td rowspan="3">游说和抗议</td><td>政策语言</td><td>文化参与的变化</td></tr>
<tr><td>文化政策的制度结构</td><td>政治领袖</td><td rowspan="2">政治辞令</td><td>社区团结或者分裂</td></tr>
<tr><td>是否具备有实力的文化产业</td><td>社区活动人士</td><td>经济增长或者衰退</td></tr>
</table>

来源:Carl Grodach and Dan Silver (eds.)(2013) *The Politics of Urban Cultural Policy*. Abingdon and New York: Routledge.

可以肯定的是，格罗达奇和西尔弗描述的系统中有许多流动性要素，其中，时常改动的代理机构和行动者联盟，以及媒体的行动，尽管充满即时性，其重要性却不可小觑。格罗达奇和西尔弗认为，文化领域在政策的影响下，其系统呈现出很大的复杂性，“政策基本上就是在复制已知的成功模式，叫人不得不怀疑，相关部门对此能否有充分合理的解释”(8)。但是，很明显这些变量在多数情况下都会产生重要影响，有时甚至会是推进效应，因为“特定地点的问题、条件、渠道、行动者和资源以不同的方式相互作用，会产生种种独特的结果”(9)。

城市政策与文化经济之间的交叉点

城市文化经济的规划已经从最开始的，以支持那些精心设计的高端文化机构(博物馆、歌剧院、交响乐大厅)为目的，演变为以文化作为引擎助力后工业城市废弃区再开发的工具性部署，近来更是发展成了全面的城市规划。现在的规划通常包括针对各种文化生产行业、劳动力，以及展览、奇观和消费的政策和计划。

表 3.2 列出了城市中主要政策部门与文化经济领域之间交叉范围的概况。文化经济在各个主要部门都有重要的政策应用：空间规划、监管、城市设计、社区发展规划以及经济政策和计划，体现了格罗达奇和西尔弗关于文化发展综合性质的早期观点。

表 3.2 城市政策领域和城市文化经济

A. 城市政策领域	B. 交叉领域和影响
空间规划	
城市结构 土地利用和交通 发展管理规划	关于工业区和主要再开发区(包括文化区)的指示 通过"紧凑完整的社区"促进知识转移和创造性互动
监管和发展控制	
分区 发展章程细则 授权许可	对工业文化和综合区的活动的监管 对城市艺术家,创意公司和文化表演进行监管的影响
城市设计	
建筑 文物政策和规划 公共领域优化	贯彻实施设计指南;协调"标志性建筑"和当地建筑设计;对文物级别的建筑环境和景观的保护和适应性再利用进行管理;投资公共设施
社会社区发展规划	
社区规划和咨询 社会规划 公共住房和特殊需要住房 公共教育	包容的文化发展和规划的政策;艺术家和设计师的收入和其他形式的支持,包括为非营利组织和初创企业提供空间 在学校教育和高等教育阶段对艺术家和设计师进行公共教育投资
经济政策和规划	
战略层面的经济发展规划 行业政策规划 可持续性规划 经济开发区	支持有文化内涵的"标志性事件"(奥运会,重要展览);将文化作为工具从而打造公民"品牌" 关键文化产业规划;"可持续城市"战略中的艺术文化 地方商业规划中的文化产业

空间规划和城市的文化经济

在空间规划领域，许多国家的地方当局行使着重大的空间管理权力，为城市的文化发展指定了专用区和重建区，作为城市规划的战略集群。在很多情况下（见第6章），空间规划中包含的文化区只是肯定了现有的生产集群的存在，而在另一些地区，指定文化区更多的是代表了地方政府和经济行动者的一种愿景。在这两种情况下，指定文化区的做法都提供了支持或者保护措施，比如分区制和/或章程细则，以防止土地使用中的竞争行为，尤其是和金融、商业这样强大对手的竞争，从而实现（用市场术语来说）对城市稀缺土地资源的“最佳利用”。因此，如果没有适当的章程细则和分区指定所形成的法律保护，这些文化区将受到更好赚钱的发展形式的侵蚀，并不得不面对随之而来的混乱。

詹姆斯·凯布拉斯（James Keblas）：华盛顿州西雅图市政府经济发展署西雅图电影音乐部门

西雅图市被公认为是文化发展政策计划创新的领头羊。

吉米·亨德里克斯音乐体验馆（出自 Frank Gehry 之手）也许是西雅图最著名的文化地标了（图3.9），而“翡翠城”则充斥着诸如微软、星巴克和亚马逊这样文化底蕴深厚的跨国公司，与此同时，西雅图的音乐、电影和视频行业同样蓬勃发展，小型企业遍地开花。

詹姆斯·凯布拉斯作为西雅图电影音乐部门的负责人，

图3.9 吉米·亨德里克斯音乐体验馆(Frank Gehry),西雅图

提出了许多具体的将各个机构和行动者聚集在一起的计划,为西雅图的文化经济发展做出了巨大贡献。他的基本思想是在西雅图的各种创意产业、机构和企业之间营造出一种“积极的溢出效应”,为此他还画了一个很有名的示意图,涵盖西雅图创意产业的专精领域、劳动力和人才配置等种种复杂信息。他组织了各种活动,包括各种节日、特别活动,以及晚间社交活动,旨在激发思想互动的协同作用,挖掘潜在的非正式合作的机遇。

空间规划促进城市文化经济的第二个目的是，在建设“紧凑”和“完整”社区的过程中，借助区域和城市层面的指导方针来促进积极的知识外溢和创造活动的协同作用。这要通过规定城市增长边界(MGBs)和/或绿化带，以及互补密集和功能混合来实现。原则上是通过高水平的“社会密度”，引导行业互补、企业和劳动力集群聚居，从而在一定程度上提升创造力。

监管和发展控制

显然，指定城市内文化场所或地区的做法旨在向市场和公众传达当地政府的想法——要么是肯定特定空间(和/或“地方”)的发展轨迹，要么是(重新)塑造这些地方和空间进而谋求新的机遇(见表 3. 2)。但是，假如不在市政建设和发展的章程细则中规定相应的监管行动和方案，那么大多数情况下，这些政策性的指定本身并不足以实现任何既定目标。

因此，在许多城市，市政府都建立了一套规则(虽然也不是没有异议)，以帮助文化机构和产业找到一个落脚点，自然而然也就阻止(或至少严格控制)了某些有竞争性用途的项目来抢地，不管这些项目的形式是经济活动(金融、商业、工业)还是住宅开发，都得让着文化机构和产业。这些指导政策的基本原理是(1)文化产业对城市(国家和社区)来说有足够的价值，应该积极培育它们，(2)假如没有分区、土地使用和其他发展附则的法律保护，这些文化产业可能会被市场上的高价暴利行业挤下台。

但与此同时，地方监管体制的运作在某些方面可能会损害文化行业的一些行动者。首先，某些市区进行再开发，其邻近的许多地区可能会受到大量文化产业和行动者的青睐，由此引发溢出膨胀效应。其次，在较小范围内，正如克里·阿瑟斯(Kerri Arthurs)(2013)在温哥华艺术家经营管理工作室和画廊中所观察到的，文化产业中的个体——包括年轻艺术家、创意创业公司和数目庞大的边缘性运营机构等构成了城市文化经济大部分的小角色——都可能受到当地监管和发展控制的负面影响。一般说来，这个论点涉及这样一个事实，城市正规或者说"主流"经济中的企业和行动者往往更了解城市政策和监管体系的复杂运作方式，因此可以更容易地驾驭这些系统；而另一方面，那些游走在正规经济以外的企业对此则知之甚少，资源也不多，因此也就会在发展道路上遇到更多困难。

城市设计和城市的文化经济

城市设计在城市政策部门中占据越来越重要的位置(参见Paul Knox在《城市与设计》系列中的姊妹篇)，因此在许多方面都对城市文化经济的命运有至关重要的影响。当然，城市设计作为公司或者说工业企业塑造文化经济的发展会产生一些重要的问题和影响(关于这部分，在本书的其他地方会有介绍)；但是地方政府的政策机构在城市设计方面也有不少值得探讨的地方。最基本的特征就是，地方政府决策机构以设计指南的方式指导着城市建筑环境的设计。

城市设计，文化，监管和审查组

这些措施包括在城市的商业/工业区，尤其是住宅区，强制实施（和/或鼓励）某种设计偏好。该政策领域的目的可能是鼓励保持当地/本土建筑设计传统，为发展制定连贯一致的设计语言，或者在城市景观中实现某种独特的“外观和感觉”（Ilse Helbrecht，2004）。

城市设计，文化，重塑城市品牌

城市设计可以被部署为重塑城市品牌的转型工具，用以进行特定地点的小范围改造。现代建筑继承了盖里的毕尔巴鄂博物馆及其诸多衍生物和模仿品的风格，并且将其延续至今，在伦敦南华克自治市内的泰晤士河畔，伦佐·皮亚诺（Renzo Piano）的87层“碎片”大厦（图3.10）宏伟壮观，但在许多人眼中，这座建筑

图3.10　伦佐·皮亚诺的“碎片”大厦，南华克自治市，伦敦

成了公民傲慢和过度扩张的直观表现。“碎片”大厦暴露了大型建筑的诸多问题，比如说，在这个案例中，有一栋商业建筑明明还可以用，但为给皮亚诺的新设计让路，不得不提早拆除。很多人都觉得，碎片大厦一点也不“适合”它所在的那块地方，即便把范围扩大来看，也还是格格不入。而把视线放远，几乎可以这么说，就连法国首都最具代表性的景观特征——埃菲尔铁塔也并不适合世纪末的巴黎，何况其建设方式本身就颇具争议。

城市设计，文化和创意产业

其次，城市设计政策也会采取遗产区和遗址保护计划的形式，比如说伦敦南华克的柏蒙西街（Bermondsey Street）保护区（图 3.11；图 3.12），便是一个成功引入城市文化经济活力的典范。当然，市政府往往与专业的设计专家、文物保护协会和公众站在一边，虽然不可否认确实也有很多冲突和矛盾的例子，但在大多数情况下，考虑到它们的内在设计优点和历史价值，市政府还是会选择保留那些遗产景观和建筑物。原因是多方面的，至少，大多数城市（如果不是所有城市）的遗产区都有一段“有争议的历史”可以引人注目，而企业界、地方各州政府和各种“公众”团体也都有各自的动机支持环保主义（另见第 6 章）。有时候，地方政府选择采取保护措施，也是为了吸引/留住文化活动、行动者和创意产业。

城市设计，文化和公共领域

作为城市设计领域的第三个政策集群，地方政府将便利设施

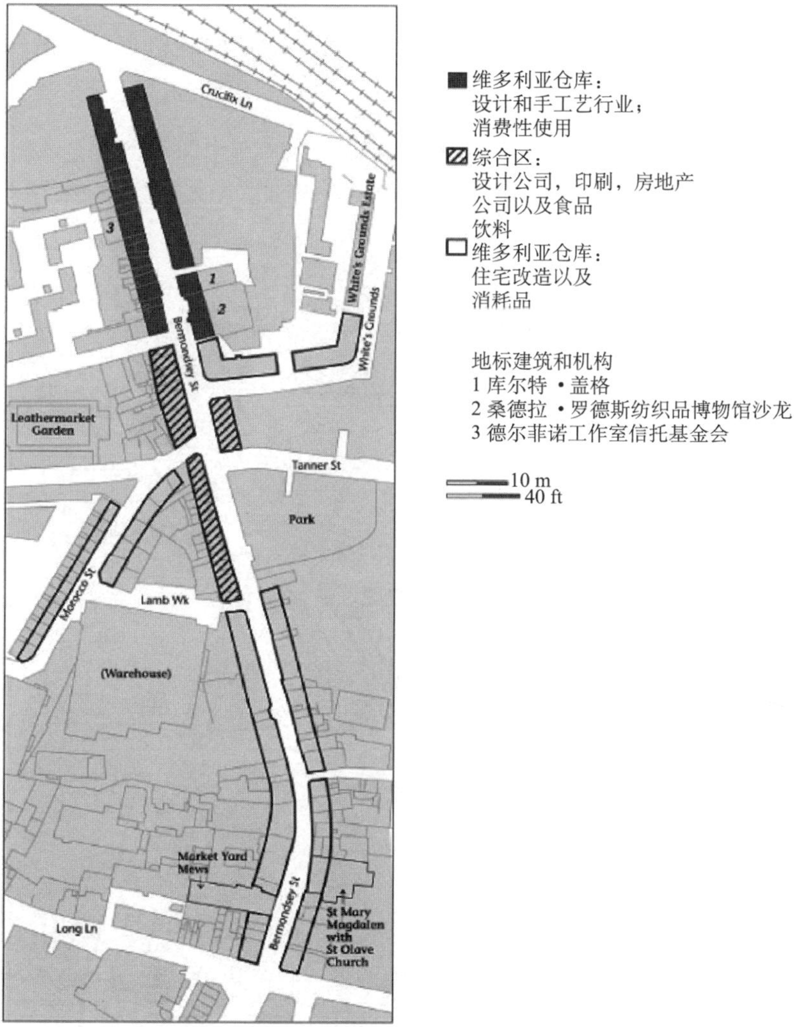

图 3.11　柏蒙西街保护区，结构元素，南华克，伦敦

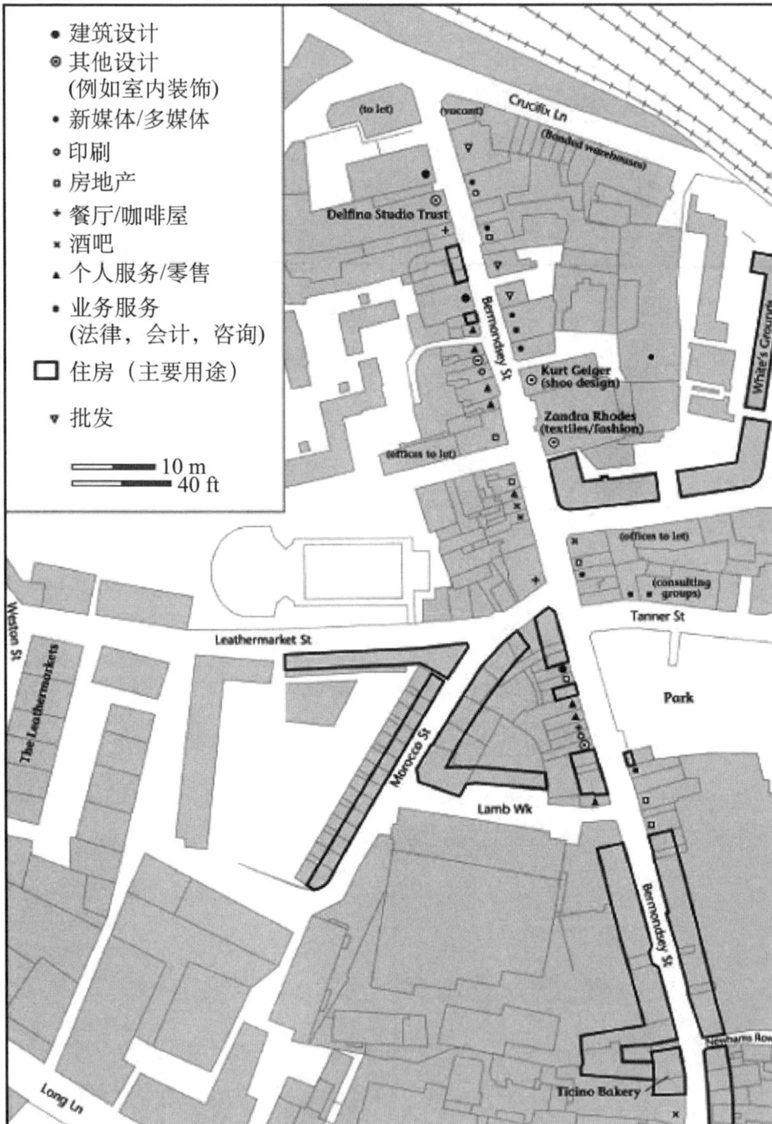

图 3.12 柏蒙西街保护区，部分公司和机构

作为提高公共领域质量的手段，不断向其中增加投资，一方面是为了大众普遍能得到享受和欢乐，另一方面，至少在某些情况下，这些便利设施可以作为吸引新经济中以文化和技术见长的关键企业和工人的手段。

社区规划中的文化发展

尽管社区规划较为完善地整合了地方的规划、政策形成和运营，但过去的 25 年间还是吹起了一股显著的“文化转向”之风。早期模式对当地的社会经济福利计划以及代表性和包容性问题不管不顾，而如今大多数情况下都伴随着广泛的文化规划。

支撑社区规划转向文化领域的具体政策动机当然是多种多样的，但在许多情况下，首先是考虑到这样一个原则，即在跨国的城市背景下，多元文化基础、价值观和实践、跨文化的接受和包容就是政策的基本目标。规划者和其他专业人士与社区代表合作，鼓励文化多样性的表达，举例来说，体制规划、公共艺术和展览以及舞蹈、音乐和相关的艺术表演等，都可以体现文化多样性。在某些情况下，维护他们在城市空间内的代表权是当地的艺术家和其他文化行动者联合会义不容辞的责任。

凯特·肖(Kate Shaw)：柏林，阿姆斯特丹和墨尔本，另类文化之地及其保护政治

凯特·肖选取了柏林，阿姆斯特丹和墨尔本这三个重要的文化经济中心，通过比较三个城市保护文化多样性的方法，

使我们对“另类文化”在鼓励社会多样性和激发城市经济活力方面的价值有了更深的理解。肖认可迪克·赫布迪格(Dick Hebdige)对“亚文化”的定义，认为它是一种“象征性的抵抗形式”(Hebdige, 1979: 80)，其特征是“与众不同的音乐和艺术，以及四处漫游的无政府主义者或左派政治人物，正是这些重新定义了主流文化的边界”(Shaw, 2005: 150)。

肖对“保护政治”的比较涵盖了她对三个城市的另类文化的描述，以及在各个情况下对“保护地的政治”的讨论。她将柏林的另类艺术场景形容为朋克、工业新浪潮和NDW(德国新浪潮)的混合体，几十年来，这种艺术在废弃的工业和住宅建筑中兴起，在克罗伊茨贝格的中西部地区尤盛(另见第7章柏林案例研究)。但在1989年，划分东西柏林的柏林墙倒塌之后，不出所料，再投资引发了士绅化的压力。肖用位于米特区的欧拉尼恩堡大街的一栋五层楼建筑——塔赫勒斯艺术中心的案例研究，证明了柏林的“保护”的可能性(和限制)。塔赫勒斯艺术中心在20世纪90年代吸引了一群“新朋克，艺术家和活动家”，他们进行了大量的雕塑，焊接和宣言等活动。她引用了《伦敦独立报》(2000年10月15日)中的一篇文章，认为塔赫勒斯是柏林“另类文化的半官方中心”。柏林政府，即参议院，推行了一项侵略性的资本主导的重建计划，在内城的大部分地区开展了一系列驱逐活动，造成了一片混乱。由于塔赫勒斯结合了高涨的艺术能量与寮屋的政治力量，所以参议院就干脆在柏林城市规划中将该建筑命名为Kunsthaus(文化宫)。该建筑随后被出售给凡达斯(一家为新城市规划服务的改造设计大型场地的公司),并由杜扬·普拉特·齐贝克公司(Duany Plater Zyberk and Company, DPZ)的首席设计师安德烈·杜杨(Andre Duany)对其进行改造。尽管他们对整个场地(包括餐厅,零售店和一家五星级酒店)进行了金碧辉煌的再开发,还对塔赫勒斯的实体建筑本身做了部分修复,肖指出,"这种暴露感仍然保留着,材料还是未加工过的,涂鸦和雕塑也依然存在",该景点的盈利为艺术家居民提供了免费住房的补贴——表明这是一个还算成功的故事。然而,最近(2012年)该中心又因再开发新建高档建筑而关闭,艺术家也被驱逐,充分展现了城市空间价值重估的过程中亚文化空间(以及亚文化表达和生产)岌岌可危的状态。

[Kate Shaw(2005)"The Place of Alternative Culture and the Politics of its Protection in Berlin, Amsterdam and Melbourne", *Planning Theory and Practice* 6: 151-170。]

有一些城市,承诺更直接地鼓励艺术发展和表达,并在社区层面给予相应的公共投资。优惠政策多种多样,包括为年轻艺术家和创意创业公司提供市民空间、技术援助、教育支持,以及某些情况下的收入补贴。

城市房地产市场的价值重估,特别是(但不仅限于)在内城重建地区的价值重估,尤其给年轻艺术家和创意者带来了挑战,因此，认可社会规划者和社区工作者给予这些艺术团体和个人的保障就显得十分重要，哪怕这保障并不稳定。与此相关的是，社区活动人士将关注的目光投向遗产区内低收入人口更为普遍的混乱情况，并努力在纽约等城市价值重估的遗产区内建立内德·考夫曼（Ned Kaufman）所说的"情感产权"（2009 年）。

城市—区域经济战略，政策和计划

城市政府一直在经济中发挥作用，至少是暗中做了动作，比如通过分区和土地使用政策这类运作为特定产业类别分配土地资源。当然，大范围的间接的制度支持对城市经济来说不可或缺，例如市政基础设施（道路和桥梁、照明、供水、排污和废物处理）；包括教育在内的服务业；特别是工业和商业用地服务（包括水、照明、街道和污水渠）；以及包括公园和娱乐空间在内的公共设施。

但在过去 30 年左右，市政府为经济发展许下了一个比一个宏大的承诺：首先是应对 20 世纪七八十年代重组过程中制造能力和劳动力的巨大收缩；之后是普遍倾向戴维·哈维（David Harvey）（1989）阐述的"企业治理"；而最近一次，市政府明显增加了关于城市文化经济的政策和计划。

文化经济政策，既有其单一的目的，同时也作为大型政策体系的一部分，这一点在后面会有更细致的讨论，但是现在，我们可以根据以下几幅颇具代表性的小插图得出一个大体印象。首先，就诸如奥运会、其他国际体育赛事和大型国际博览会这种级别的标志性事件来说，"文化"成了成功竞标的必要条件和中心特征，而再不是像过去那样以体育运动为核心，仅仅把文化充当一个边缘性的“附加条件”。文化的内容可以在开幕式和闭幕式的壮观场面中得到最淋漓尽致的证明，因为主办国会选取最能代表自己国家和地方文化的元素进行展示，与此同时，主办国会举办诸多与标志性事件相关的展览，借此机会彰显自己的文化。

其次，“文化”成为了在大型经济战略中的一个越来越重要的因素。举例来说，“伦敦：文化大都市”（伦敦市长，2010）这一文件中就称文化为“每个人的第二策略”，在许多情况下，文化仅次于金融或高科技研究、开发和生产。与此相关的，我们可以参考这样一个事实，文化产业和劳动力作为行业政策已经在大都市或市政经济发展战略中无处不在，无所不包了，可以说是涵盖了各个行业的计划，包括媒体和通信、电子游戏和电影制作、音乐、出版、建筑和城市设计，当然，少不了城市中的传统“高端文化套餐”：歌剧、交响乐、芭蕾和其他形式的精英表演。

第三，把“文化”当成工具来部署的做法越来越普遍。文化成了一种手段，用以吸引高附加值经济活动和高技能劳动力，例如专业/中间金融机构、总部、企业管理、研发、“知识经济”型企业和从业者、生物技术和制药等等。有人称，大都市市政府对“文化”的承诺，既可以提高现有城市居民的生活质量，又可以吸引新公司、资本和劳动力，而且其本身就会构成城市经济的宝贵部分。

总结：城市政策和规划的文化转向

在本章中，笔者通过对文献和一些有启发意义的案例研究的回顾，展示了当代城市议程中文化和创意与日俱增的重要性。最初，各种形式的“文化”被认为是后工业城市社区重建的工具，彼时，政府、公务员、规划者、社区团体以及行动者都试图在传统工业崩溃之后找寻机会替代企业和劳动力丧失的能力，（同时也试图给予当地艺术团体表达的空间，并支持不断变化的社会文化特性）。事实上，这种感觉在许多城市的政策集群中都依然存在。

但是，“文化”从来就不是简单的“技术性的”政策工具，而是一直浸染着深厚的政治价值和意识形态内容。在21世纪城市对新自由主义的争论中，文化规划确实成了一个“大舞台”。不过，在全球政治经济的这个“大影院”中，国家和地区之间明显有很多重要的不同点：一般来看，欧洲许多国家的文化规划都反映（并体现）了欧盟的那种特别形式化和“浓重”的国家——地区——地方治理和政策结构的色彩，正如弗兰克·莫拉尔特（Frank Moulaert）（2000）和其他人所表明的那样。在亚洲，许多领先的“增长型经济体”，以中国和越南为代表，它们的文化规划和政策，已被部署为国家“增长机器”的工具，而不是地方政府专业的、分离的和半自治的行为；而在北美洲，具体操作方法上又出现了很大的变化，但可以肯定的是，“经济发展”计划在很多情况下都是最重要的。

虽然在地方——地区的文化条件和政策的特殊性方面都存在偶然因素，但文化产业的“快政策”仿品无疑还是影响了多个城市。罗素·普林斯（2010）指出了一种倾向，就是通过普遍性的政策转移，“促进创意产业发展为全球形式”（174）。普林斯对文化经济中“政策制度如何迁移并国际化”的问题很感兴趣（169）。他认为，促进文化产业政策转移的是“政策组合”，包括政治因素（在很多情况下都受到新自由主义价值观影响），对市场的依赖，以及关键的技术系统，其中，技术系统是指“被广泛认可的知识形式，比如统计和计算技术，它们可以定义、描绘、编纂和测量特定的政策对象”（172）。

虽然城市文化和政治一直是联系在一起的，但是更显而易见的是，文化规划在地方——地区政策的领域和系统中越来越重要，现在已经渗透进了大都市规划的所有主要领域。因此，之后的章节将会讨论文化和城市劳动力市场改革中的问题（第 4 章），住房市场和绅士化（第 5 章），城市“空间”和“地方”中的文化（第 6 章）以及一些具有启发性的案例研究和说明性的图文（第 7 章）。

拓展阅读

Helmut Anheier and Yudhishthir Raj Isar. （eds.）（2012）*Cities, Cultural Policy and Governance*. London: Sage. 一个多样的专题案例研究汇编，以简明易读的论文形式展示了一系列城市的文化规划范围。

Alexander Cuthbert（ed.）.（2003）*Designing Cities: critical readings in urban design*. Malden MA and Oxford: Blackwell Publishing. 一篇资料翔实的调查，汇总了一批“研究设计在当代都市主义中的作用”的关键论文，主题内容包括理论、历史、哲学、政治、文化、性别、环境和美学。

Carl Grodach and Dan Silver（eds.）.（2013）. *The Politics of Urban Cultural Policy: global perspectives*. London: Routledge. 对城市文化政策和规划的形成过程中政治影响的及时而深刻的分析，其中的城市案例研究颇具启发意义，引人回味。

Michael Indergaard.（2009）‘What to Make of New York's New Economy? The politics of the creative field’, *Urban Studies* 46（5 & 6）:

1063 - 1094. 对一个“顶尖”的全球城市的复杂文化政治(行业，企业，社会团体和本州政府)进行的灵活而生动的探索。

Ned Kaufman. (2009) *Place, Race and Story: essays on the past and future of historic preservation*. New York: Routledge. 对与城市历史保护项目相关的政治和社会正义问题进行的内容丰富而富有同情心的调查，将建筑、地点和区域的故事情节与社会叙述完美融合。

Paul L. Knox. (2011) *Cities and Design*. Abingdon and New York: Routledge 劳特利奇介绍城市主义和城市的重要读物. 对设计和当代都市主义的许多领域之间关键的协同作用和矛盾进行的一个十分有用的调查，见解深刻，在“发达”社会和“过渡”社会中都有代表性。

Stefan Krätke. (2011) *The Creative Capital of Cities: interactive knowledge creation and the urbanization economies of urbanization*. Malden MA and London: Wiley-Blackwell. 本书是对创意阶级理念的一个特别有力的批评。书中包含一个详细的替代理论的构想，理由更充分，更具说服力。另外，书中还对德国及其首都柏林进行了深入的案例研究。

Frank Moulaert. (2000) *Globalization and Integrated Area Development in European Cities*. Oxford: Oxford University Press. 对欧洲后工业城市治理，地方规划与社会组织的复杂结构的专业调查。

Allen J. Scott. (2008) *Social Economy of the Metropolis: cognitive-cultural capitalism and the global resurgence of cities*. Oxford: Oxford University Press. 在一个不断创新，重组和错位的时代，探索城市理论化，提出建议，兼顾知识和社会因素的显著性和文化与城市发展之间的协同作用。

Kate Shaw. (2005) ‘The Place of Alternative Culture and the Politics of its Protection in Berlin, Amsterdam and Melbourne’, *Planning Theory and Practice* 6: 151 - 170. 对三个重要创意城市的政策实践和政治文化影响的绝佳评论。

第四章

文化经济与城市劳动力市场

文化经济是巴黎、纽约和东京等大都市劳动市场的前五大行业之一，而创意产业和创意机构的就业增长是衡量文化经济发展意义的重要指标。除了这个重要的增长指标以外，文化经济劳动力的演变还在就业分析的既定维度上表现出了一些显著的特征：(1)社会分工，包括从事大宗商品、工业品的生产和服务的主要职业群体；(2)技术分工，包括相关技术和行业企业中的关键生产要素的专业化和劳动力使用；(3)空间分工。最后一点结合了城市空间(和地点)中细密化的文化生产模式，从而使城市空间经济显得更加复杂。

多琳·马西(Doreen Massey)在研究1984年英国伦敦和东南地区日益稳固的主导地位时提出了这样的观点：在全国范围内，先锋都市中心的文化就业已经出现了超越代表性的现象，这使得区域间发展不平衡加剧。而在全球范围内，文化工作日益成为“新”新国际分工的一个特征，体现为普遍的外包现象，尤其是在文化产业中越来越多的“离岸外包”劳动力现象。

此外，城市中的文化就业状况是资本主义城市新兴劳动力市场的一个标志，本章将要对以下趋势进行讨论：(1)两极分化，不平衡和城市中的文化经济；(2)“分裂”的劳动力市场，创意工作的短时性和“不稳定的”劳动力；(3)文化工作者，人口变化和性别；(4)工作—生活方式“粗放化”和任务泛滥；(5)城市中的文化，非正式主义和长盛不衰的二元论。

引言：问题重重的文化经济劳动力市场

文化经济的劳动力包括大量的将创意天分与技术专长相结合的新媒体工作者、艺术家、建筑师、策展人等既定职业。这些高技能创意劳动者构成了发达经济体文化劳动力的重要组成部分，他们还是企业和政府招聘人员眼里的香饽饽，因为企业和政府都渴望吸引“人才”来为城市复兴计划出一份力。虽然个人经历各不相同，但创意领域的许多人都享受着高水平的薪酬和社会地位，他们对工作场所的满意度也比较高，在这几个方面与其他专业人员无异。

但是，城市的文化经济不只有这些收入颇丰的创意专业人士，真实的就业结构更庞大也更多样化。文化经济在消费领域有非常庞大的工人队伍。有很多人在文化机构工作，包括正式职工和大量的志愿者，他们为文化机构(博物馆、画廊、展览)和表演界(音乐、戏剧、歌剧)做管理、行政和策展等工作。此外，食品饮料行业的员工同样人数众多，他们的工作场所包括餐馆、咖啡馆、酒吧、俱乐部等。手工制作、有机农业和当地食品采购也被认为是文化经济劳动市场的一部分，正在成为迅速扩大的专业领域。

除了作为正式职工和长工的文化从业者外，还有大量的兼职创意人员，他们作为临时工或者培训人员，拿着非常低的报酬，或者干脆一点报酬都没有（事实上这种情况也很普遍），希望能获得一些工作经验，或者得到那些拿薪水的人的提拔。艺术家占了创意工作者的大部分：其中一些人全职，许多人兼职，还有一些人兼职（电影、电视游戏、广告和媒体）专业公司的"应急工"。

劳动力市场，就业和职位

一些工作类别

了解城市文化经济的基础是了解劳动力、就业和职位的基本分类。该基本分类由城市学者，政府机构，工会，行业协会和诸多非政府机构（NGO）以及社区组织（CBO）共用。

一般而言，"市场"存在于资本、商品和劳动力的交换之中，涉及参与者的"买方"（"需求方"）和"卖方"（"供应方"）。在运营方面，"劳动市场"是劳动力买卖双方进行互动的地方。安大略省政府的说法是，"劳动力需求来自雇主，因为他们需要雇用工人来生产产品和提供服务"，企业根据多种因素选择自己的"人员配备水平，包括劳动力成本；生产力；当前和预期的生产水平；以及公司可以为其产品定出的价格"。

此外，“劳动力供给”取决于“人口的年龄分布；退休行为；迁徙模式；教育和培训；生育率；经济状况；个人对工作活动与休闲的时间分配”（安大略省培训和大学教育部）。

“就业”是对劳动力（通常是15岁以上的个人，某些辖区的要求是16岁以上）的活动情况的衡量标准；就业类别包括(1)雇员；(2)自雇人士；(3)作为家庭成员进行无偿劳动；(4)政府出资的培训计划的参与者。传统上讲，就业率就是工作年龄人群中已就业人口的比例。就业数据通常分散在以下产业类别当中（下列术语在美国，加拿大和墨西哥统计机构使用的北美产业分类系统—NAICS中出现过，在此沿用）：第一产业（农业和资源行业）；第二产业（制造和加工）；服务业（包括“中间”服务或商业服务，也称为“生产性服务”，包括商业银行、房地产、咨询和公司法律服务）；消费行业，例如批发和零售业、酒店、餐馆和酒吧；还有一个大类，政府和其他公共部门，特别是教育和公共卫生；“文化产业”（一个庞大的综合产业，包括建筑、广告、平面设计、电影和录像制作；专业/手工食品生产），是过去20年来许多地区发展最迅速的就业领域之一。

“职业”是属于个人所从事的工作类型，而职业范畴中的“技能水平”是指从事职业所需的教育和培训的类型/数量。加拿大政府的职业分类涵盖500多个职业单位组和3万多个“职业职称”，反映了发达经济体内工作日益复杂的趋势；不过，这些职业可以在国家职业分类(NOC)中汇总为以下条目：管理；商业，金融和行政；自然科学和应用科学及相关学科；健康；社会科学，教育，政府和宗教；艺术，文化和体育；销售和服务；贸易，运输和设备操作员；第一产业；加工，制造和公共事业。文化经济工作者在国家职业分类（NOC）的“艺术，文化和体育”类别中占有重要地位，是过去20年来增长最快的一个；另外，文化经济工作者在“管理”“商业，金融和行政”以及“社会科学，教育和政府服务”的国家职业分类（NOC）中，也占有相当数量。

［2013年加拿大政府工作银行；2013年9月18日修改，网址：www.jobbank.gc.ca］

在本章中，笔者将对文化工作者在城市劳动力市场结构中的位置进行分析和讨论。讨论将围绕以下角度进行，文化工作者在后工业主义和后福特主义概念中的适用范围，同时引入诺克利夫（Norcliffe）和埃伯茨（Eberts）（1999）提出的“新手工”文化劳动的概念。本章从劳动力的社会、技术和空间分工三个层面，概述文化经济劳动力的维度。将通过与劳动力市场和就业变化早期阶段的相似性和差异性比较，揭示文化经济促进城市空间经济重构的方式。接下来，笔者将对文化产业和创意劳动者如何表现出劳动力市场和就业发展方向的关键特征这一问题进行讨论，上述关键特征包括非正式主义和二元论、两极分化以及在劳动力市场放松管制和“新”新国际分工的时代背景下，发达经济体当中劳动力市场日益向不稳定方向发展的趋势。本章最后，从性别特征和人口特征的角度，对构成了当代城市工作生活重要部分的文化工作者进行解读。

城市文化工作者和创意工作的演化

城市文化经济带来了体量巨大又意义重大的就业，我们最好把这波就业浪潮放在一个更大的劳动市场的增长和变化的故事线上，这段过程问题重重，我们绝不能仅仅将其看作是 21 世纪早期的一个新兴的特权群体。文化劳动者自身的命运显示了重要的发展特征，而文化经济与更广泛的产业结构调整和城市转型过程也不无联系。

艺术家从古至今都在城市中发挥着重要作用，有时作为独立的生产者，而多数时间作为受雇于君主或权贵的工人，无论是在欧洲、亚洲、非洲还是美洲，艺术家都在“历史城市”中占有特殊的劳动地位。艺术家常常被雇来（在许多情况下，是强制劳役）为皇室设计宫殿和纪念碑，埃及金字塔和爪哇婆罗浮屠寺庙就是很好的例子。处于顶峰的是备受青睐的天才艺术家，他们受到众多工匠和学徒的支持，经常被卷入非正式的分包关系之中，而且往往会受到高度的剥削和压迫。以东南亚国家为例，在很多情况下，高级艺术家和其他创意工作者的集中都是城市等级秩序的重要一环，尤其意味着国内首要（或主导）城市的出现。（Kim，Douglass，Choe and Ho，1997）。

在 15 世纪的意大利，更具体地说，是在文化和权力集中的北部大城邦，从佛罗伦萨到威尼斯和热那亚，艺术家和设计师在城市、客户和市场关系中的立场又迈出了重要的一步。这个时期诞生了最伟大的艺术家和设计师，还有那些在艺术和设计这两个领域都有着非凡造诣的大师，诸如达·芬奇、切利尼、贝尔尼尼、博罗米尼和米开朗基罗，他们的出现简直带有一种英雄色彩。虽然这些杰出人物并非完全独立于他们的顾客，但至少可以行使一部分自主权。意大利文艺复兴时期，天才艺术家屡屡出现，不过这也是大势所趋，因为彼时，所有国家和社会的王公贵族和富商巨贾都跃跃欲试，想要复制意大利北部城邦的辉煌成就。

历史上的艺术，艺术家和城市

彼得·霍尔《文明城市》

千百年来，城市的优势与很多因素都有着密切的联系，这些因素包括该城市在国家内部的地位，从古代到20世纪各个帝国城市的兴起历程，技术创新，人力资本和社会组织的水平以及军事力量。但彼得·霍尔基于他60余年卓越的城市学研究得出了这样一种观点：处于发展黄金时期的文化，艺术和艺术家，也在城市的历史发展中发挥了关键作用。这种作用，一部分是由于艺术本身的表现力和顶尖艺术家在赞助制度中享有的崇高地位；同时也受到了更大的经济、金融、生产交换系统的影响，而这正是某些城市在发展和影响达到了顶峰的特征。

霍尔最引人注目的案例之一是文艺复兴时期的佛罗伦萨——他称之为贵中之贵的城市，因为意大利中部和北部是当时欧洲最富裕、城市化程度最高的地区，而佛罗伦萨又是意大利中北部最繁华的城市。当时，精英家族中金融和生产体系的创新催生了富裕的贵族资产阶级，这些贵族资产阶级与已站稳脚跟的土地贵族通婚，在佛罗伦萨社会最辉煌灿烂的巅峰时期创造了一个富裕的地主阶级，正是他们，赞助了天才艺术家（布鲁内莱斯基、多纳泰罗、吉贝尔蒂和马萨乔），让那些天赋异禀的艺术之星可以群星闪烁，散发出璀璨夺目的光彩。虽然佛罗伦萨的财富建立在大陆贸易，形式复杂的银行和金融产业还有军事力量之上，但艺术生产的社会组织却是小规模的，基于作坊的，其劳工标准也仅限于专业协会内部。不过，这一切的合力最终还是使得佛罗伦萨成为了“中世纪晚期工艺城市的典型”。

接下来的案例更加接近我们这个时代，彼得·霍尔为我们生动地展示了艺术和文化如何创造并表达了另外两个欧洲文化之都——维也纳和巴黎的伟大。就前者而言，霍尔肯定地表示，维也纳享有两个世纪独特文化表达的“黄金时期”：首先是18世纪晚期，莫扎特和海顿等音乐家层出不穷；然后是19世纪，艺术、文学、科学和文化领域的艺术和智慧使之进入了第二个辉煌时代。在第一个时期，文化表达基本上是以音乐的形式进行，受地主贵族财富的赞助；而在十九世纪，维也纳得到了奥匈帝国末期工业资产阶级的支持，又一次展现了文化艺术的辉煌。

巴黎在19世纪后期成了伟大的艺术和文化中心，这段美好时光主要通过视觉艺术的形式表现——自18世纪以来,一直由国家力量赞助支持——但正如霍尔所观察到的,随着与文学先锋派的联系日益加深,法国首都越发显现出一种波西米亚的气质。从19世纪60年代开始,在拿破仑三世的领导下,巴黎开始进行全面现代化重建,竭力创造"新一代的新财富",通过收购艺术品的方式,实现向新形式的赞助支持和自我表达的过渡。霍尔说,视觉艺术"成了在市场上交易的商品,而这种商业模式通过经销商和评论家的网络进行运作。"

[Peter G. Hall (1998) *Cities in Civilisation*. London: Weidenfeld & Nicolson]

在原始工业时代,艺术家和其他创意者是新兴文化生产活动中的重要人物,例如法国的哥白林工厂,西班牙和比利时等地的花边生产,以及英格兰等地的香水和其他奢侈品的生产——他们的遗迹到现在还在某些城市保留着。这些手工劳动者相对于其他人群(包括商人,家庭雇员和农业劳动力)而言,从来都不是数量庞大的群体,但却孕育了设计传统和文化就业的萌芽。在更先进的社会,许多熟练的艺术家、工匠和设计师都享有正式行会的会员资格,正式行会可以提供一定程度的保护,使他们免受雇主的恶劣对待,同时可以维持公会成员相对较高的价格和工资水平。

虽然这些发展代表了创意劳动力增长的又一重大进步,但英国18世纪后期工业革命的爆发预示着更大的变革。到19世纪中叶，设计在发达经济体的制造业中变得越来越重要。1844年的法国工业博览会是首次展示先进制造业的全国性活动。但是，国际上最叫人热血沸腾的展现了艺术和工业的完美融合的则是1851年在伦敦海德公园（Hyde Park）召开的“大展”（全称：万国工业博览会），由英国皇家艺术、制造和商业促进协会赞助，由亨利・科尔（Henry Cole）和阿尔伯特亲王（Prince Albert）执导。19世纪，欧洲国家（比如英国，德国和瑞典）纷纷设立工业设计协会，在美国也有分会设立，最终促成了设计行业协会（Design Industries Association）的成立，这个协会有一个座右铭，“万物皆可美丽”。

“手艺和创意：京都的新经济空间”

五斗和子

埼玉大学的五斗和子（Kazuko Goto）对京都历史悠久的文化，创意劳动和专业化生产的传统进行了详尽的解说。她的案例研究涉及任天堂（全球视频游戏行业巨头）发展轨迹的连续性和分离性。任天堂的发展历史可追溯到1889年，那时的任天堂还不过只是京都的一家纸牌公司。五斗认为，当今京都的创意生产专业化，与京都曾经作为前日本首都（794—1868年）的历史不无关联，而将当代京都的创意生产专业化放到它深厚的文化底蕴中来看，无疑将会是一个非常有趣的角度。五斗发现，京都的工艺传统历经了千年的动荡和混乱，可谓是根深蒂固，源远流长。

五斗和子对京都的研究充分利用了理查德·森尼特(Richard Sennett)的专著《手艺人》(2008)中的信息，解决了创意生产中“新与旧”并置、“传统与现代”并存的明显“悖论”。她引用了森尼特的话，说手艺精神是“把一个东西做好的技术，是一个文化的东西，而不是一种无意识的过程”(89)，(转述于森尼特 2008：8—9)。五斗敏锐地观察到，在“西方”，艺术和手工艺在工业革命开始之时就被清清楚楚地分离开来，但在日本，这种割裂并不存在。和子下如此一个断言是不无根据的，她搬出了京都历史悠久的老牌手艺铺，其中有一家药房，既卖现代药，也卖“老方子”(1603)；还有一家名头响当当的醋店，这家老店从 18 世纪初开始，一直凭借着“骄傲，声誉和信任”在当地顾客中广受好评(90)；还有一家金箔店，既保留着修复京都寺庙等传统职能，同时也为手机等电子设备提供贴膜服务。

继追寻京都历史和当代创意职能之间的联系之后，五斗强调，京都作为日本古都，本身就享有独特声誉，那里的老店鳞次栉比，技能专业化历史悠久，与此同时，又结合了创新开放的精神，所有这些因素共同促进了文化经济的可持续发展。作为日本第一个设立小学和初中的城市，京都还享有人力和社会资本的优势，而且即便是在 1868 年迁都东京之后，日本政府仍然愿意下大力气支持前首都的科学技术发展。

五斗和子案例研究的对象任天堂，体现了当代市场条件下，创意产品生产中历史工艺技术与现代科技的结合。任天堂还在出租车、便利食品和酒店管理等业务方面进行了试验——可纸牌生意达到极限之时，其他业务也都一败涂地了。好在任天堂于1983年发明了家用电脑，随后又推出了一系列以“马里奥”为主角的游戏。五斗认为，任天堂的成功在于，用“二流技术”降低了生产成本，同时在“新想法和创造力”上集中发力，充分利用了他们深厚的文化和科学传统(97)。最后，五斗指出，京都的成功建立在城市的“物质和非物质文化遗产”的基础之上，融合了传统和当代的工艺，并以此为基础，开创了独特的行业、公司和劳动力体系。

[Kazuko Goto(2012)'Craft and Creativity：new economic spaces in kyoto'：Peter W. Daniels, K. C. Ho and Thomas Hutton(eds) *New Economic Spaces in Asian Cities：from industrial restructuring to the cultural turn*, pp87—101. Abingdon and New York：Routledge.]

在弗里德里希·恩格斯(Friedrich Engels)所写的关于曼彻斯特工人阶级的经典著作中，作者写到了这样的情形：19世纪和20世纪初期，大西洋地区蓬勃发展的工业经济带动了劳动分工的兴起，劳动分工影响到了数目众多的工厂工人，他们一般工资都很低，而且是在有毒有害的工作条件下劳动。工业劳动力包含少数工厂经理，工头和工业设计师，其中，后者(工业设计师)在消费品行业，造船/海事行业，运输设备(轨道机车、车站和轨道)，还有军事应用等专业领域的发展中发挥了越来越重要的作用。同时,光学设备、科学仪器和特种工程等领域的精密制造和贸易也汇集了一批高技能设计师和工匠,虽然他们规模比较小,但重要性却非同寻常。

福特主义和柔性专业化

这场广泛的劳动分工持续到了 20 世纪,而下一阶段的创新则以在密歇根州底特律和迪尔伯恩的亨利 · J · 福特汽车厂诞生的福特主义为代表。为了满足不断增长的消费者市场需求,设计创新在某种程度上受到了产品标准化的压制。但工资设定在了一个足够高的水平以吸引和留住技术工人,当然,这是为了让这些工人能够买得起福特汽车和其他消费品。

福特主义作为最典型的生产制度在发达经济体中持续了大约半个世纪,直到 20 世纪 70 年代和 80 年代全面重组引发了"新的国际分工"(NIDL)(Fröbel 等,1980)。随着企业将标准化生产转移到成本较低的辖区,"新的国际分工"(NIDL)日益偏向东亚和东南亚的新兴经济体。这种重组给"西方"发达经济体带来了毁灭性的社会经济影响,去产能导致伦敦、曼彻斯特、利物浦、纽约、芝加哥和底特律等城市制造业就业岗位流失,造成数十万人失业。

但即便大西洋地区主要大都市的传统工业生产部门遭受了大规模的收缩,高效的设计密集型行业仍在继续繁荣,特别是在德国,斯堪的纳维亚半岛,意大利北部和北美部分地区。事实上,西方工业城市的"工业衰退"也正标志着消费品和商品工业生产的重大设计转折——这是后福特主义和柔性专业化的关键指标。这反映了西方劳动市场和就业部门的比较优势，其中包括拥有大批经过正式培训和资质认证的设计师、工程师和各种各样的艺术家。在多数情况下，这种受文化影响的工业生产的关键供给侧都可以得到补充，因为每年都有大量的建筑、工业设计和美术专业的毕业生。与此同时，还有一个关键的空间分工问题，越来越多的先进士绅渗透进了大都市的废弃工业区和社区，这些大举进入的艺术家群体、表演者和视觉艺术专家们齐头并进，不断刺激大都市工作室、画廊和表演空间的扩张。

后工业城市中服务业的扩张

在过去的 25 年间，文化劳动力崛起，一个关键背景是城市服务业的急剧扩张。在第二次世界大战结束后的 30 年间，西方经济体城市地区的制造业和服务业就业人数都有所增加。北美、西欧和日本的制造业增长可以看作是市场对生产资料需求扩大的反应，但更具体地说是对大量消费产品（包括汽车、家具和其他家居用品）需求扩大的反应。在一些历史上十分著名的制造业中心，生产力大大提高，熟练的工业劳动力扩增；劳动者们联合提高的工业生产力和工业联盟的力量来保障体面的工资和福利，使收入实现了稳定增长；此外，西方社会的劳动力形成了组织，为自己争取到了政治权力，以上种种标志着大西洋地区经典“工业城市”发展的顶点；战后的前 30 年，经济和管理领域对商业（或中间）服务的需求不断增长，公共服务领域各项事业，比如政府、医疗、福利服务以及教育也都在扩张，因此，服务业和就业也实现了高水平的增长。

20世纪70年代是大西洋地区城市经济和工业发展中的一个重要突破点。包括工厂荒废，劳资关系冲突，能源成本快速增加以及离岸竞争在内的各种因素破坏了多地的制造业，其中，英美两国受到的冲击尤为严重，西欧老工业区也未能幸免。在影响最严重的地方，制造能力和劳动力规模都大幅度缩紧，城市整体就业水平净损失重大，甚至导致了英国和德国部分地区的人口减少。

虽然对大多数大都市来说，服务业就业的增长等于或大于制造业的收缩，但这并不能缓解西方大城市传统工业崩溃导致的深层社会经济困境，亦无法阻止深度而普遍的结构性失业的发生。城市经济从基于制造业逐渐转向基于服务业，这期间伴随着公共部门服务的大幅扩张，只不过，新自由主义的兴起以及人们对赤字和债务的担忧迟早会在英国和其他地方的政府和附属公共机构中引发人员缩减。

20世纪后30年，城市服务业兴起，传统制造业衰落，促使了城市新文化经济的出现。戴维·利(David Ley)所说的城市劳动力的资产阶级化(2003)构成了由服务业塑造的新城市社会形态。该城市社会形态包括一个二分的劳动力市场，其中专业人士和管理人员处于顶端，包含一个高度专业化且薪酬丰厚的第四部门(知识和信息部门)(引自Gottmann，1961，1974)；而底层是一个由文员、销售人员和服务人员组成的支持性团体，他们薪水不高，事实上，比全国平均水平还要低。

技艺高超、受过良好教育又有文化品位的专业人士和管理人员改变了“新中产阶级”的构成，这是一个庞大而有影响力的群体，有其独特的政治价值观和社会态度。这个新中产阶级的成员对文化十分敏感，这从他们的一些消费习惯中就可以看出，他们的住房选择以及在斯科特所说的“文化产品”(1997)上的消费都体现了他们的文化敏感性，而他们的消费反过来又刺激了创意劳动力进一步发展壮大。新中产阶级的范围足够广，可容纳各种成功的艺术家、建筑师、设计师、科学家和工程师(这些人即是后来佛罗里达所称的“创意阶级”的核心)。大都市核心区的传统制造业不断萎缩，有的甚至已经完全崩溃，不过这正为新来的居民腾出了居住空间。新来的人通过租赁、买房、改建阁楼、合租和居住办公等各种方式取得土地使用权。低收入住宅区的侵入最初以艺术家群体为先锋，随后是新中产阶级第四部门的大队伍——他们拥有足够的资源把工人阶级以及艺术家们挤出城市的居民区(Ley，1996)。

文化经济的劳动力维度

关于城市文化经济格局的争论主要集中在产业成分的规范上，特别是构成文化产业劳动力市场的就业、劳动分工和职业结构。正如前一章所述，辩论的中心围绕“包容性因素”展开，理查德·佛罗里达就曾为此特别提出了“创意人士”的一个极其广泛的分类，其中包括商业服务和政府工作人员，后者囊括了员工、市长和其他民选官员；而其他人——可以说是该领域中颇有地位的学者则坚持对创意劳动力做更严格的定义。

文化经济中的手艺人，创意消费行业的工作者：以纽约下东区鸡尾酒调酒师的研究为例

理查德·E·奥塞霍

如第三章所示，文化经济学者之间最激烈的辩题之一就是，哪些职业可以被合理地纳入创意劳动的队伍之中。通常情况下，教育水平高低、是否经过严格的培训、薪酬水平、晋升前景、工作条件和工作保障等因素都会影响到分析结果。

鸡尾酒调酒师是否能够超越其在消费者服务领域的传统定位并进入创意工作者圈层，理查德·奥塞霍(Richard Ocejo)对此很感兴趣。理查德承认，消费行业的低薪工作往往"地位低下"，"只有部分行业和职业才能从人力服务工作转变为富有创造性的、审美驱动的职业"(179)。

为了对该问题进行测试，奥塞霍对纽约下东区的24位鸡尾酒调酒师进行了观察和半结构式访谈。他发现这些调酒师大部分来自中产阶级，而"几乎所有人"都拥有大学学位。经过实地调查，奥塞霍毫不含糊地申明，鸡尾酒调酒师，至少那些在要求苛刻的"场景"(如客户期望值较高的下东区)中工作的工作人员，都应被视为当代城市文化经济中真正的创意工作者。支持性的论据包括，鸡尾酒调酒师需要掌握各种主要配料(如果汁)的口味和其他相关的专业知识，另外，鸡尾酒调酒师还要能根据特定顾客的口味定制饮料，这已经与专业厨师的工作方式非常相似了。基本上，奥塞霍将

鸡尾酒调酒师定义为致力于工艺生产的创意工作者，亲手“用现有材料设计和制造出产品”以满足市场需求，而且“通常是面向具有相当文化、社会和经济资本的消费者”(181)。

[Richard E. Ocejo (2010) ‘What’ll it Be? Cocktail bartenders and the redefinition of services in the creative economy’ *City*, *Culture and Society* 1,179－184。]

虽然文化经济的生产工作者在创意劳动力中占有优势地位，但将消费行业的工作人员包括在内似乎也不失为明智之举。各种形式的消费都是文化经济的重要组成部分，因此，画廊、博物馆和展览的工作人员以及在餐馆、咖啡馆和酒吧准备食品和饮料的熟练工(见图 4.1)都应该算作创意劳动者中的一分子。

图 4.1 传统咖啡师，佛罗伦萨托斯卡纳区巴迪餐馆

文化经济：劳动力的社会、技术和空间分工

创意工作的结构特征来源于三个传统分析范畴，学者常用它们来检验行业、公司和劳动力市场中的就业结构、工作和任务专业化。这三个范畴就是城市文化经济中劳动力的社会、技术和空间分工。

文化经济劳动力的社会分工

该分析领域涉及确定城市文化经济就业的职业结构和任务专业化。将创意劳动力置于城市经济变革这一更广泛背景下进行分析，笔者首先简要回顾了一下艾伦·斯科特在“认知—文化经济”(2008)中对劳动者群体的描述。

斯科特认知文化经济的概念要归功于丹尼尔·贝尔35年前发表的后工业社会理论(Bell, 1973)。丹尼尔认为，科学知识是一个新社会秩序的公理原则，而在新社会秩序之中，制造业和传统工业处于长期的衰退状态。斯科特反对制造业对发达经济体系意义越来越小的这个假设。但是，如果我们将“制造”替换成“生产”这样一个涵盖科学知识、文化生产以及主流工业生产在内的基础经济单元，那么斯科特的认知文化经济和劳动力的思想便可以在某种程度上追溯到贝尔的理论，尤其是在贝尔和斯科特不约而同地把“文化”(包括文化生产和劳动)作为先进经济体系转型变革理论的一个突出特征的情况下。

斯科特的认知文化经济包含两个主要职业层级。首先是由

管理人员，专业人士，商业和金融分析师，科研人员，技术人员，熟练工匠，艺术家和设计师组成的“上层”。这些职业都具有高水平的人力资本特征，比如教育、培训和相关证书等方面。其包含五类专业职业，第一类“有效控制生产系统的管理层”，由第二类“技能熟练的分析师和其他专业人员”(67)提供支持，这是资本主义制度维持专业的金融和商业运作的需要。第三类包括科技工作者和技工，与贝尔的社会阶层大致类似，代表了“后工业”社会的先锋元素，“大量此类工作者负责监督认知文化经济的技术性基础设施，满足其对高水平创新的渴望”(67)。另一个重要的职业聚集了有强大对接能力的服务工作者，他们是“生产者—消费者的中介”，反映了生产和消费的密切联系，斯科特和贝尔在这一点上达成了共识，都认为该类职业体现了城市文化经济系统的特征，目前，该类别日益扩大，各类消费产品和服务的线上销售和营销也被纳入其中。

斯科特认知文化经济的高层劳动力群体的第五个专业职业类别是城市文化经济的关键要素，其相关描述如下：

> ……具有良好艺术品位和高智慧的工作者在劳动力市场中占有越来越重要的地位，因为当代的资本主义市场也是最广泛意义上的文化行业风起云涌的舞台，任何行业的最终产品至少都需要某种程度的审美和符号价值，而时尚、内涵、娱乐价值、外观和感觉等因素恰恰是决定消费者是否选择购买该商品的关键。
>
> [Scott，2008：67]

和城市认知文化经济的五个职业群体一样，“数字化”也有着强大的影响力，尤其是在专业分工日益加深的背景下。在财务、管理和行政等领域，计算机精简了许多原来参与日常工作的人员，进一步加强了专业化；同时，数字技术也大大丰富了艺术和设计实验的创意可能性。

斯科特认知文化经济劳动结构模型中的高层—专业人士、管理层和艺术工作者均有其必要的社会关联，那便是“从事人力生产活动的广大群体，不仅物质收入不高，心理奖励也通常难以令人满意”(68)。这个较低的级别包括零售，私人服务，清洁和安保，打扫房屋，修缮修理，园艺，儿童保育等各种职业。斯科特还观察到，在美国和其他西方社会的经济体中，由于工会和其他劳工集体谈判能力减弱、竞争压力增加、新自由主义劳工政策盛行等种种原因，上层和下层劳动者之间的收入差距正不断扩大。

城市文化经济劳动力的技术分工

总的来说，传统上的技术分工适用于划分公司内部和“工作场所”所分配的任务。在早期或原始工业时期，“生产”主要由熟练或半熟练的劳动者在车间式的工作场所或工作室内进行，由一位主工匠指导，通常还有初级工匠或学徒辅助，随着第一批“制造商”的发展，生产劳动规模得以扩大，在纺织品、挂毯和其他家具等产品领域尤其突出。佛罗伦萨的奥尔特拉诺地区(Oltrarno district)是一个典型的例子，奥尔特拉诺的艺术和手工业经过了四个多世纪的发展，目前已经具备了完备的生产和消费体系，并有着充足的配套劳动力(图 4.2),大大小小的公司就坐落于圣神教堂地区(Santo Spirito),鳞次栉比又错落有致(图 4.3)。

图 4.2　手工业者,佛罗伦萨奥尔特拉诺区

随着 18 世纪末至 19 世纪的工业革命的发生,生产机械不断进步,技术不断改进,建筑标准也随之改变,以适应商品生产制作过程中更复杂的系统要求。托马斯·马库斯(Thomas Markus)在《建筑与力量》(劳特利奇出版社,1994)中有一篇开创性的文章,其中就讲到,建筑设计是为了方便在一个集中的条件下,监督独立作业的工人的劳动纪律和工作情况。不过,轻工业和制造业,特别是服装生产,都是在现有建筑中的小型空间中进行作业。工人们分散在伦敦、巴黎和纽约等城市的工人阶级居住区,可能就挤在某个卫生间大的小角落工作。

在 20 世纪,弗雷德里克·W·泰勒(Frederick W. Taylor)率先提出工作实践的"科学管理",他在仔细观察生产过程的基础

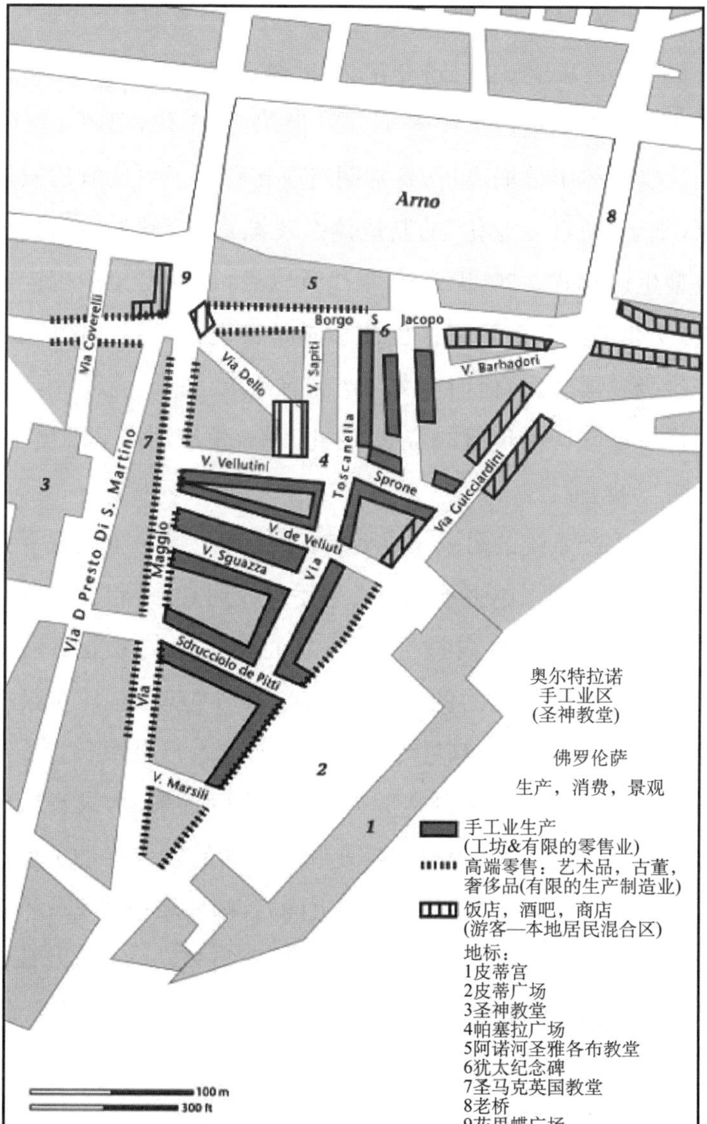

图 4.3　佛罗伦萨奥尔特拉诺的手工业区，圣神教堂

上，得出结论，认为“科学管理”在时间效率上看是“次优解”。亨利·J·福特(Henry J. Ford)在20世纪20年代发展了基于任务专业化的汽车制造流水线概念。20世纪70年代，福特主义制度在发达经济体中分崩离析，日常制造业转移到了更便宜的发展中国家，基于“柔性专业化”的制造体系逐渐形成，成为后福特主义的典型生产模式。20世纪80年代及以后，设计密集型生产日益扩大，文化经济和创意工作也几乎同时在进行扩张。这说明，新中产阶级发展壮大，他们对文化产品有需求，另外，竞争激烈的市场同样有增强产品价值的需求，受此影响，生产制作呈现出了“文化转折”的特征。

柔性生产系统的另一个重要特征是，为了进一步表现专业化和追求效率而越来越多地采用外包手段。通常，外包在大都市内部的本地化生产系统内进行，局限在特定区域的专业劳动范围内。文化产业中外包的例子包括建筑(如外包蓝图、建筑模型)，工业设计(外包原型和高度专业化的技术投入)，电影和音乐制作(就前者而言，有设计和制造的外包；而就后者来说，录音乐师也可以外包)。受限地区内重点企业和供应商的发展推动了城市的崛起，随后，这些城市高度发达、远近闻名，一些城市的文化产业专业化几乎达到了垄断的程度。这样的例子很多，比如，洛杉矶——好莱坞(电影)，纽约和伦敦(出版；剧院)，巴黎和米兰(时尚)。

新手工艺者和文化劳动力的技术分工

虽然技术和竞争已经改变了许多行业的生产模式，导致了外包和裁员,但文化劳动力的技术分工在某些方面已经预设了某些前工业经济的做法,特别是格伦·诺克利夫(Glen Norcliffe),奥利弗·伦德斯(Oliver Rendace)和德瑞克·埃伯特(Derrek Eberts)所称的"新手工劳动"。在诸如音乐、电影、网站开发、期刊和杂志以及新媒体制作等创意领域,通过先进技术和工艺方法的综合使用,确保高级定制。诺克利夫和埃伯特(1999)将"新手工"生产过程定义为劳动力技术分工(生产任务划分)最小化的过程,但是在这个过程中,同一经济体内不同的生产者和企业之间的社会分工却在扩大。

北美漫画书生产的新手工劳动

格伦·诺克利夫和奥利弗·伦德斯

格伦·诺克利夫(Glen Norcliffe)和奥利弗·伦德斯(Olivero Rendace)揭示了在漫画行业的案例研究中文化设计制作的传统方法与发达经济体中创意生产的联系。他们回顾了艺术家和工匠的传统做法——那些艺术家和工匠们组建行会来保护自己的利益,还实行学徒制度以确保技能发展的连续性。对于后福特主义经济,他们是这样解释的:这是一种十分灵活的制度,通过将高价值文化产品的设计和制作四处分包,形成不断变化的"范围经济",从而使得盈利成为可能。

诺克利夫和伦德斯生动地描述了漫画书生产的起源。20 世纪 30 年代到 80 年代正值福特主义的经典时期,在此期间，漫画产业紧密追随福特主义(当然，是有意为之)，因此一直在蓬勃发展。诺克利夫和伦德斯还描述了该行业的工作生活，其中，工作和劳动有着“严格的顺序”和分工，具体如下：(1)作者给出故事情节；(2)原画师将故事转化成一系列图画；(3)文字书写员写出叙述性文字/对话，用气泡框包围，将图片中的人物与对话联系起来；(4)墨水涂染工“勾画”人物和风景的细节；(5)着色师负责上色。这些工作都在纽约和洛杉矶工作室的“牛棚”中进行，“牛棚”这个词用得很妙，把工作空间的那种封闭感淋漓尽致地表现了出来。

到了 20 世纪 80 年代，漫画生意也经历了其他许多福特主义行业所遭遇的危机，生产行为不得不从技术、社会和空间劳动分工各方面进行根本性的重组。行业重组的方向取决于成本和新技术的可能性，同时也受到自由职业者和新管理实践分包潜力的影响。诺克利夫和伦德斯引用了与一些艺术家的访谈记录，这些艺术家都是自由职业者，主要在家工作，与多家公司有合作关系。故事是现场制作的，然后以电子方式发送给审查作品的编辑，更改之后，副本将被扫描为数字文件，最后才发布出去。主要的漫画公司“实质上都是市场营销业务的据点，生产制作的环节与苦心经营的分包商网络早已经分离了”(252)。这样一来，漫画公司就可以在租金方面节省大量成本，毕竟公司再也不必在昂贵的中央商务区租写字楼了。

[Glen Norcliffe and Olivero Rendace (2003) 'New Geographies of Comic Book Production in North America: the new artisan, distancing and the periodic social economy', *Economic Geography*, 79: 241 - 263.]

另一位关注传统手工艺生产与当代工作实践之间联系的学者德瑞克·埃伯特(Derrek Eberts, 2004)观察到,新手工生产比大多数其他形式的后福特主义生产形式更“全面”,因为它不局限于“工业工厂”的环境,而可以在家庭、劳动合作社、工坊等各种环境中进行。他注意到,对后福特主义的许多生产形式而言,新技术的引入通常都会导致去技术化和劳动紧缩,不过,“新手工业模型却可以给技术和工作的配置问题提供一种新的思路”(58)。

城市文化经济劳动力的空间分工

文化劳动力空间分工的新动向主要体现在三方面:首先,文化产业、制度和劳动力在地方规模上明显细分,促进了大都市空间经济的日益复杂化;其次,大城市的创意产业和联合就业集中到国家层面,自然而然地形成了空间分工;最后,“发展中”国家和“过渡”社会中,文化就业增长,并构成了“新”新国际分工的一部分——而这一劳动分工的范围越来越大,服务业、文化劳动和制造业都已被纳入其中。

大都市文化劳动力的空间分工

与中心城市建立中间服务的劳动力集群相对应，大都市核心主要集中了专门的文化生产劳动力，这反映了两点重要内容：首先，创意工作大多具有接触密集的特征；另外，很多创意人士都会对内城的景观、质感和建筑环境怀有特殊情感。从事消费和景观工作的文化经济工作者也很集中，这些人有的在知名画廊、展馆、交响乐和歌剧院等场所工作，有的则是专卖店和高端餐厅和咖啡馆的工作人员。

与此同时，周边地带也有典型的文化工作者聚集区，比如说需要大型建筑的电影制片厂，迪士尼乐园等文化景观所在的郊外以及有着独特音乐文化的郊区。斯科特前期做过工业区位动态的研究（1982；1988），他发现，中小规模的接触密集型文化劳动力往往集中在大都市的核心，而有能力在室内履行大多数职能的大型企业反而要到外围去。也正因此，荷兰的麦克斯设计中心（Mexx）没有选在阿姆斯特丹文化氛围浓重的“中心”区（Centrum），而是建在了并不起眼的郊区。

“波西米亚之外”：多伦多音乐家日常创作的地理分布

布赖恩·赫拉克斯

创意劳动和文化生产空间的大量研究文献都倾向于关注特权化内城的后工业区和中心商务区边缘的“冗余”地带，例如，理查德·劳埃德（Richard Lloyd）就有一本专著，专门研究芝加哥柳条公园社区的“新波西米亚”化。可是，这些强势论点所描述的空间大都在边缘化的大城市郊区和郊外的创意空间，但这些空间却反而蕴含了艺术创新和创作。

布赖恩·赫拉克斯(Brian Hracs)(英国南安普敦大学)研究了独立音乐文化对多伦多郊区的重要性。多伦多是加拿大最大的城市，而且也可以说，多伦多在各个领域都是加拿大最显著的文化中心。赫拉克斯开篇就承认了波西米亚叙事的效果，特别是内城“便宜，坚韧，危险”的空间。但随着老旧内城重新估值，阁楼改建，公寓开发以及餐馆升级，这些既定的文化区又开始逐渐用高昂的价格逼走年轻的创意工作者和创业公司，迫使他们考虑周边地区。赫拉克斯同65位多伦多的音乐家和关键线人进行了半结构式访谈，这些受访者里有独立唱片公司的管理人员，有演播室所有者，还有专业音乐人，涉及爵士、摇滚、朋克、电子、嘻哈和古典领域。赫拉克斯发现，尽管大都市核心对许多人来说都有着强烈的吸引力，但在多种因素的作用下，一些人还是会转而考虑郊区。特别是在1946年至1980年期间，多伦多的近郊地区发展起来，租金比城市核心和郊区外围都要便宜。受访者透露，多伦多近郊区的创意空间多种多样，包括普通房屋、地下室公寓、改建的车库、教堂、零售空间和小型录音室。

音乐业务的结构和运营方面也发生了变化，从而在大城市内创造了新的创意地理学。独立音乐家并不依赖都市核心高租金区传统音乐公司的业务和技术资源，而是自己负起自己的责任，牺牲一部分排练和写作的时间，用以承担创造性、技术性、管理性和商业性的各种任务。他们中间反映出一种需要，那就是“变得更加高效和专业”(4)。布赖恩·赫拉克斯最后肯定了许多独立音乐家的选择，他们为自己的职业生涯、居住地以及如何使用社区空间做出了计划和决定，而当他们为自己的职业和(生活)做决定时，他们考虑到了种种复杂的因素，包括“人口统计结果、经验、偏好、价值观和生命周期属性”(5)，以及自己创造才能的实现。

[Brian Hracs, 2009 ‘Beyond Bohemia: geographies of everyday creativity for musicians in Toronto’选自 T. Edensor, D. Leslie, S. Millington and N. Rantisi (eds) *Spaces of Vernacular Creativity: rethinking the cultural economy*, pp. 75 - 88, Abingdon and New York: Routledge]

大都市文化企业和劳动力的集聚趋势将在下面的第 6 章和第 7 章进行更细致的讨论。

国家层面上的劳动力空间分工

国家层面上，文化劳动力的空间性有一个很重要的变化，比其他因素都更能反映该地在各地之中的重要性和地位。举例来说，在很多亚洲国家中，地位是很明显的，像是东京、北京、曼谷、首尔和河内，这些首都城市集中了文化活动(生产、消费和景观)以及政治经济力量，占有绝对的优势地位。

西方各国大多是统一的政府形式，而且经济高度集中，首都城市最大程度上浓缩了国内的文化劳动力；巴黎和伦敦这样的城市即可作为典范。而在联邦政府的情况下，国家经济地理分布趋于多极化，普遍上来说，居住和就业都呈现去中心的格局，而在某些地方，还会出现地区专门化的趋势。

因此，美国纽约、芝加哥、洛杉矶和旧金山占据了最高水平的文化经济，而其他城市，虽然也是很重要的文化活动集中地，比如西雅图（软件、食品饮料、音乐和数字媒体），波士顿（视觉和表演艺术），华盛顿（国家美术馆、博物馆和展馆），但地位却不及前面所提到的超级文化城市。另外一个联邦国家德国，其首都柏林在很多领域处于主导地位，但慕尼黑、汉堡、科隆、莱比锡和波恩同样是重要的文化就业中心。在加拿大，首都渥太华就像美国的华盛顿一样，聚集了很多的国家级文化机构，而像多伦多、蒙特利尔和温哥华这样的大城市，文化生产（包括建筑、广告和公司品牌推广、影视拍摄和后期制作）同样高度发达。

文化经济和劳动力市场变革的交集

研究城市劳动力市场、就业和职业变化的文献，往往重点关注太平洋地区大都市传统制造业劳动力的分崩离析；其次就是着眼于服务业经济崛起的这样一个就业趋势，包括一个分段式的职业结构：总经理，经理，专业人士，销售，办事员和技术工人（Massey and Meegan 1982；Daniels 1985；Scott 1988）。种种批评分析都会谈到服务业中极其严重的工资福利分等现象，以及（基本上联合起来了的)制造业工人和(基本上无组织的)服务业工人之间的工资差距。

但在过去的20年间,城市劳动力的市场发生了变化,出现了很多问题。城市劳动力市场的整体趋势,被新一轮就业和劳动实践的结构重组、全球化、竞争、新自由主义以及技术创新所影响。随着城市文化劳动力的兴起,劳动力市场重组势必会进一步影响到创意就业的关系结构。在很多重要方面,创意产业的劳动力都代表着城市劳动力市场重组的关键因素,也象征着更广泛的劳动力市场的整体变化。接下来我们将讨论几个非常有影响力的概念,我们引进这些概念来解释劳动力市场的变化,同时我们还引用了一些评论,这些评论利用了创意劳动力的关系结构,而将各个案例中呈现出的趋势进行问题化。

两极分化,不平衡和城市的文化经济

社会两极分化和伴随的不平衡构成了大都市变化的重要特征。在此,笔者引用艾伦·沃克斯(Alan Walks)的拓扑结构,其中

> 不平衡会导致一个金字塔型的财富分布,少数富人在上,多数穷人在下。而在两极分化条件下,人被分成大致相等的两个群体,一个富,一个穷。
>
> [Walks, 2011: 129]

在城市和社区层面，两极分化和不平衡引发了复杂的综合症（并且导致了政策的失调）。对劳动力市场整体而言，造成了如此不平衡和两极分化的结果，文化经济的责任尤其重大。

首先，艾伦·斯科特在先前的认知文化经济中就提到过劳动力市场两极分化与创意劳动力的联系，上层的专业人士、经理和设计师有一群“下层的”劳动力作伴，这些下层劳动者被雇来在工坊和工厂做工，而这正是当代认知文化经济的一部分（比如说高科技和新手工业部门）（Scott，2008：68）。

其次，关于艾伦·沃克斯在拓扑结构中定义的不平衡现象，文化劳动力本身就代表了某种金字塔结构，少数精英创意人士站在顶端，包括明星建筑师、德高望重的电影音乐制作人和大饭店老板；顶点之下是一群为数众多的中层专业人士和经理人；最后是底层的庞大群体，创业公司、学徒工和低端边缘性的创意工作者——真正的基层团体，包括了许许多多的年轻艺术家、音乐家和 IT 工作者。文化行业低收入者的数目比城市其他主要行业，尤其是制造业和生产（中介）服务行业低收入者的数目大得多，而且文化行业的低收入者也没有明显的职业晋升和收入增长的途径。诚然，是有许多年轻的创意人实现了跃升，在艺术设计领域获得了比较大的成功，但对大多数人来说，整体工作条件也就和其他行业（比如零售和私人服务）差不多，工资不高，晋升机会也有限。

分解的劳动力市场，短时性和不稳定的劳动力

在经典工业时代和所谓的后工业时代（该时代以服务业和就

业的增长为标志)，劳动力市场有一个重要的特征，那就是劳动力根据工业设计和作业任务而发生了明显的分裂行为。为此，“制造业”直接吸纳了所有从事“生产”制造工作的劳动力，而“服务业”则整合了中介服务业中的主要分支(某些银行、金融、商业、甚至是“制作人”等服务)；还有批发零售、个人和公共服务，则基本上直接指向最终需求部门。

进一步说，这些主要的劳动群体很大程度上都以镶嵌式形态分布在城市和地区。至于制造业，艾伦・斯科特在其《大都市：从劳动力分工到城市形态》(1988)中这样描述过，根据既定的劳动力社会、技术和空间分工，劳动力被安排在产业内部，任务专业化也控制在地方生产体系内。而服务业的劳动力则在许多方面更具地方性或者说更区域化，尤其是最终需求行业，诸如零售、个人和公共服务部门以及集中在中心商务区办公楼的商业服务部门——是当代都市最大的企业集聚和劳动力集群。

尽管在过去的 20 年间，诸多因素共同作用，包括市场变化(密集竞争、全球化、金融化、合并、收购、裁员)，技术(生产和通信技术)的集约化和深化，还有治理的转变(新自由主义的价值观和政策：对劳动组织的保护的减弱)，在很大程度上解构了或者说分裂了劳动组织。斯蒂芬・格雷厄姆(Stephen Graham)和西蒙・马文(Simon Marvin)的专著《分裂的城市主义：网络化的基础设施，技术流动能力和城市环境》(2001)可以很好地帮助我们理解地方—地区性劳动力市场的这个显著趋势。格雷厄姆和马文学说的一个关键论点就是 20 世纪末的“技术繁荣”重塑了城市空间和劳动力组织。生产和通信技术的集约化在很多情况下导致了地方性生产(包括文化生产)镶嵌式分布的弱化,通过从较远的地方引入关键原料,实现了从"本地生产网络"到"延伸了的生产网络"的转变。因此,在城市的文化经济部门中,创意公司和劳动力都是文化区中活跃的因素(参见第7章),不仅充分利用了最近的劳动力供给和设施,更充分利用了外部的资源、市场和人力。

其次,创意劳动力组织也实现了进化。创意工作在公司框架内进行,"工人们会被分到不同的项目小组当中。尽管现代文化经济有很多创新性的分组形式,但这种项目小组的工作形式还是迅速成了组织内部劳动力分工协调的首选"(Scott, 2008: 93)。许多创意公司,比如做建筑、广告和工程的公司,通过招投标向客户提供全方位服务,而将诸多职能内化到公司内部。格雷伯(Grabher)(2001)对伦敦广告公司(和慕尼黑软件公司)的"项目生态"进行了透彻的研究,他观察到,创意工作,尤其是同一客户的项目,经常是采取公司(或个人)之间短时间合作的形式,而不是让某个公司内的正式职工去做。这种"项目生态"模式有着自己显著的优势,可以融合两家甚至多家公司的核心竞争力、技术技能和工作经验。在创意工作领域,这种流动的"项目生态"模式尤为有利,因为它提供了融合两家或多家企业的文化创意的可能,(某些情况下也可以让优势互补的自由职业者们结成暂时的组合)。

在流动项目生态和短时创意工作的背景下,社交资本和文化资本的质量明显成了个人就业成功的关键。戴维·李(David Lee)研究网络、文化资本和创意劳动力在英国独立电视制作部门(ITPS)中的特征(Lee, 2011)。李对20位创意自由职业者进行了深度的采访，揭示了如此高度竞争的领域中成功完成合同工作的关键联系渠道。在那里，专业制作人努力学习，通过活跃的人脉网络（包括使用网站、业余社交、以及联系专业人士协会）竞争工作机会，“因为大背景就是这样，企业总是绕开正式的招聘程序而喜欢靠关系找人”（Lee，2011：550）。不过，李也注意到，这种人际网络劳动市场要想持续成功，要靠个人的文化资本和社交资本的质量，说得更明白一点，一个人要把自己的文化资本（教育、知识、阶级、品位）转化成社交资本（成为某个团体成员或取得与之联盟的资格、关系、影响和支持的人脉网络）（555）。李发现，英国独立电视制作部门绝不是一个为了那些具备他们所需要的才能的人而存在的平台，相反，这是一个机遇和排外共存的不公平的地方，他们用阶级、地域和个人特质给人划分等级，甚至会用“自信”程度——这样一个无形的特质来进行考量，但可以确定的是，这就是“掌控者”看重而合同公司又愿意出钱的东西。

文化经济中不稳定的劳动力

城市劳动力市场一直不乏这样一些人，他们并不想要一份全职的、事业导向型的工作。由于劳动监管规则发生变化和移民流入等因素，劳动力市场的运作倾向于让越来越多的人从事“不稳定的”工作。这里所指的“不稳定的”工作是指“未经申报的”工作，例如（特别是）一些刚入境不久的或者非法的移民，和/或一些愿意为这些移民提供就业机会的雇主，他们希望保留某些秘密安排的工作，尽管这样做会违反劳动或移民条例。琳达·麦克道尔

(Linda McDowell)和苏珊·克里斯托弗森(Susan Christopherson)还认为,不稳定的劳动力还包括那些"短期或临时的合同工,非正式雇员但却为某机构或第三方工作的人,提供外包服务的人,以及工资低(也没有发展前景),无法过上体面生活的人"(McDowell and Christopherson, 2009: 337)。不稳定的劳动力已经扩展到当代经济的诸多行业部门,甚至影响到了一些一直以来风光无限的专业领域。比如说,法律代理人的出现使得一些律师事务所不得不改变长期以来的惯例,过去提供整套法律服务,收取全额费用,而到了今天,小合同小案子也得投标争取。在城市文化经济中,临时工一直是劳动力中的一部分,(例如)给杂志画图、搞艺术的人,电影制作中的场景设计师和服装制作人,当然还有时装公司签约雇用的裁缝。在一定程度上,这些兼职职位是有优势的——灵活,很多人都看中了这一点,比如说,有些人就需要短期工作赚些外快,或者还有些人需要腾出时间参加某种形式的教育或培训。

不过,也有迹象表明,文化工作有点要出问题的苗头。一部分要归因于"城市新文化经济"相关行业的性质,这个模式本身就是要雇一大群临时工来做标准作业实践,而不是回应周期性的市场需求。尤其是视频游戏制作和其他形式的新媒体,往往极大地依赖临时工。以电子游戏公司举例来说,艺术工作者们也就是偶尔签个合同,间歇性地做做手工和设计,充分体现了该行业的流动特征。

2008 年的金融市场大崩盘以及之后的余波造成了持续的危机,给许多城市、部门和行业的就业保障带来了很大的不确定性。

就如迈克尔·因德加德，安迪·普拉特等共同编辑的专题《城市》(2013)中所写，自“金融崩溃”以来，创意经济至少坚持下来了，相比于城市里的其他主要行业来说，表现已经算是不错了。但是，个别城市个别行业的这段相对有利的经历并不能带动其他城市的文化产业的热情。麦克道尔和克里斯托弗森则指出，2008年经济危机及之后的几年，这个包含新媒体和其他创意产业在内的自吹自擂的“新经济”已经“开始显示出它的缺点——不稳定性，而这正是评论员们口中提到的资本主义的一贯特征”(2009：335)。艾伦·斯科特又再次强调了这一观点：认知文化经济的劳动者，不管是上层还是下层，都“受到了劳动力市场不稳定的影响”(2008：68)，但还是那些更有特权的高层人士普遍拥有着更多的资源(教育、人力资本、人际网络和联系人)，能在这个劳动力市场日益动荡不安的岌岌可危的时代茁壮成长(至少是生存下去)。

劳动力市场中的文化工作者，人口变化和性别

虽然在管理岗位和专业性很强的职位中有相当数量的中老年人，但大多数城市的文化经济，还有其他的许多行业其实都是年轻人的舞台。琳达·麦克道尔在借鉴了鲍曼(Bauman，1998)的工作之后总结道，年轻工作者可能会在创造力相关的“新经济”中占据特权地位，他们可以用美学、符号属性和高等教育证书有效地将众多中老年人边缘化。

又有证书技能，又充满个性……符号化的工作者更重要了。在鲍曼(1998)称为美学工作的时代，这些人得贩卖自己，打造自己独特的表述风格。形象、外表和说服他人的能力已成为提供知识信息服务的新组合式工作者的必备条件。

[McDowell 2012: Post-crisis, Post-Ford and Post-gender? Youth identities in an era of austerity, *Journal of Youth Studies* 15: 5: 573-590。]

图 4.4 2000 年左右，旧金山南部市场区南部公园的风景

在 1993—2003 年的一次延期了的实地考察项目中，作者观察到，创意时代下表达型工作的审美要求在旧金山的南方公园展露无遗，可以说那里曾是 20 世纪最后几年全球新经济的堡垒，南方公园作为一个文化生产和消费的空间发挥着自己的作用。在网络时代的巅峰时期，南方公园(图 4.4)充斥着各色年轻创意人士，他们喜欢聚群，一起吃午餐，喝咖啡，玩乐互动。年轻的数字技术专家穿着他们标志性的荧光蓝衬衫(几乎都是男性)；而多媒体艺术家，建筑师和时装设计师（既有男性又有女性）则更有意识地展示新波西米亚美学以宣扬自己的身份个性，进一步拉大他们和死板“技术人员”间的社会认同的距离。几乎所有人都在20—35岁，如此一来，南方公园各个专业化的行业之中，文化经济工作者的年轻化倾向得到了进一步的加强（图4.5）。

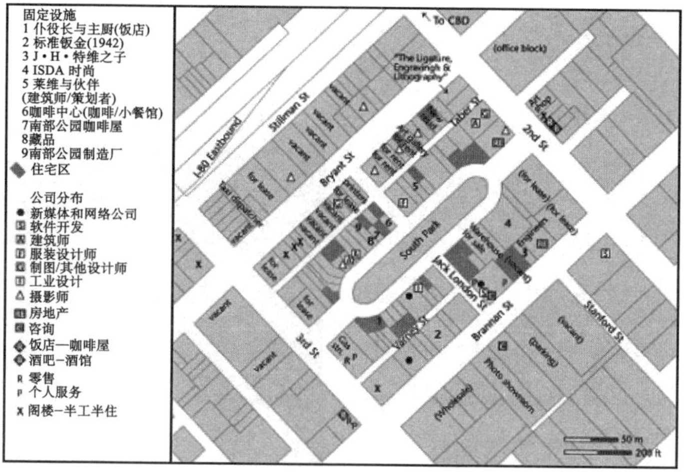

图4.5　2000年左右，作为南部市场区“新经济”中心的南方公园

在创意产业的学术研究前沿，性别问题同样十分关键。比如说，妇女在某些领域（例如建筑和时装设计）有着越来越多的机会，可是，发达国家的劳动力市场整体上存在严重的性别歧视问题，而且这种男女不平等还在加剧。如安杰拉·麦克罗比（Angela McRobbie）所写，重要的是要建立工人在生产和消费部门的性别关系结构——以及性别和种族之间的联系（和对比）[见第193页的文本框]。

弥合差距：女性主义，时尚和消费

安杰拉·麦克罗比

消费是城市经济的一个重要组成部分，更具体地说，是城市文化经济中不可分割的一部分。消费领域的就业涵盖零售业，食品服务业和个人服务业等，在后工业时代被推崇“复兴城市”理念的学者们誉为先进的城市主义的标志。

安杰拉·麦克罗比(Angela McRobbie)承认，学者们确实很关注城市中的消费，无论是在经济方面还是社会方面。但她批评这样一个观点——过度特权化消费行为，这种观点将消费行为视为社会阶级、地位和品位的标志，特别是作为“新中产阶级”及其审美的信号。与之相对，很少有人注意到穷人，尤其是贫穷女人有效需求的缺乏，她把这种现象称为“政治自满”(73)。为了改变这种现象，麦克罗比阐明了消费的“社会关系”，将贫穷、困难和性别问题公之于众。她想问这样一个问题，“来自不同阶级种族背景的不同女性群体到底是否有过所谓的‘消费’”(73)。

麦克罗比概述了作为资本主义和市场重要因素的“消费”在20世纪的发展情况(尤其是因广告刺激而产生的“消费”行为)。麦克罗比认为，尽管大部分的营销和广告工作都是针对女性的，“消费刺激”并没有影响到所有“经济自给，地位独立”的女性。“人们想象中的女性消费者总是白人，中产阶级”(74)。她还把种族问题纳入了讨论范围，她指出，虽然有很多有色人种从事服装和纺织品生产，但黑人和亚洲女性的消费者地位却完全被忽视了(82)。麦克罗比注意到,消费排斥"可能是一个深刻的政治化的过程,迫使年轻人在自己的家庭、社区、学校和购物中心直面阶级、性别和种族的含义"(82)。但黑人女性和亚洲女性也并不是完全被排斥在消费之外。麦克罗比引用了受访者的观察结果,这些观察结果强调了丰富而复杂的代际体验,比如说,母亲会传给女儿缝纫和制衣的技能。她记录了这样一个采访,这个采访的对象是英国的黑人时装设计师,他们中的大多数人都来自这样的家庭——"母亲和家里的其他女性会做缝纫,厨房和客厅地板上总堆着布料和图样,缝纫裁衣是一项持续的家庭活动(无论是在英国、牙买加、非洲、亚洲、还是其他什么地方)"(82)。安杰拉·麦克罗比最后呼吁整合生产和消费领域的研究,包括"目前纺织品生产(即纺织、布料生产等)过程中制造和设计、缝纫和画图、提供服务和享受服务以及做和穿之间难以弥合的差距"(84)。

[Angela McRobbie, 'Bridging the Gap: feminism, fashion and consumption', *Feminist Review* (Palgrave Macmillan Journals), 55(1997)73-89。]

在文化经济中工作:溢出倾向和生活方式压力

在城市文化经济工作实践演变的研究当中,一个关键领域是研究不同行业和职业的创意工作者的劳动条件。20 世纪后期诸多创意产业(特别是专业领域)的工作条件,与办公服务型经济中领薪水的管理人员和专业人士的工作条件之间,形成了鲜明对比,主要体现在对工作时间的期望上,更具体地说,“工作”(在人际网络、通信、生产方面)已经“溢出”,并且入侵了家庭生活的领域。

雇主们长期以来都在期望创意专业人士们接受“弹性”工作时间,特别是建筑和广告等行业,因为投标标书的制作、设计草案和副本的提交都对时间非常敏感。

旧金山新媒体工作的“延伸”和“泛滥”

海伦·贾维斯和安迪·C.普拉特

虽然有人认为,受文化影响的“新经济”的兴起,是用创意工作来提高整体生活质量的一个机会,但现实是,许多文化经济工作者的工作已经“溢出”,入侵了家庭生活,(以前叫作)影响了私人时间/家庭时间。

旧金山及其海湾地区被认为是世界的“新经济”堡垒。海伦·贾维斯(Helen Jarvis)和安迪·普拉特(Andy Pratt)对那里的新媒体工作者进行了研究,她们发现,那里的工作者一直饱受工作生活的双重压力,工作任务“延伸”到了家庭生活的领域。贾维斯和普拉特表示,工作日(周)应该持续多长的问题打从工业时代早期开始就一直处于劳资冲突的最前沿。她们引用了三个主题,强化服务业和文化经济创意劳动力的“溢出”倾向:(1)美国和英国的研究表明,人们的工作时间普遍加长;(2)全职工作的女性比例日益增加;(3)一个家里面两个人赚钱的结构逐渐“正常化”。此外，贾维斯和普拉特还观察到，即使女性和男性的工作时长十分接近，女性仍然要承担家庭内的“大部分社会再生产负担”(333)。

贾维斯和普拉特在研究旧金山的案例时发现，高昂的生活费用，尤其是高昂的住房费用使得越来越多的人考虑将工作场所和居住地分离，“恶化了在职父母在日常协调安排中已经十分紧张的关系”(333)。她们还向技术创新的社会影响这一传统观点提出了挑战：“与其说技术创新让工作人员脱离了某个特定的工作地点，不如说便携式电脑、电子邮件、移动电话和传真等工具延长了已经够长了的工作时间，使人们不得不在上下班路上、甚至是在周末在家的时候继续工作”(333)。贾维斯和普拉特还对在湾区从事新媒体行业的三对夫妇进行了深入的访谈，不仅得出了关于工作满意度和自我实现维度的重要结论，还暴露出了从业者面临的越来越大的压力，贾维斯和普拉特得出如下结论，即使对于生活在“世界最发达国家的最富裕的州”——加利福尼亚州的收入颇丰的夫妻来说，也存在着工作(生产、交流、人际网络)的溢出现象，这意味着“其实他们的生活也并不容易，很难说生活质量有多高”(338)。

[Helen Jarvis and Andy C. Pratt(2006) ‘Bringing it all back home: the extensification and ‘overflowing’ of work. The case of San Francosco’s new media households’, *Geoforum* 37: 331 - 339.]

很多不同因素都对文化经济就业的人口结构有影响。当然，文化部门有一些关键生产行业，其中年轻人（尤其是年轻男性）几乎是占据了主导地位，比如说电子游戏制作、社交媒体和其他新媒体行业。这种男性主导的就业结构与20世纪后期的技术繁荣有关。旧金山、纽约和西雅图等城市曾出现过一些暴发户，他们年纪轻轻，二三十岁就凭借网络成了百万富翁，之后却又弄得声名狼藉。这个行业里的许多公司规模都比较小，创业公司数不胜数，其中，许多创业公司都会经历一次飞速增长，随后，要么迅速萎缩，要么被大公司吸收。这些公司往往对某些特定的专有技术和/或特定的重要创意技能非常看重。

但很多时候，也会有既掌握先进技术知识和专业知识，又对设计敏感的年轻员工，这样的人在新经济的一些大型企业中占比很高，比如谷歌、奥多比（Adobe）、美国在线（AOL）、微软、诺基亚和黑莓等公司。还有一些特别有名的案例，年轻企业家的初创公司成功发展为企业巨头，这样的突出例子当推马克·扎克伯格（Mark Zuckerberg）和达斯廷·莫斯科维茨（Dustin Moskovitz）（脸书）以及肖恩·帕克（Sean Parker）（Napster）。

其他成熟创意行业的劳动力人口状况可能更为复杂。尽管年轻女性大量涌入企业品牌推广的创意任务之中，但就广告业而言，大趋势还是男性在管理层的高级职位中占主导。虽然民用和机械工程已经对女性开放了很多，但总体上工程学还是男性的主场，特别是工程物理学和计算机工程等专业领域。在大学上工程课的年轻女性人数已经比较多了，这意味着传统的性别不平衡现象至少是有所改善的。建筑学的情况也同样如此。

在消费和展览领域的文化产业中，往往是年轻工人有优势，特别是非管理岗。当然，就消费领域一些隐含着文化或创意内容的职业而言，比如说咖啡师和餐馆工作者（除了精英厨师）、特色食品零售、博物馆、画廊和展览机构的工作人员，年轻员工占了大多数。很多时候，做这些工作主要是出于培训经历、个人偏好以及对灵活性的需求（例如想在不上班的时候上学），不过，不管怎么说，这些工作也确实就只是入门级别，相比来说薪水也比较低。

尽管所有这些都支持这样一种观点，“文化经济”（以及与假定的结合了技术、艺术和地方属性的“新经济”的交集）使得年轻员工在诸多行业和职业中占据了优势，我们也必须承认，这种情况也伤害了文化经济劳动力结构的平衡。广义上分析，除了文化劳动力中最具特权的成员之外，很难再有谁能在当前的后福特主义下摆脱新自由主义经济秩序的可怕影响。2008 年金融危机之后，世界经济一派萧条。就业形势严峻，投资组合损失巨大，银行业危机重重，很多人和公司都是一败涂地，无论是政府、企业还是家庭，都深陷债务危机之中，而没有了劳动组织为劳动者争取权益，新加入者往往面临着一个十分残酷的劳动力市场环境（其实对许多年长的工人来说也是如此）。在许多创意产业中，那些没什么经验的劳动者不得不提供非自愿的“志愿服务”，这就充分体现了公司和资本在结构化周期性失业（和就业不足）时期的结构优势。

非正式主义，创意工作和城市二元论的坚持

我们讨论文化经济、创意劳动和城市经济变化过程之间的交

集，最后来关注文化劳动力在“非正式主义”和持续的二元论话语之中，在所谓的“先进”社会和“过渡”社会之中的关系结构。在上文所述的变革领域中，根据产业结构和文化生产形式、文化工作的性质、特定的劳动分工（社会、技术和空间劳动分工）以及劳动力在创意就业的结构化和非正式领域之间游移的特殊流动性，笔者认为，在当今的围绕非正式主义和非正规的辩论中，艺术和文化占据了重要的位置。

在最近一篇探讨城市经济中非正规性的意义的文章中，科林·威廉姆斯（Colin Williams，2015）试探性地提出了一些关键主张——其中有些观点或明或暗地体现了对新自由主义治理秩序下新兴劳动力的偏见——算是在让人理解创意工作在持久的二元经济中的作用之前的一碟开胃小菜。威廉姆斯开篇就承认，按照惯例，“非正式工作”就是指所有不是“正式”工作（即“因国家税收、社会保障和劳动法要求而向国家登记的有偿工作”）的工作（2）。然后，他又提出了一个分类法，表示“非正式”工作的三个基本类别：①“自我供应”，由家庭成员承担的无偿家务劳动；②“无偿的社区工作”，为大家庭、社交网络或社区邻人而做的工作，包括志愿工作；③“未申报的工作”，“可定义为所有在其他方面合法，但未按国家税收、社会保障和/或劳动法要求注册的、私下的货币交易”（2）。此外，威廉姆斯指出，不是“任务构建”，而是“执行任务时的社会关系”决定了一份工作是正式还是非正式（3）。不过，笔者建议用另一种混合的模式来阐述这些观点和主张，因为对于很多劳动者来说，许多工作，特别是文化部门的大部分工作实践，并没有一个很清晰的“正式”和“非正式”的边界线。

纵观城市研究的文献历史，“非正式的”劳动经常被贬义地看作是“发展中”社会（用另外一个带有歧视色彩的词就叫做“第三世界”）的标志，其次就是（如威廉姆斯所观察到的那样）被当成先进工业社会（或后工业社会）的“残余”。像那种生产消费的“正规”经济，工人们是到时间领工钱的。而这种“非正式”的工作，只能给人家当边角料。威廉姆斯对这种传统的分析持反对立场，他认为，非正式经济不是任何意义上的先进经济体系的“残余”，而是“城市的一个持续性的、实质性的特征”，其规模大体上与定期的、正式的、发薪水的、规范的“正式”经济相当。

在这方面，我们可以很容易地将当代城市文化经济定位为科林·威廉姆斯城市经济构想的一个部分，其中，大型“正式的”和“非正式的”部门以及劳动群体互依共存。“正式的”文化经济有一个很明显的范围，包括跨国公司、国内企业，电影、电视、音乐、新媒体、建筑工程等领域的公司。每一个公司都有高管，经理，专业人员，技术人员和其他各种工作人员。而另一方面，还有大量的“非正式”工作者，包括独立艺术家和设计师、自由职业者和其他临时工、学徒、学员和志愿者，他们可以说是从各种意义上对这些“正规”文化部门的补充。

总结：文化工作的机遇与不平等

在本章，笔者写到了文化经济劳动力增长的几个重要方面，既有历史的角度，又结合了过去 20 年间企业创新和重组的案例，作为考察当代文化经济劳动力市场的序曲。一般来说，有一些创新和新意的影响相当明显，我们可以很容易地看出来，比如说，技术创新在直接生产和文化生产系统的重组/调整中都发挥了持久的作用。创意工作独特的“新手工”性质，就融合了传统手工艺制作的模式和实践。笔者还分析了就业情况，其中，一些关键的生产部门和行业确实被特权化了，但笔者也承认，消费行业同样毫无疑问也是构成当代大都市经济的重要组成部分。之后自然引出了对城市文化经济中特有的社会、技术和空间劳动分工的描述，其总体特征反映了创意企业的职业和任务专业化。

应用政策研究表明，对于许多人来说，当代城市文化经济就业产生了相当可观的收益，不仅在于收入的提高，技巧、天赋和能力的发展，还在于一些无形但同样重要的结果，比如自我表达，被同侪接纳，为社区做出贡献并得到承认，以及为其他活动铺路搭桥、奠定基础。与其他主要行业和职业领域相比，很多时候创意经济都提供了更为灵活的就业条件，以及跨领域进行专业知识迁移的可能性，比方说，许多独立艺术家都成功地进入了正规的工业经济。此外，虽然某些创意职业需要正规证书，特别是建筑、工业设计和音乐（某些形式的音乐）等领域，但其他职业类别，比如美术、电子游戏插图和性能领域，就有多种就业途径可供选择。通过非正规（即非官方、无监管、兼职）的就业渠道也有机会参与文化经济，虽然这种渠道常常会压榨员工，但对某些文化工作者来说可能就是很合适的机会。

尽管如此，文化经济劳动力市场只是问题重重的过程和趋势的一部分，而这个过程和趋势同样包含了不平等、两极分化和劳动力不稳定等因素在内。当城市经济的其他主要部门，比如制造业和中间服务业，受制于资本替代、工资福利回降以及裁员等问题时，文化经济也在忧愁困扰当中，低程度的工会化、浮动的工作周期，尤其是年轻创意人群中众多的未来竞业者，都在加剧创意工作的偶然性和不稳定性。

拓展阅读

Elizabeth Currid-Halkett. (2008) *The Warhol Economy: how fashion, art and music drive New York City*. Princeton, NJ: Princeton University Press. 该书深刻又生动地描述了三大文化部门和联合创意劳动力重塑纽约经济的过程。

F. Fröbel, J. Heinrichs, and O. Kreye. (1980) *The New International Division of Labour*. Cambridge: Cambridge University Press. 一个重要的文本，研究工业结构调整对全球劳动力的影响，以及生产从以旧大西洋为中心的经济体向增长中的东亚经济体的转变。

R. C. Gill and A. C. Pratt. (2008) ‘In the Social Factory? Immaterial labour, precariousness and cultural work’, *Theory, Culture and Society* 25: 1 - 30. 该书对文化工作的发展与劳动力的不稳定性之间的复杂依存关系进行了深入的探索。

Doreen Massey. (1984) *Spatial Divisions of Labour: social structures and the geography of production*. London: MacMillan. 一个颇有影响力的关于劳动力市场重组偏向国内大都市的区域间就业影响研究。

Andy C. Pratt. (1997) ‘The Cultural Industries Production System: a case of employment change in Britain’, *Environment and Planning A*, 29: 1953 - 1974. 对西方先进经济体就业变化中的文化产业和创意劳动力的结构关系进行了研究，堪称十分重要的早期研究。

Richard Sennett. (2008) *The Craftsman*. New Haven, Connecticut: Yale University Press. 对工艺生产的传统、价值观和实践进行的一次探索，内容翔实丰富。

Michael Taylor and Nigel Thrift. (2013[1986]) *Multinationals and the Restructuring of the World Economy*. Abingdon, UK: Routledge. 关于跨国公司的角色及其在全球化世界中对经济和就业变化的影响的重要声明的新

版本。

UNESCO.（2013）*Creative Economy Report 2013 Special Edition*：*widening local development pathways*. Paris：UNESCO/UNDP. 对创意工作的发展轨迹进行的一个有用的调查分析，文中还有对各种发展背景下的政策计划提出的建议.

Alan Walks.（2011）'Economic Restructuring and Trajectories of Socio-Spatial Polarization in the Twenty-First-Century City'，Chapter 6 in：Larry S. Bourne，Tom Hutton，Richard Shearmur，and Jim Simmons (eds)，*Canadian Urban Regions*：*trajectories of growth and change*，pp. 125 – 160. Toronto：Oxford University Press. 该文章深入分析了城市空间内部重组所带来的深层次社会影响，包括在新自由主义治理时代出现的持续的贫困和不平等现象。

第五章

文化经济、住房市场和士绅化

文化工作者在城市住房市场中占有相当大的比例，而且虽然很多时候他们的住宅选择受到收入的制约，但还是会表现出非常具体的住房偏好。沙伦·佐金(Sharon Zukin)在《阁楼生活》(1982)中写到，艺术家与邻里之间的联系变化几十年来一直是士绅化问题讨论的核心。艺术家们组成了后工业化社会的初期“再殖民”群体，而后他们却发现，自己被更富裕的群体取代了，同样的，创意公司也已经被高利润企业和高档住房所取代，而一部分房子的主人则换成了包括精英创意人士在内的“新士绅”。

此外，尽管城中村向“文化区”的转变为热血沸腾的观察者们描绘了一个田园牧歌般的童话世界，那里会有令人满意的工作、丰富完善的设施和时髦的生活方式，但是事实上情况并不那么乐观，社会经济利益分配严重不均，工作不稳定，而且还混乱频发。

在本章，笔者将重点关注文化劳动力的住房偏好，同时用批评的视角解读居住办公、阁楼改建和其他适应性再利用的住房形式和土地使用类型。另外，本章还会介绍城市变化的一般过程，该过程与城市住房市场的演替有所交集，包括工业结构调整、全球化和跨国主义、治理、文物保护和城市中的资本演替。在内城区，开发商越来越偏好高档住宅，那里的房地产市场受通货膨胀的影响也最明显，结果就往往是，创意工作者们让步，放弃掉自己在内城区的土地使用权。

产业结构调整、职业变化和城市住房市场

在过去的两个世纪，工业化与城市化互相关联，经济增长对城市发展的影响也应算在这段延伸的历史当中。这里，发展是指将资本、劳动力和技术应用于提高城市的生产能力和建筑存量，从而支撑工业就业、人口和家庭的增长。大都市的繁荣经济会吸引大量寻找就业机会的移民，还有来自国内其他地方的工人，一部分人拖家带口从农村进到城里，从而进一步促进城市人口的增长。城市化的一个必然原则是要形成工业变革中相互依赖的关系——更具体地说，是新的劳动分工和职业重组——以及社区改革。城市经济与城市社区之间存在互惠关系，因为后者提供了关键的人力社会资本，保证了先进的接触密集型经济（Thrift and Olds，1996），尤其是认知文化劳动生产的“社会经济”的运作（Scott，2008）。

历史上，城市中的住宅形态由特定社区内的职业和社会阶级

隶属关系所塑造——这是芝加哥社会生态学派的一个标志性观点。自 20 世纪以来，不管是家庭还是个人，在工作生活一段时间后，住房质量都会有所提高，一方面，人们组成新的家庭，对生活空间的需求增加了，另一方面，他们的收入也增加了，可以负担这些需求。但对于很多人来说，如今能不能在城市里住，住哪，都是“受限选择”的问题，因为收入和财富差距越来越大，不平等现象也在城市住宅景观中体现出来，想要租房买房困难重重，总是充满了不安全感，如艾伦·沃克斯所言，大都市正在经历着“社会空间极化”(2011)。

经济变化和产业结构调整的每个主要阶段都会引起城市社会阶级和住宅景观的重组和改变。19 世纪制造业的发展创造了以曼彻斯特、格拉斯哥、利兹、埃森、多特蒙德、芝加哥、底特律和蒙特利尔为代表的“工业城市”，并推动了服务业实力雄厚的大都市(比如伦敦、巴黎和纽约)进一步的扩张。20 世纪 70 年代以后，后工业城市崛起，新劳动分工形成，高级服务业成为新宠，城市社会等级秩序得到重塑，一个“新中产阶级”群体诞生，这里面包含了专业人士、管理人员以及文职、零售和个人服务各行各业的职工，不过，他们的住房选择会受到有限收入的限制。工人阶级工作不稳定，没有安全感，生活质量受到了很大的影响，而与此同时，新中产阶级则购买力惊人，这从城市居民区的社会升级中就可以体现出来。新兴专业服务阶级和处于长期下降态势的工人阶级之间，收入梯度陡增，同时，公共住房计划的资金大幅度紧缩，更加深了人们流离失所的困境。

之前的重组经验告诉我们，城市文化经济的兴起意味着住宅景观的新旧演替。媒体、商业论坛和政府官员宣言中充斥着热情鼓吹文化经济遍地开花、"创意阶级"崛起的声音,文化被当成了灵丹妙药,哪怕是经历了城市重建和财政危机频发这样的破坏性事件,也能让城市起死回生,再度"复兴"(Glaeser, 2011)。

但是,这种繁荣只反映了文化经济的部分现实,而且还是在社区邻里层面。在城市中,文化主导型发展的就业很不平衡,错位和排外的混乱一轮接一轮。城市中新形式的创意企业和劳动力带来了让人们流离失所的"重组效应",文化经济兴起,与此同时,地方上重建升级趋势明显,"新士绅"和跨国精英(也就是Butler 和 Lees 称为"超级士绅"的群体)涌入,还有,富有消费者们心心念念的文物建筑环境也进行了适应性改造(在某种意义上,这些事件之间是有关联的)。通过原地投资和邻近社区的溢出效应,越来越多的城市地区开始对房地产进行价值重估,这便是新的资本演替的累积效应。

本章介绍文化经济发展和新劳动力形成对城市住房市场的影响,包括再生效应和大范围的社会升级和错位现象。首先,笔者略述一些颇有影响的研究,这些研究是关于演替和错位问题的,而这些问题与新中产阶级有着千丝万缕的联系。演替与错位,是一个成熟的过程,许多城市,包括新兴的全球南部城市都经历过,而且其影响仍然存在。接下来,笔者将要讨论文化经济及其劳动力作为城市新需求部门对住房市场造成的具体影响,以及城市社会形态和住房市场变化中与其他力量交叉的关键点。

城市中的文化、地点和住房

历史地来看，城市的住宅社区是这样形成的：首先，政治和经济精英会集中在城市中最理想的地区，通常是市中心或靠近市中心的地方，富商阶层的住宅紧挨左右，再然后，是密密麻麻、破破烂烂的平民区，住着大规模城市劳动居民。但工业化打破了传统历史城市的模式，把工业区和工人阶级社区硬塞进了城市之中。在 19 世纪的工业大都市，因为工作时间长，这些拥挤而质量较差的住房，必然要被安排在靠近工厂和配套产业的地方。

虽然这些压迫剥削的社会经济状况一直持续到了 20 世纪，但也有一些地方，由当局主持建造了一定数量的优质住房（一些公司也参与其中）。已建立的趋于成熟的工业城市工人阶级社区包括很多积极的因素：家庭和亲属的持久社会关系，工人协会以及教育机会（尽管通常十分有限）。即使是在最肮脏的一些地区，工业城市带来的就业机会也意味着工人及其家庭能享受到比农村地区优越很多的条件。

英国、德国、法国、美国和其他地区的工人阶级社区的发展引发了重大的社会改革运动，也促成了一个重要的城市研究流派。该流派有记民族志的传统，进行了大量引人入胜的案例研究（例如，迈克尔·扬关于东伦敦贝斯纳格林社区的阶级和亲属关系的研究：1957），当然，还有很多其他的重要理论创新和贡献，其中要数芝加哥社会生态学派的概念创新最为著名。

芝加哥社会生态学派

20世纪城市的阶级，社区和结构

芝加哥社会生态学派的学者关注20世纪20年代到40年代居住模式和工业专业化对城市结构的影响。芝加哥大学的社会学家对20世纪20年代到40年代的城市空间进行了建模和分析，并且重点研究了先进工业社会中的主要城市。

他们的一个基本观点是，人们会根据个人偏好和竞标土地资源的权力，沿着某种可预测的路线安排住房和经济活动（包括商业、工业以及劳动力就业）。因此，高端（高利润）的银行业务和商业业务会集中在城市的中央商务区（CBD）内，然后制造业工厂和工人阶级的住房则分布在城市内环区域，中产阶级的住房及附属服务进一步向外扩展，通过市政区划和土地使用管理，远离高外部性和往往对人健康有害的制造业工厂。后来的模型解释了交通走廊对土地利用模式的影响，提出了更为复杂的城市结构模型，该结构反映了一种径向的发展模式和离心的增长趋势。在城市的居民区内，人口在阶级和种族方面都高度分化。

20世纪中叶以来，城市发展和变化的过程为城市创造了非常不同的条件，包括工业结构调整和“新国际分工”（NIDL），这些都有利于东亚增长中的经济体，有助于先进生产性服务（APS）和文化产业的兴起，新移民模式的形成以及近郊和远郊社区及就业的扩张。大多时候，城市的地带并不像芝加哥学派所描述的迭代模型那样（当然，现实情况要复杂得多），这种情况的出现很大程度上要归因于结构重组的过程。但芝加哥学派的生态学方法对城市学者来说还是有价值的，特别是他们关于空间对职业变化、社会阶级、种族和附属住宅偏好的影响的调查，以及他们将大都市地带结构理论化的方法，都非常值得后人的研究和借鉴。

大型工业社区（特别是在英国）的寿命一般在150年左右。但20世纪70年代到90年代，许多城市的基础工业都崩溃了，住房市场也因此进行了全面重组。城市服务业经济，特别是分层的基于办公室业务的中间（生产者）服务业劳动力的增长，促使形成了后工业城市复杂的社会地理（Ley, 1996）。对于许多服务业工作者来说，靠近中央商务区（CBD）办公楼的城市核心区没有足够的经济适用住房，导致他们不得不选择郊区的房子，于是，人们的通勤距离就越来越长：在20世纪70年代和80年代，长途通勤俨然成了大都市的一级规划问题。

但是，构成城市"新中产阶级"的高层管理人员和专业人士们偏好在市中心居住。这个过程导致了工人阶级社区的社会升级，沙伦·佐金在一篇颇有影响的论文《阁楼生活》（Johns Hopkins, 1982, Rutgers, 1989）中曾生动地写道，有时连陈旧仓库都会拿来进行改造再利用，最近，社会升级又有了新动作，重建的公寓区"新内城"拔地而起。早在20世纪60年代，士绅化就已经开始，尤其是在像纽约和伦敦这样的城市，在工业衰退的冲击来临之际，金融阶级和专业人士就已经悄悄萌芽，无疑为日后由各种新兴户型和租期助力的士绅化埋好了伏笔。

社会升级的领域包括20世纪60年代及以后的“先驱士绅”，之后是70年代以来成群结队的新中产阶级，再然后就是最近的“新士绅”和“超级士绅”，他们是来自世界各地的富有精英群体——每一次，他们都会在大都市的住宅景观和社会形态上留下痕迹。这些痕迹包括，以城市废弃工业区的价值重估为代表的城市住宅物业市场的通货膨胀，以及现存的低收入边缘人口的流离失所。

后工业大都市的住房偏好

沙伦·佐金的《阁楼生活》——艺术，文化和城市住房市场

沙伦·佐金的《阁楼生活》是一项具有开拓性和深远影响的工作，有助于帮助我们理解文化和创意工作影响城市住房市场和社区形成的过程。戴维·哈维(David Harvey)在1989年(拉特格斯)版的介绍中评价《阁楼生活》是“堪称典范”的作品，其思想之“清晰深刻实属罕见”，体现了“历史唯物主义的新颖角度”，充分显示了其对“纽约苏荷区大事小情”的精准掌握(x)。接下来，哈维又肯定了一系列关于资本及其代理人和行动者在城市演替中所起作用的城市研究，不过，哈维认为，佐金最新颖独特的贡献是对“大型都市经济中文化生产者这一独特阶级的角色和力量”(x)进行的理论化

和阐明。接下来，笔者将按照主题从几个方面选择性地呈现佐金的原创论文。

阁楼领域

沙伦·佐金承认，艺术家是最初一批对工业时代遗留的废弃建筑进行再利用的人，一方面是受到了低租金的吸引，同时也是考虑到了工作室大空间的效用因素；另一方面，是因为他们对空间质量有自己的审美要求。初期，艺术家所使用的改造阁楼代表了一种工作空间和居住空间的融合——这正是早期后工业城市的“居住办公”。但到了20世纪70年代，如佐金所言，中产阶级和上层中产阶级的社会群体很快便效仿艺术家的做法，开始被“资产阶级时髦”的阁楼所吸引，一些新业主会复原旧有的阁楼，而另一些人则“雇用有偿的建筑师和设计师进行大规模的翻新”(2)。这个过程“彻底改变了”像纽约苏荷区这样的地产，因为阁楼“从生产场所变成了文化消费品”(3)。佐金还观察到，“阁楼也成了各种社会团体为了自己的目的而斗争的冲突阵地”，这些团体可谓形形色色，“既有小制造商、艺术家、中产阶级租户和潜在租户，也有房地产开发商、富有的上层阶级或者贵族精英，以及通常情况下由这些精英控制着的银行，还有市政厅的政治家”(3)。

阁楼生活方式的诞生

佐金注意到，直到20世纪70年代，“即使人们能想到住在阁楼里这个选项，住在阁楼里也是既不时髦也不舒服的”

(58)。让人们改变态度，觉得住在阁楼也不错的原因是“人们对空间和时间的关注更为深刻了”(59)。佐金认为，简·雅各布斯(Jane Jacobs)早期的著作起到了一个预防针的作用，使人们开始意识到保护的价值、邻里的优点，并开始欣赏老建筑的好，这至少间接地影响了一部分市民，让他们开始珍惜这些文物级的建筑环境(并且进行价值重估)。此外，工业建筑，即使是“普通”的设计和建筑，也或多或少引人联想到那个“‘形式’仍然代表着‘地方’而不是‘功能’的时代……那个时代已经有点远了，那时候的东西虽然是大规模生产，可在我们今天看来反而充满了个性(59)”。从实用性来看，改造后的阁楼相对也更宽敞些，能让一些品味独特又狂热恋家的人能有“一个空间，自由地摆放他们痴迷甚至是崇拜的餐厅设备，工业地毯和倍耐力橡胶地砖”(71)，以及美膳雅(cuisinarts，一个厨具品牌)，极可意(jacuzzis，一个卫浴品牌)和其他的欢乐生活所必不可少的物件。

资本转移和文化先锋

有这样一种说法，艺术家们是城市后工业化社区适应性再利用的先锋，被一伙新来的披着中产阶级外衣的强盗抢了地方，那些强盗“抬高房价，开起了精品店，然后就用他们自己的住宅理念把早先来的人给挤了出去”。沙伦·佐金对这个说法进行了批评。早在切斯特·哈特曼(Chester Hartman)，丹尼斯·格拉米诺斯(Dennis Grammenos)和汤姆·斯莱特(Tom Slater)等批评家之前，佐金就坚持认为阁楼生活大冒险真正代表的是一场出于本能的斗争，“真正处于危机的地方是市中心：这是社会高层人士和高房租者重新占领市中心的征程”(175)。按照这种解释，阁楼生活的现象，更进一步说，艺术、审美和住房偏好之间的这种联系，本质上是“资本”（银行、金融机构和房地产开发商）在利用“艺术形式”在纽约和其他大都市的新兴房地产市场进行压榨和剥削。

[Sharon Zukin(1982) *Loft Living: Culture and Capital in Urban change*. Baltimore, MD: Johns Hopkins University Press.]

早些时候，人们对社会升级的反应有以下几种：首先是社区集体抵抗新晋富人的入侵，其次，在欧洲一些城市，地方政府会大力支持传统产业和工人阶级群体，英国的集合城市（由中心大城市和卫星城镇构成的大城市）便是其中比较有代表性的例子。然而，随着市场导向的政党当选执政——尤其是以撒切尔夫人为首的英国保守党政府（1979）和1980年由罗纳德·里根(Ronald Reagan)任总统的美国政府——这些都预示着，传统制造业和工人阶级社区的日子要不好过了，特别是在英国，政府明显倾向于支持和鼓励由金融、商业服务和房地产主导的服务业的发展。

文化、创意工作者和城市住房市场

理查德·佛罗里达及其同事已经强调过创意工作者和居住地城市之间的联系。他们的基本观点是，创意工作者，尤其是被佛罗里达称作“超级创意人”的创意工作者，与以高档配套设施和上流生活方式著称的城市（比如波士顿、奥斯汀和西雅图）之间是一种互动的关系，人与城市“意气相投”，从而迸发出惊人的创作热情和生产力。

按照佛罗里达的说法，创意阶级数目庞大，占到整个劳动力市场的四分之一以上，以至于这些人对住在城市的哪块地方的选择会极大地影响该城市的住房市场。对那些缺少“酷”劲儿的、公共领域退化降级了的城市来说，想要在文化经济的阵营里有一席之地，就必须找到一种方式，刺激自己，逼自己在创意城市的等级之中找到一处有竞争力的市场。但是，即便是最粗劣的分析，也清晰地表示，不管是在国内还是国际城市体系的各个城市之间，还是在同一个大都市的不同空间和地点，文化劳动力的分布都绝不平衡。为了更透彻地分析文化经济劳动力和城市住房市场之间的复杂关系，我们得退后一步，往回看，实地去看。

创意、艺术和城市中的文化角

19 世纪伟大文化名城的一个重要的遗产，就是住在声名狼藉、狭窄逼仄的内城角落的城市艺术家，尤其是“波西米亚人”，他们大量聚居在巴黎的拉丁区，而那之前，则是在原捷克波西米亚的布拉格。这些角落无一例外全都粗糙窄小，因此租金也就相应地便宜许多，同时又都靠近餐馆酒吧和公共空间，方便这些早期的建设者们进行交往；这便是一种“社交资本”，这些角落也就构成了艺术家、设计师、诗人、作家和其他创意人士，甚至政治活动家们城市生活经纬的一维。

在那之后，上个世纪，艺术家和有组织的文化工作者们迅速扩张，他们占领了柏林、巴塞罗那、伦敦、纽约和芝加哥，还有很多其他城市内城的大片地带，他们尤其愿意选择靠近画廊和工作室，或者附近有艺术用品商店、或者和朋友同事离得不远的地方，当然，可能的话，靠近潜在的赞助人和顾客也是不错的选择。通常，文化工作者的住处都分散地嵌在已有的工人阶级社区的空隙之中，当然，艺术家的人数也就要远远少于工人群体及其家族亲眷。更富裕一些的文化工作者——包括艺术家，专业人士，评论家和行业领先的画廊、歌剧院、剧院大厅和博物馆的重要员工，就可以选择在备受青睐的地区定居，比如说伦敦西南的切尔西，或者说那些比巴黎第四区还要高档的地方（不过通常还是会在左岸），还有就是高档画廊和工作室云集的纽约曼哈顿。

城市社会地理的音乐，文化和种族

本·安德森“有趣的地方，有趣的人：爵士，种族和家庭空间”的研究

本·安德森（Ben Anderson，2014）对一些十分有影响力

的非洲裔美国音乐家的住房选择进行了深刻的案例研究，从而增进了我们对20世纪美国的种族、文化和城市社会地理之间复杂（而有争议的）关系的理解，这是一个卓越的贡献。他的讨论和分析刻画了一套复杂的社会空间关系，将住房偏好和美国社会格局联系到了一起，同时证明了在美国城市社会关系中刻下伤痕的种族主义的广泛存在，尤其是自20世纪前半叶非洲裔美国人大规模从广袤贫穷的南方乡村迁移到北方工业城市以来的这段时期。

安德森的研究主要关注个人住房的社会演替，并且限定在了知名黑人音乐家群体的范围之内。他开篇就承认，对音乐制作和表演场地（如俱乐部和录音棚）的研究已经很有深度、很透彻了，但相比之下，对于音乐家住房地区的研究则明显不足。安德森的研究中有一段很有意思的描述，专门描写了迈尔斯·戴维斯（Miles Davis）在纽约西77街312号的家，该建筑由查尔斯·T·莫特（Charles T. Mott）设计，坐落于日后将成为西部学院旧区的地方。安德森带着我们跨越了这栋三层半赤褐色砂石建筑的前世今生，向我们仔细介绍了每一处设计和设施的细节，以及该建筑在“文艺复兴运动”中的象征意义。20世纪90年代最开始的营销活动主打的是“哈得孙河的美景尽收眼底”，宣传点也更实在，“保证是城里最新最好最划算的供暖系统”。在转让给俄罗斯东正教教会之前的60年间，西77街312号“至少住过三户富裕白人家庭（或个人），充分体现了曼哈顿上西区的排外和期许”。安德森翻看了一系列传记体的研究，断定戴维斯特别中意这个房子，对戴维斯来说，这个房子不仅是个住处，还是社交和欣赏音乐的好地方。他在屋子里装了对讲机系统，“在围了葱葱郁郁的篱笆墙的后院举办即兴音乐会”，还在“1961 年办了一场爵士音乐家评论峰会”。据安德森观察，戴维斯于 1960 年搬到西 77 街 312 号，之后住了将近 25 年——其间灵感迸发，创新不断，广泛交友，创作了很多作品。从某种程度上，戴维斯的例子足以代表一部分活跃而富有的黑人的住宅偏好了。

本·安德森的原创学术成果还包括另一个研究，他借助两次战争之间新郊区社区的发展，绘制了杰出黑人音乐家社会亲缘关系的空间分布示意图。他在这部分描述了钢琴家兼乐队长的贝西伯爵(Count Basie)搬到纽约皇后区郊外“极度排外的”阿迪斯雷戈公园(Addisleigh Park)，那是一个世纪以前在英国和美国大受欢迎的花园城市。安德森叙述了当时的住户对黑人居民的激烈抵制，包括一项限制性合约的实行，合约上规定不许卖给黑人东西(该条约后来被最高法院推翻)，以及针对黑人的破坏行为，三 K 党传阅流通的辱骂黑人的笔记刊物等。就这种情况而言，安德森观察到，对比城市黑人居民的境遇，“城郊的黑人居民更容易受到歧视性对待”(11)。但一些知名黑人音乐家，比如贝西，莉娜·霍恩(Lena Horne)和埃拉·菲茨杰拉德(Ella Fitzgerald)则坚持安德鲁·韦斯(Andrew Weise)(引自安德森)所描述的“战后主流社会”根深蒂固的偏好，努力维护他们在中产阶级郊区这样一个迷人之地的居住权。

[Andrew Weise (2007) '"The House I live in": race, class and the African American suburban dreams in the postwar United States', Charpter 8 in: Kenneth L. Kusmer and Joe W. Trotter (eds.), *African American History Since World War II*. Chicago: Chicago University Press.]

伦敦的布鲁姆斯伯里团体，是活跃于20世纪上半叶的一个由作家、艺术家、评论家和其他公众人物组成的联盟，是体现文化和地方联系的一个生动的例子。这是一个颇有影响的文化小团体，其成员大多数曾在剑桥就学，代表人物有作家弗吉尼亚·伍尔夫(Virginia Woolf)，经济学家约翰·梅纳德·凯恩斯(John Maynard Keynes)和文学评论家利顿·斯特雷奇(Lytton Strachey)，这个布鲁姆斯伯里团体就在布鲁姆斯伯里(该地位于卡姆登区)生活、工作和社交。这个团体的成员享有高度的文化资本、智力资本、(有些情况下还有)金融资本，因此在伦敦社会占据了一个极有特权的地位。理念想法、智慧网络和社会关系使得布鲁姆斯伯里团体充满了生机和活力，不过布鲁姆斯伯里团体的特征并不仅限于此，它还有诸多机构(大英博物馆、伦敦大学学院、数不清的画廊和工作室)和环境设施(伦敦迷人的广场、街道和公园)，这些共同构成了戴维·利(David Ley, 2003)所描绘的城市美学园地的典范。

后工业化城市的文化经济工作者

老工业区和工人阶级居民区成了特别适合文化生产、表演和居住的抢手地。接下来讨论从内城区社会升级到艺术家及其偏好的城市景观的进化过程，而事实上艺术家们的住所和其偏好的城市景观——他们生活和工作的地方，会成为那个城市艺术与美的源泉。

一个重要的参考观点来自丹尼尔·贝尔的一篇具有里程碑意义的论文，《后工业社会的到来：一场预测社会的冒险》（基础书籍出版社：1973），该论文从美国的国家层面，探讨从以科学信息为基础的经济衍生出的社会变革。贝尔的文章引来了很多批评，文中假设道，制造业衰落，信息服务阶层势必后来居上，取而代之，这些都为预测美国城市的社会经济变革提供了重要的参考。大多数评论者对贝尔的论文提出的学术评价——批判性的或者是带有其他感情色彩的——都倾向于强调阶级问题和（或明或暗的）意识形态问题，但这本书其实有很大部分是在讲文化作为社会变革的附属物的重要性，贝尔对此表示十分悲观。

在此，笔者想引用戴维·利对城市重建的社会空间和住房市场中艺术、文化和“新中产阶级”之间关系结构的刻画，以及克里斯·哈姆奈特（Chris Hamnett）对城市居民区新文化景观的补充性叙述。利和哈姆奈特都承认管理人员和专业人士的中心地位，他们组成了先锋队对内城进行了重新占领和升级重建，但不可否认，也是他们的活动导致了后来的混乱。

文化,"新中产阶级"和城市住房市场的改变

戴维·利和克里斯·哈姆奈特颇具影响力的贡献

戴维·利和克里斯·哈姆奈特都承认,丹尼尔·贝尔的论文《后工业社会的到来》(基础书籍出版社,1973)是十分有预见性的,利还特别写到,贝尔对于发达社会中工业和职业变动所引起的社会影响的预测特别中肯(参见 Ley, 2005)。二人也都承认,文化对"后工业化城市"(这个术语可能在某些地方是有争议的)的住房市场、土地占有权和社会生态的重新配置起到了中心性的作用。

首先,戴维·利在他那本颇有影响力的书《新中产阶级和中心城市的改造》(牛津大学出版社,1996)中,从三个角度——"文化新阶级""文化政治"和"文化产业"进行了分析,确定了文化对城市空间和居民区的渗透作用。从第一个角度来说,利证实了新中产阶级的成员都与城市房地产市场重组有牵连——尤其是但不局限于大都市核心地区——这些人包括在学院受过专门教育培训的艺术、媒体、教学科研领域的专业人士,该集合由欧文·克里斯托尔(Irving Kristol, 1972)定义,范围略显狭小,不过利扩展了这个集合,吸纳了一个更广的谱系,把艺术家、记者还有其他从事创意活动的人都一并算在内。接下来,利评论说,"文化政治"推动了社会变革,一些社会群体蜂拥而上,心里面都是一个念头——"中心城市充满机遇,能让人实现自我"(207);还有,他们还会把城市看作是"一个让感官感觉邂逅碰撞的地方,他们要

到那里去体验，去占有”(208)。最后，利引用了一大堆的理论家，勒菲弗尔(Lefébvre)、鲍德里亚(Baudrillard)、德博尔(Debord)和卢卡奇(Lukács)，批评“体制”“军工复合体”和“技术官僚”是压抑人的天性的“机械性信号”。

克里斯·哈姆奈特则给出了一个详细的经验主义的解释，在他的书《不公平的城市：国际舞台上的伦敦》(劳特利奇出版社，2003)中，他写道，新中产阶级作为一个主导性的群体是伦敦乃至其他“国际大都市”的重建中崛起的原因。而且，他还和利以及其他人一样，认为艺术家们是对某些城市(尤其是纽约)住宅区进行了重新占领，但这个群体较少参与伦敦前工业居民区的社会重建(除了肖迪奇和其他一些远离中心城市的偏远地区)，同时，他也承认，在一些地方，比如说克勒肯维尔，专门的金融机构和高薪专业人士在接下来的士绅化阶段则发挥了巨大的力量。但在《不公平的城市》一书的结论一章，他描绘了他自己称之为伦敦“新文化景观”的地方。在首都中心，文化在再开发中的角色就体现为那些重要的文化机构和文化空间，尤其是泰晤士河畔的泰特现代艺术馆和设计博物馆，另外就是重建的皇家歌剧院以及“逐步改造”的科芬园，事实上，他们已经把科芬园从一个老旧的果蔬市场改造成了“伦敦最受欢迎的零售和旅游景点”(246)。除此以外，近来，俱乐部、酒吧和饭店也都在迅速扩张。这些都是构成这场“文化盛宴”的元素，对来到伦敦后工业化核心的游客和创意工作者们来说特别有吸引力。

过去的十年左右，“新城市民族志”出现了一个重要的变体，解决了一个丰富而充满争议的城市领域问题——为什么地方性的文化生产是在历史悠久的居民区，尤其是城市的工人阶级社区中进行。其中，在新文化经济背景下将城市地区再理论化，理查德·劳埃德（Richard Lloyd）是大功臣之一，他写了一本《芝加哥柳条公园：新波西米亚——后工业城市的艺术和商业》（劳特利奇出版社，2006）。劳埃德是一位社会学家，他为芝加哥历史上一个赫赫有名的内城社区建立了一本民族志，生动记录了景观、人物和风俗习惯的变化过程。下面总结了一些更加尖锐有力的叙述和更具启发意义的主题。

理查德·劳埃德和“新波西米亚”传说

理查德·劳埃德开篇就表示，芝加哥柳条公园的“新波西米亚”和巴黎19世纪晚期或是美好时代的波西米亚并不是一回事，但“新波西米亚”的出现确实代表了后工业城市社区的一种文化转向。他关注的重点是要阐明“后工业芝加哥和新波西米亚”的意义。劳埃德承认，试图在这样一个（有名的）“宽肩膀”的城市提倡新的城市美学本身就是一种讽刺和矛盾，就像卡尔·桑德伯格（Carl Sandburg）诗中对肌肉发达意志坚决的芝加哥蓝领的隐喻。但其实，在这个历史意义上的美国“第二大城市”，有多种多样的经济社会因素在发挥作用；虽然制造、加工、仓储货运毫无疑问是芝加哥城市化经历的重要部分，但同样地，循环区（the Loop District）这里建起了世界上最高的中心商务区办公楼，同属一系的商业、金融和总部办公室以及众多的白领人士都聚集于此。

此外，虽然劳埃德承认，纽约的格林威治村（Greenwich Village）在美国地方文化艺术社区中有着举足轻重的地位，他还是想提醒大家，芝加哥也有自己的重要性。他在此引用H. L. 门肯（H. L. Mencken）在1917年的观察结果，他认为芝加哥很可能正在以美国“文化首都”的身份崛起。特别是，厄普顿·辛克莱（Upton Sinclair）、埃德娜·费伯（Edna Ferber）和卡尔·桑德伯格都住在芝加哥北部，要知道，他们每个人都展现了极其出色的文学天赋和影响力。还有，在劳埃德看来，芝加哥和纽约的艺术家都“忠于艺术的自主性”，即使“他们不能逃离他们所住城市的客观现实”。

大众反主流文化和后现代的波西米亚

与戴维·利、克里斯·哈姆奈特和其他一些人一样，劳埃德认为，20世纪60年代享乐主义和反主流文化的价值观和实践是新的城市审美和社会阶级敏感性出现的关键，为后工业城市新文化经济的发展奠定了基础，而且有旧金山嬉皮区（Haight-Ashbury）和伯克利电报山（Telegraph Hill）社区作为开展和扩大运动的重要（并且有影响力的）舞台。劳埃德观察到，20世纪80年代晚期到20世纪90年代，依托技术的创意生产的新经济在增长，这意味着很多事情，其中，“一个拓展了的文化经济……已经影响到了就业和消费”(65)，即使是被大肆炒作的网络公司“也大多是靠技术加持的平面设计公司”(68)。就城市地理而言,劳埃德对丹尼尔·贝尔的表现十分不满,因为贝尔主要写的是美国社会整体上的后工业主义;对理查德·佛罗里达的批评则更为严厉,因为佛罗里达“偏离社区实际太多”“几乎要失去了对概念的整体把握”(69)。

重建的柳条公园的社会升级和社会—种族变动

劳埃德生动地描绘了一幅20世纪末艺术家和年轻创意人士融入工人阶级的柳条公园社区的和谐画面。他肯定地说,这些后来者,不管是“快饿死的艺术家”还是“更富裕些的专业人士”,大都受过良好的教育。劳埃德观察到,这场变动有一个关键的经验主义标志:在1990年,柳条公园容纳了数目远超库克县平均线的没有高中毕业证的成年人;到2000年,“持有学士学位甚至学历更高的社区居民数几乎涨到了原来的三倍”(115)。再举一个衡量社会文化变动的指标:1990年,柳条公园超过半数的居民来自西班牙或者拉丁美洲;而到2000年,这个比例下降到了28%(115)。

文化生产的社区

理查德·劳埃德观察到,美国的几个主要的文化中心之中,芝加哥——传统上的美国“第二大城市”——最高排到第三,落在纽约和洛杉矶之后。但劳埃德称,芝加哥通过其他方式弥补了相比于其他沿海大都市在地理边缘性上的劣势:“没有迷人的魅力,那就用谦逊真诚来补足”(155).在芝加哥,柳条公园扮演的角色是一个适于文化生产的环境,临近各种便利设施，社交互动也都十分方便，是可以代表这样一类地区的典型，利于“文化生产合作，把艺术家和观众连到一起，维持一种‘工作文化’，以便参与者们能调动自己的积极性”(162)。另外，劳埃德强调柳条公园更像是一个“农场联盟”，而不是已建立的公司的新经济重点园区，“这些社区有助于正处在事业初期的年轻艺术家和音乐家们的发展，同时，那里也有许多时尚场所可供这些艺术家们工作玩乐(163—164)。”

数字化的波西米亚

柳条公园既代表了“新波西米亚”文化区在(所谓的)后工业城市中的出现，还体现了“新经济”基于技术的创意经济发展轨道。虽然，很明显，如迈克尔·因德加德所言，柳条公园并不是纽约硅谷那种级别的地方，也不是旧金山南部市场区(SOMA)(见 Hutton 2008，第 7 章)或者乔·福德(Jo Foord)和格雷姆·埃文斯(Graeme Evans)所说的“数字肖迪奇”(位于伦敦东北方向；见第 7 章)，但柳条公园至少成功地在小范围上再现了文化、技术和地方属性的和谐，对当代大都市文化区产生了一定的影响。

[Richard Lloyd (2006) *Neo-Bohemia*: *art and commerce in the postindustrial city*. New York and Abingdon. Routledge.]

从 2000 年的科技危机以及后来的情况看，柳条公园的经济发展之路有繁荣也有萧条；但无论如何，柳条公园是有弹性和韧性的，这正好体现了文化区的特点——不断创新，历经考验，而不像工业时代的那些制造公司和劳动力，总是一成不变。

城市住房市场变动的交集点

文化经济，更确切地说，创意劳动力与城市房地产市场互动的过程，是与城市更大层面上的变动相关联的，早期的转型就是一个很好的例子。下面就具体阐述一些关键的变动的交集点，这些变动曾影响了 21 世纪的城市住宅景观。此外，笔者还将对文化所扮演的角色，以及文化对创意工作者住房选择的影响进行分析和点评。

经济变动、城市住房市场和租金差距理论

经济变动影响了城市住房市场的演变，尤其是城市中心传统制造业的土崩瓦解，一方面极大地削弱了城市的生产能力，另一方面也造成了房地产部门大量的楼房闲置和荒废（Krätke，2014；2015）。下面的几个项目给城市中高价值活动的出现提供了可能，同时创造了人们对新房的需求，包括大金融商业区；大型连锁项目；标志性体育赛事，比如奥林匹克竞赛和世博会；新建的和翻新的体育场馆；大学和其他高等教育机构；还有最近一段时期出现的技术、艺术和文化的“新经济”点。这些城市项目往往会抬高房价和租金，造成社会上的错位现象。

内尔·史密斯和"租金差距理论"

洛雷塔·利斯，汤姆·斯莱特和埃尔文·怀利对租金差距模型的解释

内尔·史密斯(Neil Smith)的租金差距模型解释了社会升级和随后的错位现象。三位做士绅化研究的领先学者，洛雷塔·利斯(Loretta Lees)、汤姆·斯莱特(Tom Slater)和埃尔文·怀利(Elvin Wyly)则在他们的著作《士绅化》(2008)中对内尔·史密斯的租金差距模型进行了详细充实的分析和讨论。虽然利斯、斯莱特和怀利很明确地表明了他们自己在这场士绅化辩论中的立场，但这本书的重要贡献在于，他们的讨论说明了这样一件事：相互竞争的解释模型，经过时间和空间的改变，反而会影响事情本身。

尽管，一些学者和专家，特别是城市土地经济学家，倾向于认为城市土地利用和空间密度变化的压力仅仅来自市场偏好和行为，并且需求受不同使用方式(比如，商用、工业用、住房)的投资回报差异有所影响，但是内尔·史密斯及其批判性城市研究领域的同事们则坚持认为，资本主义社会中的那股巨大的力量才是问题的核心。利斯、斯莱特和怀利证实，是资本主义和资本家们的强力活动，驱动了大都市的投资、再开发和社会错位现象。并且，在资本主义高度发展的时代，城市房地产市场中存在结构性失衡，因为像技术创新、国际贸易协定和移民，所有这些因素都为投资和盈利创造了新的条件，同时在某些情况下还会损害现有投资者的盈利能

力。“资本家们总是被迫在维持先前预定资本支出和尝试利用新机会之间进行选择”(50),这种两难的抉择,正体现了利斯、斯莱特和怀特所称的资本的“强大的矛盾”。由于新市场机会的出现和相对优势位置的转换,产生了一种“地理张力”,“地理张力”又反过来造成了“一段时间内投资和撤资之间的摇摆不定”。

戴维·哈维(参见 Harvey,1973)和其他一些人曾试图解释资本、升级和混乱之间的相互作用,但是,“内尔·史密斯是第一个将资本主义发展基本动力同内城单个土地区块的细粒度环境联系起来的。事实上,内城的情况很有意思,一方面有钱搞升级,另一方面没钱只能撤资,根本就是互相矛盾”(Lees Slater and Wyly, 2008;51)。在动力市场背景下,史密斯所说的“租金差距”可以定义为“一块地,在保持目前的土地利用方式可以收到的实际经济回报(实际租金),与将其利用到极致,对该地进行最佳利用的情况下可以得到的潜在经济回报(潜在地租),两者之间的差额……城市的投资和增长因此不可避免地对城市老旧地区进行撤资,而且形成新旧城区之间巨大的租金差距”。

[Loretta Lees, Tom Slater and Elvin Wyly (2008), *Gentrification*. New York and Abingdon. Routledge.]

“国家”,或者更确切地说,地方政府及其代理机构,必须承担起缩小租金差距和平息社会混乱的重任。地方政府在房地产开发过程中发挥着关键作用，因为地方政府负责土地使用的监管，可以通过行政分区、土地政策还有建筑开发章程条例进一步限制建筑环境规模——控制建筑环境形式。因此，虽然市场上的玩家们想要合并土地，赚取更高额回报，但地方政府有法律力量，可以抵挡来自市场玩家们的压力。

但哈维·莫勒奇（Harvey Molotch, 1976）发现，市政府渐渐玩起了一人分饰两角的把戏，在城市土地市场中，既当“玩家”，又做“裁判”。地方政府用各种方式进行积极的再开发，比如，参与公私合营的土地开发项目；而当城市面临高发展压力时，政府又对大项目征收高额税款，这就说明，政府特别懂得欣赏土地的价值；还有就是，当城市土地资源十分丰富的时候，市政府就自己做开发商。多数时候，地方政府支持发展会带来高“社会效益”的项目，比如，建造社会性住房，加强公共领域建设等。但是，地方政府承担着不断攀升的成本压力，而且相比上层政府，地方政府税收收入又比较少，于是，地方政府就会转向市场回报高的项目，也就是说，他们自己也想利用“租金差距”的机会。

全球化、跨国主义和“超级士绅”

城市陷入全球多样化的金融、贸易、移民和文化环境，产生了后续一系列的社会效应。当然，其中最突出的一点就是住房需求。一方面，移民构成了集体住房需求的一个重要部分。在一些情况下，比如纽约、伦敦、多伦多和温哥华等城市，移民是人口和就业增长的最关键的因素。过去，考虑到血亲和种族、重要文化机构和中心城市多样化的就业机会，许多移民会在中心城市或者城市中心定居。但在过去的20年间，为了就业机会和（很多时候）相对便宜的住房，新移民中越来越多的人向大都市周边区域倾斜，出现了李炜（Wei Li）称之为"族裔郊区"的现象（1998）："族裔郊区"是内城社区的继承者，是早期阶段很多移民的最初的安居点。

全球化和跨国主义同样影响了士绅化，因为富有的个人和家庭有足够的钱，可以在自己想去的任何城市的任何地方住下来。跨国投资在全球城市的某些地区（比如巴黎的帕西，纽约的曼哈顿，东京的麻布和白金，香港的顶级和中层地段，还有伦敦的梅菲尔和贝尔格莱维亚）的房地产上投钱，从而使住在这些地方成为一种特权，反过来再提高这些地方的社会声望，并且促进其他的象征性消费（比如，饭店和奢侈品连锁），增加同伴间沟通交流的机会。但正如洛雷塔·利斯在《纽约布鲁克林高地》（2003）研究中首次披露的那样，富裕移民的眼光越放越远，已经遍布世界各个城市。已建立的中心城市之外，居民区也在经历着社会升级和混乱错位，而富裕移民在其中发挥着越来越重要的作用。

伦敦的超级士绅和全球精英：有关伊斯灵顿巴恩斯伯里的案例研究

蒂姆·巴特勒和洛雷塔·利斯

蒂姆·巴特勒（Tim Butler）和洛雷塔·利斯（Loretta Lees）在他们对伦敦巴恩斯伯里的研究中，借鉴了阿特金森（Atkinson）和布里奇（Bridge）的开拓性研究，阿特金森和布里奇最先注意到，有钱人的到来有能力引发当地的升级进程，把“20世纪60年代和70年代充满艰苦朴素的开拓者精神的地区”变成了“精英们的已建好的飞地”(Atkiason and Bridge，2005：16)。

巴恩斯伯里是伊斯灵顿的一个迷人地区，位于伦敦的东北方位，1820年左右发展起来，当时还是一个上中层社会人士聚居的市郊小区。但到了20世纪中期，巴恩斯伯里逐渐过渡成了较低收入群体居住的小区，合租的情况比比皆是。人只要稍微有些钱，就都搬到郊区去，导致该区的工人阶级色彩越发明显。而到了20世纪50年代晚期，第一批士绅到来了，吸引他们的不仅是建筑的质量，还有到伦敦中心的便捷。20世纪80年代和90年代，玛格丽特·撒切尔放松了对金融市场的管制，引发了银行业和商业部门的“大爆炸”式发展，第二次士绅化随之发生。事情的发展证实了萨斯基亚·萨森(Saskia Sassen 2001[1991])的观察，他曾说，世界各大城市金融和商业部门的专业人士年纪轻轻，报酬丰厚(高薪高奖金)，正在占据社会经济的主导地位。巴恩斯伯里的居民全是精英的大众形象在1993年得到了加强，这一年，托尼·布莱尔和切丽·布莱尔一家(Tony and Cherie Blair and family)搬进来了；到布莱尔一家搬走的时候，仅仅过了4年，他们在巴恩斯伯里的房子价格就翻了一番。巴特勒和利斯观察到，截止到1997年，巴恩斯伯里就从一个只要是“成功专业人士”就能住的地方，变成了一个“只有站在法律和金融行业顶端的精英”——还有大富豪们——才能住得起的社区(475)。而巴恩斯伯里目前也成了伦敦少数几个被选中的高档小区,除此以外,也就切尔西,富勒姆和汉普斯特德可以与之相提并论了。

巴特勒和利斯还观察到,就理论层面而言,巴恩斯伯里的案例研究是一个重要的符号,标志着社会升级进入了全新的阶段,全球化、全球城市经济"金融化"、阶级变革、地方治理种种因素相互作用,彼此影响。他们在结论中写到,与其说巴恩斯伯里是一个富有的国际化的大都市,不如说是个安安稳稳"接地气"的小地方。首先,就教育情况而言(这块地方大量聚集了牛津和剑桥的毕业生);第二,职业方面,大多数人不是供职于"六大"法律公司,律师会馆,就是在投行工作;第三个因素——"地方",多琳·马西有句格言,即使是在反复解除管制、重组改制和全球化的时代,"地方也依然重要"(483)。

[Tim Butler, and Loretta Lees(2006) 'Super-gentrification in Barnsbury, London: globalization and gentrifying global elites at the neighbourhood level', *Transactions of the Institute of British Geographers* 31: 467 - 487.]

全球化和国际都市的发展极大地影响了城市住房市场,尤其是住户组成,反映了祖金"城市文化"(1995)的重要演变。一些移民群体表现出了对大家庭的偏好,比方说,他们会对城市中的一些特定户型有需求。另外,世界各地数目可观的富裕精英构成了大中城市移民的主力，他们有足够的金融实力参与最高端的城市住房市场，并且很可能会导致房价和租金的通胀。不管是哪种情况，移民人口都会通过文化因素和个人品位影响到新的住房设计，反过来又会影响到文化价值观和传统。这些偏好已被证明是引发新老居民之间关系紧张的根源，因为原来的居民往往强烈坚持已有的户型样式。接踵而至的冲突被认为是设计价值观念冲撞的必然，是集体与个人财产权利之间的较量，而在某些情况下，这种冲突可能会演变成一场种族歧视。

治理、住房政策和地方政府

治理和政策体系影响着大中城市的住房市场，更确切地说，是影响着21世纪的城市住房配置。传统上，市政府是以多种方式参与住房市场的，包括：①监管（通过分区、土地使用、批准和其他控制发展的方式）；②通过直辖市/地方政府的房地产开发直接提供新住房，包括公共住房和为老人及低收入家庭提供的特殊用途住房；③通过变革土地使用制度，支持建造住房而非其他土地使用方式，从而刺激住房市场；④各种社会事业项目，包括向指定团体和个人发放住房代金券或其他形式的补贴。众所周知，在战后规划和城市发展的“黄金时代”，欧洲、北美、东亚和东南亚的许多大都市和直辖市的市政府都成了主要的住房提供者，通常与国家政府形成联合或伙伴关系，与同时代治理的意识形态保持一致，充分反映出公众对政府该在社会发展中扮演什么角色的价值观和期待。

地方政府在城市住房市场中扮演的角色仍在发挥影响，但我们应该注意到，这种影响有所改变。从大的层面上看，治理方式从管理式过渡到了企业式，众所周知，戴维·哈维（1989）就曾提到过这一点；之后是新自由主义治理，市场热情高涨，超过了大众的需求，极大影响了地方的价值观和行为。地方政府虽然也想实现大的进步，但预算不足，债台高筑，是有心无力，因此，多数情况下，还是极大缩减了对公共住房的支持。政府也进行了很多"多层次治理"的重要试验，包括让两级或者两级以上的政府整合资源（金融、知识和政策力量）。但这些努力比不上公私合营提供新住房的措施，在这种伙伴关系中，地方政府要比参与的公司承担更多的项目风险。

至于地方政府在住房市场中的监管作用，许多地方政府都采取了重新整理发展控制系统的手段，促进私营住房市场的建设。采取各种措施吸引私营开发商，在各地引进多功能分区和土地使用项目，设立"快速通道"加快审批流程，将废弃和闲置的建筑资产贬值控制下来。

最后，许多城市的地方政府都投入大笔资金加强城市公共领域（比如说绿地、社区公共设施、人行道和自行车道）的建设，以此增强新建居民区的宜居性，而且，越来越体现出政府想要吸引熟练工人及其家眷的意图。

文物保护和建筑环境的适应性再利用

城市建筑环境的适应性再利用一直是一个增加城市新住房

的机会，因为原来的建筑会有很多问题，比如结构老化，原来的用途也可能不再为人所需要，而通常情况下，开发新建筑有更高的投资回报率。总之，很多时候，对于废旧过时建筑，爆破拆除都是比改造转化更常用的手段。然而，一些城市对再开发的好处和成本进行了重估，最后认为对建筑进行保留和再利用是更好的选择，原因是那些老旧建筑的主要类型都有着很好的持久性，比如说工厂和（更确切地说）仓库，既体现了建筑强度和适应性等“具体”实体的属性，又体现了强有力的象征意义。

阁楼生活、地方营销和士绅化的新叙事：尼古拉斯·林奇后工业后世俗城市中的教堂改造传说

自从三十多年前沙伦·祖金的专著《阁楼生活：城市变化中的文化与资本》（罗格斯大学出版社，1982）横空出世，建筑改造的重点就落在了工业建筑结构（如工厂和分配设施）的适应性再利用以及范围更广的仓库重新部署上了。不过，一段时间后，再利用建筑的实体配置和买方居民的人口组成就都发生了改变。

尼古拉斯·林奇（Nicholas Lynch）在解释繁华的多伦多（加拿大最大城市，同时也是一个频繁改造住宅景观的地方）的教堂改造之时，生动形象又旁征博引地阐释了一个新兴的市场夹缝中的阁楼生活运动的变体。一些观察者认为，多伦多是北美洲公寓大厦发展的领跑者，但林奇认为对教堂进行世俗化改造是另一种趋势，揭示了城市更广的社会过程和政策问题。

尼古拉斯·林奇的阐述对由教堂改造的居住用建筑的样式细节做了非常巧妙的处理，同时也对市场营销方式及其内在的将传统价值观和宗教信仰“重新编码”的做法进行了深刻的批判，因为这种做法纯粹是为了吸引特定买家，而且常常被用来做例子证明“一个区分商品房的清楚方法”，尤其是在后工业化城市经历了数十年阁楼改造的情况下（2013：10）。林奇特别提醒读者要注意无处不在的营销，他们会说，这些由教堂改造而来的建筑，还有别的一些户型，都是“有牌子的，是为了突出他们房子的厚重文化底蕴，他们会用尽全力营造出一种无比稀有、独一无二的感觉”（2）。林奇很敏感地注意到一种趋势，多伦多主流基督教教堂的集会在不断减少，这会刺激教会管理层考虑对教堂进行改造，而其他的宗教（包括穆斯林和印度教）却处在一种上升的发展态势，考虑到多伦多目前的移民情况和多元文化政策，这种态势很可能会继续下去。教堂改造的商业可能性给基督教信仰团体提供了诱人的金钱回报，尤其是在处于价值重估中的内城地区。

但开发商和销售人员也有自己的营销困难，他们要对教堂进行复杂的再编码，“神圣的一面要被弱化——这是一个商品化的过程，他们得想办法表示或者是暗示，教堂阁楼改造来的房子有一个灵性的前身而不是一个宗教的过去”（6）。林奇承认，改造教堂的营销必须要符合房地产公司的“公寓”语境，同时又得吸引那些有独到眼光、追求独一无二的客户，这一切都要通过“利用阁楼的美学品牌和教堂的特殊文化背景”来实现。最后，尼古拉斯·林奇表示，对教堂进行适应性再利用的这种阁楼升级对研究士绅化的学者们来说很有启发价值，因为在洛雷塔·利斯(Loretta Lees)(1994)之后，学者们往往认为经济和文化过程都会影响住宅景观，使之别具一格与众不同。

[Nicholas Lynch (2013) “Divine Living: marketing and selling churches as lofts in Toronto, Canada’, *Housing, Theory and Society* 1 - 21.]

将文物建筑改造成新居的适应性再利用，也反映了可持续发展运动的保护主义的价值观，就好像那句广告词说的，最“可持续的”或者说“绿色环保的”建筑是已经以实体形式存在的建筑。已经有很多重要的工业和技术发展出来，用以帮助保存那些历史性的建筑，同时增加城市中的新住房机会。文物建筑结构的保护和适应性再利用，无论是作为住房、生产场所，还是表演或是展览用，都已经成为很多城市再开发的中心机制，并且与城市的文化经济产生联系。进一步解释就是：在生产方(或者说供给侧)这边，建筑的保护和适应性再利用要求技术熟练的创意专业团队，包括建筑师、设计师、技术专家(比如说挑选涂料、灯光和其他固定装置的人)，还有广告/营销专家；而在消费者这边，这些保护性项目象征了一种城市常态，对创意工作者来说特别有吸引力。

城市资本演替和新出现的住宅景观

所有这些因素结合起来就是城市的全面资本演替，更确切地说，是城市住宅景观和住房市场的样式格局发生改变。在变化的社会需求、市场部门扩大的作用还有新自由主义治理的价值观和实践的共同作用下，产生了城市的新住房市场和住宅景观，并进一步促进了文化经济及文化劳动力的发展。接下来是对一些重要变化的简单复述，还有就是要特别提一下这些变化对文化经济工作者的影响。

移民和跨国住房市场

首先来关注高房价对世界城市，还有同样吸引了大批移民的二级城市的影响。2008 年金融危机及后续影响对美国的很多城市造成了打击，连过去 20 年间经历了高速增长的阳光地带城市也不例外。而在另一些有文化工作者大量聚集的城市，例如伦敦、纽约、旧金山和上海，高居不下的房价和租金严重威胁到了很多人的安全感，特别是那些还没在文化经济劳动市场站稳脚跟的年轻创意人。最富有的人可以决定某个城市的住房市场的价格天花板，在数量上他们也有足够的实力，可以抬高住房费用的中位值，从而对城市中现有的那些在被迫离开的边缘线上徘徊的居民（其中包括大量的文化工作者）造成巨大的压力。

影响跨国城市房价的因素：以温哥华为例

注册登记的转变，从“区域”到“国际”

众所周知，外国资本和“跨国精英”是影响“全球城市”住房市场需求（以及价格指数）的主要因素，其中，伦敦和纽约应该算是最突出的例子。就前者而言，位于伦敦的新海德公园项目，单位面积价值1500万到2000万英镑，其中顶层公寓的价格大约在1.4亿英镑——远远超出了一般富人的承受范围，但也许还在全球超级富豪的掌握之中（当然，开发商是如此希望的）。

虽然世界上巨型城市高上天的房价最引人瞩目，但观察一下小一点的中等城市也很有必要，因为这些城市也在某种程度上参与了全球金融消费的循环。其中，温哥华就是一个很好的例子，她从外围资源经济体引入资源过渡到亚太地区的新兴大都市，很明显，这是十分强劲的经济发展的驱动力。

笔者进一步说明一下：20世纪80年代早期，温哥华部署了一个模型，用来预测住房需求，结果发现住宅的开工率和价格指数滞后于不列颠哥伦比亚的省内生产总值（GDP）——这说明在加拿大典型的原料经济中，资源的核心（温哥华）和外围（资源开采区）之间有着密切的联系（温哥华市规划部1983，Ley and Hutton 1987）。

快进30年——也许对一个城市来说这只是一段不长的时间，但是，对于发展动力，更确切地说，对于住房市场，30年足以使其经历“沧海桑田”的巨变。这段时间，温哥华关键的资源经济（包括总部职能、金融部门还有生产制造）都经历了结构性的衰退，另一方面，这座城市越来越深地参与到了亚太地区的移民、资本和文化圈子当中（参见 Olds，2001）。这些转变所带来的最主要的影响之一体现在温哥华的住房市场，来自东亚和南亚的投资者和移民代表了变化的主要代理人和行动者。举例来说，彭博社的余辉永（Hui-yong Yu）和克里斯多夫·东维尔（Christopher Donville）曾在 2011 年发表一篇报告，他们观察到，房地产市场表现出了一种特殊的农历新年效应，在此期间，温哥华的房地产市场涌入了大批的中国买家（“中国富人遍地，他们让温哥华的房价高过了纽约”，http://www.bloomberg.com/news/2011-05-16；2013 年 9 月 5 日引）。近来，加拿大咨议局高级经济学家罗宾·威贝（Robin Wiebe）起草了一份报告，报告中探究了中国 GDP 变化与加拿大城市住房需求和房价的表现之间的联系，而研究发现，中国的 GDP 变化真的和温哥华住房市场的价格指数有强烈关联（2013 加拿大咨议局，罗宾·威贝：加拿大，渥太华）。我们知道，“相关”不等于有“因果关系”，但是这个证据似乎可以表明，从“区域”到“国际”的这种巨大的地理空间转变和住房市场的驱动因素之间存在某种社会关联。

资本演替在城市住房市场中的空间性：艺术家VS市场？

住房市场变动的第二个大的影响在于城市资本、发展和住房形成的空间性。尤其是最近20年间，（前）废工业区经历了持续的再开发，包括大型项目和其他大规模综合开发项目，还有一些较小的建筑工程项目，随之而来的是房地产的价值重估，再有就是由此引发的大规模且持续的混乱景象。艺术家们特别中意在内城地区居住或是创作。但目前和潜在个人土地使用之间存在着巨大的租金差距，有将年轻的边缘性的创意人士赶出交易市场的倾向。

为了进一步说明这些问题，笔者追踪了温哥华市一个内城区的发展过程——该区吸引了大量学者对其进行深入探究，另外，在危机不断、长期贫困和边缘化的期间，该区的社区行动从未停止——这个地方就是东城区(DTES)。

温哥华东城区的文化、创意人和士绅化

20世纪七八十年代，在那些典型的后工业城市中，社会升级和混乱错位的现象十分普遍，“新中产阶级”的专业人士和管理层人员逐渐（可能也很残酷地）涌入原来的老区。但从温哥华的例子我们可以看出，在20世纪90年代一直到本世纪的这段时间里，后工业城市可以说是经受了公寓再开发的“洪荒之力”的洗礼，一系列背景复杂的行动者和代理商参与到了边缘社区的重新配置过程中来，很多甚至已经超出了

新公寓区的范围。下面,笔者精选了一些能体现这种持续不断的渗透和演替行为的媒体报道——尤其涉及那些“文化机构和创意行动者”。

“向城市中心艰难突进”。《环球邮报》的记者克里·戈尔德(Kerry Gold)对开发商、社会住房倡导者和社区活动家进行了一系列的采访,探究了东城区新住宅开发过程中的矛盾和问题。采访中涉及的是555号科尔多瓦大街29个单元的开发项目,其中还包含5套非市场单元。戈尔德引用东城区“不是只为开发商存在”联盟的发言人戴夫·迪瓦特(Dave Diewart)的主张,“东城区的新开发项目应该全都用作非商品房”。迪瓦特接着还说,“我们最基本的立场就是,这个项目本身就是一个问题,因为当你把公寓引进一个低收入地区时,你提高了房价,然后就会产生一个涟漪效应,附近的一切都会受到影响而开始涨价”。戈登·威贝(Gordon Wiebe)作为社区建筑集团——项目开发商的发言人,对上述声明予以回应,戈登·威贝强调,自20世纪60年代以来,加拿大就有建造住宅提供给各种收入层级住户的传统,这其实暗含了一种渐进式的社会发展路径,而且是一种灵活的经济模式。戈尔德也承认,事实上新东城区正从“贫民窟幽灵街”转变为一个到处是家居装饰店和咖啡店的地方——应该说这属于内城社会文化大变脸的一个小部分(《环球邮报》不列颠哥伦比亚版—房地产版块,2013年2月2日,p. S6)。

“租工作室只是战斗的一半。”《环球邮报》记者萨迪亚·安萨里(Sadiya Ansari)调查了过去20年左右,在持续不断的再开发和价值重估的背景下,年轻艺术家们所面临的在温哥华找"地方"(住的地方和工作的地方)的问题。安萨里注意到这样一个背景,温哥华市议会在2013年2月5日通过了一个分区变动,"允许艺术家们在任何工业区租一些只用来工作的工作室,从而将潜在的租赁空间从200万平方英尺扩大到了2 800万平方英尺"。市议员希瑟·迪尔(Heather Deal)说,"工业区是城市里最便宜的地方了"。安萨里注意到,"温哥华有8 000位艺术家,在全国各城市中是艺术家人口占比最高的一个"——艺术家本身就是一个重要的职业群体,同时更是温哥华文化经济中十分重要的一环。兰迪·格斯科威克(Randy Grskovic)在市内经营着一个工作室,与好几位艺术家都有着合作关系,安萨里引用了他的话,话是这样说的:"我和其他几位我所知道的艺术家都在家工作,因为工作室很贵,而我们的房租已经够高了。但其实当你想要把这两个东西合并起来的时候,你又会发现这是一个很大的问题。"另外,安萨里还引用了一位28岁的精通综合媒体的艺术家尼拉姆·克莱尔(Neelam Kler)的话。克莱尔表示欢迎分区变动,但她也坦言,这种变动对她来说其实没什么好处,因为她想要一个又能生活又能工作的空间。克莱尔还认为,艺术家在城市房地产市场中的这种关系结构让人忧心,因为他们本身倾向于去一个(相对来说)租金便宜的地方,但他们的存在又会导致房价的膨胀。不过,城市在这方面的两难困境被迪尔议员很好地化解了，他表示，城市对艺术家和文化经济是非常支持的，最近还“更改了原来的意图”，决定将281工业大道的一块工业用地用来做40个工作室；但同时，政府不愿意在工业区建居住工作两用的工作室，因为“居住”的属性会引发通胀(《环球邮报》不列颠哥伦比亚版，2013年2月12日，S2)。

“住房中的‘否’”。《环球邮报》记者克里·戈尔德提供了另一个角度，来看问题重重的温哥华房地产市场，更具体地说，住房市场。她提到，在21世纪的一些价值重估的地区，很多人都会遇到那个对我们来说并不陌生的房屋所有权的问题，包括一直以来挣扎着的年轻人、大学毕业生以及低收入群体。但关于温哥华，最近又出现了一种新观点，类似观点曾被用来描述诸如伦敦、多伦多和旧金山等城市的问题，该观点是，连年轻的专业人士，比如医生和律师，都在面临买房难的问题。本章前面讨论过，这些专业人士和管理层人员是后工业城市的“新中产阶级”的主体，而“新中产阶级”改变了城市住房市场甚至包括士绅化过程，这些内容戴维·利，克里斯·哈姆奈特，洛雷塔·利斯，埃尔文·怀利和其他学者都已经阐述过。而正如戈尔德的评论所说：“如果医生和律师都承担不了温哥华的高房价，那么这对社会环境意味着什么呢？”(《环球邮报》房地产版，2013年2月16日，S7)。

这些解释本身可能会展示出这样一种状态，市场受到了地产持续通胀的影响，充满了冲突和争吵，混乱不堪，但同时，他们也指向了这样的一个方向，那就是，会有更多不同的行动者来竞争城市空间，交互作用也会进一步复杂化——“文化”会通过艺术品和艺术家，“精心设计的菜品”和高档餐厅进行渗透，而那些为一个容身之处奋斗的年轻艺术家们将会继续战战兢兢地做着朝不保夕的工作。而在温哥华的工业区，是要工作室空间还是生活工作两用空间的争论持续不断，这说明像西雅图、旧金山还有加拿大的城市这样的地方，市级政府要面对非常艰难的选择，因为开发商会不断施压，希望通过再分区（以及对地区进行合并升级）的手段，给那些贬值的工业用地换一些“更高级的用途”，用来建高层楼房，或者是搞商业零售开发。

全球城市市中心的“住宅化”

过去的 20 年间，市中心经历了显著的“住宅化”，其中反映出了很多现实情况，包括社会需求的改变、一部分商业办公楼的投机市场的收缩还有竞争性用途相对投资回报率的变动。更具体地讲，在很多城市，对办公楼的投资需求都在下降，这（首先）反映了资本对办事员、低端管理岗位和监管监察岗位劳动力的置换，其结果就是公司层面的劳动力重组；其次，与之相对应，投资者对高回报的投资项目——住房项目（包括新公寓大楼和改造阁楼）的需求则在迅速增长。

温哥华就是一个主要的例子。在温哥华，有这样一个“温哥华主义”的象征，与该符号相关联的是新公寓楼区的开发，新公寓楼区主要由点塔楼和裙房构成，相关开发项目已经取代办公楼开发项目成为市中心最重要的投资和资本演替形式。1991 年出了一个城市中心地区计划，该计划体现了一个关于分区和土地使用的战略性的转变，促使大都市核心区域结构的全面转型，从中世纪的中心商业区——内城工业区——老宅子的模式（图 5.1），变成了后来越发“住宅化”的模式，与此同时，市中心的所有住宅建筑也都焕然一新（图 5.2）。

具体解释起来是这样的：1981 年到 1985 年间，温哥华市中心半岛的新建办公楼面积大概是新建住房面积的三倍；而在 2001 年到 2005 年，情况完全倒过来了，新建住房面积成了新建商业楼

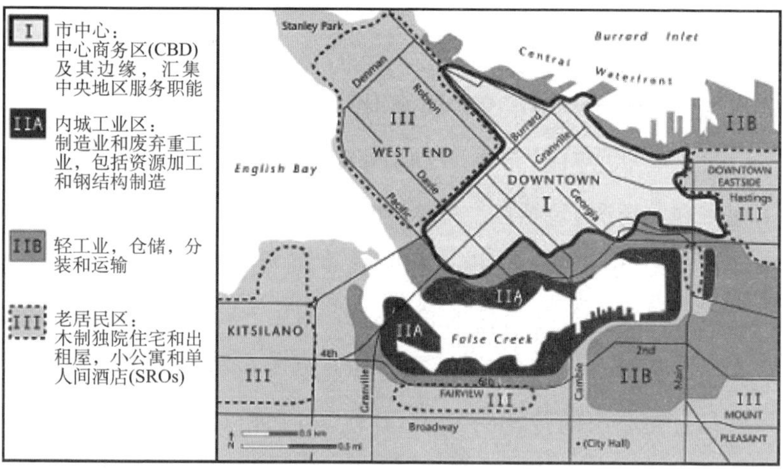

图 5.1 中世纪温哥华中心区的分区结构.

来源：Hutton（2008）*The New Economy of the Inner City*. New York and Abingdon: Routledge.

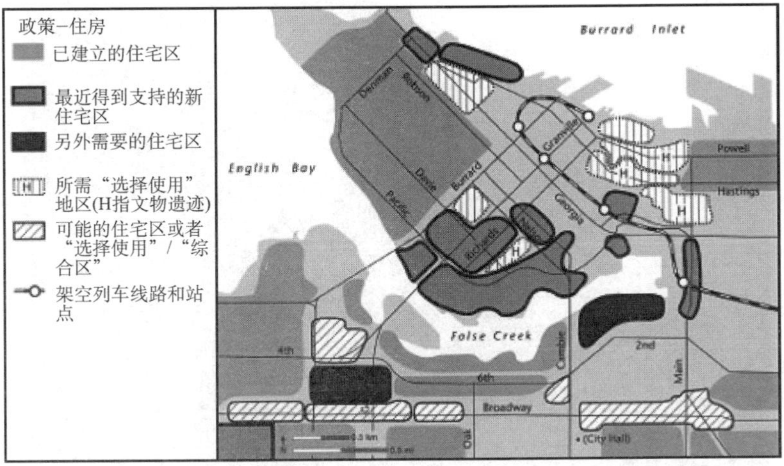

图 5.2　1991 年温哥华中心地区计划指定的新住宅区.

来源：Hutton（2008）*The New Economy of the Inner City*. New York and Abingdon：Routledge.

面积的三倍(温哥华市规划部；Hutton，2008：240)。这些趋势反映了很多方面的情况，包括：商业市场方面的因素，具体表现为，温哥华企业部门衰退时，对办公大楼的投资需求变弱；政策因素以及社会需求和文化因素，因为配套服务设施、工作机会、享受型服务和高端消费会吸引大量居民人口。温哥华市中心的新住宅开发项目模式包括以下部分：福溪和中央水滨附近的公寓区，文物区的阁楼改造(图 5.3)，还有士达孔拿区(Strathcona)的住宅升级(图 5.4)，谁能想到，那曾是温哥华历史上最不受欢迎的地方。

图 5.3 温哥华耶鲁镇文物景区的阁楼改造

图 5.4 升级后的住宅,温哥华东城(DTES)士达孔拿社区

迈克尔·康岑(Michael Conzen)表示,在芝加哥,公寓楼和住房用适应性再利用的商业建筑已经渗透到著名的环路——世界第一中央办公区的周围(Cenzen Dahman and Schuble,"市中心的家:芝加哥新国际中心的住宅转化,1985—2005".加利福尼亚大学,芝加哥地理研究委员会,2006)。我们可以通过观察人口地理分布情况来了解芝加哥市中心的住宅化趋势。2000—2010 年的人口普查期间,由于大城市由来已久的去中心化过程,芝加哥的居民减少了超过 200 000,其中,老旧近郊小区的人口流失尤为严重。但是,与该趋势相反,市中心居民人口却在快速增长,从 1990 年到 2010 年,人口增长了 114%,造成这一现象的原因就很明显了,那就是新公寓楼的建设以及商业办公楼的适应性再利用(美国地理学家协会,2014)。

澳大利亚大都市的市中心也在经历着快速的人口增长,扭转了战后长期以来大力支持郊外地区发展的文化偏见。墨尔本就是最好的一个例子,很好地利用了中心城市的优势(公园、文物建筑、高质量的消费设施、工作机会还有各种服务)来支持市中心快速的人口增长。一篇题为《彼得·马丁开创的时代》的文章(2014 年 4 月 6 日)讨论了墨尔本中心区高水平的人口增长。据报道,中心商务区的人口增长率达到了 23%(2012—2013 年新增居民 5 400 人,而其他的中心地区,例如南岸区和达克兰,人口增长则为 15%左右)(www. theage. com/au/story-fniOfit3-122687;2014 年 7 月 30 日引)。此外,根据奥利弗·米尔曼(Oliver Milman)在《卫报》网络版上发表的一份报告,都市核心的高增长已经对城市系统产生了影响。通过引用澳大利亚统计局的数据,米尔曼指出，墨尔本是澳大利亚所有城市中增长最为迅速的一个，并且，“墨尔本市中心比澳大利亚所有其他地区增长得都要快”（www.the guardian.com，2014 年 4 月 7 日星期一；2014 年 7 月 30 日引）。米尔曼还引用了一位供职于毕马威咨询公司的人口统计学家伯纳德·索尔特（Bernard Salt）的话，用以证明墨尔本中心区住宅建筑土地资源（包括经济适用房）的扩张对最近中心区的人口增长的促进作用，此外，国际移民、州际移民和内城嬉皮士人群也是驱动因素之一，其中，内城嬉皮士应该算是市中心居民区迅速扩张的文化影响的一种体现。

城市——“娱乐机器”

学者特里·尼克尔斯·克拉克（Terry Nichols Clark）和理查德·劳埃德（2004）写到，城市已经从主要的生产场所变成了吃喝玩乐和娱乐消费的地方。按照这种思路进化下去，城市的基本职能就会变成娱乐和狂欢，而城市一直以来引以为傲的生产能力（包括凝聚力、技能熟练的劳动力以及接触资本和知识的便利途径）则会受到严重的侵蚀和损害，尤其是在电子通信、超移动资本和倾向于把生产力转移到发展中国家的“新”新国际分工的影响下，距离的概念已经在渐渐地被弱化和消解掉了。

毫无疑问，“职业娱乐”在那些有名的度假胜地，比如说火奴鲁鲁（檀香山）、圣地亚哥和波托菲诺，还有那些知名的赌博中心，像是澳门、蒙特卡洛和拉斯维加斯，是可以大行其道的。但克拉克和劳埃德认为，问题是连芝加哥、蒙特利尔、新加坡、曼彻斯特、米兰和慕尼黑这样有着悠久生产传统的城市，也开始有了旅馆、饭店、咖啡馆、会议中心、赌场和其他消费场所，甚至出现了愈演愈烈的倾向。

户型和租期的创新

过去25年间，户型和租期有了多样化的选择以应对社会需求形式的改变，包括多功能综合建筑、“绿色建筑”工程、合租公寓、工作生活两用工作室项目，上述这些在尼古拉斯·林奇的教堂世俗化改造研究中都有提及。住房形式、治理手段和使用期限方面的种种创新都特别吸引创意工作者，一些人表示，他们对市面上的住宅景观产品产生了渐进式的回应，甚至形成了一种自我认同感。

城市士绅化的全球战略

士绅化话语体系中有这样一个问题，这个问题涉及社会升级的程度，我们知道，社会升级已经是一个越来越广泛和全面的全球化的现象，而不再受限于地区性的就业动态变化、社会阶级重组和城市的房地产市场趋势。为了回答这个问题，内尔·史密斯写道，“士绅化是全球城市战略”，以此表述“新全球主义和新城市主义”的概念。他评论说，“真正的全球城市可能是那些正在飞速成长的亚洲、拉丁美洲、以及（小程度上）非洲的大都市经济体”（Antipode，2002：427）。安德鲁·哈里斯（Andrew Harris）也得出了类似结论，他发现，即使是伦敦和孟买这样两个地处天南海北的全球城市，其士绅化的趋势和结构也有着重要的共性，这就说明城市的全球性特征（其中不乏很多重要的地区差异）受到了金融产业、资本流动和新自由主义的影响。

总结：城市中的文化、错位和空间

在本章，笔者重点讨论了“后工业”城市中文化经济和城市住房市场之间的多面的而且常常互相冲突的关系。而之所以说是文化经济与住房市场的关系，是因为从某种意义上说，城市已经把大部分的传统制造业和相关附属产业以及劳动力抽离出去了。第 5 章强调了以下两点内容，一是在艺术家和其他低收入文化工作者所处的城市，土地市场和住房市场正经历价值重估，因此，他们目前的处境可以说是朝不保夕，不知道什么时候就会房租到期被赶出去，二是（事实上，这种情况也并非个例）人口过剩的巨大压力正在从文化区向工人阶级和其他低收入群体的小区扩散。

笔者回顾了一些研究产业重组和社会经济变革之间相互关系的最有影响力的文献，包括鲁思·格拉斯（Ruth Glass）的那部具有开创意义的著作《士绅化》（1964），丹尼尔·贝尔先验性地预知了后工业社会时代到来的伟大理论（就是在政治层面上可能有些争议）（1973），还有沙伦·佐金（1989[1982]）最开始的那部《阁楼生活》，不仅将“阁楼生活”当作一种文化现象来描述，更将其作为资本演替和资本排斥的形式进行表现。之后的讨论引用了社会地理学家克里斯·哈姆奈特和戴维·利的观点，不仅是要强调被称为专业人士和管理层人员的“新中产阶级”在住房市场重组中越来越明显的主导地位以及在社会升级过程中的重要影响；更要搞清楚“文化”（作为意识形态、政治价值观和一种“产业”形式）在大范围社会变革中的关系结构。本章对文化及创意工作者对城市住房市场的渗透作用所进行的分析，部分上也是在为文化经济中“空间与地方”的综合研究做铺垫，相关内容会由笔者在后面的第 6 章进行更详细的探讨和说明。

拓展阅读

Rowland Atkinson and Gary Bridge.（2005）*Gentrification in a Global Context：the new urban colonialism*. London：Routledge. 探究社会升级的全球和地方影响的重要文献。

Chris Hamnett and D. Whitelegg.（2007）‘Loft Living in London：from industrial to postindustrial’, *Environment and Planning* A 39：106－124. 像伦敦这样的一个重要的全球城市，其社会变革、资本演替和建筑环境的转变之间会有怎样的关系？本文会提供一个富有洞见的解释。

Andrew Harris.（2008）‘From London to Mumbai and Back Again：gentrification and public policy in comparative perspective’, *Urban Studies* 45（12）2407－2428. 一篇颇有影响力的文章，主要研究国际金融中心社会升级的日趋国际化的影响。

David Harvey.（2003）*Paris：capital of modernity*. London and New York：Routledge. 在第二帝国巴黎，金融机构占中心地位，资产阶级崛起，社会普遍陷入混乱。何以如此？哈维给出了深刻敏锐的解释。

Loretta Lees, Tom Slater and Elvin Wyly.（2008）*Gentrification*. London and New York：Routledge. 要研究关于士绅化以及它在城市中的错位和变体的理论和学术，这是最有用的书，贯穿全书的解释和说明，不偏不倚，清楚易懂。

David F. Ley.（1996）*The New Middle Class and the Remaking of the Central City*. Oxford：Oxford University Press. 这本学术著作研究了后工业大都市的重组、职业变革以及住房选择的变革的力量，非常有说服力。

Marina Peterson and Gary W. McDonagh.（eds.）（2012）*Global*

Downtowns. Philadelphia: Pennsylvania University Press. 这是一本有深度的著作，调查了巴塞罗那、北京、达累斯萨拉姆、利马、哈瓦那和贝鲁特等城市中心地区的变革，在调查中运用了民族志和文化分析的方法。

Rebecca Solnit (with Susan Schwartzenberg). (2000) *Hollow City: the siege of San Francisco and the crisis of American urbanism*. London and New York: Verso. 立足于美国传统典范之一的进步论的治理和规划，对资本、重组和新自由主义的社会成本进行了有力的批判性研究。

Michael Young and Peter Willmott. (1957) *Family and Kinship in East London*. London: Routledge. 战后的初期，新的住宅格局和房地产正在形成，工业社区的社会联系和价值观会是什么样的呢？这是一篇十分经典的分析。

Sharon Zukin. (1982/1989) *Loft Living: culture and capital in urban change*. New Brunswick, NJ: Rutgers University Press. 这篇论文研究全球城市社区中资本、文化变迁、住房形式和生活方式之间的新的相互依存关系，分析透彻，发人深省。

第六章

城市的文化经济空间：历史、理论和分类

19世纪的工业化打破了早期现代化城市的固有模式。20世纪，“后工业化”或者说服务导向型城市的优势凸显，由此产生了公司办公大楼构成的中央商务区（CBD）和针对城中工业区的投资撤回。后福特主义催生了一种新型国际劳动分工，有助于东亚制造业和包括设计、创意服务等行业在内的西方经济专业化服务的发展。与此同时，19世纪七八十年代关于“新型工业区”的著述强调了“第三意大利”等区域内社会关系和手工艺生产的重要性。“第三意大利”，包括著名的艾米利亚-罗马涅大区和意大利中部地区的东北部，如威尼斯和威尼托。城市文化经济的兴起在很大程度上体现了这些过程的趋同性。

对于以往的创新和重组，新型城市文化经济具有独特的空间性。聚集经济反映出了本地生产网络的优势，也反映出了先进经济体制极为明显的社会性质，这一特性被公司、劳动、消费和住房的协同布局进一步加强。租金也十分重要，

尽管很多创意公司的选址和某些特定区域内的工作者在考虑成本因素的同时,也会考虑个人喜好。但是城市文化经济的聚集效应可能比其他的经济变化时期更为明显,一方面地区的特性(位置、景色、历史遗产、记忆)存在着明显的相互依存关系,另一方面,本地的生产活动、雇佣和生产关系又决定了城市文化经济的本质。

在这一章中,我将论述城市文化经济的空间复杂性,它是由文化实践、生产和表现的多元表征塑造的,也是艺术家和居住社区的亲密关系以及房地产市场的错位效应所塑造的。本章将以文化区域的分类谱系作结,从而进入第7章具体案例的研究分析。

引言:城市的空间、地点和结构调整

在这一章里,我会把重点放在文化经济和城市空间(重新)构建的复杂关系上,文化经济涵盖广泛,具体包括文化工业、文化机构、文化公司、文化工人、文化网络、消费链条和文化活动。作为一个推论,我对一个观点也很感兴趣,即空间作为充满辩证关系的实践场不断为文化实践、生产和表现注入活力。所以这里的空间概念不是指一个传统意义上可以在上面放置物品的二维平面,而是指一个复合的、动态的三维环境,包括了个人和组织在其中不断建构、体验、理解和重塑文化与社会关系的复杂过程。

我将爱德华·索雅(Edward soja)在《后大都市》(2000)中提

出的观点作为重要的参考，他指出了对于重新构建现代城市空间、社会与经济的相互作用关系的需求。政治、经济、社会中的个体及机构在空间塑造方面发挥着重要作用，具体体现在城市区域划分，土地使用政策规定，发展的形式和密度，私人和公共投资模式以及城市空间的社会利用等方面。但是空间的特性——定位选址，结构布局，建筑环境和景观形式，邻近度与接近性，人口，历史，文化遗产和记忆——也在城市经济的运行和重组中发挥着重要作用，是城市文化经济着重强调的内容。

城市文化经济的复杂性：定位逻辑和空间性

现代城市空间充斥着复杂性，并且越来越受制于再发展和再评估所带来的矛盾激化。最近的经济创新与重组在许多方面都受到复杂的空间再生产的牵连，具体体现在以下几个方面：

1. 城市空间的"分裂"。即史蒂芬·格拉哈姆(Stephen Graham)和西蒙·马文(Simon Marvin)在 2001 年所描述的，城市空间的"分裂"可能是由于"新经济"对基础设施、科技和网络的影响所导致的，这提升了多数空间的连通性，但也使其余的空间更加受到排斥并被边缘化。

2. 城市产业"重组"。文化产业显著的"重叠效应"已经与城市空间相融合，其中充斥着大量的接替和错位过程，比如在 20 世纪八九十年代创意产业的出现极大地挤占了艺术家的生存空间，而最近金融、商业和 IT 企业在各领域的渗透又取代了创意产业。

3. 文化经济体制、产业和劳动的多样性。文化经济(机构、工业、劳动、生产关系和消费)复合要素的加入及其相互作用使城市的空间、形式和劳动力市场变得更加复杂。

4. 协同定位和混合使用空间。正如何光中(K. C. Ho)和弗朗哥·比安奇尼(Franco Bianchini)等学者在"新经济的邻居"这一概念中所提到的,复杂性的另外一个特质是由文化经济企业与已建立的居民社区的密切融合所造成的,同时也和城市文化经济中非正式劳动的复杂空间性有着密切联系。

5. 文化经济成为地区升级和蜕变的载体。在许多案例中都存在着社会错位的趋势,文化经济活动发生在低收入、边缘化的社区中,这是由于这些活动会吸引高价值的土地利用,从而导致房地产价格飞速上涨。

与此相关,城市中文化的空间经济是具有流动性的,这既与消费者喜好变化和零售企业布局变化密切相关,也受到不断变化的租金结构的影响,变化的租金结构往往能够在城市的局部地区塑造移动创意"场景"(参见 Molotch 和 Treskon 在下页文本框中的表述)。

然而"复杂"是不能与"混乱"划等号的。迈克尔·迪尔(Michael Dear)和史蒂芬·富朗(Stephen Flusty)在论文《后现代都市主义》中用一系列的城市调查研究来说明这个问题,该文章发表在《美国地理学家纪事》(1998),文章中提出了这样的推论:产业区位和聚集的既定模式中存在着明显的放松,这导致了城市空间几乎没有明确的形态,也造成了产业和公司明显的无规则分布。但是对于文化经济及其成员组织和创始人的进一步研究,强调了区位因素(资本、集聚和劳动)所带来的持续性影响,区位因素与管理、科技和社会力量的现代表现形式相结合后，就能够说明区位和发展间清晰的逻辑，尽管其中的确存在许多的变量。

纽约的艺术、房地产市场和不断变化的美术馆布局

哈维·马拉奇，马克·特雷斯肯

哈维·马拉奇(Harvey Molotch)和马克·特雷斯肯(Mark Treskon)通过一篇文章来帮助我们理解重塑城市文化经济零售布局的重要因素，这篇文章是关于发生在纽约曼哈顿的两个区——苏荷和切尔西——美术馆集聚的变化。

很多关于城市中安置、承续和迁移过程的文献都把重点放在了房地产市场在地区升级中的作用，也包括“产业升级”和大量关于社会升级和转型的研究。同时发生的还有零售活动的布局升级，在这一过程中，大型购物中心的发展发挥了重要作用，同时它们也取代了很多本地小规模商店。在广义上的文化产品领域，零售商的上游阶层往往缺乏流动性，因为“地区”已经和“品牌”紧密地结合在了一起，比如意大利最好的时装商店都坐落于米兰的拿破仑大街，而世界顶级的西服手工缝制商店都位于伦敦的萨维尔街和杰明街。

根据马拉奇和特雷斯肯的研究，位置(包括必要的协同布局)对于美术馆来说具有十分重要的意义：

> 协同布局可以让人们更好地在艺术世界中开展社

交，人们可以讨论评价标准和预期回报、经济理念或者其他方面的观念。临近效应有助于在买卖双方之间建立起信任关系，以证明作品的真实性和背后艺术家的正统性。

[518]

马拉奇和特雷斯肯对1995年和2007年曼哈顿美术馆的位置进行了跟踪式研究，包括租金带来的影响，研究发现租金占小型美术馆总运营费用的38%，占大型美术馆的22%。起初，苏荷拥有绝大多数的美术馆(286)，相比之下在切尔西却只有12家，这突出了苏荷作为“纽约现代艺术界商业核心”的定位(524)。但是到2007年，苏荷区的美术馆数量已经跌至104家，而切尔西却拥有了303家，和苏荷地区的巅峰时期一样多(525)。租金显然在曼哈顿这两个主要艺术地区的命运反转中扮演了重要角色，但具体发展情况却更加复杂。在20世纪80年代末租金下降后，在90年代美术馆租金再度上升，也正是在这个时候艺术市场“崩塌”，标志着苏荷地区美术馆经历了无法支付租金的危机，并因此不得不退出该地区(525)。随着在本世纪初期纽约经济的复苏，苏荷区的租金大幅上涨，在2000年到2005年间翻了一番，在2005年到2007年间再翻一番，但即使面临如此大幅度的租金上涨，美术馆在2007年时反而更能够负担得起高额的租金，这得益于艺术品价格更大幅度的上涨，这与1995年的情况是非常不同的。但是奢侈品商店的出现，尤其是国际知名的时尚品牌，开始在苏荷区产生新的影响，它们大量“占据”具有极高曝光度并直接和人行道相连的底商位置，冲击着艺术市场，与之相伴的是艺术家的流失。有影响力的美术馆开始向切尔西转移，不仅是因为那里租金更加有吸引力，更是被那里建筑的特性和空间所吸引。那里的房子绝大多数都是没有内柱的小型建筑，这对主要艺术品的“安置”工程非常有利，也便于营造浓厚的以“工业设计”元素为主的文化氛围。苏荷地区仍然是“有着很多美术馆的地区”，但它不再是一个“美术馆地区”了。

马拉奇和特雷斯肯肯定了切尔西作为一个艺术集聚地区令人瞩目的成就。但他们同时总结说，切尔西目前的地位并不是无法撼动的，因为艺术的形式和表达都在发生变化。有力的象征资本和租金的影响会导致如纽约下东区和布鲁克林的威廉斯堡等新兴地区成为切尔西有力的竞争对手，甚至取代切尔西成为新的“领头羊”。

[Harvey Molotch, Mark Treskon (2009), ‘Changing Art: SoHo, Chelsea and the dynamic geography of galleries in New York City’, IJURR 33　517－541]

在这一章中我将从不同的范围来讨论城市文化活动的空间性，并将以下列概念和主题作为切入点：空间、人类活动和二者在城市经济中的交融；工业区革新作为文化产业区发展的先导；

工业化遗产和后工业化的政治议程，包括文化遗产景观和建筑环境的(再)生产；城市景观的泛审美化和文化经济；最后尝试对城市和大都市圈的文化区域进行系统分类，为接下来第 7 章的具体案例研究提供理论背景。

空间和城市文化经济的概念

城市文化经济的空间性不仅与连续的工业化、创新和结构调整的遗留效应密切相关，也与近来由资本、生产和劳动的全球化所引发的地点和景观重组有着密切联系。这样的趋势很容易受

图 6.1　组约曼哈顿切尔西区的艺术展览馆全貌

到经验性分析的影响，大量研究城市体系变化过程的文献和有启发性的城市或地区的详细案例研究都证明了这一点。我选取了一些有指导意义的理论贡献、参考案例和历史事例作为参考，将其作为构建城市经济空间变化体系的手段，特别引入了一些现代的文化地区前身的案例。

城市文化的美学和空间再生产

在许多现代化城市里，文化生产和展现空间只被视作是城市整体的碎片，因为城市往往将绝大部分的精力都投入到了那些乏味的领域，比如工业、商业和住房。但是这些城市都因拥有并展现了一种强大的文化想象而闻名，这种文化想象既可以记录人类文明史中的重要时刻，也可以说明文化、空间和城市化之间的关系。个人经历和观点的主体性在其中也有发挥的余地，在一些案例中，主体性可以左右我们思考特定城市文化影响的方式。我选取了一些特点鲜明的内容，通过三座文化城市历史中引起共鸣的重要时刻来帮助读者理解上述观点，这三座城市分别是：罗马、威尼斯和巴黎。

古典罗马和乔凡尼·皮拉内西的艺术

罗马是一个充满活力的当代文化中心，这体现在很多领域里，包括艺术、音乐、设计、电影业和餐饮业的创新与生产，罗马也在意大利的文化旅游业中占据着重要的一席之地。作为罗马帝国在后古典主义时期的重要城市，罗马这座城市拥有超过两千年的帝国城市史可以去讲述。这个城市拥有帝国时期遗留的丰富且深厚的文化遗产，包括著名的古罗马广场，更近一些的文艺复兴时期的成就和遗产，以及墨索里尼法西斯时期的历史残余，都伫立在这座城市的版图上。

在18世纪，欧洲最强大的城市是那些与帝国计划有关系的城市，包括处于主导地位的城市，比如伦敦和巴黎这两座最著名的城市，也包括那些相对衰落的城市，比如阿姆斯特丹、里斯本和马德里，而雅典、威尼斯和君士坦丁堡则更像是失落帝国的遗迹中心。但是正如维克多·维纳（Victor Wiener）在他的研究（1971）中所证实的，在18世纪，罗马是文化研究、教育业和旅游业发展的重要地区。维纳引用了两名18世纪罗马访问学者的作品，两人是记录罗马文化遗产的极为重要的编年史学家，分别是勃兰登堡的约翰·温克尔曼（Johann Winckelmann）和波西米亚的安东·拉斐尔·孟斯（Anton Raphael Mengs）。他们都定居在罗马，各自发表了颇具影响力的论文。按照维纳的说法，这些论文对于"新古典主义运动"作出了杰出的贡献，而正是新古典主义在本世纪最后几十年里改变了欧洲的艺术（13）。

但是威尼斯艺术家乔凡尼·巴蒂斯塔·皮拉内西（Giovanni Battista Piranesi）关于罗马独特的文化景观遗产的描述，才是最有影响力的。在罗马，皮拉内西师从吉塞普·瓦西（Giuseppe Vasi）接受雕刻和蚀刻艺术训练，并且很有可能在威尼斯的吉阿姆巴蒂斯塔·提波洛（Giambattista Tiepolo）艺术工作室工作。因此维纳断言，皮拉内西描写艺术的才能来源于能够产生共鸣的两个传统，分别是"威尼斯人对于技术、戏剧效果、无规则排列的感知，以及罗马人对于经典古迹考古日益增长的热情，发掘主要内容和题材的天赋”。

皮拉内西喜欢用希腊古典艺术和建筑之间的关系，来探索罗马艺术和建筑之间的联系（和不同）。但是对于他自己的艺术作品，他喜欢将罗马帝国时期的古典艺术形式和 18 世纪罗马的景观与叙述相结合，有效地使对于历史城市的多层想象变成一种“生活体验”，给人置身其中的感觉，他的作品绝不仅仅是对过去的追溯。据维纳观察，皮拉内西对于罗马艺术形式（如比奎里纳尔、维斯帕亚洲神庙和坎皮多里奥）的观点展现了“罗马生活的全貌”。在这些描绘之中，“时间被浓缩成了不同历史时期的遗迹，而这些遗迹就矗立在现代的高楼大厦身旁”(17)。

在皮拉内西的艺术中，最有影响力的古罗马建筑作品吸引了太多的“人气”，一批批的专业观察者和普通人都给予了很多的关注，因此将古罗马广场和其他古典景观地区变得人性化。古罗马没有被描绘成一个没有感情的审美对象，而是一个充满热情的“现实存在”。因此乔凡尼·皮拉内西更像是先做艺术家再成为作家的典范，他没有将历史文化城市的价值局限于艺术品，而是将其视作当今罗马城市结构的有机组成部分，因此某种意义上来说，他也是现代文化旅游的先驱。

后帝国主义城市的建筑和记忆：约翰·拉斯金和《威尼斯之石》

对过去两千年里意大利主要城市的文化进行时间划分，需要跨越漫长的历史时间轴，在罗马帝国时期，古罗马是文化中心，古罗马与雅典和其他希腊城邦的联系也有着重要意义；接着在文艺复兴时期，北方城市有着独一无二的文化丰富性和多样性，主要体现在佛罗伦萨，但是你也可以在锡耶纳、比萨和卢卡发现这一特征，除此之外，在16、17世纪期间，那不勒斯在音乐、美术上的成就使其闻名遐迩。约翰·富特(John Foot)在《重塑战后米兰》(2001)中对电影、时尚和媒体的深刻见解，为意大利当代文化城市主义提供了例证。在这些文化共鸣中，几乎所有人都认为文艺复兴是一次文化高潮，甚至有人认为它是西方文化的顶峰。但在威尼斯，至少有一位专家认为文艺复兴对艺术和建筑有着消极影响。

和罗马一样，威尼斯曾经是帝国的首都，遭受着帝国崩塌所引发的长期萧条，这既是由于敌人对城市的入侵、征服和占领，也是由于内部的暴政、腐败和衰弱等问题。同样和罗马类似的是，威尼斯也是一座重要的现代文化城市，拥有着独一无二的建筑文化遗产和举世闻名的标志性风光，包括运河和环礁湖，以及著名的双年展——一场由艺术、音乐、电影和其他表演活动组成的国际文艺盛会。

关于威尼斯文化遗产的介绍，我选取了英国艺术评论家、历史学家、艺术家——约翰·拉斯金(John Ruskin)的作品，尽管很多人可能觉得他在这方面是个外行。拉斯金曾在牛津大学进行艺术史方向的学习与训练，这帮助他在研究中兼具欣赏性和批判性思维，也积累了很多艺术和写作的才华。作为《威尼斯之石》中具有历史意义研究的基础，他的记叙和描绘引起了太多的共鸣，很多人因此投身于旅行文学抑或艺术史和建筑遗产领域。

在1981年版的《威尼斯之石》(利特尔 & 布朗出版社，删节版)中，扬·莫里斯(Jan Morris)对约翰·拉斯金的贡献做出了深刻的评述，他认为拉斯金对专家的研究和公众对于威尼斯建筑遗产价值的认知都做出了重要贡献，尤其是拉斯金对于建筑的历史时期划分，并且说明了建筑和时代发展主题的关系。莫里斯指出，在《威尼斯之石》中拉斯金的写作目的主要包含四个具体的主题：

1. 阐释建筑艺术在威尼斯不同历史阶段的兴衰，历史阶段的划分则以国家的整体道德观为依据。

2. 探究中世纪工人和他的工作之间的关系。

3. 探究威尼斯哥特式建筑风格的发展历史，从早期罗马建筑风格时代的兴起，到16世纪在古典设计原则的复兴中消亡。

4. 从“简约自然风格”的角度，分析威尼斯建筑环境中的最佳建筑结构。

[Jan Morris，序言，1981年删节版]

拉斯金声称，拜占庭时代的威尼斯建筑，是哥特式风格的“典型先驱”，他将其与威尼斯社会与政治形态的巅峰联系在一起，在这之后，威尼斯帝国开始走向衰落，他认为在1418年卡罗·泽诺上将的逝世，标志着衰落的开始。在莫里斯看来，拉斯金坚信“古老而精致的哥特风格被虚弱无力的新古典主义所取代”，预示着威尼斯走向“纵欲享乐”的衰败，随之而来的是威尼斯帝国的崩塌(23)。

根据拉斯金的观点来看，威尼斯建筑价值和风格的精华，体现在那些真正展现哥特精神的宫殿和建筑上：“我们可以发现哥特式建筑对外部形态和内部元素都有具体的要求。它的元素其实是建造者内心喜好的真实表达，比如奇特的幻想，对于多样性和丰富性的热忱，以及诸如此类的情感（Ruskin and Morris，1981：128）。拉斯金非常欣赏这种与生俱来的“野性”“多样性”“可塑性”和“自然性”，“自然性”可以使哥特风格的建筑师和建造者站在自己的立场上表达对自然事物的爱，同时展现了他们为真诚地、不受艺术法则约束地表现自然事物所付出的巨大努力。哥特建筑风格的“怪诞”的一面，表现为“倾向于在怪诞的、荒唐的，同时又令人赞叹的意象中获取愉悦”，这是哥特式想象的普遍本能（130）。威尼斯哥特式建筑不同于其他建筑的关键特点包括尖拱、拱形屋顶和四页窗，四页窗兼具出色的美感和实用性，实用性体现在其出色的承载力。在这里拉斯金指出，“尖拱的特点在于无限的可塑性，而圆拱无论怎样变化，最终都是一个样子”（122）。

威尼斯的建筑环境是罗马式、拜占庭式、哥特式、文艺复兴风格以及之后的风格与主题的大融合（图6.2），其中包括圣马可大教堂，在拉斯金看来，圣马可大教堂是罗马式拜占庭建筑的巅峰之作（图6.3）。但是拉斯金在《威尼斯之石》中丰富的描述和评论的长期价值在于，他为我们提供了从专业视角思考问题的有利条件，以及对于强大的审美主体性的重要实践，我们可以利用这些，加深对历史文化城市中建筑特点的理解。

安东尼·苏特克里夫和《巴黎中心的秋天》

安东尼·苏特克里夫（Anthony Sutcliffe）的《巴黎中心的秋天》（爱德华·阿诺德出版社，1973）是竭力维护巴黎独特“文化空间”的一本重要专著，它是戴斯（J. S Dyos）的“城市历史系列丛书”中的一本。苏特克里夫以奥斯曼男爵（Baron Haussmann）设计的“帝国计划”作为叙述的起点（该计划是为了巴黎市中心的综合改造，并得到了当时的皇帝路易·拿破仑的支持）。奥斯曼设想对中心城市进行全面重建，包括建设宽阔的街道，以及为此对城市工人阶级和穷人居住的拥挤社区进行大规模拆除和“清理”。这个设想的背景是巴黎的人口在短短半个世纪里增长了近一倍，从1801年的547 756人到1856年的1 052 262人。奥斯曼重建计划的特殊财政需求在很大程度上得到了实现，这是得益于一种新型信贷体系在法国的发展，将“被动的”资本转移到投资基金中，先是投资铁路系统，然后投资建筑环境。（参见 David Harvey,《巴黎：现代性的资本》,2003，了解关于这场金融革命更透彻的叙述）。

苏特克里夫将重点放在巴黎右岸中心的改造，这是19世纪后半叶发生的破坏和重建的最主要的力量。改造内容具体包括商业区、工业区和居民区的发展，包括小规模作坊和住宅的结合，

图6.2 威尼斯的历史景观和建筑环境特点

图 6.3　威尼斯，圣马可大教堂的塔楼

使得工作区和居住区能够协同布局，内伦敦东北部工业区的崛起也是这一模式的典型代表（第 7 章）。主要的工业包括高价值产品的工艺生产，如客车制造、精密仪器、丝绸服装、乐器、皮革制品和酿酒厂。苏特克里夫写道，随着银行建立和其他商业运作出现，右岸中心也成为巴黎实际的中央商务区。在里沃利大街，“卢浮宫”百货公司的开业促进了该地区零售业的发展，使右岸中心地区成了最出色的多领域、专业化区域。

奥斯曼自己也承认，他并不关心地区发展的美感。正如苏特克里夫所说，“尽管拿破仑三世和奥斯曼都想让巴黎成为世界上最美丽的城市，但他们都极度缺乏艺术天赋……奥斯曼的审美无非就是几何形状的拼凑和死板的对称”；“而他的盲目自信使巴黎变成了一个直线型城市”。(Sutcliffe，1973：180)。苏特克里夫从奥斯曼的《回忆录》(第三卷，1893：507)中，引用了一封写给法国财政部长阿什勒·富尔德(Achille Fould)的信，在信中奥斯曼承认“如果不能让艺术服务于生活，我和你一样，对这些古老的砖石建筑没有任何兴趣”，这招致了波德莱尔(Baudelaire)、维克多·雨果(Victor Hugo)等人的批评，抗议其没有考虑保护巴黎的文化建筑遗产。

在19世纪最后20年出现的“新艺术派”建筑设计理念，使得巴黎政府和公众都开始意识到，应该注重在城市发展过程中建设的美感。正如苏特克里夫所述，“新艺术”的雏形可以追溯到19世纪80年代的英格兰，然而最宏伟壮丽的“新艺术派”建筑却是在布鲁塞尔，而不是巴黎。但是“新艺术派”深深影响了巴黎的建筑师，并且至少在一定程度上，使他们形成了对于城市主义历史审美的新态度。在这里，苏特克里夫提出，“可能是因为‘新艺术派’在某种程度上是一种衍生物，是一种新巴洛克风格，其倡导者对过去的建筑风格展现出不一样的尊重”(193)。在19世纪末的巴黎，这种态度体现在新的建筑设计标准和竞争中，而巴黎政府也建议新的建筑物应该包括建造日期和建筑师的名字，以此来彰显建筑本身的价值。

在20世纪，巴黎政府、公众和专业人士在历史文化景观保护的态度上取得了显著的进步，尽管其中也存在一些分歧和冲突。1914年7月，历史古迹保护基金会正式建立，并且在1919年和

1924 年，政府将文化遗产保护条例写入城市规划法（Sutcliffe, 300）。房产拥有者被要求必须预先发出拆卸通知书，以便历史古迹保护委员会能够将受到威胁的历史建筑，列入受保护名单中。在战后时期，政府的态度既受到巴黎保护主义精神的影响，也受到让-弗朗索·格拉夫（Jean-François Gravier）的著作《巴黎和法国沙漠》的影响，苏特克里夫指出“这是对巴黎至上论的猛烈抨击”，格拉夫则称，“这严重阻碍了除巴黎之外的地区的发展”（Sutcliffe, 228）。这一定程度上导致了政府在 1955 年出台了巴黎工业发展的限制规定，接着在 1958 年出台了类似的限制写字楼发展的规定。《巴黎城市与地区总体规划》（1964）作为一项新计划，目的就在于减少巴黎市中心的功能，并且更好地将城市周边地区利用起来，这与保护文化遗产核心区域的政策不谋而合。

戴高乐在 1958 年当选法国总统，“在他掌权后，他渴望使法国成为一个伟大的国家，这一野心也反映在他对巴黎的规划中，他的目标是使巴黎成为欧洲首都城市中最具声望和效能的城市”（Sutcliffe, 233），这需要在巴黎开展大型工程项目，同时也要注重对历史文化遗产的保护。全球化和跨国主义已经使新的行为主体和资本进入了欧洲的主要城市，其中一些城市正因此经历着文化遗产和文化认同的危机。新自由主义和竞争的紧迫感为城市改造制造了压力，这体现在伦敦、柏林、巴塞罗那等城市的历史景观重建中，也因此产生了历史文化和当代文化相融合的混合型空间，成了欧洲城市的新面貌。

空间表现形式与当代城市文化

麦克·克朗和奈杰尔·斯瑞福特：关于城市空间的思考

麦克·克朗(Mike Crang)和奈杰尔·斯瑞福特(Nigel Thrift)在其编著的《思维空间》(2000)中写道，不同的学科——如人类学、文学、传播学、地理学和社会学都在以不同的方式，将空间作为分析、理解、经历和讲述的手段。举个例子来说，在文学理论中，空间就像是文本的“控制器”，被用来转换语言风格(Crang and Thrift：7)，就像在电影中，场景切换往往意味着故事的转折。在城市研究中，克朗和斯瑞福特提出了一种基于多“门类”空间的空间类型。这些门类包括“自我空间和他人空间，内部空间和外部空间”，他们用维米尔(Vermeer)一幅很有名的画来解释这一观点，画的内容是一个地理学家在一间黑暗的屋子里弓着腰伏在一张地图上，传递出强烈的“内在和超然”的感觉。

“空间门类”的另一种形式是“借代空间”，这从一些城市的称谓中就能体现出来，代表着文化、社会和经济发展的重要时代。克朗和斯瑞福特在这里认可了爱德华·索亚(Edward Soja)的观点，认为巴黎对很多城市研究学者来说就是现代性的代名词，而洛杉矶则是后现代性的代名词，这是城市研究中洛杉矶学派的拥护者所提出来的，其中的代表人物包括著名的迈克尔·斯道珀(Michael Storper)，艾伦·斯科特(Allen Scott)，麦克·戴维斯

(Mike Davis),迈克尔·迪尔(Michael Dear),当然也包括索亚本人(280)。在索亚题为《解构洛杉矶》(1992)的文章中,他这样描述洛杉矶的后现代性:

> 当我们以反省的目光来由内而外地观察洛杉矶时,我们大概只能看到一些局部和表面内容,对一些熟悉的地区缺乏远见的理解,很容易就成了对整个城市的印象……洛杉矶到底意味着什么?即使想搞清楚重点或是找到出发点,都不是一件容易的事。因为,可能不同于其他的城市,洛杉矶无处不在,却又无影无形。就表面意义上来看,洛杉矶是一个无处不在的地方。无影无形则体现在洛杉矶的文化形式和意识形态的影响,它无时无刻不在向世人展现自己世界梦工厂的形象。
>
> [280]

战后洛杉矶的城市特点是市中心具有的功能相对较少,住房、产业和工作区布局非常分散,这和市中心功能极为完备的巴黎,以及两次世界大战之间的芝加哥的城市结构形成了鲜明对比,芝加哥的城市结构包括了居主导地位的卢普商业区,以及就在市中心周围的工业区和被明显分隔开的居民区。

为了说明当今时代的空间制造,克朗和斯瑞福特提出了另一个新的"门类——压缩型空间",源自数字技术和计算机终端交互所带来的时空压缩,可能会减少甚至是消除城市中"这里"和"那里"的区别。这一趋势可能被过分夸大了。但是十分确定的是,数字交流的创新和社交媒体改变了人与人之间的关系，也改变了空间内部人和人的关系，以及人和空间的关系。

经济变革、社会互动和空间视角下的城市历史

学者们认为，作为一种激发城市空间活力、使其成为城市环境元素的手段，互动和经历发挥着不可替代的作用。在一篇关于德国社会学家格奥尔格·齐美尔(Georg Simmel)"接触，距离和移动"观点的文章中，约翰·艾伦(John Allen)是这样解读他的观点的，"正是数不清的社会互动形式使空间拥有了活力，并赋予了空间存在的意义"。为了进一步阐释人类活动在城市空间表现中发挥的关键性作用，以及更具体地解释不同文化群体间的联系，麦克·克朗(2000)在一篇关于米歇尔·德赛杜(Michel de Certeau)《遗迹，位置和口述地理》的文章中，引用了德赛杜的话：

> 空间活动与体制的表现形式和差异有密切联系。这很明显经历了两个阶段：一是将重点放在建立不同文化体制之间的联系上，二是体制的表现形式本身可以从空间的角度得以实现。
>
> [142]

齐美尔将城市描述成互动和经历的空间，这与亨利·列斐伏尔(Henri Lefèbvre)在其经典著作《空间制造》(1974/1991)中关于"空间建筑学"的观点非常契合，在书中他写道：

> 在精神和社会意义上空白的空间，只能促进在非社会化领域里的社交活动，而这并不是真正的空间表现形式。空间应该是一个能够被“社会主体”转化为“生活体验”的存在，并有一些因素来掌控，如相应的现实因素（工作、娱乐）或者人类社会因素（年轻人、儿童、女人、好动的人）。
>
> [190]

为了让我们进一步了解城市空间和城市经济运作的关系，列斐伏尔接着阐释了工作和生产的空间性：

> 在资本主义社会，工作空间是由生产单位组成的，如公司、农场、政府部门等。将这些单位联系在一起的各种网络关系也是工作空间的一部分。管理网络关系的单位和那些真正在工作的单位并不完全相同，但是相对地，他们会共同面对和处理问题，然而，这也会造成一些矛盾和冲突。因此工作空间首先是由（重复的）工作姿态和（一系列的）生产劳动内容构成的，但随后，更多的是由（技术和社会的）劳动分工构成的；因此，（本地、国内和国际）市场运作也成了重要的组成部分，最后，产权关系（即生产工具的拥有权和管理权）也加入其中。
>
> [191]

那么对于列斐伏尔来说，“空间活动”定义了“地区”，包括用本地和全球化空间的关系来定义，用“日常生活中的琐碎空间”来定义，也有一些地区采取了象征手段来赋予自己“特殊”的意义。对于一些人来说，空间的表现形式可能与建筑环境的符号价值有关，但这也包含了很多源于个人经历的、本身就矛盾的叙述与回忆。

文化经济空间中工业资本主义的形式变化

历史长河中，艺术、创造性和文化生产谱系的不断扩大，包括了多种形式的工作室、工作坊和居住—工作两用型空间，它们广泛存在于中世纪、文艺复兴、原始工业和传统工业时期的城市中心地带。在19世纪，城市中轻工制造业生产模式的典型代表，是数以千计的裁缝、女缝纫工和衣料生产者，他们毫不起眼地分布在巴黎、纽约和伦敦的中心区域。手工生产、重复性很强的加工和安装等历史中的生产活动，正在被今天的工人重复着，他们通常是在一些非正式行业中工作，这既存在于发达经济体制中，也存在于“转型经济体制”中，一般情况下，这些非正式行业的工作环境差，薪水低，几乎无法提供任何工作保障。在伦敦和许多其他城市里，大多数的传统裁缝业都被更高利润的经济活动所取代了，只留下了极少数的走在时尚最前沿、提供昂贵的私人订制服务的西装店和服装设计公司。

大卫·哈维在《资本空间》(2001)中曾提到，“文化”提供了一种从“工业资本主义中冷酷的物质主义”中解脱的方法，并且提到，资本主义生产的繁荣总是建立在“制造不同”上，尤其是在危机和动荡的年代。他坚信，当代城市经济的文化转向以及这一趋

图 6.4 伦敦，肖迪奇区，私人订制西装店

势的扩大，在某种程度上是源自 1973 年开始的资本主义大危机。福特主义的倒塌催生了后福特主义生产模式，该模式的特点是“弹性积累”和“弹性专业化”，存在于发达社会的产业和公司中。因此，“审美商业化”是对发达经济体制中标准化工业生产利润率低的直接回应，也是对新富裕阶层消费者的积极表态，这些消费者来自处于上升期的金融业和上层服务业。

后现代性和文化经济空间

后现代主义有很多含义，也的确是多元化的体现，并且，争议是多元化领域的重要特点。但是从根本上来说，后现代主义计划的目的是，在政治、社会发展、建筑和城市化领域，对“所谓的现代主义理论框架的颠覆”(Paolo Portoghesi，1992：214)。在人文和社会科学中，后现代主义已经很大程度上失去了吸引力，但是仍然可以提供一些关于城市发展和城市主义叙事的观点。

后现代主义以最积极的姿态为女性主义、环境保护主义和社群主义背书，这是源于20世纪60年代的知识分子运动和政治分歧。这些社会力量联合起来，对正统观念和政治领域的霸权形成了直接的挑战，同时也对资本、劳动、生产、贸易等经济主体的共同管理形成了挑战。克里斯托夫·杰克斯(Christopher Jencks)是一名建筑评论家，同时也是一位有影响力的后现代城市主义学者，他认为，后现代性的真正含义是对建筑形式延续性的打破(1992：238)，是对现代性朴素价值所展现出的支配权的拒绝，现代性观点的代表是密斯·凡·德·罗(Mies van der Rohe)和他的追随者。对于许多评论者来说，后现代主义意味着对建筑、设计和建筑环境过往的自觉回归，从本质上来看，是一次从自身角度出发的集体怀旧的实践。

其他的一些后现代主义运动特征包括对城市规划的批判，包括在城市整体管理中总体规划发挥的决定性作用，行政部门(政府和议会)和高级决策官员的特权作用，以及在建筑、城市设计、景观建筑和交通规划等领域有资历的专家所产生的影响。现代主义意味着城市形态和结构将以专家的整体规划为蓝图，而群众的声音也自然就被忽视；对单一用途空间的大规模整合使空间的布局和分配更有效率；建筑多采取新型国际化风格，虽然高楼大厦林立，却缺少了具有人文气息的点缀；城市及其周边的工厂区被彻底从居民区中分离出来。从20世纪60年代开始，简·雅各布斯（Jane Jacobs）提出了一个关于城市主义的更为先进的新观点，那就是重视公民和居民的作用，将社区建设视作城市主义发展的关键指标，并且否定了专家和专业人士在这一领域中所拥有的主导权，这些观点在他的著作《美国城市的生与死》（1961）中均有体现。雅各布斯对于传统城市总体规划的衰落，进行了极具说服力和敏锐度的分析，在许多城市中，他的分析激发了社会进步运动。

我们有理由相信，当代文化产业地区和文化区域已经脱离了20世纪的现代主义城市。城市文化经济的多元化和小规模公司形式，和20世纪中期金融、商业和制造业的公司结构形成了鲜明对比。此外，泰德·雷尔夫（Ted Relph）的学术研究，能够帮助我们更好地去理解空间和地区在城市人类活动中所发挥的重要作用。雷尔夫（1981；1993）对“大型空间”和“更加复杂且多元化的空间”进行了对比。“大型空间”在某种程度上定义了现代主义城市布局的特点，通常由工业、商业和居住等单一用途的大规模区域组成；而后现代主义城市则呈现出更加复杂和多元化的城市布局，它们是文化经济用地的主要组成部分，以文化区域和特区的形式存在。许多创意型企业都对城市的历史建筑环境展现出浓厚的兴趣，包括对已经荒废的工业区进行适应性改造，以此来彰显与传统现代主义城市中公司大楼和“工厂世界”的不同。在区域范围内，当代城市中的社会组织间存在着重要的联系，比如大量涌现的社区组织（CBOs）和非政府组织（NGOs），它们为实现艺术与文化的共同复兴而不懈努力着，同时尽量减少地区发展带来的负面影响。

布迪厄：城市审美和城市文化区域

目前大量关于城市空间塑造的研究论述，都将重点放在了边缘化社区和资本力量的不平等对抗上。边缘化社区主要以低收入艺术家和其他艺术创造工作者为代表，而资本力量则是指金融行业、房地产开发公司和手握大量财富的个人。在20世纪，文化经济空间是这一对抗发生的主要“战场”。

大卫·莱伊（David Ley）曾写道，皮埃尔·布迪厄（Pierre Bourdieu）对于人们理解营造城市文化空间的过程中资本和文化的关系结构，做出了重要的贡献，布迪厄在很大程度上将这种关系结构看作是阶级斗争。在某一层面上，艺术家和资本持有者都是城市文化审美空间的制造者。在艺术家和资本持有者的关系中，存在着很多互惠互利的内容：富有的新中产阶级和跨国公司为艺术工作者提供了资产变现的手段，他们购买艺术作品并进行文化性消费，比如把钱花在餐厅、精品时装店和美术馆。反过来，艺术家也可以通过艺术品和艺术展来加强一些城市街区的审美价值，这主要通过塑造地区形象和认同感来实现，在一些著名的案例中，比如在巴黎、纽约、伦敦和柏林，先锋派的艺术行为和活动就起到了重要作用。

但是这种表面的阶级利益共赢，在营造城市文化空间的过程中并没有为双方带来真正的利益。分歧在很大程度上，自然是由于艺术家和富有的新兴中产阶级在资源获取能力上差距悬殊，双方又都想获得空间的使用权。但是正如莱伊在解释布迪厄的观点时提到的，冲突的另一层原因是对于“原汁原味”的界定，艺术家们在选择其工作和居住地点时十分看重这一点。莱伊引用了他对温哥华艺术家的采访，这些艺术家反对那些矫揉造作的、人为的文化资产形态，包括被房地产商打包促销的 LOFT 公寓（图 6.5），在综合功能区的工作—生活两用型工作室和所谓的“假日空间”，如通过公私合作形式或各种其他形式对废弃的工业区和港口区进行重建和形象的重新打造，使其成为具备“文化气息”的旅游区。莱伊的受访者声称，“那些在中产阶级专业人士中流行的商业化地区常遭到美学的排斥”，而那些被布迪厄归为“平民化的、甚至是下层社会的地区，不仅会得到大众审美的认可，也会得

图 6.5　温哥华，耶鲁城，耶鲁城 LOFT 区域和南部市区的公寓

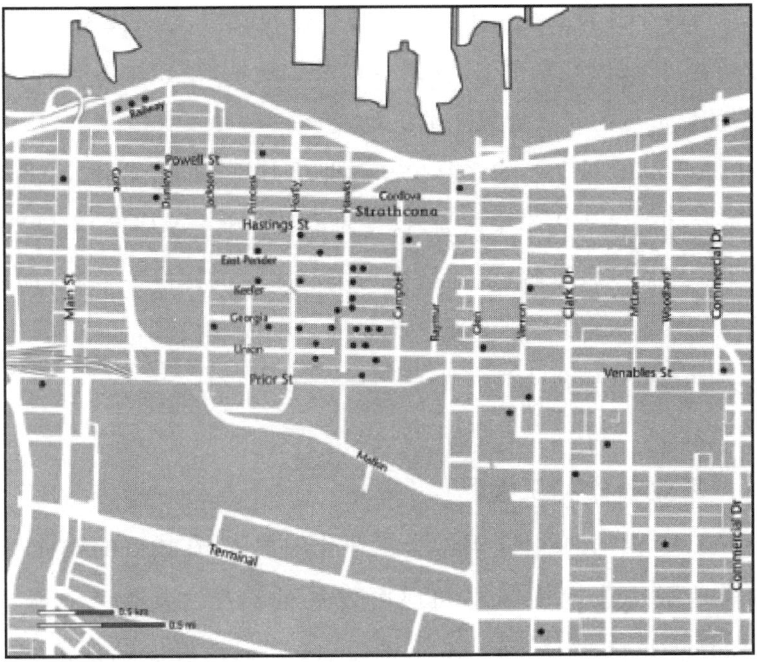

图 6.6　温哥华，士达孔拿和格兰德维尤-伍德兰，艺术家工作室和艺术展览馆的分布

到美学的承认”（Ley，2003：2535），这通过艺术家工作室和美术馆的集聚就可以体现出来。（图 6.6）

文化区域的先驱：工业区的发展

自从阿尔弗雷德·马歇尔（Alfred Marshall）在一个世纪以前明确提出工业区这一个概念后，工业化的空间表现形式，便成了经济理论研究和城市研究中不可或缺的一部分。位于工业区的公司可以享受聚集经济带来的各种优势和便利，包括更容易招募劳动者，更便捷地获得生产材料，以及工业区的“氛围”，这种“氛围”的形成来源于工业区中的人际交往。在大多数情况下，19世纪的工业区实现了特定产品生产和劳动力的长期专业化，一些经济学家和经济历史学家认为，这是对商品的生产及研发“垄断”的结果。按照这种理解，工业区内劳动和生产的深度专业化，加之社会关系，会形成有利于某一产业的长期发展模式，同时也阻碍了新的竞争对手进入该行业。

工业革命和工业区

在19世纪的欧洲，英国是工业化的代表，在战后的亚洲，日本则是制造业带动国家和地区发展的典型。安德鲁·波普(Andrew Popp)和约翰·威尔森(John Wilson)在一篇评论文章中，对于生命周期、不测事件和组织机构进行了深刻的解读，列举了英国重要的工业区及其主要产业，如曼彻斯特(包括著名的安科斯地区，专门从事棉纺、铸造和玻璃加工)、谢菲尔德(钢铁工业)、伍斯特(手套业)、伯明翰(珠宝业)、英国西北部(化学工业)、诺丁汉(创意产业)和北斯塔福德郡(陶瓷业)(2007：2979)。

正如波普和威尔森所说，随着时间的推移，英国不同的工业区面临着不同的命运，这体现在：(1)在整个20世纪，兰开夏郡的棉纺织业面临着长期萧条并最终走向瓦解的命运；(2)在更近一些的时间里，陶瓷业的专业化优势也不复存在；(3)而伯明翰的珠宝业却始终保持着发展的活力。这些城市—地区发展截然不同的经历，源自英国制造业的整体衰落，这在 20 世纪七八十年代显得尤为突出。

“芝加哥制造”：工业化大都市的工厂网络

罗伯特·刘易斯

罗伯特·刘易斯（Robert Lewis）在对芝加哥工业区形成的叙述中，对工业化和城市化之间复杂的相互依存性，进行了丰富且深刻的描述。他的研究不仅关注从美国内战结束（1865）到第一次世界大战开始（1914）期间，资本、劳动力和科技对于芝加哥制造业快速发展的重要作用，他更加关注的是芝加哥复杂的生产网络关系，这一关系塑造了生产体系并提供了更加多元化的发展方向。

刘易斯记述了芝加哥早期生产活动中具有影响力的经历，分析了在人口稠密、人与人接触频繁的市中心区域，外部经济因素（获取劳动力、市场、知识）可及性于产业发展（如珠宝业）的重要意义。他将芝加哥和欧洲、尤其是英国的工业化大都市作比较，将芝加哥描述成“美国的曼彻斯特”（21），这是因为“两个城市都是通过城市工业化布局，由一个 19 世纪中期的小城市，变成 20 世纪的大型工业化城市”（21）。在这里，资本积累的混合引发了工业化和城市化的战略性相互依存。在 19 世纪 30 年代，芝加哥的工厂、车间和作坊的工人总数不足 7 000，然而到了 1929 年，芝加哥及其周边地区的工人总数已经超过了 50 万，这也成了芝加哥成为工业化大都市的一项评价指标。这一惊人的增长趋势，使得工业区不仅出现在市中心地区，也出现在不断扩大的城市郊区，同时增长也造成了劳动力涌入和居民区发展间复杂的社会关系，其特点是等级性、不平等性和排外性，这也成了社会生态学中芝加哥学派形成的主要原因。

芝加哥的工业化还促进了以特定产业和阶级为基础的各类体系的形成，这些体系是社交网络、交流沟通和建立联盟的基础。“区域学习环境”是工业化增长的主要驱动因素，“该环境的形成源自制造业公司和专业化劳动力之间的互动”(10)，这种互动由于产业间和个人间的交流变得更有效率。工业化芝加哥的社交网络是由“铁路老板，房地产开发商，投资人和批发商组成的复杂联络网”所构成的(8 ff)，当工业化社交网络和产业协会合作时，就会形成一个由信息和专业化知识构成的复合共享性体系，其中所涉及的内容都是先进经济的核心要素，如投融资、投资资本、生产投入、分包、市场营销、分配和运输。

刘易斯对于芝加哥工业区的研究，对于研究大都市中当代文化地区的形成和运行有着重要意义，因为个人和组织机构间复杂的社交网络关系，往往被看作是文化创新、文化生产和文化表现的基础。

［Robert Lewis (2008) *Chicago Made: factory networking in the industrial metropolis*. Chicago University of Chicago Press］

艾伦·斯科特和“大都市内部生产空间”

艾伦·斯科特（Allen Scott）帮助我们理解了工业区中公司互动的形式，在他经典的学术论文《大都市：从劳动分工到城市形式》（1988）中有一系列的参考案例，他用这些案例来解释工业组织和定位理论的不同内容，因为这些案例可以清晰地展现大都市生产空间的内部专业化（Scott，1988：63）。我在这里对一些案例做出了总结，因为这些案例体现出，文化区域的出现是源自对工业区的深深的怀念。

斯科特的第一个例子是英国的第二大城市伯明翰，虽然缺少像英格兰北部或是格拉斯哥那样的重工业，但却依然成了“亚当·斯密生产劳动分工理论的最鲜活的范例”，“该城市中几乎所有的专业化商品交易都高度的局部化”，其中的代表是枪支业和珠宝业，在这一过程中，劳动的细致分工已经取得了非常大的进展（Scott，1988：64，参考：Wise，1949）。尽管这两大主要产业在某种程度上都充满文化价值，却在上个世纪经历了截然不同的命运。正如斯科特所说，枪支业的大批量生产模式是源自对美国的效仿，到19世纪末，伯明翰的枪支业都集中在非市中心区域的大型集成化工厂区里，这有效地削弱了伯明翰枪支业的生命力，大量枪支生产企业倒闭，到了20世纪末的时候，只剩下了一些昂贵的、私人订制的枪支生产商。

与之对比的是伯明翰的珠宝业，尽管不断变化的需求和激烈的竞争导致了许多内部的调整改变，却直到今天仍然保持着活力。伯明翰珠宝业的一个主要优势是，产品生产和劳动力之间联系紧密且能够实现双赢，因为珠宝业生产商离劳动力的居住区非常近，“在那里有着数量充足的工人，他们具备娴熟且实用的技术和经验”(67)。这段关于伯明翰工业生产的叙述再次说明了高价值商品为城市带来的历史性优势，但同时也定义了当代文化区域的一种特定形式。

安·马库森和“新工业区”的演化模型

在20世纪七八十年代，出现了一个新兴的颇具影响力的研究领域，主要研究正在逐渐崛起的“新工业区”——一个综合了“弹性专业化、社会资本、生产传统、区位属性”的概念，常见于以“第三意大利”为代表的发达地区(Becattini，1989)。虽然分析的重点很自然地会被放在工厂、劳动力、投入—产出关系等工业化生产要素上，但是社会和环境因素才是真正需要考虑的内容。

安·马库森(Ann Markusen)对于工业区特征和形式的研究，对于我们理解如何在空间和区域内组织工业活动具有重要的意义。在她极具影响力的《不稳定空间中的稳定区域：一种工业区类型》(1996)的文章中，她以这样一个问题作为开头：“为什么有些地方能够比其他地方更容易吸引到资本和技术型人才?”她引用了哈维(1982)关于资本主义需要盈利性企业的“空间固定”的观点，还引用了斯道珀和沃克(1989)的观点，他们认为工作和再生产之间的关系解释了“为什么超高的流动性不能够消除空间中生产的整体性”(293)。她同时也承认，工业生产正在不断地从高成本地区转移到新型空间中，这些新空间多存在于亚洲和其他地区的新兴经济体中。但是某些“第一世界”地区在专业化生产方面仍展现出了持久的生命力，这类生产“基于小型创新公司，根植于工业管理的区域合作体系，使这些地区不受全球化趋势的影响而持续繁荣”（294）。

马库森详细说明了成功的新工业区（NIDs）在企业结构、管理和组织特点上的与众不同之处。她用两个著名地区间情况的鲜明对比，来具体阐述这个问题。

> 意大利工业区通常是具有较强适应力文化的产物，该工业区形成的政治基础是长期存在的社区、工会和意大利共产党。工会的强大领导力是该工业区管理结构的基础，保证了大多数企业即使是在萧条时期也能够稳定发展……与之形成鲜明对比的是在加利福尼亚，区域内的合作仅存在于企业家和公司之间，在一个没有工会的环境中运行，并且没有已经存在的组织来帮助规避恶性竞争和不稳定时期可能发生的失败……另外，此类地区的政治势力较为保守，即采取完全的自由放任政策。
>
> ［301］

在上述案例中，马库森发现相对于意大利或者其他欧洲国家，加利福尼亚的收入分配呈现出明显的二元性。

后工业主义的遗产：空间和生产逻辑

19 世纪和 20 世纪制造业的扩张催生了与之配套的劳动工人社区，这样的社区通常十分拥挤，包括大量的保障性住房以及一些社交场所，如小酒馆或者其他的公共场所。这些“工业化的城市景观”所共同组成的区域不断扩大并超出市中心地区，但是最终却发展成了现代大都市中的贫民区，并因此更加明确了城市空间中“地区”的具体性。

在过去的20年里，由专业化生产和消费构成的“文化区域”的崛起，被认为是城市新型文化经济最典型的空间特征（Costa 2004；Rantisi 2002；Bianchini and Ghilardi 2004；Hutton 2006；Ho 2009）。西方城市工业结构调整带来的典型空间性影响包括：第一，中央商业区（CBD）内公司建筑群的快速发展，成了大都市中最大的产业区（Scott，1988）；第二，对CBD中“边缘化”产业的投资呈整体缩减的趋势，体现在汽车公司、机械厂商和低利润率零售业的衰落上；第三，尽管以劳动工人为主的贫民区在不断扩大，工业生产及其配套的生产活动却面临着严重衰退。这样的趋势带来了很多严重的影响，其中最为突出的社会经济影响就是失业问题。但是在后工业化城市的中心地区，工业的衰落却促进了文化公司和文化活动的发展，因为投资减少，对于很多艺术家、创业公司和小型公司来说，经营场所的租金也因此大大降低。

后工业化的城市布局和城市文化经济

格雷汉姆·德雷克（Graham Drake）阐述了创意工作者和“地区的主观性”之间的密切联系（通过随机采访伦敦、伯明翰和谢菲尔德小型创意公司的工人，其中包括金属工艺工人和数字化设计师）。德雷克的研究成果包括，总结出了四类基于地区的促进创造型劳动者发展的因素：（a）将地区作为一种视觉原材料和刺激因素；（b）以地区为基础的高度发达的社会网络和文化网络；（c）

基于“声望和传统”的地区品牌；(d)特定地区的创造性劳动者社区(Drake，2003：518)。市中心周边地区在这些促进因素上有着明显的优势，包括建筑环境的特点，但是在大都市中的其他地区，我们也可以至少发现这些促进因素的一部分。

托马斯·马库斯：城市历史上的主要建筑类型

我特别将重点放在了文化经济中的连续阶段和城市历史建筑环境的再利用之间的联系。托马斯·马库斯(Thomas Markus)在他的著作《建筑和权力：现代建筑类型起源/本质中的自由与限制》(劳特利奇出版社：1993)中，对于基本的建筑类型做出了影响深远的研究，这也成了我的重要参考内容。马库斯关于基本建筑类型的阐述，是基于建筑所具备的主要社会功能，如生产、交易、展览、监禁等，这一阐释具有深远的历史意义，除此之外，他的另一项重要学术贡献是发现了在现代时期(17到19世纪)的早期阶段，城市的建筑特征可以反映出建筑目的的专业化。建筑设计和建造过程的质量保证，使得主要的建筑类型即使经历了不同的社会、政治、文化和产业变革时期，仍然能够“经久不衰”。随着建筑外观和内部结构的不断创新，主要类型的建筑已经不仅仅是人类活动的场所，更是一个复杂的“机器”，能够容纳更加复杂、微妙的社会和经济发展形式。因此，社会中某些个人和群体对于城市历史文化景观明显的偏爱，正是由于这些极其重要的设计元素和功能属性，绝不仅仅是出于审美上的偏好。

建筑，记忆，现代主义和后工业化城市中的城市体验

马克·科林森

马克·科林森(Mark Crinson)著有一系列见解深刻的文章，通过阐述人们的经历和历史文化地区中的联系，对“记忆的理论化”做出了重要贡献。科林森在绪论中提到，对于城市建筑环境的感知代表了记忆的“无限存储”(xi)。他批判了那些通过表面的改造，将城市历史遗产的价值资本化的尝试，这些改造包括“仅仅具备建筑功能、失去了文化价值的历史建筑；被剥夺了砖瓦结构和内部设计，并被填满新设施的LOFT空间；似乎没有遭到破坏的历史内饰；内部已经腐烂、并被彻底重建的历史建筑空壳”。在很多情况下，我们可以将建造在老工厂、钢材厂和发电站的博物馆和美术馆理解为“被刻意掩盖痛苦的历史记忆”(xi)。

科林森将“城市记忆”定义为“客观存在的城市布局，以及城市内容和城市活动的共同体，这些内容和活动可以引发对过去的回忆，也可以通过追溯城市不断的开发和重建，来展示城市的过往”(xii)。他引用了建筑学理论家奥尔多·罗西(Aldo Rossi)(《城市建筑》1966)的理论，认为对文化遗产真正的保护是对二战后欧洲城市现代主义重建的驳斥。科林森引用了罗西的名言——“城市的‘历史记忆’来自建筑，因此，对历史遗产的保护可以被看作是对人类记忆的保护”(xiii)。

在一篇科林森和保罗·泰勒(Paul Tyrer)写的文章里(2005)，他们将建筑环境和战后城市的工业化转型间的联系理论化，提出“后工业化”和“后福特主义”这些概念本身就“呈现了文化和历史的具体内容”……“在这里我们真正关心的是被保存下来的工业化城市，和这种城市对于历史保护的忽视、态度转变、重新认识的转型过程，以及在认识到历史的新功能和新的投资价值后，发生的风格转变和再发展”。

[Mark Crinson(2005)(ed.) *Urban Memory: history and amnesia in the modern city*. Abingdon and New York: Routledge]

历史建筑的实际价值和符号价值

伊尔瑟·埃尔布雷克(Ilse Helbrecht)在她的著作《建筑环境》(2004)中关于“作为文本的创意城市”的讨论，非常有助于我们去理解文化工作者和文化企业对于历史建筑的热爱。埃尔布雷克承认，在后工业化重建的早期阶段，廉价的租金当然会成为重要的吸引力，尤其对于年轻的文化工作者和创业公司，但是经过一段时间后，包括审美和功能特点在内的其他因素就会开始发挥作用。她提出，以工厂和仓库为代表的工业化建筑遗产有着极高的符号价值、极强的功能性和实用性。工业化建筑的“外观和感觉”对于创意工作者来说很有吸引力，同时空间、建筑材料和内部结构的“质感”也颇具吸引力，所以我们应该认识到，文化生产“工作室”和莎伦·佐金提出的“LOFT 生活模式”的社会构想间存在着工业化联系(1989；参见第 5 章)。

默里·麦肯齐(Murray Mckenzie)在记忆的利用和“记住”温哥华的旧城区方面有着独到的见解,特别分析了温哥华市中心东区(DTES)中想象的历史和实际的历史间的矛盾,以及由此带来的不和谐因素。麦肯齐针对人们对于市中心东区城市景观中创意元素的喜爱进行了微妙的描述,以此来凸显历史文化景观中象征主义的支配性地位和旧城区的重新估值所导致的社会边缘化和社会错位,这已成为难以改变的现实。

城市记忆和文化区域竞争

默里·麦肯齐:伦敦大学学院地理系

随着文化主导的复兴政策走向成熟和全球化,同时生活难以为继的艺术工作者正变得越来越少,这一趋势正朝着边缘化的城市地区不断蔓延。在这样的背景下,文化区域的全球化形态在空间特征、物质特征和审美特征上变得更加多元化。但是总体来说,以多元化意象和工业化发展遗产为特征的稍加修饰的文化建筑遗产,始终拥有着无可替代的吸引力。

虽然我们发现了很多对于文化区域有着重要意义的定性特征,然而很少有人研究我们身边的城市地区存储和激发个人和集体记忆的能力,尽管还出现了一个地理学派,专门针对记忆内在的物质性和地理学特征进行跨学科研究(见:Alderman, Znwood, 2013)。首先,我们应该承认创造潜能的存在,它可能来自城市布局的残余部分,在这些地区中,大规模的保护或开发还没能左右"喧闹的"帮助记忆的特征，或对其发号施令，这些帮助记忆的特征来源于对于过去的不断的实质性追溯。地区的文化共鸣、传统、记忆和意象都是艾伦·斯科特"城市创意区域"(2010)的构成要素，这是基于他们能够激发审美好奇，并且能促进和孵化创意作品的诞生。

通常情况下，关于地区记忆的地理学研究会将重点放在地区的政治主张和政治影响上。尽管"官方的"历史叙述，可能要通过文化遗产保护和有纪念意义地区的正式建立来传播，城市布局却可以在协调和调动深层记忆和相对记忆的过程中发挥重要的作用。我们可以把地区再划分和重塑"文化主导复兴"追随者形象的过程，看作是再记忆的重要时刻，在这一个过程中，工业化过往中的泛审美化和浪漫化逐渐形成，但其针对的对象却从未亲身经历过工业化过程中的辛苦工作。然而，对于最近被取代的工人阶级来说，这些城市景观代表着非常不同的、甚至是极其痛苦的地区记忆(High, Lewis, 2007)。

我个人对于温哥华胜利广场的研究(图 6.7)，对于深陷争论并被广泛讨论的记忆进行了探讨，在记忆中文化生产突然出现在一个已经建立的相对记忆领域里。在这里，地区发展带来的矛盾、药物滥用、精神疾病问题都在以支持社会住房和拒绝社区的空间形式发生着，并且以一种象征形式被表现出来，具体通过对于地区衰落的悠长的共同回忆来表现。胜利广场一直以来都是阶级斗争的中心地区，这从有组织的

图 6.7 带有主要建筑及其特征的胜利广场历史文化区域

劳动工人抗议、警察暴动(1935;1971)、被比作“贫民窟”、城市改造争论的焦点、反贫穷活动等都能体现出来(参见:Sommers, Blomley, 2002)。但是这些矛盾因为一种很有适应力的波西米亚主义的存在而变得更加复杂,波西米亚主义声称自己是20世纪60年代反主流文化运动的起源,目前胜利广场将自己变成创意文化活动空间的努力也使其深受鼓舞。现在有很多组织和个人打着铭记历史的幌子,争相宣布自己对于空间的特权,这与历史空间保护主义者的愿望是完全背道而驰的,后者希望能够重现在英王爱德华七世时代地区的商业威望。

由于文化生产仍然是文化遗产区域复兴和居住空间再造的主要驱动力,今后的批判性学术研究应该将集体记忆纳入研究范围,并且认识到一些长期存在却仍未解决的争论,探讨建立一个更加包容的、社会公正的公共历史项目。正如德洛丽丝·海登(1995)所说，发现和欣赏非传统的记忆地区本身就是一个有创造力的任务，这种创造性因艺术活动和文化项目与(传统意义上的)文化产业间的合作而被加强。(也可参考：Kwon，2002)。这与最近创意城市研究评论者所提出的解决方案是相吻合的，该方案主要针对地区干预，包括在更大范围内涵盖文化创意从业者，以及对文化实践构成要素进行更广泛的定义(Harris，Moreno，2012)。

Derek H. Alderman and Joshua F. J. Inwood. (2013) 'Landscapes of Memory and Socially Just Futures' in: Nuala C. Johnson, Richard H. Schein and Jamie Winders (eds.) *The Wiley-Blackwell Companion to Cultural Geography*, pp. 186 – 197. Malden: Wiley-Blackwell.

Crinson, Mark (ed.). 2005. *Urban Memory*. London: Routledge.

Harris, Andrew, and Louis Moreno. (2012) *Creative City Limits: urban cultural economy in a new era of austerity*. London: University College London. http://www.ucl.ac.uk/urbanlab/news/urbanlab/docs/creativecitylimits

Hayden, Dolores. (1995) *The Power of Place: urban landscapes as public history*. Cambridge: MIT Press.

High, Steven, and David W. Lewis. (2007) *Corporate Wasteland: the landscape and memory of deindustrialization*.

Ithaca：Cornell University Press.

Kwon，Miwon. （2002）*One Place After Another*：*site-specific art and locational identity*. Cambridge：MIT Press.

Scott，Allen J. （2010）'Cultural economy and the creative field of the city.' *Geografiska Annaler*：*Series B*，*Human Geography* 92(5)：115－130.

Sommers，Jeff，and Nicholas Blomley. （2002）'The Worst Block in Vancouver' in Reid Shier（ed.）*Stan Douglas*：*Every Building on 100 West Hastings*，pp. 18 － 58. Vancouver：Arsenal Pulp Press.

Zukin，Sharon. （1982）*Loft Living*：*culture and capital in urban change*. New Brunswick：Rutgers University Press.

后工业主义的社会运动和政治遗产

在20世纪的后几十年，在旧大西洋海域的主要城市中工业劳动力大规模缩减，并由此引发了一项新研究，即在衰落的/废弃的产业和相应的城市中对于新自由主义撤资方案的抗议和反对，尽管总体来说，这些尝试都太缺乏力量，完全不能阻止去工业化的发生。这些社会运动最终留下了激进主义和社区层面集体行动的遗产。但是在超过一个半世纪的时间里（1840s——1980s）主要支撑工业化城市社会运动的阶级凝聚力，已经在一定程度上被社会发展所削弱，包括"新中产阶级"和"超级中产阶级"的出现，已经非常明确地传递出这一信号。此外，在西方城市的市中心及其周边地区，工人阶级在该区域的社会人口构成中曾经占据着最大的比重，但是现在他们几乎已经从这一区域中消失，这是由于工业衰落、地区发展和地区错位所导致的。同时，由于仅仅是理论上存在的左翼地方政府接受了资本重组的结果，便削弱了这些城市中社会力量的影响力。

创意城市的转变：从后工业主义到文化地区

尽管大都市中文化生产和表现的经济分布非常复杂，但是，创意活动的最大规模集聚和曾经在市中心周边地区的工业区和社区之间却存在着明显的相似性，这在伦敦、柏林、纽约、芝加哥等许多城市中都有所体现。在 21 世纪的"文化认知经济"中，城市创意活动的社会规模远远大于从前（Scott，2008）。在这里，我们必须认清市场、政策和社会因素之间的相互作用，包括在全球化、国际性城市中房地产市场的错位倾向，和由此带来的社会升级和工业发展。

都市村庄，城市街区和文化区域

克里斯·默里："城市街区的再思考：从都市村庄到文化中心"

在过去的十多年里，在城市研究领域出现了一些关于社区和街区角色变化的有深刻见解的研究，包括何光中的"新经济中的城市街区"(2009)，专门研究在这种情况里"小印度"

（新加坡印度族群的聚集地）在新加坡刚刚起步的电影中发挥的不可替代的作用。总体来说，这一类型的城市研究将重点探索社区的进化过程，从单纯的居住区发展为经济创新、生产与交易、住房及相关消费的综合使用空间。

正是沿着这一脉络，克里斯·默里（Chris Murray，2004）贡献了题为《城市街区的再思考：从都市村庄到文化中心》的文章。默里的学术贡献包括对于都市村庄主要特征的解读：(1)大小：小到里面的人可以互相认识；大到可以容纳各类公共设施和商业活动；(2)多功能：不仅有居住功能和简单的商业功能，也要有文化活动（艺术、体育、休闲娱乐）和“对于空间的文化利用”(192)；(3)自给自足：最大限度的自给自足并不等于绝对的自给自足，而是要使地区能够在大的城市环境中发挥作用并与其交相呼应，同时也要和“地区的文化认同感和独特性”紧密结合起来，这是从比安基尼和施文格尔(1991)的观点中总结出来的；(4)社会和经济一体化：这在默里看来是一种理想主义，“很难真正实现”(193)；(5)环境：一个有吸引力的、文明的环境应该超越表面审美，从而具备针对目的和功能的适应性；(6)管理和控制：保证城中村概念的完整性，这一理想状态的实现需要足够的“能力”，比如技术、资源和支持，从而来对抗那些吝啬的、单一化和孤立的政策路线。默里在总结中提到了一种更为前卫的都市村庄研究方法，将“文化”置于一个更加突出的位置：“重新将它们看作是特别的、独一无二的文化中心，是城市不能缺少的核心部分”(205)。

[Chris Murray(2004)‘Rethinking Neighbourhoods: from urban villages to cultural hubs’, Chapter 12 in: D. Bell and M. Jayne (eds.) *City of Quarters: Urban Villages in the Contemporary City* (pp. 191 - 205). Aldershot, UK: Eastgate]

但是在很多情况下，由于竞争、不断的科技创新和压力升级，公司和工人都承受着巨大的压力(Elliott, 2005)。文化区域的理想状态，是一种稳定的、相对独立的专业化生产，以及相关消费领域，由该区域的供应商和消费者关系网作为支撑，但是在很多情形下，这种理想状态已经被空间复杂化的“扩大生产体系”模式所取代，其中资源投入(劳动、设计、资本和管理)变得越来越国际化，并且在全球化市场中竞争愈加激烈(Leslie, Reimer, 2003; Rantisi, Leslie, Christopherson, 2006)。文化区域的重要组成部分——创意企业和劳动力所面临的外部竞争压力正在进一步加强，这既来源于房地产市场波动造成的区域影响，也来源于本地的项目建设和公共领域进步导致的地区人口外流。正如弗朗哥·比安基尼(Franco Bianchini)和莉埃·吉尔拉迪(Lia Ghilardi)所说，各个城市的经历显然存在着很大的不同，这在某种程度上是由于城市地区的文化基础和社会组织间明显的差异造成的。

弗朗哥·比安基尼和莉埃·吉尔拉迪对于欧洲城市街区文化的研究

同样是在贝尔和杰恩编著的《文化区域》一书中，弗朗哥·比安基尼和莉埃·吉尔拉迪对于城市街区的“文化”对欧洲城市究竟意味着什么进行了更深入的探讨。他们在开头便承认，街区是城市在经历了很多自然发生的根本性改变后的产物(237)，然后恰到好处地引用了罗伊·波特的观点：像伦敦的苏荷区、纽约的下东区、巴黎的左岸区的地区特色都是在“呼应城市的发展节奏”中产生的(Porter, 1994: 153)。

在关于欧洲街区及其文化意义的调查中，比安基尼和吉尔拉迪发现，“如果城市人口中一些特定的个人和群体想建立文化上的联系，那么街区一定是他们的第一选择”(239)。更具体一点说，很多欧洲城市的街区具有小规模活动的优势，给当地人提供了直接参与的机会，并且很有可能促进“个人创造力、自信和技巧”的发展。在很多情形下，欧洲城市的文化表达和特性，在很大程度上是在街区和地区层面直接形成的，尽管比安基尼和吉尔拉迪指出了一些例外，比如在马赛，“城市文化”往往超越了“街区文化”，并且街区被定义为“专门制造高质量文化”的区域(239)。但是在大多数欧洲城市中，文化和文化机构、产业和劳动力更多地被当成社区振兴的手段，并在这一艰巨的任务中，展现出独特的文化价值，进行着与众不同的文化实践和文化表现。

[F. Bianchini and L. Ghilardi(2004) ‘The Culture of

Neighbourhoods: a European Perspective', in: D. Bell and M. Jayne (eds.) *City of Quarters: urban villages in the contemporary city* (pp. 237 - 248). Aldershot, UK: Ashgate.]

根据这些文化经济和城市空间相关联的因素，以及一些更加具体的内容，如复杂性、争论性和共同关系，一个主要的挑战就是进行有说服力的描述和讨论，能够阐明城市文化和地区的关系结构。

创意生产、文化区域和“新兴”工业区：分类与类型

作为总结，我将简单地探讨一下大都市文化地区的分类，并将其作为连接理论与实证观点的方法，来说明文化经济和城市空间之间的关系，同时提出一些构建案例分析框架的方法。

在最近一篇题为“创意集聚和地区经济”的文章中，卡特琳娜·布兰詹蒂(Caterina Branzanti, 2014)针对先进经济体制中工业区的运作进行了综述性研究，并希望以此来搞清楚这些学术成果是如何运用到城市和地区的文化经济之中的。布兰詹蒂根据罗伯塔·卡佩罗(Roberta Capello, 2007)关于工业区的研究，提出了“积极外部因素”的整体效应，包括以下四类具体优势：

1 生产成本降级：更低的运输成本；流动的劳动力；外包机会；以及触手可及的专业化劳动力。

2 交易成本降低：劳动力供需的直接匹配；共同的行为准则；非正式的交际关系网。

3 生产要素效率提高：专业化投入的有效性；工业化/创意“氛围”；区域知识的有效传播。

4 动态效率提高：地区范围内知识的积累；共同承担创新风险；竞争/合作驱动型创新。

正如布兰詹蒂所说，这些在发达工业区中运行的公司和企业所体现出的局部化优势，在某种程度上有一些“笼统”，需要在针对个体的研究中进行细化，这些个体区域能够展现出政治组织和社会组织间的重要区别，并且，也要针对城市和地区的新兴文化工业区进行更细致的研究。

15 年前我在准备向《城市地理》杂志投稿时写了这样一篇文章，将大都市中“应用型设计和创意活动”的增长模式看作是后福特主义背景下中间服务的自然发展和细化。其中的基本理念，是将创意服务看作发达的生产型经济对基本任务和功能的精细化升级，在这样的经济体制中，更高的价格要建立在设计和创新的基础上，同时也能够提高产品的质量和实用性，提高资源投入的利用效率，以更加吸引人的方式来满足挑剔的消费者市场。我提出了以下五项适用于专业化创意设计产业及公司的区位性发展趋势：

1 区位中心性：创意和应用服务公司倾向于集中在城市核心地带，其次会在市郊一带，在市郊也会有一些工业科技设计公司。

2 聚集趋势：应用型创意设计公司展现出了突出的聚集倾向，尤其是在市中心及其周边的旧城区地带。

3 有凝聚力的联系和交际网络：创意设计公司的特点是具备大量的前后相关联模式，以及在错综复杂的生产和交易服务网中发挥作用。

4 中间需求导向：对于中间服务(或制造商服务)，设计公司广泛地迎合其他商业和产业，以及政府和大众的口味。

5 向外扩张和出口：应用型创意设计产业由于公司专业化和成本的压力，不断向外扩张并且越来越以出口为导向。

[Hutton，2000：295]

这些观点构成了大都市中应用型设计产业和公司的区域描述模型的基础，我对此做出了如下总结：

一类区域，中心商业区：顶级设计公司(例如，国际建筑师事务所)。

二类区域，中心商业区(CBD)外围和市中心周边地区：平面设计公司、时尚设计公司、建筑师事务所。

三类区域，市中心周围的旧城区：创意制造业，例如，电子游戏、影视后期制作、计算机辅助设计以及为建筑师和设计师提供的配套服务。

四类区域，市郊地带：电脑软件、航空航天设计、工业设计。

五类区域，大都市边缘地带和边缘化城市：研究+设计校园综合体、以科技为基础的设计、材料设计、原型开发。

[Hutton，2000：296]

作为对于这一生态分类法的具体阐释，我提供了“当代城市工业生产新型区域形式”示意图(《城市(第二十一卷)》2004)，用来代表创意产业、公司和劳动的当前空间表达形式，重点研究大都市的市中心周边地区，在很多城市里，文化产业在该区域内最为集中。

这个示意图从10年前最为有利的观测点出发，抓住新经济空间的基本发展特征，强调“重组型”产业的整体性，“重组型”产业的构成要素包括创造力、数字科技和发达的地区生产关系网。但是大多数这些地区的命运都受到新资本形成、变更和升级的制约，并且至少在一些案例中，也受到竞争地区吸引力提升的制约，这也更加突出了新经济地区的变化无常和定义新经济区时存在的问题。

表 6.1 市中心周边地区工业生产的新区域形式

A. 空间类型	B. 代表城市和地区
I. 扩大的新型生产地区 新兴产业，综合一体化生产，多样化生产活动和土地使用方式	“城市边缘” （伦敦） 克鲁兹堡（柏林）
II 紧凑型新经济聚集区 1 “同步”形成的聚集区 2 政策“引导型”聚集区（包括区域重新规划，土地使用，文化遗产项目，市场，培训等政策）	胜利广场（温哥华） 苏州河（上海）东北部 米顺区（旧金山） 比克卡区（米兰） 孟蒂米迪亚区（蒙特利尔） 柏孟塞街区（伦敦） 22a 项目区（巴塞罗那）
III 典型性新经济地区 聚集了审美景观领域最顶尖的公司，伴随着大量的消费并拥有足够舒适的环境；能够引起共鸣的地区文化标志	霍斯顿区（伦敦） 南方公园区（旧金山） 直落亚逸区（新加坡） 耶鲁城区（温哥华） 费利蒙区（西雅图） 俄兰菲尔德区（科隆）

出处：改编自 Hutton(2004)。

同时，对城市文化空间进行完善的、系统的分类在本质上是有困难的，这是由产业、产品和地区的范围、广度和复杂性所造成的。在艾伦·斯科特一篇关于大都市“文化认知经济”的文章中，他提出了一种文化产业地区的分类方法，几乎涵盖了所有多元化的创意产业及其具体表现形式，或许是目前为止最为全面的分类法，如图 6.8 所示。

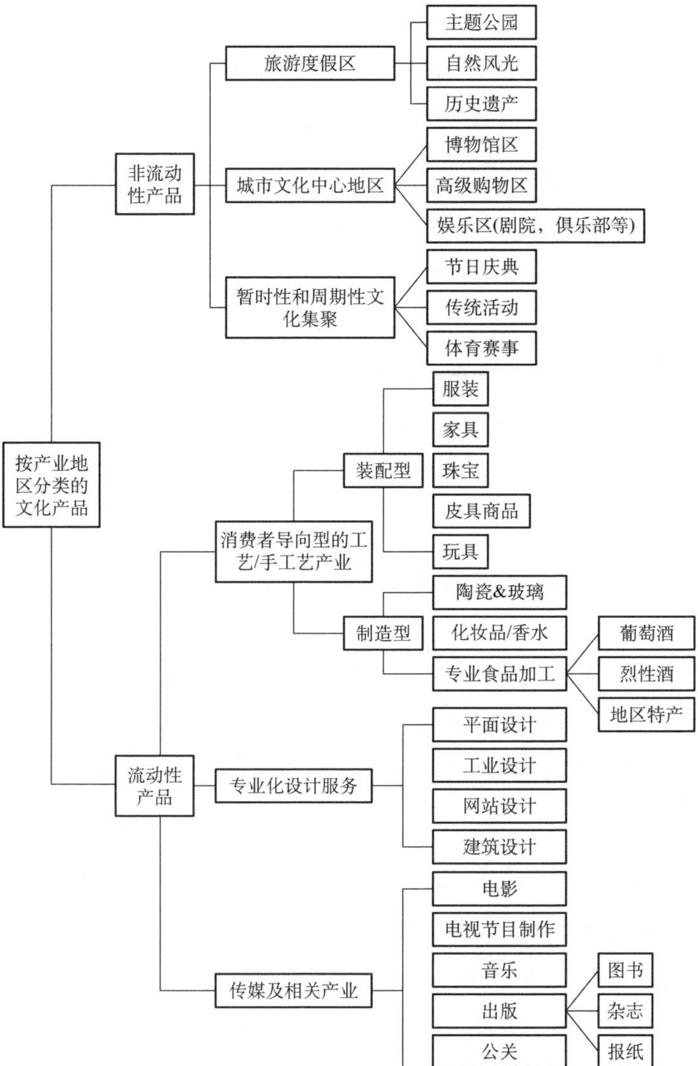

图 6.8　艾伦·斯科特的文化产业地区分类

出处：Scott，A. J.（2008）*Social Economy of the Metropolis：Cognitive-cultural capitalism and the global resurgence of cities*. Oxford：Oxford University Press.

斯科特的分类逻辑是要搭建一个文化产业综合模型，（首先）具备两条主线："非流动性产品"和"流动性产品"，然后沿着两条主线分别衍生出三个分支。"非流动性产品"分支主要由终端需求主导的生产活动组成（即：生产者直接将产品交到消费者手中，没有任何中间商或机构），包括旅游度假区、城市文化中心地区（博物馆，商店）和"暂时性和周期性集聚"，比如节日庆典、传统活动和体育赛事。另一方面，"流动性产品"分支是由文化商品和服务组成的，包括消费者导向型的工艺/手工艺产业（珠宝，陶瓷，玩具，皮具商品）；专业化设计服务（平面设计、建筑设计和工业设计）；以及传媒及相关产业（影视、音乐、出版、公关和广告）。

总结：文化和城市地区的重构

在这一章中，我主要围绕塑造现代城市文化经济空间性的不同要素开展论述，并且更为具体地论述了其独特的复杂性、多变性和流动性，并通过不同城市的真实经历来说明这些特点。空间的复杂性是由多种因素造成的，包括城市经济发展的历史轨迹的汇集，文化经济中社会和经济因素的密切融合，以及城市工业和居住要素交织而成的令人生畏的当代生活压力。基于上述第一个因素，19 世纪和 20 世纪初的工业化经济带来了生产地区和与之配套的住宅区，在著名的芝加哥、纽约和伦敦，这类地区存在了一个多世纪，然而所谓的"后工业化"时代的标志，正是中央商务区（CBD）的公司建筑群的大范围扩张，以及"新中产阶级"在重塑城市住房市场中发挥的主导作用。

文化发展轨迹已经渗透到很多空间形式之中，包括创意公司、创意机构和创造型劳动力，它们通常聚集在逐渐被废弃的工业区之中，但也有一些存在于商业和零售地区。至于为什么它们会出现在商业区，这是由于一些高级的建筑设计事务所、广告公司、工程公司和互联网企业会形成重要的集聚，它们都是文化经济极为重要的组成部分，聚集在银行、咨询公司和其他商业服务公司集聚的 CBD 地区。值得注意的是，艺术家和设计师或许更喜欢生活—工作一体化的空间安排，这能够给他们的生活提供一个非常舒适愉快的环境，但是这也从另一个角度造成了城市结构的复杂化。然而我们在很多案例中都已经看到，房地产市场力量和市政规划条例使这一理想状态很难实现。同时，城市郊区也开始有越来越多的文化形式，包括草根摇滚文化，以及我们熟悉的艺术展览馆、工作室和艺术展示空间。

然后，我阐述了内容极为丰富的文化活动，既包括官方的、也包括民间的，生动刻画了现代大都市的"都市村庄"，提高了人们的辨识度和认同感，同时对很多人来说，"都市村庄"也代表了不断进步并趋于完善的城市主义理想状态。隶属于同一城市研究学派的学者们也对此做出了详细的解释，从莎伦·佐金的"LOFT 生活模式"，到大量出现的现代地区研究，比如关于柳条公园区（芝加哥）、苏州河地区（上海）以及奥特拉诺区（佛罗伦萨）等地区的研究。尽管这些由文化活动和协同布局的住房及生活设施所构成的都市村庄，可能会形成一种"被施了魔法般的"（引自 David Ley）惬意的地区氛围，但是仍然存在一些因素可以动摇甚至改变这些典型的城市地区构成要素，包括激烈的竞争和房地产市场价格波动。

拓展阅读：

David Bell and Mark Jayne. (2004) *City of Quarters: urban villages in the contemporary city*. Aldershot, Hants: Ashgate. 最清晰且深刻的关于文化区域的论述，通过生动形象的案例分析解读城市空间结构和城市社区。

Mark Crinson (ed.). (2005) *Urban Memory: history and amnesia in the modern city*. Abingdon and New York: Routledge. 重要的关于建筑设计、历史建筑环境、现代和后现代城市记忆的理论研究论文集。

Mike Crang and Nigel Thrift (eds). (2000) *Thinking Space*. London and New York: Routledge. 重要的现代后期、工业化和后工业化城市空间发展理论研究，包括主要的学者及其研究成果。

Meric Gertler. (2003) 'Tacit Knowledge and the Economic Geography of Context, or the Undefinable Tacitness of (Being) There', *Journal of Economic Geography* 3: 79 - 99. 一篇很有影响力的文章，强调了发达城市里知识网络的微妙作用。

David Harvey. (2001) *Spaces of Capital: toward a critical geography*. New York and Abingdon: Routledge. 关于城市空间资本主义所引发的错位的重要论述。

Thomas Hutton. (2006) 'Spatiality, Built Form, and Creative Industry Development in the Inner City', *Environment and Planning* A 38: 1819 - 1841. 一篇将文化产业和劳动形成过程中的城市地区客观要素有机串联在一起的文章。

Henri Lefèbvre. (1974) [trans. Donald Nicholson-Smith] *The Production of Space*. [*Production de l'espace*] Malden MA and Oxford: Blackwell. 关于空间理论化和当代城市空间的社会化"生产"的重要研究。

Thomas A. Markus. (1993) *Buildings and Power: freedom and control in the origin of modern building types*. Abingdon and New York: Routledge. 一项关于主要建筑类型的里程碑式的研究，并且研究了主要建筑类型和其社会目的间的关系，以及和前工业化、工业化和工业化时代政策限制间的关系。

Hans Momass. (2004) 'Cultural Clusters and the Post-industrial City:

towards the remapping of urban cultural policy', *Urban Studies* 41：507－532. 从专业的视角将文化集聚政策和规划的成果视作城市空间经济的重要构成元素。

John Ruskin.（1981［1853］）*The Stones of Venice*. Boston：Little, Brown（abridged version with illustrations, and introductory essay by Jan Morris）. 评价并描述了威尼斯独特历史背景下的建筑风格，极力推崇威尼斯哥特风格，拉斯金认为从哲学、建筑师的艺术和手艺、以及政治和社会背景的角度来看，哥特风格的影响力都是最为深远的。

Edward Soja.（2000）*Postmetropolis：critical studies of cities and regions*. Oxford：Blackwell. 生动论述了在全球化、跨国主义和工业化重构不断发展的时代背景下，新兴城市所面临的复杂性和争议，并且将洛杉矶作为实践者、先行者和警示者进行深入的个案研究。

Anthony Sutcliffe.（1973）*The Autumn of Central Paris. The death of city planning 1850－1970*. London：Edward Arnold［Studies in Urban History I：General Editor H. J. Dyos］. 详细论述了巴黎市中心文化景观保护和改造的复杂过程。

第七章
大都市的文化产业地区：案例研究和解读性概述

文化生产、文化消费和文化活动构成的混合型空间，标志着文化地区（或区域）的兴起，这种地区发展在如今似乎随处可见，代表着21世纪城市发展的普遍特征。从20世纪七八十年代西方大都市的后工业化空间中，我们可以看到文化地区的现代起源，到如今，文化地区已经成为在世界范围内全球性城市化发展的标志。那些希望以文化主导发展的城市，都在以文化地区的特征作为城市发展的特征。

对于那些更加笃定的城市主义者和政府官员来说，文化地区的发展可以带来诸多利好条件，比如新公司的建立，更多的就业岗位，以及社区的发展壮大，同时也能够让创造力被应用于更有发展前景的项目中。城市化地区通常包括各种类型的文化消费、文化设施、文化公司和文化生产网络。创意资本通常被用于把投资和技术型人才吸引到能够创造更大价值的产业中，尤其是那些高价值的、以技术密集型研究为导向的、处于上升期的产业。

但是将文化地区作为研究对象，会掩盖城市创意企业在形成过程中的差异性。这些差异非常明显，体现在文化空间在城市体系中的起源和发展特征上，管理、政策含义和社会组织结构的差异最终会呈现出完全不同的结果。但是随着时间流逝，特定文化区域（或地区）中文化产业的多变性也会导致差异化，体现在城市中的地区结构调整和变迁中。对于文化产业地区发展更深入的研究，会揭示大量的——并且经常是互相矛盾的——增长和变化的规律。据此，本章选取了城市和地区中有启发性、有代表性的案例，这些案例将为我们揭示城市创意企业“真实世界”中存在的诸多问题。

大都市文化地区的发展：一致性和差异性

在大都市的城市区域内，文化地区有着丰富的表现形式，包括现代版的工业区，也包括最近兴起的被称为“文化区域”的地区。为了探寻可信的创新空间和文化生产空间产生背后的深层逻辑，以及它们和城市发展变化大背景之间的联系，我选取了一些有启迪意义的案例研究，来阐释主要的发展趋势以及（潜在的）理论可行性。这一章的目的是通过一系列的案例研究和介绍，来展现基本的发展趋势，并从时间和空间的角度探讨不同地区的特殊情况，这些案例都以位于欧洲、北美洲和亚洲的国际化大城市和中型城市作为研究对象。

这些案例研究旨在揭示城市规模和管理模式的总体规律和特殊情况，其本质上突出了“空间”作为发展“容器”的重要性，除此之外，这些案例研究还包括随着时间流逝不断出现的创新和结构调整，突出了当代文化地区与众不同的“时空压缩”经历。尽管在某一层面上，结构调整可能会削弱文化地区发展在理论上的可能性，如果稳定（或者说可预测性）的确是这种发展理论的基础，但是在这个城市创新、重组和迁移不断发生的时代，只有通过结构调整，我们才能从更广泛的当代城市经济视角去认识问题、思考问题。

通过观察不同文化地区的构成要素，可以发现地区创新和结构调整的一般过程，这一变化过程可以被大概分成下列几个阶段：(1)早期为了表现传统文化而建立起文化地区，尤其是为了音乐、戏剧和舞蹈演出，并且随之出现了休闲娱乐区域，设有咖啡厅、餐馆、酒吧和小酒馆等；(2)在 20 世纪七八十年代，随着大都市旧城区中工人社区的衰落，城市中艺术从业者的聚居区开始出现，代表着文化地区的早期发展和文化主导的城市复兴；(3)互联网时代，文化、科技和地区的协同增效作用以及多媒体产业的快速发展（大约在 1995—2000 年期间）；(4)在本世纪的头十年，充满活力的“创意城市”计划得到广泛的认可，这得益于查尔斯·兰德里（Charles Landry）和理查德·佛罗里达（Richard Florida）等人的推广；(5)近些年来，金融机构、IT 行业和高档住房在被重新估值的地区不断渗透，使房地产价格趋于波动，一些艺术产业和文化产业因此无法承担房屋租金。

在国际范围内还存在着另一层影响文化地区构成的要素，那就是杰米·派克(Jamie Peck)等人曾提出的“快速政策”趋势和普遍存在的政策模仿。在很多情况下,地区政府机构会厚颜无耻地助力一个明显已经很成功的文化企业的发展,无论这个企业当时处于何种情况,通常以“先进带动落后”为幌子,却很少考虑地区的实际情况和需求。此外,拉塞尔·普林斯(Russell Prince)在第3章中所描述的“政策聚集”的广泛效应,正在有效地为死板的文化产业项目和新兴城市中的政策聚集地区注入活力,包括那些在所谓的“全球南方”和第三世界中不断寻求扩张的城市。

这些地区发展的一般过程和整体政策,很容易使城市的创意空间和文化空间乍看上去非常相似,文化产业的标志性特征似乎都变得同质化,比如代表性的文化产业和公司(影视制作,音乐产业,平面艺术与设计);艺术展览馆、艺术家工作室和社区艺术中心;咖啡厅,提供餐食的网吧和主打有机食品和手工调制饮料的餐馆,以及其他消费型生活设施;阁楼空间和居住—工作两用型工作室;自行车道和快餐车区域。咨询企业、IT公司、银行和商业化公司在各领域的不断渗透,将越来越多地导致城市资本和城市企业的重组,并由此带来房地产的波动、承续和更新换代。

但是通过对文化地区和区域发展历程的大量研究,我们可以发现不同文化地区由来已久的差异性、甚至是唯一性。这种差异性体现在选址、规模和空间布局;生产模式的遗留物和劳动专业化;社会组织和人力资本;国家和地区的管理特点;以及不断出现的意外情况和发展所面临的压力,从而检验创造和文化生产的适应性。文化地区和区域的个体命运,与它们所位于的城市以及更大范围的城市区域的整体发展轨迹紧密相关,尽管我也需要承认，区域化的城市规模也塑造了文化经济的混合产业模式。

案例分析和城市化比较研究

倾向、偏好和困难的抉择

通过对城市和地区的案例分析，我们可以理解城市发展和变化过程中的一般趋势和特殊情况，帮助我们构建城市研究的理论框架。城市在国家的经济、文化和政治体系中有着突出的地位，人们也特别关注城市的发展，这从大量的关于城市研究的文献资料中就可以看出，这些文献通常是关于巴黎、纽约、伦敦、东京和米兰等城市，包括了大量的学术研究、小说作品和关于社会运动的辩论，以及有影响力的电影和戏剧。人类学家已经进行过很多关于解决“发展中的”或“处于转型期的”社会的各类问题的研究，这样的社会主要存在于东南亚地区、南太平洋地区、拉丁美洲、非洲和亚洲的中部和南部地区。在过去的一个世纪里，社会学家和地理学家在阶级、人种和种族特点，制度上的隶属关系和实践，社会福利保障，住房类型和保有权等方面开展了大量研究，这些研究在很大程度上既受到城市研究中芝加哥学派的理论分支的影响，也受到后工业主义的社会经济成果的影响。当代学者将性别问题、原住民保护、文化认同和人口统计引入城市研究之中，丰富了城市研究领域，也为社会行动和政治改革增添了可能性，这都是源于城市和地区的比较研究。

在战后时期，超级城市的出现引发了大量关于“世界城市”（由彼得·霍尔在1966年提出）的实证研究和理论研究，这些“世界城市”都是各自国家经济发展的主导力量，随后人们又将重点放在了“全球化城市”上（John Friedmann，Goetz Wolff，1982；Saskia Sassen，1991，2001），这赋予了一些超级城市特权，使它们在国际金融体系、贸易、传媒和文化中拥有非常大的影响力。这种率先发展少数超级城市的理念中充斥着特权主义、等级主义和不平等性，引发了学者们的批评，他们呼吁在做城市案例比较研究时，应该更加均衡地选择研究对象，要将那些未充分研究的“普通城市”纳入研究范围中（Robinson，2006）。相比较于“全球化城市”，这些“普通城市”通常更依赖于地区的生产体系和劳动力市场，它们可能缺乏有推动力的行业或是处于主导地位的公司，并且不会得到媒体太多的关注，也不会去刻意打造有影响力的城市形象。

在这一章中，我选取了那些能够彰显“城市工业民族论”的城市，在这样的城市中，资本重组、工业化结构调整和承续是构成地区经济发展史最为重要的因素，也对地区发展产生了重要影响，同时也更多地体现了城市转型过程中的特点。这些案例中的城市具有非常不同的管理制度和规划传统，在某种程度上突出了城市发展的特殊性、结构变化的影响、新自由主义的影响以及“政策灵活性”在城市文化经济中发挥的重要作用。因此，尽管伦敦和柏林的城市发展都受到政治危机、工业滑坡和深层社会脱节的影响，但是文化发展在两个城市的复兴中却发挥了完全不同的作用，这在一定程度上是由于单一制国家和联邦制国家之间政治组织形态的不同，也是由于伦敦在英国城市中的绝对主导地位。对于这两个城市的案例研究，我们可以重点讨论不同的地区文化背景和商业背景带来的不同影响。西雅图和温哥华的案例体现出，在共同生态领域上的繁荣中型城市里，文化和创造力的发展在某些方面决定了经济的发展速度。但是我阐述了区域—地区发展的特殊性，空间分配管理的决策机构不同和地区规划优先级的不同，最终会导致地区的发展结果不同，这给理论建构造成了挑战。第7章也简要描述了在超级城市经济发展的最新阶段中，文化产业和创意劳动的作用正变得越来越突出，这在东亚一些"经济成长型"国家的城市中尤为突出，比如北京、上海、首尔和新加坡。我选择这些城市在某种程度上是因为它们本来就很重要，这些城市在制定发展策略时，坚定地将文化发展作为主要发展手段。但是同时这些城市很有可能影响到其他国家的政策制定，因为有些国家渴望复制成功国家的经济增长模式和快速发展道路，尽管国家间的社会环境和社会成果存在着很多不同。在第6章中对于空间和地区的论述为第7章中文化产业和城市的案例研究提供了理论背景，而在第8章里，我将针对一系列的城市地区和城市体系的文化政策评估，进行有选择性的调查研究，研究将涵盖发达城市和"普通城市"。

案例研究的选择和选择的原因

在这一章中，可供选择的案例可谓是浩如烟海，在前面几章里，我尽力去使用不同的有代表性的城市来解释各类问题，比如全球化、治理和政策、劳动市场、以及住房和地区升级。接下来，我将介绍在这一章中为了讨论文化地区问题所选择的城市和地区案例，并简单解释选择这些城市的理由。

首先，本章将论述伦敦文化地区的形成与发展，并将伦敦作为全球化城市中第一梯队的代表。在欧洲的诸多城市中有很多其他可以选择的对象，特别是巴黎，被大卫·哈维(2003)称为“现代的首都”，巴黎的现代性源自法兰西第二帝国时期(1852—1870)右岸地区的大面积改造，巴黎还被麦克·克朗(Mike Crang)和奈杰尔·斯瑞福特(Nigel Thrift)(2000：13—15)称为“19世纪的欧洲首都”，这是由于巴黎在欧洲久负盛名，被看作是欧洲的艺术中心、文化传说和文化故事的发祥地，同时也是影响深远且复杂的城市化的重要发源地。

但是我认为，伦敦才是最适合被作为案例去研究的城市。伦敦作为帝国和殖民主义的中心长达三个世纪之久，紧接着又成为后殖民主义地区，并不断吸收来自各个国家的移民，产生的影响包括社区的改革，以及在“工业”“商业”和“文化”领域中专业化人才和技术的融合。伦敦是现代第一个真正意义上的大都市，是第一个人口达到一百万的城市，也是城市基础设施建设领域的先行者。值得一提的是，伦敦是世界上第一个修建地铁的城市，在伦敦开始修建地铁的40年之后，巴黎才开始修建地铁。

同时，伦敦也是19世纪和20世纪早期轻工业和工程发展的世界级中心（Sassen, 2001：209－210），伦敦的环境和社会等外部因素为马克思权威的资本评论提供了论证素材，而到了1960年，伦敦又成为英国的第一个制造业地区（Martin, 1964：111）。到了20世纪七八十年代，随着制造业的滑坡和伦敦港的衰落，这些工业化地区（和临近港口的）工人阶级地区面临着严重的社会经济危机，然而玛格丽特・撒切尔的保守党政府（1979年5月—1990年11月）对于市场力量的信任和对社区价值的蔑视使这一危机更加恶化，随之而来的是社会福利减少和地区规划范围的缩小。

接下来由托尼・布莱尔（Tony Blair）和戈登・布朗（Gordon Brown）领导的"新工党"政府，以及大卫・卡梅隆（David Cameron）领导的保守党政府在很大程度上已经接受了撒切尔主义的基本理念，尽管会做出这样或那样的调整以确保没有纰漏，但是已经很大程度上将"市场"（和市场的参与者）视作是资本调配的最有效手段和经济发展、复兴的重要驱动力。在本章的这一部分中，我们将通过评述几位最具影响力的学者关于伦敦的研究，将伦敦内东区从工业地区到文化区的突然转变，置于伦敦整体资本重组和城市布局改革的大背景中，揭示伦敦文化地区发展的总体趋势。

柏林：创意城市和文化矛盾

在第七章中，作为案例研究对象的第二个欧洲城市是德国的首都——柏林。我引用彼得・霍尔（1998）的观点，对柏林经济发展过程中重要的时间节点进行总结，从19世纪作为发达工业城市一跃而起，柏林在艺术和文化发展上一直有着出色的表现，并一直持续到魏玛共和国时代的结束(1933)，这期间的成就使柏林成为很多人眼中的“二十世纪的欧洲首都”，但这一切因为纳粹所引发的政治灾难和战争导致的社会—经济动荡而终结。

德国是一个联邦制国家(英国和法国是单一制国家，和德国不同)，因此德国可能拥有欧洲最为均衡的城市发展体系，在德国没有像伦敦和巴黎一样处于绝对主导地位的城市。尽管目前柏林和巴塞罗那、阿姆斯特丹、米兰等城市一样被视为欧洲的文化之都，但是柏林在很多重要领域中都属于德国城市中表现平平的一个，这是由于柏林大型制造业的衰落，失去工作的劳动者无法找到新的高收入工作。这些因素都使柏林的文化产业和创造性劳动力的作用更为重要，斯蒂芬·克拉特克(Stefan Krätke)在他的研究中也提到过这一点，我引用他的观点来阐述在整个欧洲的大背景中，柏林与众不同的城市发展特点。

西雅图和温哥华：道路相似性，城市规划和跨国主义

接下来，我将西雅图(华盛顿州)和温哥华(不列颠哥伦比亚省)的文化产业发展情况进行对比，两个城市都是北美洲最具影响力的中型发达城市，拥有先进的城市规划方案和城市政策价值标准。西雅图和温哥华都位于拥有大量自然资源的国家，并且都拥有极为丰富的森林资源，但是两个城市都是在19世纪后期才真正开始发展，这与主要经济体中心—外围的发展模式是相契合的。西雅图在美国的创意城市中排名很高，包括在理查德·佛罗里达非常著名的城市排行榜中也是如此，从广义上的文化产业来看，西雅图拥有很多世界级跨国公司，比如微软、星巴克和亚马逊。

相比之下，温哥华缺少处于这一级别的主导型产业和公司，但是却在过去的 25 年里完成了出色的“创意转型”，这一转型始于电影拍摄和后期制作在该地区的兴起，而电影产业就位于城市大量的生活设施区域内。温哥华始终在全球“宜居”城市排行榜中位列三甲，尽管“宜居”这个词可能本身就带有强烈的倾向性和浓厚的个人感情色彩。对于这两个城市来说，“空间”的质量和布局，对于创意经济中企业的结构和规模都有着重要的影响。但是两个城市从 20 世纪 80 年代以来，走过了完全不同的经济发展道路，这也说明我们需要在分析时，更为仔细地考虑区域—地区的特殊性。西雅图在很多重要的方面都是艾伦·斯科特(Allen Scott)所描述的“工业城市化”的典型代表，而温哥华“生活第一”的城市规划核心理念，所包含的跨越国界的城市认同感和打造宜居城市的目标，突出了城市发展中社会生态的重要意义。

新加坡：成长型国家的文化创意产业

如果说日本是亚洲战后最有影响力的以工业化来带动经济增长和发展的国家，那么新加坡就是最有可能与之相媲美的，新加坡通过对工业化项目和政策的整合，在连续的发达经济结构调整的过程中做出了合理的分配和布局。其中较为典型的调整措施包括大力促进劳动力市场、高等教育、特别是科技的进步发展，以及制定了严格的指导资本发展和使用的监管政策。这一成功经验被继续应用到文化经济之中，尽管创意城市和产业的细微差别和具体发展情况，已经在很多方面证实了在“热带特色城市”的具体政治和社会文化背景中很多经验的实施是有困难的。在具体的案例研究中，我们将通过对“空间”的研究，尤其是通过对独具特色的“直落亚逸”和“小印度”的历史环境的研究，来分析新加坡的文化发展轨迹。

亚洲特大城市地区的文化区域：韩国和中国的城市案例研究

在这一部分，我将选取关于两个亚洲最大经济体文化地区发展历程的最新学术研究成果，这两个国家的创意经济政策具有较强的传播性（引自 Prince；见第 3 章），同时又具备独特性，这源自国家的管理方式和政策价值标准，以及复杂的政治和社会关系，这对主要城市地区的再发展有着重要影响。

韩国是东亚较为成熟的发达工业经济体，战后著名的“亚洲四小龙”（或四小虎）之一。韩国公司的主要组成形式仍然是大型工业化企业集团（“韩国财团”），但是在过去的 20 年里，这个民族国家及其主要政府机构正在积极推进转型，朝着技术密集型产业和高级生产性服务业（APS）的方向发展，以及朝着最近出现的文化产业方向发展。在这里我阐述了郑南智（Namji Jung）和赵美惠（Mihye Cho）的最新相关研究，以此对首尔地区为基础的先进技术发展和文化产业发展进行研究，首尔是韩国的首都，也是亚洲主要的特大城市地区。

毫无疑问，中国已经成为“世界工厂”，并且随着工业化生产的飞速发展，正在稳步提升自己在价值链中的地位，规模巨大的深圳经济特区的高级服务业、科技产业和知识产业的发展已经证实了这一点。中国的大型城市地区为不断加速的创新和结构调整提供了必要的空间，同时也为文化主导型发展模式的地区试点创造了条件，这迎合了不断推进的国家经济全球化和现代化战略。在这里，我将阐述钟盛（Sheng Zhong）和珍妮弗·克利尔（Jennifer Currier）关于北京和上海文化地区发展的最新研究成果，其中包括当地政治制度的重要性，能够控制房地产发展的社会关系的重要性，以及在文化地区内艺术“先锋”和其他创造型人才所带来的地区升级压力。

伦敦：市中心周边地区的结构调整、空间重组和形象重塑

在工业化地区转型和发展的研究中，内伦敦东北部地区是最具代表性的研究对象之一，该地区从专业化轻工制造业地区转型为承载文化生产、文化消费和文化活动的新型地区，到如今又成了商业企业和科技企业聚集的地区。伦敦在城市结构调整中显然经历了大多数城市都曾经历的过程，这对于总结出一般性规律很有帮助，然而伦敦的案例也具有特殊性，特别是伦敦工业区的专业化发展和地区升级过程，体现了在特定城市中结构调整特殊化的影响。这个英国首都的角色在今天又被重新定义为商业和科技新兴产业的聚集地，揭开了伦敦在战后城市结构调整的新篇章。

为了突出这一案例研究的目的，我的阐述将以伦敦的工业化结构调整为主线，同时也会包括传统制造业的衰落和由此引发的商业领域和文化产业中新兴行业的出现。但是伦敦工业化转型

和社会转型的历史跨度非常大，这使得人们可以从不同的角度来分析，这些不同的看待问题的角度体现了研究的丰富性、复杂性和冲突性。这些不同的研究角度具体可分为：针对过去半个世纪一系列的结构调整，直截了当地进行实证性研究；研究管理制度上的转变和城市规划的试验，包括从战后时期严格的监管制度，转变为撒切尔时代的新自由主义萌芽，以及由此所带来的影响；研究最新的政策模式及其充满活力的增长信号；也可以研究与最新政策相关的内伦敦地区和区域的形象重塑。

内伦敦东北部工业化发展轨迹概述

随着人们开始认识到工业化伦敦独特的空间经济价值，伦敦由此开启了工业化转型，体现在 19 世纪早期轻工业、工程行业、仓储业和产品分销业的兴起，这些新兴产业的组成要素包括劳动力、生产关系网和基础设施。关于伦敦工业化发展的学术研究极为丰富，包括 M·J·怀斯(1956)、彼得·霍尔(1962)、J·E·马丁(1964)和很多其他学者都从事过相关领域的研究(也可以参见本人的研究：2008/2010，pp 69—101)，但是也存在一些对工业化伦敦残酷的社会环境的批判性论述和文学解读，其中最为著名的就是查尔斯·狄更斯(Charles Dickens)以伦敦为背景创作的小说，和卡尔·马克思(Karl Marx)的共产主义宣言。

伦敦工业区的发展历程中很重要的一部分就是个体区域的专业化生产，这在 19 世纪显得尤为突出，专业化生产区域集中出现在内伦敦的东北部地区，包括肖迪奇区和克勒肯维尔区，也包

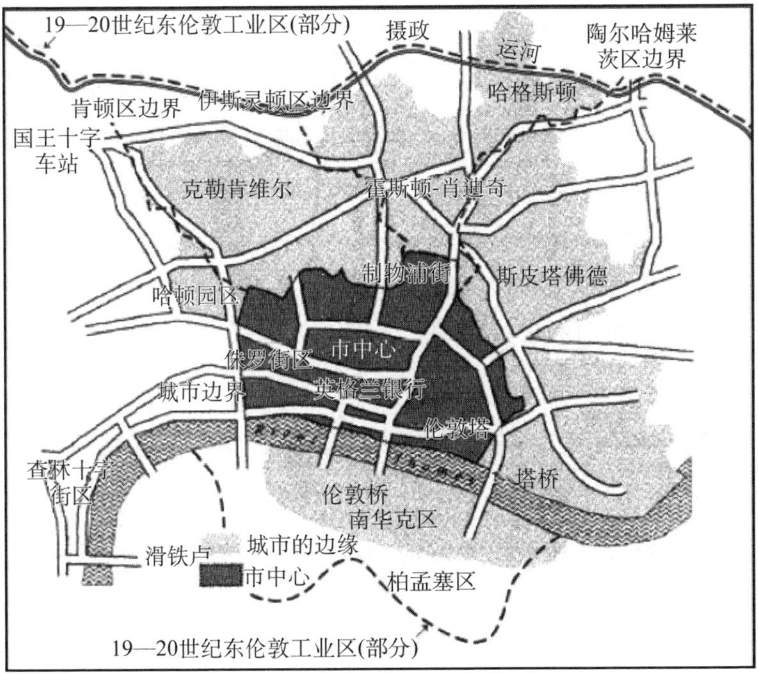

图 7.1　内伦敦的工业区

出处：Hutton(2008) *The New Economy of the Inner City*. New York and Abingden. Routledge.

括佛里特街(报纸产业)，芬斯伯里区、莱姆豪斯区、哈顿公园区(珠宝产业)、卡姆登区(伦敦西区服装业)，还有皮革产业和餐饮业(柏孟塞区和萨瑟克区的部分区域)。

这些城市结构调整的规模、复杂性和程度都决定了伦敦在工业地区发展历史中独特的、或者可以说独一无二的地位。因此我们在进行伦敦地区的案例研究时有很多选择的可能，包括前面提到过的柏孟塞保护区、苏荷区和哈顿公园区。其中克勒肯维尔区具有非常大的研究价值，从 19 世纪到 20 世纪中期，该地区是具备专业化生产能力的工业区，以生产光学科学仪器而闻名；接着在 20 世纪七八十年代经历了传统制造业的突然衰落；随后在 20 世纪的最后几年里该地区经历了艺术主导的复兴；近几年来，该地区再次完成了华丽的转型，成为创造性人才、金融从业者、"新型"和"超级"中产阶级等社会精英的聚集地，同时该地区也出现了大量的消费型公共场所(图 7.2)。

霍斯顿-肖迪奇：从后工业化艺术区到数字化商业区？

我首先简要地介绍一下霍斯顿区的发展概况，霍斯顿区曾是繁华的肖迪奇区的一部分(从 1965 年起变成伦敦哈克尼区的一部分)，该地区作为一个文化区域(工业区的当代表现形式)(图 7.3)经历了接连不断的创新、重构、承续和迁移，因此对于该地区进行案例分析非常具有启发意义。关于霍斯顿和肖迪奇的大量研究的确可以表明，地区在发展过程中存在着延续性，但是变化也在不断发生，这些变化起到了重塑企业模式的作用，这体现在大量的一般性过程中，尽管这些变化也体现了地区发展的特殊性。下面我将逐一介绍五位学者关于霍斯顿-肖迪奇地区发展结构调整的研究，从而揭示地区发展的经验特征和发展过程中地区的主观能动性。

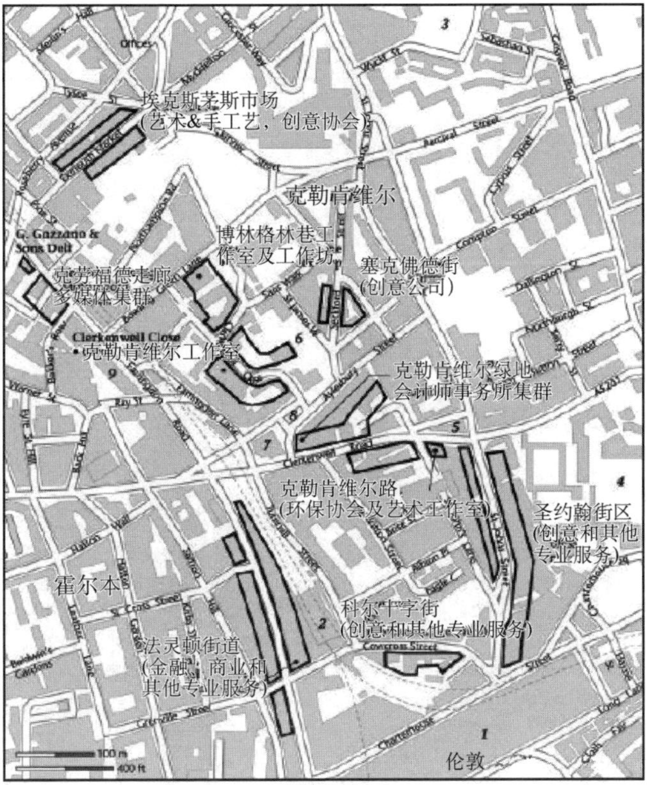

克勒肯维尔
生产与消费布局
主要建筑类型和土地使用方式

产业地区与集聚
标志性建筑与机构：

1 史密斯菲尔德中心市场
2 法灵顿车站
3 伦敦城市大学
4 伦敦皇家医学院
(圣巴尔多禄茂&卡尔特修道院)
5 圣约翰教堂
6 圣詹姆斯教堂
7 原米德尔塞克斯会议大厦
8 马克思纪念图书馆
9 卫报大楼

图 7.2　克勒肯维尔区：生产和消费区域的城市布局

出处：Hutton(2008) *The New Economy of the Inner City*. New York and Abingden：Routledge.

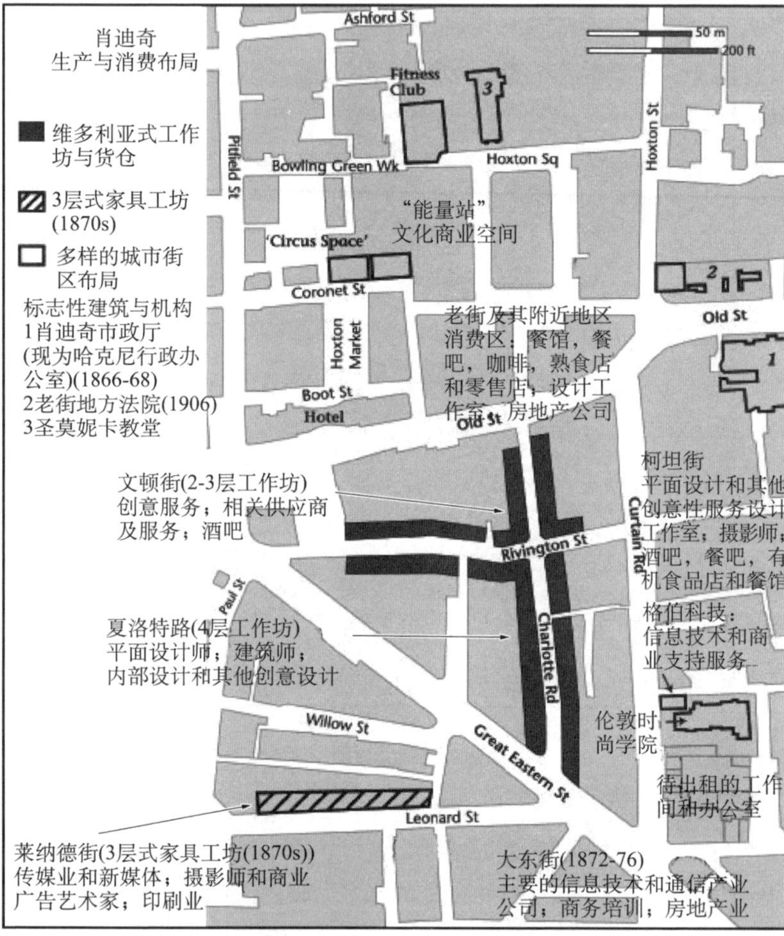

图 7.3　伦敦，哈克尼区，霍斯顿和肖迪奇三角区

出处：Hutton (2008) *The New Economy of the Inner City*. New York and Abingden: Routledge.

克里斯·哈姆内特：社会升级和伦敦土地使用的转变

克里斯·哈姆内特(Chris Hamnett)在地区发展研究领域颇具影响力。伦敦工业化的衰落和崩塌带来了不小的影响，因此哈姆内特以社会变化的大背景为切入点，研究霍斯顿地区的发展以及由此引发的城市布局改变。哈姆内特阐述了彼得·霍尔关于伦敦维多利亚工业带构成要素的经典表述(1962)，以及伦敦在后工业化转型过程中的两条主线。一是生产的经济和空间组织形式的转型，这使得生产者在传统意义上的市中心周边地区能够拥有更多的土地；二是工业化附属行业的改变，比如推动运输业、仓储业和公共设施的发展(214—215)，这可以为新的经济和社会发展目标提供空间和建筑环境。

关于上述的第二点，哈姆内特结合自己关于伦敦社会变化的长期研究以及蒂姆·巴特勒(Tim Butler)的相关研究，将霍斯顿区定义为"第三次社会升级浪潮"地区。"第一次浪潮"地区往往更受欢迎(更中心化而非乡土化)，以诺丁山区、克勒肯维尔区和伊斯灵顿区为代表(这些地区对年轻人来说更具吸引力，通常接受过良好教育的、拥有高收入的专业人士会和配偶、家人居住在这里)；"第二次浪潮"地区则是以斯托克纽因顿区为代表(拥有一定的建筑存量和保有房产的邻近地区或"人口外流"地区)。伦敦的市中心周边地区升级并不是同时发生的普遍性过程，相反随着时间的推移，新的经济主体和社会主体开始发挥主导作用，同时随着伦敦地区"升级边界"不断向东扩展，不同的地区因此会经历完全不同的升级过程。

安德鲁·哈里斯：文化经济，社会升级和“城市的田园牧歌”

安德鲁·哈里斯（Andrew Harris）在“细节描写”（与偏向整体的“宏大叙述”相反）方面颇有建树，他通过“细节描写”来展现霍斯顿从工业区到文化区的发展起源和发展模式，这体现在他的文章“艺术和地区发展：追溯伦敦霍斯顿区的城市田园牧歌”中。哈里斯的研究视角为“艺术实践与表现”和“地区升级的新文化景观”之间的重要关系。正如哈里斯所说，至少在某一层面上，霍斯顿区是“从艺术从业者到中产阶级”发展模式的典型代表，在这一过程中工业化地区的衰落被看作是艺术从业者重新找到城市归宿和城市定位的最佳时机，他们以较低的价格租赁到合适的工作和居住场所。这一情况出现的大背景是在20世纪80年代伦敦制造业的崩塌时期，企业裁员率达到惊人的65%，由此产生了大量的闲置土地供新兴产业使用。但是当时的社会背景还包括英国艺术业的急剧扩张，这是更高层面的文化和政治转型的一部分，但是在对“新型创意区域的‘有机’发展”的研究中却常常忽略这一点。艺术业的扩张具体体现在英国艺术展览馆和艺术工作室的数量在1960年到1985年期间增长超过三倍，受其影响，从20世纪60年代起，英国的艺术教育规模也在全国范围内不断扩大。

哈里斯用具体的例子解释了上述观点，米克·克尔（Mick

Kerr)是在这一社会结构调整过程中较早搬入霍斯顿地区的，他和他的两个研究生搬进了位于夏洛特街的一座四层建筑的顶楼(图 7.3)，正是因为传统工业的衰落，他们才有机会在这里租到房子。除了很多想在霍斯顿区定居的艺术从业者，哈里斯还提供了一些其他专业创作人的案例，这些人会更看重与客户和市场间的距离，以及这一地区的区域特征。这些案例能够更好地帮助我们理解在伦敦发展结构调整的过程中，霍斯顿区和肖迪奇区发挥的独特作用。

> 很多时尚设计师也因为类似的原因被该地区所吸引，因为该地区有大量的闲置土地且租金价格较低，同时该地区还和伦敦东区的纺织品贸易有着密切的联系。随着大量的平面设计师和音乐家开始在这一地区工作和生活，其中包括著名的杰米·里德[为性手枪(Sex Pistols)乐队进行形象设计]和约翰·福克斯[超声波(Ultravox)乐队创始人]，霍斯顿区的名声越来越大，被誉为是文化生活的新兴非主流形式。
>
> [229]

此外，霍斯顿被废弃的工业化空间的确可以吸引到“新颖的、数量更多的和源于国际的艺术形式，比如绘画、雕刻和装置艺术”(Hamnett，Whitelegg，2007：112)。

这些发展趋势都说明了社会需求的变化，而社会需求可能是城市结构调整过程中最为明显的驱动因素，推动了霍斯顿区从传统工业区到文化区的转型。但是安德鲁·哈里斯还强调了房地产市场经营者和金融组织机构在这一过程中发挥的重要作用。早在1968年,大伦敦议会就开始支持一个叫做“SPACE”的机构在圣凯瑟琳码头区建立一个“新兴艺术家聚集区”,就位于伦敦塔桥附近。随后类似的支持政策包括对伦敦东区的工业化建筑进行“回收利用”,为艺术业和艺术从业者提供必要的活动场所,包括新霍斯顿区的艺术车间和霍斯顿区鲁弗斯街的艺术家工作室。

在哈里斯看来,霍斯顿区“艺术产业”和“工业化发展”之间的联系就是他所定义的“工业艺术鉴赏力”,并且至少有一些艺术家和创作者是具备这项能力的。在这里他将艺术家对于田园牧歌般的伦敦东区的爱慕作为论据,试图揭示城市结构调整背后的真谛,并以此谱写了霍斯顿区虚无缥缈的“田园牧歌”,却完全忽视了该地区压抑的、甚至是残酷的现实生活环境。

安迪·普拉特:霍斯顿-肖迪奇区的艺术社区沉浮录

安迪·普拉特(Andy Pratt)是另一位在霍斯顿地区研究上颇具影响力的学者,她指出“产业”内涵才是极为重要的“生产功能”的关键性表现,并以此为切入点来研究霍斯顿-肖迪奇地区的发展轨迹。普拉特反对简单地将霍斯顿区和其他市中心周边的后工业化地区的建立,看作是从制造业主导到服务业主导的经济体制转型的残留物,或是将其简单地理解为艺术从业者的乌托邦社区,脱离了创新、竞争和结构调整等市场现实。普拉特认为,霍斯顿区在20世纪90年代作为英国(和欧洲)重要的艺术社区之一,经历了短暂的辉煌,这既是由于杰出艺术家的创作能力,也是由于“SPACE”和“ACME”等关键机构所发挥的作用，同时也不能忽视创意企业所营造的浓厚的艺术社会氛围，以“英国青年艺术家组织”“英伦摇滚”“蓝调之音”爵士乐俱乐部(倒闭后更名为“蓝光酒吧”并再次开业)和白立方画廊为代表的艺术机构，聚集在霍斯顿广场的南边(图 7.4)。

图 7.4　霍斯顿，霍斯顿广场

正如安迪·普拉特所说，这些集中的创意和创新活动使霍斯顿区名声大噪，得到了英国乃至世界的认可，包括在《时代前沿》杂志的“最受欢迎的 100 张新面孔”排行榜中位居第 2 名(仅次于英国超模 Kate Moss)，以及在 20 世纪 90 年代英国“魅力不列颠”

文化运动中被视作艺术和创新活动的核心地区(1052;也可参见Pratt, 2009,对这段经历进行了更为详细的描述)。普拉特利用霍斯特地区文化发展的大反转吸引了我们的注意力,因为正值该地区成为主要的艺术社区之时,大批的独立艺术工作者却在这时选择了离开,因为他们在城市更靠东的地区发现了更加廉价的(虽然环境也更糟糕)土地(Pratt, 2009)。

乔·富尔德(Jo Foord):从创意城市到科技城市?

尽管普拉特为霍斯顿区充满活力的艺术社区的消失而惋惜,但是他也认可了资本重组、再投资和资本更替等市场因素在城市发展中的重要作用,这些市场因素促进了伦敦和其他城市的复兴,据此他将"工业化升级"这一术语定义为在被重新估值的市中心周边地区的社会升级过程中的产业关系。这一定义为霍斯顿—肖迪奇地区最近的(再)发展研究奠定了重要的基础,乔·富尔德在她的文章《新兴之城?伦敦东部从创意城市到科技城市的发展》中专门对此进行了论述(2013)。富尔德以"创意集聚"研究的理论基础作为开头,关于集聚和相关人口密集地带的研究有着悠久的历史传统,甚至可以追溯到阿尔弗雷德·马绍尔(Alfred Marshall)关于工业区运行实践的思考,"创意集聚"理论是这些研究在目前阶段的精华所在。安迪·普拉特对于霍斯顿艺术社区的沉浮进行了详细描述,接下来该地区又经历了工业化的承续和"升级"。富尔德则将霍斯顿区和距离很近的肖迪奇区的经济发展,描述为创意产业发展中"b2b"(企业对企业的电子商务模式)

增长模式的典型，通过使用最先进的科技手段，有效取代了之前以美学为导向的艺术社区发展模式。

爱德华·琼斯：伦敦内东区的管理制度和城市形象

尽管上文中的论述已经对伦敦内城区东北部的重要发展阶段进行了深刻解读，但我们仍然有必要去研究城市形象转变和城市管理制度转变间的动态联系。这两项转变说明了在战后时期伦敦全球化发展进程中内伦敦的重要地位，也说明了对于市中心周边地区有目的的占用，其实是中央政府和地方政府在传递战略性的政治信号。

伦敦大学学院的爱德华·琼斯（Edward Jones）通过解读城市管理制度的转变和内伦敦地区空间、土地重塑的案例，生动形象地描述了“伦敦的重要时刻”（2014）。他的叙述几乎跨越了半个世纪，从20世纪七八十年代剧烈的产业结构调整，到过去十年里商业和科技主导的产业复兴，反映了工业地区和工业区域范围的重新界定，也反映了随着时间推移，对于“发展”的定义也在不断变化。琼斯采取文献研究、主题分析、关键人物访谈、公司调查等研究方法，通过使用地图、照片和文本等和城市形象有关的材料，追溯城市发展过程中的“重要时刻”。这些城市形象构成了他所谓的现实“共同结构”，包括物质价值和符号价值，同时说明了“打造城市形象也有助于创造现实”（5）。

爱德华·琼斯首先提出了内伦敦最初的城市形象是典型的工业化地区（包括生产、分销、劳动力），这与20世纪80年代早期

“大伦敦议会”提出的工业化战略是相契合的，该战略计划旨在打造一个伦敦“中心产业区”。这一“中心产业区”是由工业区、金融区、商业区和零售业区共同组成的，东起哈姆雷特塔，西至哈默史密斯早期的中央办公区。“大伦敦议会”的工业化战略（以及更高层面的大伦敦发展计划）明确定义了内伦敦东部的工业化特征和空间用途，尽管在这一过程中已经出现了工业撤资和衰退等警示迹象。“大伦敦议会”的工业化政策和 20 世纪 70 年代工党政府的执政理念高度契合，同时也符合伦敦自治市议会的左倾倾向，具体政策包括对伦敦商业公司发展的严格限制，它们被认为损害了工业企业和工人阶级的利益。

但是到了 20 世纪 80 年代中期，玛格丽特・撒切尔领导的保守党政府否定了伦敦的工业化未来，取而代之的是开始实行新自由主义政策，优先发展金融业、先进生产服务业和房地产行业。为了推进伦敦新的城市发展规划，撒切尔政府削弱了当地政府在城市规划中的权力并废除了（1986）“大伦敦议会”和其他英国城市权力机构，将地区政府对城市发展规划的影响降到最低。

琼斯将研究的重点放在了肖迪奇区，随着以科技公司、创业公司和技术型专业人才为代表的企业机构迅速发展，肖迪奇区在近年来成长为伦敦内城区东部轻工业和仓储业蓬勃发展的地区。这是一次由企业、媒体和公务员所领导，以科技为驱动力的地区复兴，肖迪奇区开始建立起伦敦“小硅谷”的地区形象，这是因为肖迪奇老街地区的几条主干道已经成了不断壮大的科技公司聚集区（图 7. 5）。地区政府的管理模式对地区投资复苏和增加就业岗位具有重要意义，这一管理框架是由当地政府机构、准政府机构和行业协会共同构成的，这些机构共同推广地区的品牌效应、打造地区形象，比如“哈克尼：伦敦的商业心脏”；“怀特查佩尔愿景”（怀特查佩尔朝何处发展？）；哈克尼的“地区发展体系”等等。

图 7.5　伦敦“小硅谷”：肖迪奇老街地区的新建筑和新兴科技的发展

但是在内伦敦一些老的传统工业区的科技爆发最终也受到了英国政府的关注，包括首相大卫·卡梅伦和他的保守党—自由党联合政府。这也是自 20 世纪 80 年代撒切尔的后工业主义计划在地区政府和中央政府间建立起意识形态敌对以来，双方似乎第一次在整体规划和地区发展愿景中取得了意见的统一，尽管看起来还是存在着诸多分歧。但是在这个新兴科技产业主导发展的时代，卡梅伦并不满足于仅仅去支持地区的创业行为，他希望将自己的“科技城市”计划融入地区发展中，这是一项更有野心的、更加开放的发展战略，将原来的后工业化地区作为英国（和欧洲）科技商业新经济发展的最前线，伦敦内城区也要因此制定出新的经济管理模式（图7.6）。

图7.6 时代的标志：肖迪奇区的新印象

柏林：创意城市发展的可能性和矛盾性

尽管很多城市都经历过战争、政治极端主义和经济危机所引发的社会混乱，但是没有城市比柏林在这方面经历的更多。从盟军的轰炸到1945年苏联红军的反击，再到盟军势力对城市的分割和占领，柏林在这一过程中遭到大面积毁坏，同时将波恩作为联邦德国的首都剥夺了柏林的政治权力。柏林这座城市的政治权力起源于勃兰登堡时期(1450年)，随后从1701年开始作为普鲁士帝国的首都，再到1866年以后作为德意志帝国的首都，在德国始终拥有至高无上的政治权力。自德国重新统一以后，柏林的东山再起成为文化主导的城市复兴在一些重要领域的成功典型，这些领域包括实验技术、电影制作、新媒体产业和建筑设计。但是柏林的整个发展过程非常复杂，并且存在很多问题。

从“军事要塞城市”到“电气化大城市”

彼得·霍尔曾描述了柏林在19世纪独特的、在某些方面甚至是独一无二的发展轨迹，它从一个类似西点(美国)和奥尔德肖特(英国)的“军事要塞城市”发展成为一个工业化大城市。在1800年，德国在人口、工业和文化多样性等很多方面都远远落后于欧洲其他的首都城市，比如巴黎、伦敦、维也纳、罗马和圣彼得堡。柏林之所以能够在19世纪的后50年里飞速发展，是因为它作为复兴的德国的首都所拥有的政治权力，也因为柏林逐渐开始在电气工程和电气化生产方面处于世界领先的地位。

霍尔在阐述柏林在电气化工业中的主导地位时，详细记叙了一些最为重要的公司的发展历程，这些公司的发展是基于主要教育机构的支持，包括夏洛滕堡的柏林建筑学院(后来成为柏林工业大学)(1799)和弗里德里希-威廉大学(1810)，如霍尔所说，这两所大学共同在柏林建立起了“全世界最富有成效的科技教育体系”(Hall，1998：383)。在电气化工业发展进程中一个标志性事件就是维尔纳·冯·西门子(Werner von Siemens)和约翰·哈尔斯克(Johann Halske)之间的合作，西门子在 1834 年从汉诺威搬到了柏林，1847 年他们正式建立了西门子 & 哈尔斯克公司。在西门子 & 哈尔斯克公司中，科学、技术和工业的结合带来了丰硕的成果，包括著名的第一个可以正常工作的发电机(1866)，第一个可以投入使用的电弧灯(1878)，电气化铁路的雏形(1879)以及首次电气火车服务(1881)。

埃米尔·拉特瑙(Emil Rathenau，生于 1838 年)在建立德国通用电气公司(AEG)的过程中起到了非常重要的作用。德国通用电气公司致力于将电力应用于重工业之中，同时和西门子 & 哈尔斯克公司签订了设备采购协议，两家企业卡特尔模式的合作最终实现了双赢。德国通用电气公司的创新产品包括使用交流电的发电机和变压器，能够有效延长电流的传输距离，而西门子 & 哈尔斯克公司则“始终在信息通信技术上保持领先”(385)，发明了铁路系统的信号设备。在 1903 年，德国通用电气和西门子公司签署了长达 25 年的合作协议，从而建立一个新的子公司——德律风根(Telefunken)。建立这一子公司的初衷是为了满足第一次世界大战中德国军队对通信设备的大量需求，以及在战后时期消费者市场对精密的无线电通信设备的需求。

彼得·霍尔从空间形式变化来阐述柏林的工业化发展。柏林工业化发展的第一个阶段以工业化生产车间为主要形式，这些车间位于市中心及其周边地区，临近拥有大量劳动力的城市核心区域，其中就包括西门子 & 哈尔斯克公司在克罗伊茨贝格区的生产车间。由于对生产空间需求的提高，生产者开始搬往侯爵街地区，霍尔认为该地区是伦敦西南部皮姆利科工业区在德国的再现，因为在这两个地区，公司倾向于和政府承包商建立密切的合作关系。尽管其他的德国城市，尤其是位于鲁尔山谷附近的城市，都在经历着高水平的工业化发展，但是电气化工业却被有效地"封锁"在柏林这座城市中，这既是受到集聚效应的影响，也是由于电气化工业的发展遵循"典型的从母公司到子公司的模式"(383)。

魏玛共和国时期(1918—1933)的文化创新中心——柏林

在魏玛共和国时期(1918—1933 年)，柏林开始成为欧洲的文化中心，这对柏林的城市发展产生了深远的影响。尽管法兰克福、斯图加特、德绍等城市也在文化表现和活动方面飞速发展，但是没有城市能在这方面与柏林相提并论，正如彼得・霍尔所说，"柏林在魏玛时期的发展历史已经远远超越了其他历史时期，是柏林城市历史的精华"(Hall, 1988：239)。

在魏玛时期，人们在柏林尝试各种类型的文化创作，大大提升了这座首都城市的文化多样性，因此在柏林出现了许多杰出艺术家，涵盖音乐、戏剧、电影、美术、建筑、新闻和小说等多个领域。正如霍尔所说，魏玛时期的柏林在音乐表演方面达到了很高的水平，其中的代表包括威廉・富特文格勒(Wilhelm Furtwängler)所领导的柏林交响乐团，布鲁诺·瓦尔特(Bruno Walter)和交响乐团的合作演唱会，以及他和国家歌剧院、城市歌剧院的合作演出。

柏林也是表现主义的发源地。表现主义作为一场新文化运动，目的是让艺术家能够吐露心声，经常使用怪诞的艺术形象传递真实的思想，而不是通过对外部现实的刻画。表现主义将不同领域中的创造主体融入艺术、戏剧和音乐之中。正如霍尔所说，到 1914 年的时候：

> 表现主义在绘画和戏剧领域不断发展；托马斯·曼(Thomas Mann)出版了大量文学作品；政治歌舞会开始出现；柏林建立了国际精神分析学会的分支；马克斯·林哈得(Max Reinhardt)正在进行剧本写作；舍恩伯格(Schoenberg)创作出了无调性音乐；格罗皮乌斯(Gropius)设计了位于阿尔费尔德的法古斯工厂(1911 年)，在 1914 年为科隆的工业制造联盟博览会设计了主会场，这两项设计则为建筑业在现代的发展奠定了重要基础。
>
> [Hall, 1988: 234 - 244]

不同的艺术形式都展现出了对战争和引发欧洲矛盾的政治专制主义的强烈反感，这从马克思主义者贝托尔特·布莱希特(Bertoldt Brecht)和厄文·皮斯卡托(Erwin Piscator)的戏剧创新上就能体现出来。皮斯卡托在 1915 年被征召入伍，成为德国军队的一名士兵，在经历了西线战场史无前例的大屠杀后，形成了坚决的反军国主义思想。他成为戏剧发展历史上最伟大的改革者之一，他在戏剧表演中使用机械化配套设施和电影中的桥段，并且在1922年，建立了“无产阶级的”人民舞台。霍尔评价道，皮斯卡托真正地“解放了”戏剧事业，“使戏剧成为传递思想的载体”(251)。

魏玛时期柏林突出的文化活力因为城市活跃的气氛而进一步加强，在这样的环境中，主要的艺术工作者和勇于尝试的电影导演在思想上达成了共识，那就是要追求“自由解放和打破常规”(Hall, 241)。霍尔的叙述使我们不禁想起柏林伟人的艺术家之间的碰撞与共鸣，比如弗拉基米尔·纳博科夫(Vladimir Nabakov)，马克·夏卡尔(Marc Chagall)，克里斯托弗·伊舍伍德(Chistopher Isherwood)，他们经常聚集在柏林最为著名的咖啡馆中，这体现了魏玛时期先锋派在文化和政治方面的重要影响。

柏林文化的复兴与繁荣在1933年戛然而止，这是因为在那一年阿道夫·希特勒(Adolph Hitler)当选为德国总理，并由此开始了纳粹党对文化的破坏，他们企图消灭所有不符合纳粹主义精神的文化表现形式，比如世界主义和先锋主义。受第二次世界大战的影响，柏林专业制造中心的地位被彻底颠覆，在二战中，柏林的工业基地遭到了大面积毁坏。在战争后期，西门子公司从柏林迁往慕尼黑的举动，给柏林带来了物质上和精神上的双重打击，立刻削弱了柏林的工业化发展优势，同时在战后时期促进了慕尼黑经济的飞速发展。

柏林：重新统一，结构调整和文化创新经济

在二战结束后，德国被分为了西德和东德，西德代表着西方资本主义势力，东德则生活在苏联社会制度的影响中，正如国家被一分为二，柏林也被划分为东、西两个地区。先进的电子学和电气化工业、文化创新，欧洲主要首都城市的政治权力，这一切为柏林带来了长达一个世纪的发展进步，但是此刻突然被画上了一个句号，而柏林东西两个地区也从此走上了完全不同的道路。

随着苏联解体和东欧剧变，社会主义制度在东德也就此结束，柏林的重新统一让人们重新看到了复兴的希望，到如今，柏林也的确成为欧洲最为发达的城市之一。但是正如斯蒂芬·克拉特克(2011)在研究后统一时代的柏林时所说，人们最为憧憬的柏林经济全面复苏却没能实现，这既是因为德国其他主要城市已经取得了巨大发展，也是因为柏林自身的结构性弱点，这从制造能力和劳动力的萎缩中就能明显看出。克拉特克指出，制造业的行业人数从 1991 年的 264 000 人下降到 2007 年的 86 000 人。统一前柏林西部地区制造业的结构性缺陷和东部地区落后的工业发展，是导致柏林工业衰落的重要原因。此外，柏林工业的衰落并没有因为服务业的发展而停止，正如克拉特克所说，这座首都城市既缺乏政治影响力，又在高级生产服务领域中表现不佳，而这二者都代表了发达经济体中高级别全球化城市的核心竞争力。

柏林的创意经济：向心性、聚集性和社会背景的影响

在以高级服务业和高价值产品制造业为代表的主要部门相

对疲软的背景下，柏林开始出现“新的经济增长岛屿”（Krätke，162），包括软件业、生物科技、医疗工程和文化产业，这使得柏林的创新型经济呈现出明显的成长性特征。在德国的城市体系中，柏林是重要的文化经济中心，而在文化经济发展上能够和柏林形成竞争的城市也只有法兰克福、慕尼黑、汉堡、科隆和莱比锡了。

艺术工作者和创意企业在选址时明显偏爱某些市中心周边地区，尤其是曾经的工人阶级聚集区，如克罗伊茨贝格、韦丁和蒂尔加藤，而地区升级也为市中心周边东部的普伦茨劳贝格带来了“全新的城市面貌”。地区化经济（源自专业化）和城市化经济（源自多元化），是吸引创意工作者和创意企业到柏林市中心周边地区的重要因素，除此之外，史蒂芬·克拉特克还列出了如下三类重要的吸引因素：

1. 工作区与生活区的距离：创造型工作者的工作时间通常比较长，因此他们倾向于在离商店和餐馆近的地方工作和居住。

2. 市中心周围地区的历史/工业建筑设计和建筑环境对创意工作者来说很有吸引力，这也体现了伊尔瑟·埃尔布雷克（Ilse Helbrecht）所提出的文化经济“地理资本”。

3. 密集的创意产业公司集聚可以促进优势互补，从而激发企业形成强有力的自我驱动增长模式。

［Krätke，2011：175］

至于工作环境，在19世纪末20世纪初德国文化繁荣时期留下的建筑深受创意工作者的喜爱，这些建筑的特征是天花板很高，并且拥有讲究的外部设计和内部装饰。

柏林作为德国主要的艺术家聚集地之一，拥有全国范围内

17%的注册艺术工作者。在柏林的27 324位注册艺术工作者中包括了作家、音乐家、表演家和雕刻家,他们中的大多数都是自由职业者。柏林艺术家的空间分布明显地体现出对曾经的市中心周边地区的偏爱,尤其体现在米特、普伦茨劳贝格、弗里德里希斯海因、克罗伊茨贝格等中心区域(图7.7),这些地区拥有大量的艺术表现形式和文化生产,享受型消费的活力被最大限度地激发出来,不禁令人想起魏玛时期文化繁荣、充满创造力的社会环境。

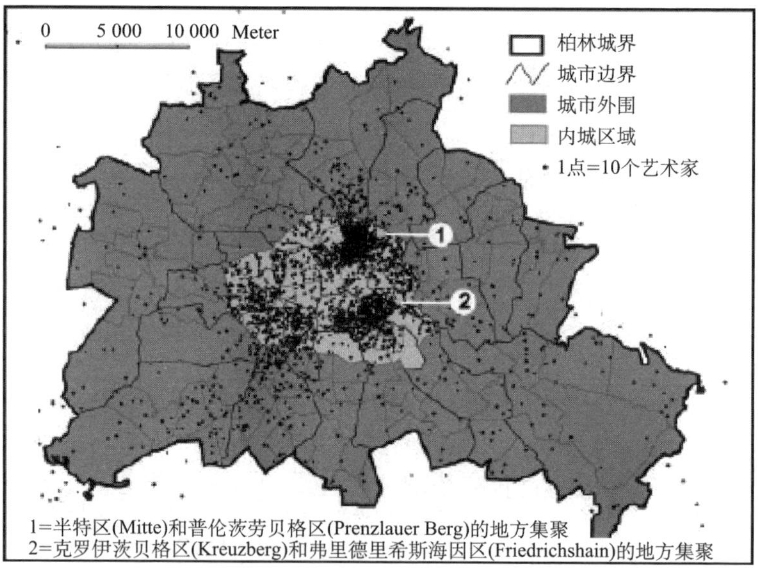

图7.7 柏林,艺术工作者分布图

出处:Krätke, S.(2011)*The Creative Capital of Cities. Interactive Knowledgte Creation and the urbanization economies of Innovation*. Chichester: John Wiley & Sons.

正如克拉特克所说，文化经济中的多媒体行业在提供专业化服务的过程中，整合了知识、设计和科技，其产业价值链包括：

> 提供硬件和软件以及科技网络基础设施；提供数字图片、声音和文本领域的内容生产；不同媒体的整合和多媒体产品设计；数字化处理过程中的后期制作；多媒体产品的技术复制；提供线上资源。
>
> [Krätke, 2011：173]

柏林的多媒体公司在选址时也倾向于市中心及其周边地区，尤其倾向于米特区，因为米特区“高度体现了文化经济公司、参与者和机构的聚集性和多样性”(171)，同时也倾向于原来的工人阶级社区，如普伦茨劳贝格、克罗伊茨贝格和弗里德里希斯海因（图7.8）。艺术工作者和多媒体公司共同在市中心及其周边地区形成集聚，体现了柏林文化企业的专业化集聚和动态发展，包括“生产和消费的重叠”(179)，而柏林“组织间的交叉网络、艺术创造型人才的储备和地区‘创意氛围’的形成”使这一趋势进一步加强(181)。

柏林的创意创新经济：形象打造与发展矛盾

柏林再次成为欧洲创新和创意的中心，得益于本世纪初以来建立和推广新的城市形象的重要作用。珍妮特·瓦尔德(Janet Ward)在她的文章《柏林：向全球化城市迈进》(《视觉文化》：

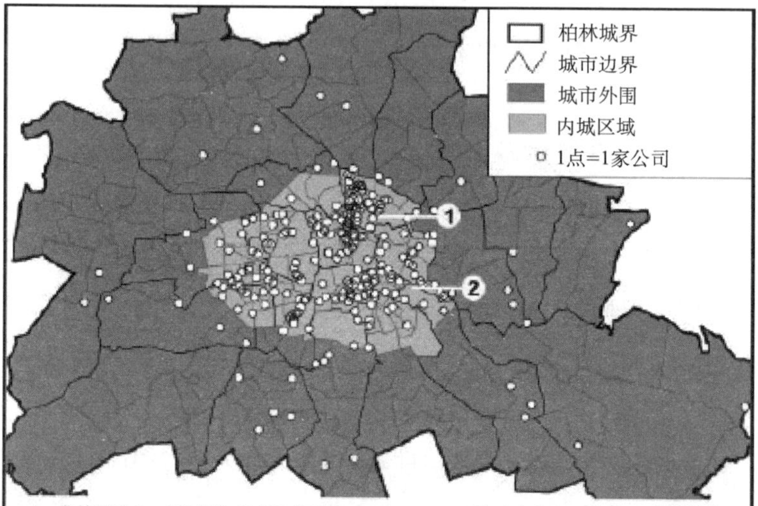

图 7.8 柏林,多媒体产业分布图

出处:Krätke. S.(2011)*The Creative Capital of Cities. Interactive Knowledgte Creation and the urbanization economies of innovation*. Chichester:John Wiley & Sons.

2004)中对"新柏林"的城市形象推广和自身发展活力进行了详细分析。这一发展历程的政治背景是在 1991 年德国重新统一后,在德国议会关于是否再次将柏林作为首都的投票中,双方票数十分接近,之后从本世纪初开始,德国政府不断对柏林进行形象包装,将其打造成一个全球化文化经济地区和特殊创意人才的聚集区。城市形象塑造可以说具体分为两个方面,一是要"向后看",回顾柏林在魏玛共和国时期文化创新的黄金年代,重现塑造彼得·霍尔所提到的"20 世纪的世界之都";二是要"向前看",展望一个由数字时代和创新驱动力共同构筑的未来。柏林在一些全球化城市排名中表现并不出色，比如《全球化》和《世界城市》等有影响力的杂志所推出的排名中，通常只是将柏林放在全球化城市的第三梯队，但是正如瓦尔德所说，柏林"不断地向世界展示自己的形象"并且不断地重塑这一形象，并没有受到这些排名的影响。她还提到，"柏林不断重塑城市形象的做法和柏林的城市发展规划是一致的，柏林希望通过打造一个国际化大都市，来消除已经在人们心中形成的关于柏林不好的印象"(246)。

正如瓦尔德所说，建筑和空间在重塑柏林形象中发挥了极其重要的作用，比如连续举办吸引眼球的展示会，发行各类刊物，并以网络为基础进行"新柏林"的形象宣传。在了解了国际上不同城市在重塑形象过程中的普遍趋势后，瓦尔德声称：

> 新柏林的建筑设计无耻地进行自我参考，因为建筑设计已经几乎成为后福特主义时代城市推广过程中的快速发展行业。城市形象的重塑也开始不断地和公司挂钩，以迪士尼公司对曼哈顿时代广场的改造为先例，戴姆勒-奔驰和索尼公司直接将波茨坦广场买下并进行重建。在"后柏林墙时代"，城市规划委员会、建筑设计组织以及狡猾的投资人和开发商，都将柏林中心区(柏林墙被推倒后对市中心的称谓)看作是手中一颗可以随意摆弄的棋子，该地区也因此成为一件被不断展示的"艺术品"，这件艺术品既可以是现实的写照，也可以是"纯属虚构"。
>
> [Ward, 2004: 247]

尽管柏林拥有全世界数一数二的城市建筑规模，瓦尔德却认为，在德国乃至整个欧洲的发展环境中，大量的结构化缺陷将不断阻碍这座首都城市的继续发展。首先，柏林远离德国目前的高速发展地区，比如汉堡和“南德意志”地区（法兰克福、斯图加特和慕尼黑）。同时柏林还处在欧洲高速发展走廊中的边缘化位置，因为它并不在所谓的“蓝香蕉”地带内，“蓝香蕉”地带是指自英国伦敦至意大利米兰的欧洲人口、经济、工业最为发达的地区。瓦尔德总结说，“‘新柏林’全球化发展道路上的阻碍在短期内都很难被消除”（245）。

珍妮特·瓦尔德从全球化的视角，对柏林重新打造城市形象的过程进行了深刻的阐述，而约翰内斯·诺维（Johannes Novy）和克莱尔·科洛姆（Claire Colomb）（2013）则从地区的角度出发，详细地分析了城市形象重塑和地区再发展给柏林创新创意空间带来的影响。正如斯蒂芬·克拉特克在上文中提到的，孕育柏林新型文化创新经济的主要地区，与市中心周边的工业区以及工人阶级社区是紧密相连的。以米特的部分地区、普伦茨劳贝格和弗里德里希斯海因为代表的新经济地区，也是工业投资减少、工业发展停滞和裁员的集中地区，这就造成了资本和公司创造力之间的矛盾，以及艺术工作者和新兴企业之间的矛盾。和著名的伦敦、纽约等其他城市一样，在柏林由商业、IT 业、高级设计公司组成的新经济体已经在很大程度上取代了曾经的工业生产、工业劳动和工业用地，它们使市中心周边地区的土地价值被重新计算，并由此带动了房地产业的发展。

虽然柏林房地产业中存在着疯狂投资、持续的价格波动和房产承续等现象，却也包含相对平和的一面，这是由于文化生产组织和内城地区低收入居民的存在。诺维（Novy）和科洛姆（Columb）阐述了一个住房联盟的发展历史，针对珍妮特·瓦尔德（Janet Ward）所描述的资本动员和重塑城市形象所带来的问题，该联盟致力于保障租房者、艺术工作者和房屋占有者的居住权利。诺维和科洛姆认为随着“文化”或“创意”转型对城市化的影响越来越大，艺术工作者和其他“文化创造者”开始成为建立住房联盟过程中的先锋。在此他们介绍了一次名为“保卫柏林沿河土地”的社会运动。柏林斯普雷传媒有限责任公司（Media Spree Berlin GmbH's）希望对斯普雷河的东岸进行改造并建立“创意聚集区”，为传媒业和音乐产业的发展提供良好环境，但就在此时，进步的社会组织创立了住房联盟来捍卫人们的空间使用权。正如诺维和科洛姆所说，“柏林的市中心及其周边地区本来就是艺术、音乐和亚文化活动的沃土”，包括“很多著名的非传统酒吧、电子音乐俱乐部和小型唱片公司”（1825）。

这些文化产业主体成为地区社会运动的主要组成部分，他们用“花样繁多且富有想象力的方式来抗议斯普雷公司的改造计划”（1825），包括组织大型公众集会、游行等等，其中最具影响力的行动应该是组织了一次没有法律效力的公投，目的是反对该公司改造计划所设定的范围。这次公投的目的是通过限定改造范围来保障公众在斯普林河沿岸的空间使用权，87％的参与者认为应该限制公司的开发，这次投票也因此“成为柏林历史上最为成功的一次公投”（1826）。用诺维和科洛姆的话来说，这次公投并没有带来什么实质性的成果，因为当地政府宣布已经和开发商签订的协议“没有可以更改的余地”(1826)。但是在“大斯普雷”这面旗帜下，一个新的联盟却正在形成并继续和开发商作斗争，他们希望尽可能保留该地区的特征和规模，这个联盟是由各类艺术与文化组织、生态与社会组织、当地居民和文化俱乐部老板共同组成的。

柏林市中心周边工业区中的文化个体和文化组织，带我们详细了解了这座大都市的发展历史。尽管柏林在过去的一个世纪里经历了不断的政治、军事和经济灾难，但是米特区和市中心周边地区的文化空间和建筑环境却始终保持着创造的活力，科技创新、文化表演和社会组织不断在这里出现。如彼得·霍尔所说，在 19 世纪，区域内的创新、企业和技术型人才的集聚使柏林发展成为“电气化大城市”，而后魏玛时期柏林则是文化先锋派的聚集地，现在柏林则是德国重要的文化和艺术地区之一。在这些发展阶段中都发生过大规模的社会动荡和社会结构调整，同时，在发展进程中柏林主动争取本地人才参与地区发展，并且对重塑全球化城市形象表现出了浓厚兴趣，这在某种程度上和伦敦的情况是相似的。虽然总体上来说人的主观能动性在柏林的结构调整和再发展中起到了重要作用，我们仍需要承认柏林这座城市本身也具备惊人的恢复能力。

温哥华和西雅图：发展道路的依附性与差异性

西雅图和温哥华都位于太平洋西北部沿岸，它们被一条国际边境线和长达 150 英里的 5 号洲际公路隔开，但是它们都在所处国家的城市体系中连续被评为城市发展的领导者，同时还被评为北美洲最宜居的国际化大都市。两座城市的人口规模相当，各有约 700 000 人口，虽然西雅图都市圈的人口（310 万）要多于温哥华都市圈（220 万）。温哥华和西雅图都有极为便利的生活设施和公共设施，包括丰富的自然资产（如海滩、绵长的河岸、公园、人行道、自行车道以及方便的通往郊外度假区的道路）和高消费场所，因此在理查德·佛罗里达的城市吸引创意公司和人才能力排行榜上，两座城市都能够名列前茅。

温哥华（图 7.9）和西雅图（图 7.10）也都以文化产业的大规模集聚而闻名，比如新媒体、电子游戏制作和实验音乐（包括独立摇滚）等新兴产业，也包括发展较为成熟的产业，如建筑设计和城市设计规划。在两座城市中，文化经济的空间性都包括位于市中心的地区和临近市中心的地区，大多数的小型公司和企业都聚集在这两类地区。正如这种分布态势所体现的，在这些市中心及其周边地区的创意公司和企业家最大限度地利用了集聚效应的优势，并将自身发展和 CBD 外围地区、市中心周边地区的文化建筑环境紧密结合起来。

但是两个城市以创意创新为基础的空间经济有着明显的区别，这在某种程度上是由于路径依赖特征、个人和组织所起到的作用和城市—地区规划等因素造成的。首先，在 19 世纪六七十年代，温哥华和西雅图都作为战略性资源产业地区开始了城市发

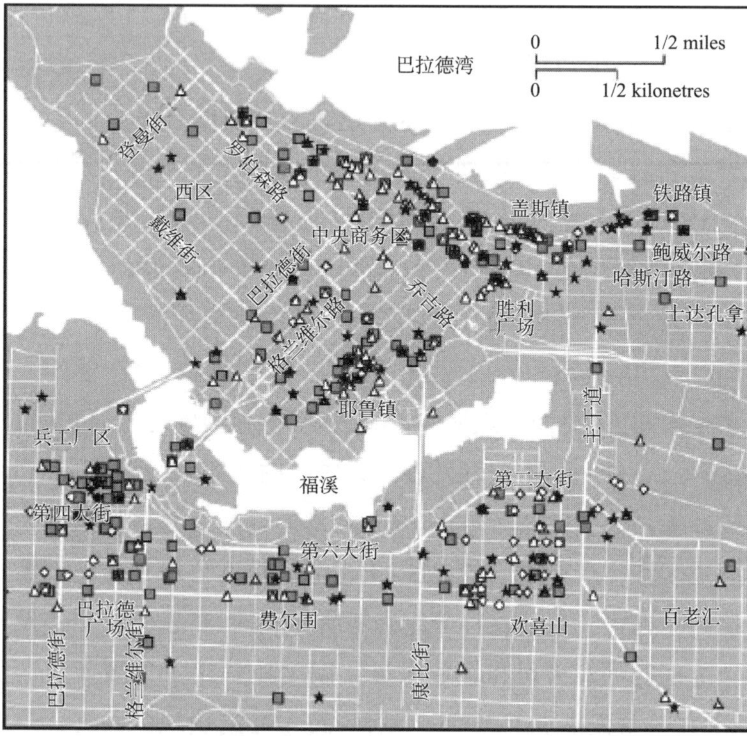

△ 新媒体(电子游戏设计，多媒体，网站设计，电脑平面设计，电脑软件)
■ 空间设计(建筑景观设计，室内设计，建筑设计)
◇ 电影音乐产业(视频制作服务，录音棚，电影出品工作室，声像制作服务)
★ 设计和艺术服务(工业设计，平面设计，商业广告图片设计，商业广告艺术)

图 7.9　温哥华市中心及其周边地区的文化产业集聚

出处：Murray Mckenzie.

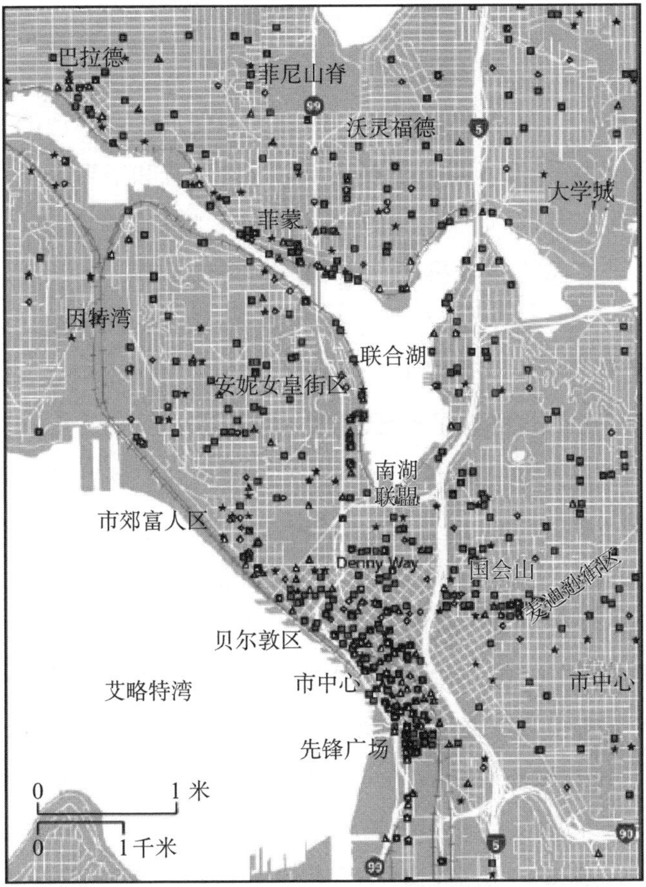

图 7.10　西雅图市中心及其周边地区的文化产业集聚

出处：Murray Mckenzie：project on cultural economies of Seattle and Vancouver，Tom Hutton and Trevor Barnes PIs；supported by the Social Science and Humanities Research Council of Canada.

展的道路，集中体现在森林资源开发和木材产业发展上，但是到了 20 世纪，波音公司在西雅图正式成立（1915），波音作为全球领先的飞机制造商和航空航天企业，极大地促进了西雅图的城市发展。迄今为止，波音经历了多次周期性的低谷和很多大型企业都经历过的兴衰，但是在这一过程中仍然形成了庞大的生产区域，从乔治城南部的波音机场一直到北边的港口城市埃弗雷特（图 7.11 和 7.12），即便是在大萧条时期，尤其是在 20 世纪六七十年代，波音不得不进行裁员且裁员人数达到 40 000 的时候，这些被解雇的工人仍然留在了西雅图——生动展现了安·马库森所说的“粘性”劳动市场理论——并重新开始效力于该地区的新兴科技公司。

第二，温哥华则呈现的是中小型企业经济的典型特征，在温哥华几乎没有本地注册的大型企业。而西雅图则恰恰相反，拥有诸多知名跨国公司，而且这些公司都具有突出的文化优势，自从以科技和文化为代表的“新经济”出现，这些公司在过去的 25 年里，逐渐使西雅图地区的空间经济走上了新的发展道路。温哥华的市中心周边地区则主要由福溪区、耶鲁城等地区组成，福溪区在过去的 20 年中几乎没有孕育出任何科技创新型产业，耶鲁城虽然有不少创意企业，但是由于不断的地区升级，土地价值也不断地被重新计算，同时由于耶鲁城的“品牌效应”，不少本地人才都外流到临近的其他地区。

西雅图的创意公司在很大程度上呈现出了聚集趋势，这是由于稳定的本地供应商的存在；从空间的角度来看，几家世界上最

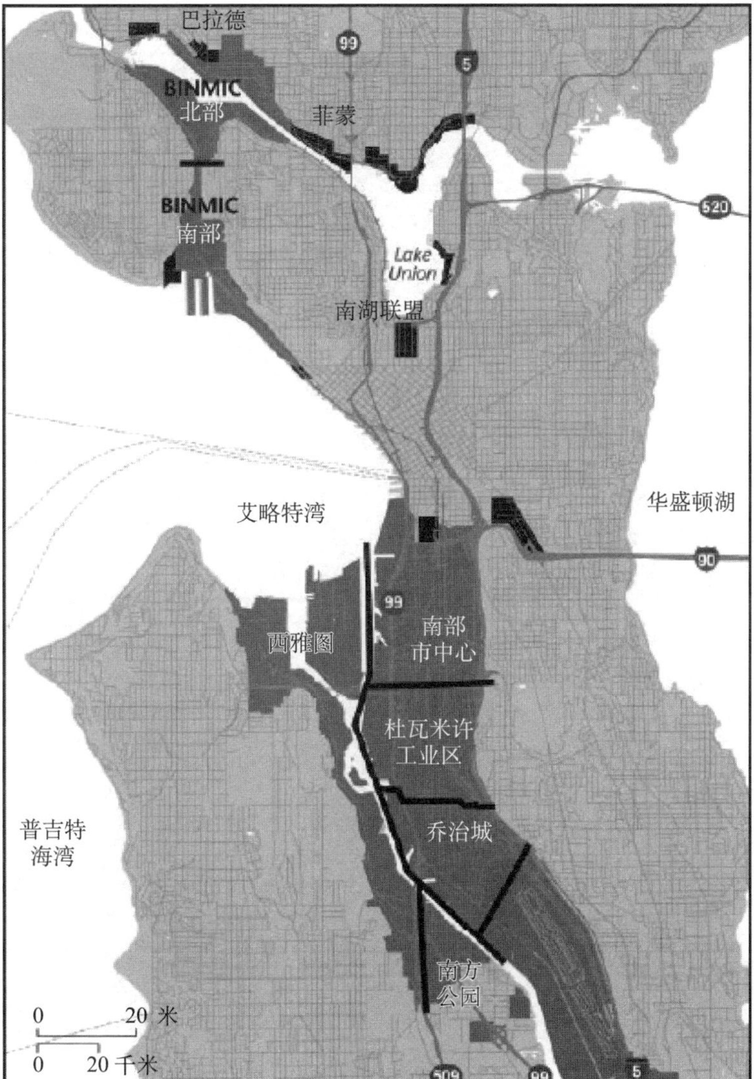

图 7.11　西雅图市的主要工业区

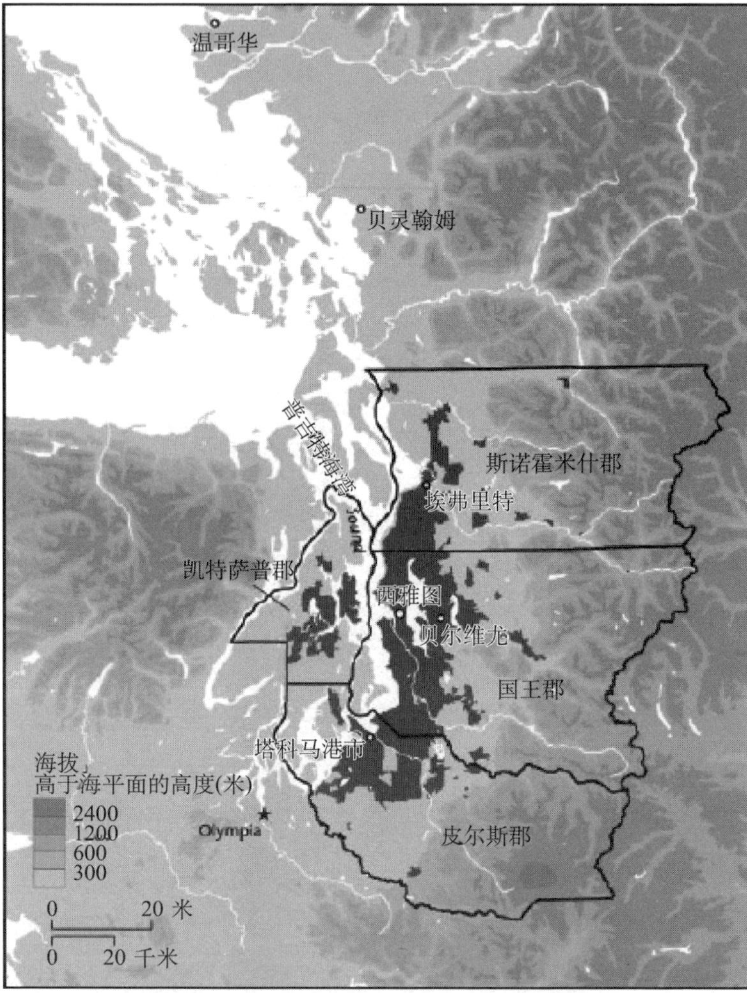

图 7.12 西雅图普吉湾四郡经济开发区

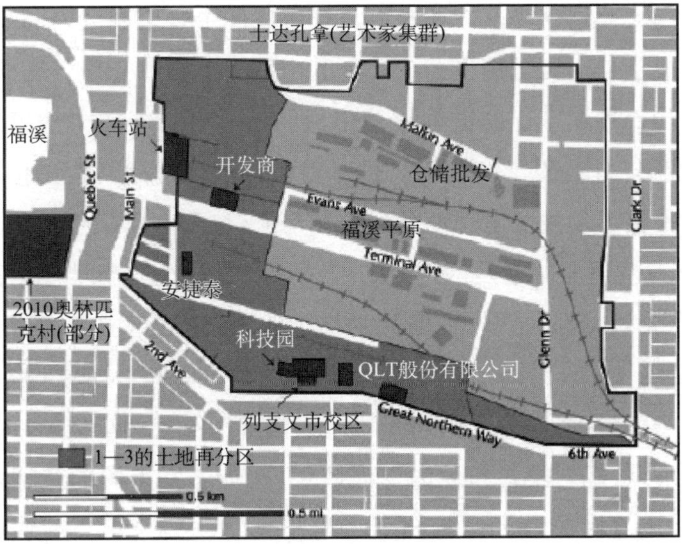

图 7.13　温哥华市中心东部,典型的“新经济”地区——福溪区

出处：Hutton(2008) *The New Economy of the Inner City*. New York and Abingdon：Routledge.

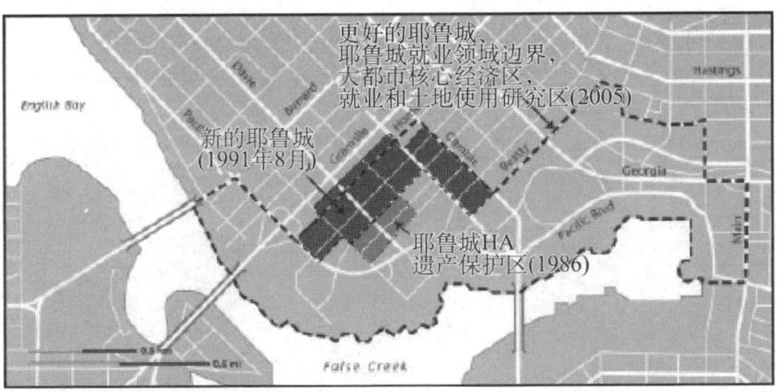

图 7.14　新经济地区的再空间化：耶鲁城 1986—2005

出处：Hutton(2008) *The New Economy of the Inner City*. New York and Abingdon：Routledge.

著名的大公司就坐落在西雅图大都市区的主要工业区内，并在这里形成了独一无二的专营市场。其中最为重要的公司当属微软，位于华盛顿湖东边的雷德蒙德市，拥有一个由 36 座大楼组成的"巨型"公司园区（图 7.15）。但是西雅图地区的战略性文化产业还包括世界领先的电子商务巨头亚马逊，位于南湖联盟中一片由 11 座大楼组成的新园区内（图 7.16）；全球最大的咖啡零售商星巴克，公司总部大楼位于度瓦米许工业区，临近市中心的南部外围地区（图 7.17）；以及一些主要的医疗研究机构，这些机构有的属于华盛顿大学，有的则属于比尔·梅琳达·盖茨基金会。

第三，规划模式和地区发展政策，比如非常不同的交通网络建设，也直接导致了西雅图和温哥华创意创新公司空间性的不

图 7.15　雷德蒙德，微软总部园区

图 7.16　西雅图，南湖联盟，亚马逊办公大楼

图 7.17　西雅图，星巴克总部大楼

同。纵贯城市南北的I-5号洲际公路直接穿过了西雅图市,其他主要高速公路也都能够穿过该地区的主要城市。而正如大家所熟知的,从20世纪60年代开始,温哥华制定了一个循序渐进的城市规划方案并从中受益良多,比如打造文明社区计划,以及从20世纪70年代开始重点建设以地铁为基础的高速交通系统。更特别的是,自20世纪70年代开始,温哥华开始在市中心地区重点建设较为密集的住宅区,这一行动在1991年被写入《市中心地区发展规划》,强调要在中央商务区外围和市中心周边地区优先发展住宅区,而不是进行商业开发,相应地会不断投资建设公共利民设施。

这些政策和举措有利于将新兴创意公司吸引到温哥华市中心的周边地区,虽然新型商品房公寓开发引起的房地产市场波动和(引起争议的)外国资本,损害了很多成本敏感型公司的发展前景,并且由于地方政府缺乏对企业的激励措施,这一状况进一步恶化,导致最近很多电子游戏公司和电影制作公司都搬到了其他地区,比如多伦多和蒙特利尔。优先发展市中心新型居住区的"20年发展规划",有效地促进了城市住宅区的快速发展,但也导致近年来主要创意产业缺乏发展动力,电影、电子游戏制作公司和相关产业失去了往日的活力,甚至可能丢掉温哥华在"后资源产业时代"发展主力军的头衔。创意产业中最终存活下来的多是美国跨国集团的分公司,比如微软、谷歌等等,这也更加突出了温哥华已经处在全球文化经济领域的边缘地带,发展前景并不被看好。

温哥华市中心地区持续的房地产市场波动和升级所带来的

影响，不仅存在于福溪区的新型商品房公寓区和滨海中心区，而且也扩散到了市中心东区（DTES）。尽管在市中心东区有大概240个本地社会组织和一项多层次治理计划（《温哥华协议》），在近10年里为该地区的公共住房、贫困缓解和社会经济振兴提供了多方面的支持，但是该地区仍然是大温哥华区乃至整个加拿大最为贫困和落后的地区。市中心东区发展过程中各类问题的核心显然是社会问题。但同时对于温哥华的文化经济发展也有着消极影响，因为市中心东区可以说是艺术家工作室和艺术展览馆最为集中的地区，房地产开放商希望在这里得到更丰厚的投资回报，所以这些艺术工作者同样正面临着房租不断上涨、不得不搬走的窘境（参见第5章，pp. 185—186）。

新加坡：代表性文化区域“中国城”和“小印度”的对比

新加坡虽然是东亚地区现代化发展规划的典范，但是作为研究文化区域形成的案例，新加坡似乎并不是一个合适的选择，特别是这个城市国家缺少代表当代文化经济现象的市中心周边工业区。然而事实上从地区发展的角度，研究新加坡作为文化地区所发生的变化是非常有意义的，既可以研究文化地区发展的一般性过程，也可以研究不同范围内地区发展的特殊情况。

从20世纪60年代开始，新加坡开始成为成长型国家中的典型，采取的发展措施包括对城市旧居民区的大规模拆除，从而开展新的住房、零售和酒店项目，标志着这个城市国家的资本重组。这一城市开发过程不断向前推进，直到20世纪80年代中期，随着市中心个别地区的历史遗迹(即旅游业发达地区)价值不断提升,城市开发的脚步才稍有放缓,这些历史遗迹地区包括著名的位于中央商务区西部的新加坡唐人街“牛车水”(由四块分开但是距离很近的区域组成)(图 7.18)和位于市中心东面的小印度及甘榜格南区(马来人聚居地)。

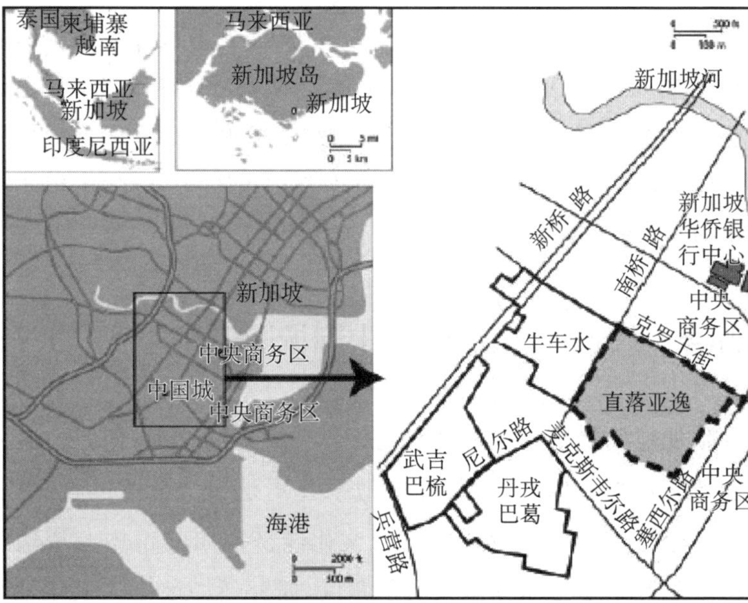

图 7.18　牛车水地区和直落亚逸区(新加坡)在整个地区环境中的位置

出处：Hutton(2008) *The New Economy of the Inner City*. New York and Abingdon：Routledge.

政府机构、公司组织和个人到底是出于怎样的动机来保护这些历史文化地区,这个问题在学者间仍存在争议,其中比较著名的学者有布伦达·杨（Brenda Yeoh）和莉莉·孔（Lily Kong），但是从已经取得的主要发展成果来看，我们可以确定从20世纪90年代开始，文化产业、创意公司和创造性劳动力已经开始出现。在20世纪90年代的牛车水地区内，起码直落亚逸可以算作是一个发展历程短暂的新经济地区，大量的互联网公司聚集在这里，所有这些现象都和曼哈顿硅谷、旧金山南市场地区的经历十分相似，只是规模相对较小。

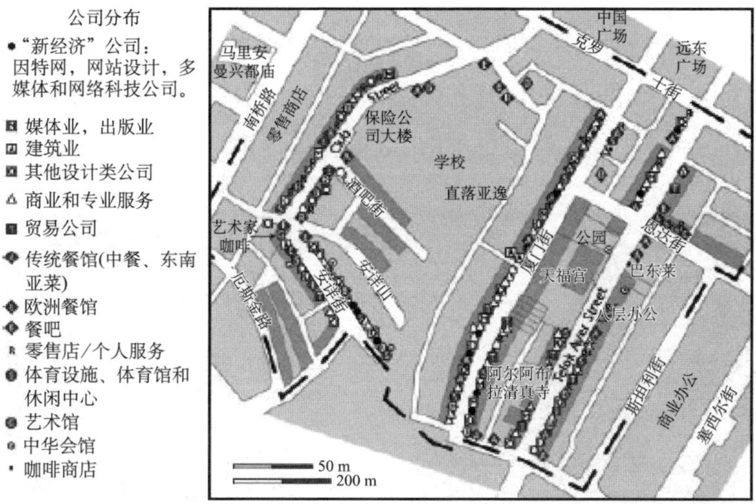

图7.19　2006年左右的“地球村”直落亚逸：传媒产业、文化产业和公共服务设施分布

出处：Hutton（2008）*The New Economy of the Inner City*. New York and Abingdon：Routledge.

和其他典型的新经济地区一样，直落亚逸区也遭受了2000年科技崩溃的巨大冲击，区域内大多数互联网公司都就此倒闭，但是令人没有想到的是，创意产业和公司却在此时大量涌现，尤其是广告和品牌营销、平面设计、建筑设计以及艺术类产业的崛起，很快为该地区带来了新的、更为持久的文化产业发展。直落亚逸地区也因此成为新加坡的主要文化区域，该地区还相应地开始“有意识地”推出创意区域的副产品，在克罗士街对面兴建远东广场，将其作为具有文化内涵的科技型公司的办公区域，既满足科技公司的需求，也契合政府机构的规划方向。

直落亚逸区致力于打造复古的建筑风格，其建筑与 19 世纪 40 年代的新加坡“店屋”（东南亚兼做住房的门市房）毫无二致，因为大多数的建筑都是按照原来的样子进行恢复重建的（图 7.20）。当把浓郁的历史氛围、可调整的内部结构、临近商务区等

图 7.20 直落亚逸，创意经济区

优势放在一起后，直落亚逸吸引了文化产业中大批已经发展成熟的企业，同时也吸引了一些新成立的公司，这些公司希望能够充分利用区域集聚优势，同时它们也能够接受这里的租金水平和生产成本。但是作为一个功能齐全的"创意城市"，新加坡拥有不同类型的文化区域，小印度地区就为创业公司和小公司提供了发展和生存空间。

与直落亚逸地区精致的外表和错落有致的建筑形成了鲜明对比，小印度地区给人的印象是不整洁、甚至有些杂乱无章，尽管去新加坡旅游的人很少会感受到这个花园国家脏乱的一面。小印度的杂乱无章和新加坡的城市形象格格不入，这在某种程度上已经损害了新加坡的现代化风格，破坏了政府精心打造的历史文化街区，而且小印度还滋生出一些游走在法律边缘的行为，比如在街头巷尾性交易市场的繁荣，和大量以远低于市场价的价格售卖一些生活用品和食品的无照经营临时销售点。

小印度社会活动和社会行为的种类极为丰富，这恰恰是吸引创业公司、音乐和新媒体产业的地方。相对低的房屋租金当然是吸引起步阶段的创意公司和小微企业的重要因素，新加坡国立大学社会学系的何光中在一系列的访谈后得出了这样的结论(2009)。但是他也从这些访谈中得出了一些不同的观察结果，那就是这个地区绝大多数的创意工作者都是二十多岁的年轻人，他们中的很多人能够积极地面对甚至享受小印度这种脏乱差的环境和氛围，在这里他们的投入成本更低，能够以便宜的价格获得生产和生活的必需品，比如电子设备和数码设备、技术支持以及食物和饮料。这符合城市创意区域"边缘化空间"研究所得出的一般性结论，即在这类地区通常会形成一种“分层机制”，从而形成城市文化经济在微观层面的劳动力空间化分工。此外，这类结论并不是在所有的案例中都适用，相反，地区升级和通货膨胀趋势会成为更主要的发展制约因素，因为新地区的形成必然受到土地价值重估和资本重组的影响，很有可能会导致地区结构调整和安迪·普拉特所说的“工业化升级”。

中国和韩国：政府干预与文化地区的形成

在二战后东亚国家的创新发展和结构调整方面，韩国的表现非常突出，曾被称为“亚洲四小龙”之一（或亚洲“四小虎”，其他三个分别是中国台湾、中国香港和新加坡），随之也出现了大量关于韩国发展的讨论与研究，多以欣赏的眼光分析政府主导的（或者说政府推进的）工业化进程。韩国的发展在很多重要方面都受到日本先进模式的影响，包括工业化巨头企业（韩国财团）的出现，创立这些巨头企业是为了集中全部公司的力量、资本和劳动力，从而在出口市场中占据一席之地，韩国以此为基础缔造了一个出口主导的发展神话。

和日本早年的经历类似，随着传统工业的竞争力不断下降，韩国也开始加速发展技术密集型产业，从而提高生产效率。但是韩国在不断发展“新经济空间”的同时也保证了其他空间的发展，包括相对较小的创意和文化发展空间、制造业和高科技产业发展所需的大型空间，这不仅是为了展现创意表达和自我实现的价值，也是为了尝试在越来越依赖科技的发展中融入文化内容。下面我将通过最近的研究来阐释首尔——向全球化城市迈进的韩国首都的发展历程，这些案例研究既有我们所熟悉的先进科技公司的战略性、规模化发展，促进了创新空间的形成，也包括文化产业发展的案例，帮助大家进一步理解创意空间的形成。

“首尔的新经济空间”：郑南智关于江南科技产业区的分析

首尔作为韩国的首都城市，为金融业、高级生产性服务业的发展提供了平台，同时也具备企业控制能力，这些都是首尔成为全球化城市的重要基础。但是在战后首尔的发展进程中，我们不能忽视庞大的制造业的发展，现在仍然可以在其远郊地区发现很多制造业发展的痕迹。

从 20 世纪 90 年代开始，首尔的创新和结构调整举措包括致力于通过科学研究、生产活动和信息交流来促进高科技的发展，从而提高生产效率，同时也包括最近尝试探索的文化产业发展，并将其作为首都地区“新经济空间”中虽然比较小但却非常重要的一部分。郑南智（Namji Jung，2012）对首尔地区独特的发展史进行了分析，他认为在 20 世纪 70 年代以前，农业还是该地区的主要产业，但是从那时起江南地区经历了一系列的转型发展。郑认为江南地区的发展，可以被看作是亚洲大规模建设科技产业地区行为的承袭，这一行为始于 20 世纪 80 年代，包括建立了著名的马来西亚多媒体产业超级走廊。然而，她很纠结是否要考虑地方政府、社会以及国家政权的作用，在韩国，这些组织和行为主体一直以来都在地区发展过程中起决定性作用。

江南地区之所以能够成为科技产业发展新区，是由于三股力量在这一地区交织并最终汇成了一条“共同发展道路”，这三股力量包括“新经济空间”（江南区）、“新的产业部门”（信息和通信技术产业）、以及“新的产业主体”，它们就如同是背景、剧情和演员，共同演绎了一场“跌宕起伏的大戏”。江南地区的发展起初是对“爆炸性”（119）城市发展的回应，同时也是保护住房空间、基础设施空间和商业活动空间的必然要求。中央政府在为江南地区的企业提供发展资金方面发挥了主导作用，同时也是为了满足国家的发展愿望，这和韩国其他高速发展地区的经历是类似的。

在江南德黑兰路地区经历了高科技产业“出乎意料的”快速发展后，很快就迎来了2000年的互联网企业崩溃，亚洲很多其他城市也有着类似的经历。但是在接下来的10年里，江南地区却展现了强劲的恢复能力。并且正如郑所说，我们所熟悉的大型企业在江南地区的复兴中并没有什么重要贡献，而那些创新型ICT（信息与计算机技术）中小企业才是地区复兴过程中真正的领导者。政府机构曾经的作用是直接提供资金，并且以高度集权化的方式来进行工业发展监督，但是现在其角色已经发生了转变，“政府更加注重塑造制度环境和市场环境，ICT风险企业和房地产开发商可以在这样的环境中尽情施展拳脚”，这是一种典型的鼓励创业者的发展模式，加利福尼亚州和马塞诸塞州都曾通过这种模式取得了成功（130）。

从居住区到文化区：赵美慧讲述首尔弘大区作为“新型不稳定”经济空间的发展历史

和日本相似的是，在韩国城市的经济空间构建中也存在着很多矛盾，不仅“自发的”文化经济发展过程和“由外部力量引起的”实践之间存在互相平衡的矛盾，同时在对发展的构想方面也存在矛盾，一部分人希望将创造力更多地用在工业化发展中，另一部分人则希望能更加重视艺术，并通过艺术来彰显个人表现力。

赵美慧（Mihye Cho）对于弘大区详细的叙述（2012）为我们提供了富有启发性的研究案例，从而帮助我们理解，文化区域在一个迈向全球化的亚洲城市中的发展历程。和我们之前讨论过的一些欧洲案例类似，弘大区起初是一个居住区，有明文规定禁止任何大规模开发以保证其特性，但是弘益大学也处于受保护地区内。弘大区成为文化地区的起源要追溯到 20 世纪 50 年代弘益艺术学院的建立，赵指出，这为该地区增添了“艺术的氛围”（133）。到了 20 世纪 80 年代，弘大区的地区建设就开始坚定地走文化发展道路了，这是由于艺术从业者数量的激增，同时艺术工作室和艺术展览馆数量也随之增多，以至于 2004 年出版的《孤独星球——韩国篇》就将弘大区列为了文化旅游景区。弘大区的文化发展也受到空间性的影响，和市中心周边的区域和社区有着密切的联系，同时文化发展也得益于强大的社群关系和社交网络，这对于培养创造力和推动文化生产都有着促进作用。

到了 20 世纪 90 年代，随着夜总会和音乐演出的不断增多，以及住校生、音乐人和其他艺术从业者人数的增加，弘大区进入了新的文化发展阶段，开始成为首尔市中心周边地区文艺的代名词。2004年，弘大区已经有超过100个艺术院校和219个艺术工作室，可以说引领了自发的文化发展“新姿态”，得到了首尔市政府和地区议会的认可。

过去半个世纪的历史已经证明了弘大区作为一个艺术教育、生产和展示地区，拥有持久的生命力，然而弘大区的发展趋势使其也具备了西方社会的特征，比如从工业化发展向文化和创新发展转型，以及不断出现的社会升级趋势。上文中提到的2004年的调查数据，使我们明确了弘大区最为典型的艺术表现形式和“艺术氛围”，但同时该数据还揭示了文化产业的繁荣，包括工业设计、建筑设计、摄影、新媒体等多个行业，同时还有一些重要的IT公司和电子游戏制作公司。赵还提到弘大区的创意工作者和企业一直为周围的工业区增添“文化色彩”(134)，以期能够和该地区文化创造者新兴的创业模式保持同步。弘大区从一开始就重点发展文化教育和创造性表达，赵认为，现在弘大区正在逐渐成为产业发展的“资源”，成为首尔以文化为主导的城市发展的“基础”。赵美惠总结说，文化和产业间的联系带来了诸多好处，比如提高了艺术品的销售量，为艺术工作者和创造型劳动者提供了更多的就业机会；但是这些利好也是有代价的，会造成地区不稳定和房地产升级，在对伦敦、纽约、旧金山等城市的文化地区的研究中，我们也会发现类似的发展趋势。

[Mihye Cho(2012) ‘Mapping the Hong-dae Area in Seoul: a new and unstable economic space?’ in P. W. Daniels, K. C. Ho, and T. A. Hutton(eds), *New Economic Spaces in Asian Cities*:

from industrial restructuring to the cultural turn, pp. 133 - 149. Abingdon and New York: Routledge.]

中国特大城市的文化地区：北京和上海的案例研究

邓小平自 1978 年复出后，开启了后毛泽东时代的改革道路，中国的经济发展选择以大规模工业化项目为主导，这也是战后时期，每一个成功的亚洲国家基本都采取的发展策略。正如一些人所说，在过去的 20 年里中国正在逐渐成为“世界工厂”。但是随着中国经济的不断增长，发展过程中的变化也开始越来越多。在沿海特大城市里，高级生产性服务业不断扩大规模，标志着中国进入了新的经济发展阶段，也预示着大城市的经济发展走向成熟，同时高级生产服务业也是对长江下游地区（上海）和珠江三角洲地区（广州）增势迅猛的技术密集型产业的补充（Daniels, Ho and Hutton 2005; Yeh and Yang 2013）。

到了 21 世纪，文化地区和区域也开始出现在中国的主要城市里，特别是在上海和北京。中国城市文化地区的发展历程，在很多重要的方面都和欧洲、北美洲的城市有着相似之处。在一些最具代表性的案例中，中国城市的文化地区就位于市中心周边的后工业化区域内，这在上海尤为明显，这里汇集了艺术工作者、历史遗产保护活动家和专家、专业设计师、社区建设专家等等，同时在文化地区发展过程中的一些重要节点上，产权利益主体、开发商和政策机构也会不可避免地参与其中。

钟盛(Sheng Zhong):上海文化地区的兴起——中国大都市文化空间形成过程中的制度、社会和文化因素

钟盛的研究非常有助于我们理解上海文化地区复杂的形成过程,在中国特大城市地区持续的工业化结构调整中,文化地区的形成在其中发挥了重要的作用。上海是中国领先的全球化城市,钟盛特别从地区和国家两个角度,细致地分析了上海后工业化空间中文化发展的特征。并且,她从多个层次对文化区域的发展脉络进行了分析,将政府对于发展的制约、市场主体、地区升级和重构中的政治因素都囊括其中。

钟(2011)首先从关系视角进行分析,她将文化地区的兴起置于中国城市发展的大背景中,同时还将中国的文化地区和西方典型的文化地区进行比较,在这些西方最为先进和成功的文化地区里,创造力无疑发挥了最为重要的作用。在这里她认为上海市中心周边文化地区的兴起,始于工业区内重工业的日益衰落,而这些工业区也逐渐变成了艺术工作者的聚集区,这在某种程度上和西方主要全球化城市的发展脉络是一致的。但是在上海的案例中,国家政权与城市社会的关系才是整个发展进程中最为关键的一环。邓小平和他之后的国家领导人所代表的国家政权,以及中国共产党的中国特色社会主义制度,共同推动了以出口为主的战略型工业化发展模式,而在地区层面上,国家和地方政权间的关系既是“侍从主义”,也是契约关系。从 20 世纪 80 年代开始,政策因素(包括取消曾经被用来保护中国制造业的价格管制)、土地经济的影响、艺术从业者社区的兴起,共同促进了文化地区的形

图 7.21 上海苏州河沿岸地区，M50 创意园区，对工业景观的适应性改造

来源：钟盛

成，第一个也是最为重要的文化区域就是位于苏州河沿岸地区的M50 创意园区；正如钟所说，“上海的工业化结构调整和中国文化艺术领域的转型几乎是同步的”(2011：38)。特别的是，“苏州河沿岸破旧的工业化空间，对于艺术工作者来说却别具吸引力，低廉的房屋租金、极强的空间可塑性和独特的建筑风格，都成为该地区的魅力所在(38)。

在 21 世纪的头十年里，苏州河沿岸地区的艺术家聚集地蓬勃发展，这为上海国际化大都市的定位增添了一份创造力和文艺色彩，这明显不同于过去国家主导的工业化发展道路。钟通过实地考察记录了不同类型的创意企业和创意工作者，包括画家、雕刻家、平面设计师、建筑设计师和时尚设计师。苏州河沿岸地区也得到了官方的承认，包括被上海市经济委员会授予“创意产业集群”称号。但是根据钟最近的研究(2012a;2012b)，在苏州河沿岸地区存在着一些严重的问题，可能会削弱艺术工作者和创意表现形式的整体性。其中的一个问题是关于建筑环境的现状，尽管(曾经的)工业区建筑是上海工业化过往的标志，但这些建筑并不受到官方的保护，官方规定受保护的三类建筑分别是“文化遗产”“标志性历史建筑”和“历史文化区域”。

但是可能钟所定义的“土地使用不兼容的阿克琉斯之踵”会带来更为严重的影响。她提到了引导上海市土地使用的“三不变原则”的影响，“三不变”具体指土地用途不变、土地拥有权不便、现有建筑不变。但是钟指出，尤其是在上海这样的高速发展的全球化城市中，政府最为关心的是怎样能发展得好，因此“三不变原则”几乎没有“起到暂时约束现有土地使用的作用”(43)。从长远来看，位于M50创意文化区的文化主体“必须至少要向政府展示出，他们能更好地替代密集的商业开发”(43)，同时也要让政府感受到，自己对于艺术和文化产业土地使用权问题的担忧。

从更广泛的发展角度来看，中国城市文化经济的发展，是不断加速的创新和结构调整的有机表现，同时在某种程度上也是政策模仿的体现，效仿那些(被称为)“最成功的”全球化城市的发展政策。城市的官员将创意产业及劳动和重要的文化经济行业，看作是进入纽约、洛杉矶、巴黎等城市组成的全球化城市梯队的必备要素。城市文化经济的发展也离不开重要的社会和空间因素，在中国的城市发展中，“文化”的出现代表着城市阶层的变革，此外在北京、上海等大城市，文化地区数量的激增加速了城市空间的重新布局。然而，中国文化地区在未来要面临的问题还有很多，特别是房地产市场不断升级，密集开发的商业地产和居住区的改造建设很有可能给文化地区带来不小的压力，这种情况在伦敦、纽约等城市已经发生过。同时，中国的政治制度和长远的文化发展前景之间或许也存在一定的问题，中国目前处于有中国特色的社会主义制度之中，而保持创意经济发展活力的关键就在于保证文化表达的自由。

珍妮弗·克利尔：北京798艺术区的发展史——城市改造中的艺术、文化和政治因素以及中国首都城市的形象打造

如果说钟盛对于苏州河沿岸地区发展轨迹的探索，敏锐地分析了在上海这座中国主要的工业城市和全球化城市中，塑造新文化空间的政治因素、组织机构和社会关系，那么珍妮弗·克利尔则阐述了规划798艺术区过程中形形色色的动机。798艺术区是北京最为著名的艺术文化区，而北京则是中国的首都，同时对很多人来说是汉文化的核心所在。

798艺术区又被称为大山子艺术区，该地区在毛泽东时代汇集了中国最先进的科技，因为该地区进行的是保密级别最高的高科技研究和电子工业发展，旨在通过科技创新来服务军事发展。尽管毛泽东时代的工业化发展是以重工业和中国特色的城市无产阶级为基础，采取闭关自守的策略，但是798地区的早期发展

中还是存在着很多重要的国际因素。正如克利尔(2012)所说,中国和苏联作为共产主义国家曾有过一段合作经历,当时苏联为798地区的发展提供了部分资金,同时国际主义风格包豪斯学派的东德分支,塑造了该地区的建筑风格。

但是到了后毛泽东时代,以邓小平为核心的中国共产党领导层制定了更为严格的工业经营原则,在整个20世纪80年代都在努力提升生产效率和利润率,到了20世纪90年代,798地区的很多工厂都已倒闭,该地区20 000名工人中的3/4都变成了下岗待业工人。地区的管理权也随之被交给了北京七星华电科技集团有限责任公司。接下来就是我们比较熟悉的发展历程,只不过融入了中国特色:北京艺术学校的教员和学生大量涌入该地区,在这里逐渐形成了独立艺术工作者的圈子,他们大多都是受到较低的房租、独特的建筑风格和设计格调的吸引。如珍妮弗·克利尔所说,2002年一次成功的国际博览会促进了798地区进一步发展,不仅出现大量艺术展览馆,还包括大量涌现的“时尚餐厅、咖啡馆、夜店和创意企业”(188),导致了可预见的房地产价格爆炸性增长,这和中国很多沿海大城市房地产主导的发展路径是相似的,同时也开始有大量的游客涌入该地区,既有中国游客,也有外国游客。

798地区内文化发展愈加商业化和对资产价值的关注招来了艺术家的批评,尤其是该地区非常注重地区品牌效应打造,政府将其作为“创意消费”地区来“推销”,同时将该地区的品牌形象与弘扬中华传统文化结合在一起。在大多数批评者看来,798艺术区丢掉的是艺术表达能力和文化先锋派的领导力,先锋派并没有像在伦敦、巴黎、纽约等城市中一样成为该地区标志性的文化特征。

总结：文化和城市地区的重构

在这一章中，我主要阐释了塑造现代城市文化经济空间性的不同要素，并且更为具体地论述了其与众不同的复杂性、多变性和流动性，并通过不同城市的发展历程来说明这些特点。空间的复杂性是由多种因素造成的，包括城市经济发展的历史轨迹的汇集，文化经济中社会和经济因素的密切融合，以及城市工业和居住要素交织而成的令人生畏的当代生活压力。针对上述的第一个因素，19 世纪和 20 世纪初的工业化经济，带来了生产地区和与之配套的住宅区，在著名的芝加哥、纽约和伦敦，这类地区存在了一个多世纪，然而所谓的“后工业化”时代的标志，则正是中央商务区（CBD）的公司建筑群的大范围扩张，以及“新型中产阶级”在重塑城市住房市场中发挥主导作用。

文化发展轨迹已经渗透到很多空间之中，包括创意公司、机构和劳动力，它们通常聚集在逐渐被废弃的工业区之中，但也有一些存在于商业和零售地区。至于为什么它们会出现在商业区，这是由于一些高级的建筑设计事务所、广告公司、工程公司和互联网企业会形成重要的集聚，它们都是文化经济极为重要的组成部分，聚集在银行、咨询公司和其他商业服务公司密集的 CBD 地区。值得注意的是，我们推断艺术家和设计师更喜欢生活—工作一体化的空间安排，这能够给他们的生活提供一个非常舒适愉快的环境，但是这也从另一个角度造成了城市结构的复杂化，尽管我们在很多案例中都已经看到，房地产市场力量和市政规划条例，使这一理想状态很难实现。同时，城市郊区也开始有越来越多的文化形式，包括草根摇滚文化，以及我们熟悉的艺术展览馆、工作室和艺术展示空间。

然后，我阐述了内容极为丰富的文化活动，既包括官方的、也包括民间的，生动刻画了现代大都市的"都市村庄"，提高了人们的辨识度和认同感，同时对很多人来说，"都市村庄"也代表了不断进步并趋于完善的城市主义理想状态。隶属于同一城市研究学派的学者们也对此做出了详细的解释，从莎伦·佐金的"阁楼生活模式"，到大量出现的现代地区研究，比如关于柳条公园区（芝加哥）、苏州河区（上海）以及奥特拉诺区（佛罗伦萨）等地区的研究。尽管这些文化活动和协同布局的住房及生活设施形成了都市村庄，可能会形成一种"被施了魔法般的"（引自 David Ley）惬意的区域主义气氛，但是仍然存在一些因素，可以动摇甚至改变这些标志性的城市区域构成要素，包括激烈的竞争和房地产市场价格上涨。因此，在接下来的一章中，我会对这些发展规划和政策进行更为详细的讨论。

拓展阅读：

David Bell and Mark Jayne. (2004) *City of Quarters: urban villages in the contemporary city*. Aldershot, Hants: Ashgate. 对文化和地区创新发展间明显的协同作用进行了深入分析，包括一些很有启发性的案例研究。

Michael Brown and Richard Morrill. (eds.)(2011) *Seattle Geographies*. Seattle and London: University of Washington University Press. 对西雅图城市

发展历史的详细阐述，包括城市变革、经济发展轨迹、工业结构调整、社会文化变革以及城市布局的变迁。

Alexander R. Cuthbert.（2007）'Urban Design：requiem for an era—review and critique of the last 50 years'，*Urban Design International* 12：177－223. 从历史背景入手，全面分析并展现了城市设计领域中的进展和不足。

Peter Hall.（1998）*Cities and Civilisation*. London：Weidenfeld and Nicolson. 深入地展现了伦敦和柏林城市发展中令人瞩目的成就。在关于伦敦的叙述中，展现了 19 世纪伦敦突出的创新表现，特别是在工程建设和城市基础设施建设方面，并且专门有一章深入地分析了撒切尔政府和新自由主义对城市发展的影响，以及在伦敦码头区改造过程中市场的主导作用；在对柏林的叙述中，霍尔详细描述了柏林如何在 19 世纪以"电气化城市"的姿态崛起，以及在两次世界大战之间的魏玛时期，柏林在文化方面进行的尝试和取得的繁荣。

Chris Hamnett.（2003）*Unequal City：London in the global arena*. London and New York：Routledge. 详细描述了伦敦市中心周边地区城市布局的变化，并揭示了文化因素、阶层改变、社会需求和房地产市场在其中起到的作用。

Andrew Harris.（2013）'Financial Artscapes：Damien Hirst，crisis and the City of London'，*Cities* 33：29－35. 在伦敦被重新估值的土地上，艺术、文化、金融和房地产市场等不同行业的交织存在着诸多问题，该篇文章别出心裁地对这些问题进行了阐述。

Thomas Hutton.（2008）*The New Economy of the Inner City：restructuring，regeneration and dislocation in the twenty-first-century metropolis*. Abingdon and New York：Routledge. 该书的第四章和第五章以伦敦战后时期的工业化结构调整为背景，阐述了伦敦市中心周边地区的新经济；第八章分析了温哥华自 20 世纪 70 年代重新划分地区并推出新住房政策以来，所发生的城市布局改变。

Stefan Krätke.（2011）*The Creative Capital of Cities*. Malden MA and London：Wiley-Blackwell. 该书第五章对柏林的艺术产业和文化主导的城市复兴进行了深入剖析。

Richard Lloyd.（2006）*Neo-Bohemia：art and commerce in the postindustrial city*. Abingdon and New York：Routledge. "新人种学"研究的典型案例，分析了芝加哥柳条公园地区复杂的工业化变革和社会转型。

Doreen Massey. (2007) *World City*. Cambridge and New Malden, MA: Polity Press. 深入分析了伦敦城市再发展过程中全球化和跨国资本带来的冲击。

Sheng Zhong. (2012) 'New Economy space, new social relations: M50 and Shanghai's new art world in the making', in: P. W. Daniels, K. C. Ho and T. A. Hutton, (eds.). *New Economic Spaces in Asian Cities: from industrial restructuring to the cultural turn*, pp. 166 – 183. Abingdon and New York: Routledge. 上海 M50 创意园区是中国最重要的文化地区之一，这篇文章详细阐述了美学标准、政治因素和引发争议的话题，在 M50 地区文化主导的再发展中的作用。

第八章

评估城市文化经济的政策档案

项目评估通常是一系列规划领域中政策程序上的薄弱一环。通常，政府为项目评估划拨的资源很少，而且很多情况下出于政治目的，评估的结果会夸大实际情况。尽管如此，鉴于项目评估领域内一些有影响力的专家对这类项目收费高昂，评估项目对地方政府的收入和资源造成压力，以及文化项目与其他城市政策领域存在重叠等问题，评估以文化为导向的城市改造仍然至关重要。在记录、传播文化产业内的项目创新时，评估政策的试行和项目的经验也很重要，特别是因为现在越来越多的城市和社区想要模仿“快政策”，不去适当考虑社会需求和当地之后可能出现的情况。

当然，政策评估既是一门科学也是一门艺术，这个领域的专家已经通过努力推动了评估模型、方法论和相关技术的发展。但是可以说，由于一系列复杂的因素，过去约 20 年来，要对地区范围内的规划做出可信的评估变难了。第一，作为更宽阔的政策环境的一个主要部分，经济条件存在问题。工业创新和重组的周期性阶段，加上数次经济危机事件（例如2008年金融危机及其余波）以及当前不稳定的状况，都可能会破坏评估的置信级。第二，由于“多层次管理”越来越常见，且很多司法辖区采取多机构体制，评估方必须理清多个项目参与机构之间的复杂关系。第三，项目评估方试图解释文化经济发展过程中内外因素的相对重要性，但全球化的深远性和普遍性给他们造成了“噪音”。

关于城市地区级别的政策和规划项目评估，除了这些一般性问题，我认为还存在文化产业特有的问题。其中很明显的问题包括：在更广泛的城市改造项目中将文化经济方面的内容和评估与其他领域分离；评估搬迁尤其是市中心边缘地带的搬迁带来的积极（改造和开发）效应；处理空间和规模的问题。

在本章中，我将通过从发达型和过渡型城市社会中得出的说明性案例，以评估创新的结果和各方面为目的，综述一些最具启发性的文化政策和项目模型。

城市的文化规划和评估问题

在第3章中，我谈到了文化规划和计划正在各城市、城区更广的政策范围内逐渐中心化的问题。我在其中主要关注两组元级别的问题：其一，效仿格雷姆·埃文斯（Graeme Evans）的著名作品《文化规划：一场城市的文化复兴?》（劳特利奇出版社，

2001)，将文化政策作为改造后工业化城市的工具对其进行溯源。其二，将文化规划和政策置于大城市里更广阔的政府与管理范围内。第3章中还对与文化经济相关的多种政策领域进行了鉴别，从而展示了现代城市中文化规划的广泛性。这一章还提到了格罗达齐和西尔弗近期编本中的评论，该书论述了"文化政策中的政治"，其中强调了文化规划下深层的意识形态驱动力。

自埃文斯首次发表关于文化规划对话的专著后，理查德·佛罗里达于2002年出版了《创意阶层之崛起》，之后他还和来自不同机构(近期是多伦多大学的马丁繁荣研究所)的同仁们提出了更多想法，而人们就与其相关的文化政策观点是否正确进行了长达十年的激烈辩论。当然，文化规划和政策对话的内涵远比和创意阶层相关的各种"万应药"丰富，但似乎很明显的是，世界上很多地区的市政官员认为佛罗里达关于创意城市的美好愿景(此愿景的必然推论是，无法利用城市经济"文化转向"的城市和社区会面临悲惨命运)无疑最为重要。一方面许多市政官员和商业团体十分支持甚至经常过于赞扬这种关于创意阶层的论述，而另一方面具有批判眼光的研究型学者则明显更加怀疑，且通常会对其进行猛烈抨击，这两方之间的"分析/修辞性脱节"确实代表着现代城市生活中的"大分歧"之一。但如果文化规划领域要获得发展，那么似乎很明显，政策对话必须"越过"现在关于创意阶层论述的陈旧辩论，转向更深刻的分析，因为这种辩论不太可能为城市和城市社区带来持久的利益。

本章开篇我将先就地方规划和政策评估的相关问题做简短陈述，其中包括一些用于说明一般性问题的例子，之后我将简要说明主导文化经济过去 20 年发展过程中相关政策和项目的因素。接下来，我利用了近期关于文化规划与政策结果的文献，其中包括“发达型”和“过渡型”社会的参考案例，且这些文献对改造和搬迁给予了特别关注。这些参考案例将包括很多内容，特别是加速化转型、接替、升级和迁移——每一步都在文化导向的再开发中反复出现，这在逐渐全球化的城市非常明显，而且在大城市里重新定价的区域更加显著。第 8 章以观察结果小结以及一些关于本领域内政策创新本质的言论收尾。

城市规划中项目评估的问题

出于各种原因、从各种视角看，显然评估城市规划项目非常重要。当然，确定一个既定的计划或项目的目标完成度多高永远是非常迫切的需要，从政治的角度看这个道理是自然而然的，而且从行政管理和社区的视角看也是如此。在任官员需要了解他们批准的计划成功或者失败的程度以及资源被分配给了哪些部门。专业规划师和其他行业（如金融、工程、社区开发）的员工对规划评估十分感兴趣，因为这从评估政策模型、方法和实践的好坏这个视角展示了一个项目的成败。各城市社区，包括更广范围内的“社会势力”（包含商业团体、社区支持者和活动家）明显很想弄清楚一个特定的项目在何种程度上服务于他们的利益，又会产生什么代价。最后，媒体显然对报道规划和项目的结果非常感兴趣，不仅因为这是一种社会责任，还因为他们自然而然想要提起大众感兴趣的问题，从而增加在一个特定社区内的发行量和市场份额。

大体的观察结果是，在任官员十分关注政策“输入”。这种“输入”代表着对一个特定选区的政治性投入（资金、人员和其他资源），而且会对选举活动及其影响或“产出”的大致规模起到较大的作用，通过造成的影响和产出，这些官员可以从中获得一定程度的声望。规划师和城市相关行业的员工从各种角度出发都对评估有专业上的兴趣。专业的政策制定人员显然对以下几个方面很感兴趣：在资源短缺的环境下优先安排哪些事项，在政策流程的前端哪些东西更重要，以及投入的资源规模和用于指导政策/规划“成功性”评估的产出（收益）水平之间是否明显匹配。政策制定人员尤其会从验证规划模型和方法的合理性与不合理性的视角展现对评估的强烈兴趣，并用常被提及但或许有些误导性的“最佳做法”来为以后的政策制定和选择作参考。特别是后一点显示，越来越多更大的社区在制定政策时会判断在某些地方有效果的政策和项目到了自己所在的社区，结合本地情况和本地特殊的条件、需求后是否也会获得成功。

规划和项目评估的问题

相对而言，评估通常是规划流程中最薄弱的一环。通常，资源（员工、资金、投入）会被分配在规划的“前端”（例如咨询、分析提案的收益成本、提出选项），同时自然还会被用于执行阶段。在任官员可能会更想对规划或项目结果进行“政治性评价”而非一丝不苟的专业评估，而后者可能会强调项目失败的地方、缺点以及超额的费用。当然,政治官员的构成可能会在一项计划或项目执行过程中发生很大的变动,而新的机构可能会出于自己的原因推迟甚至取消一个项目评估过程。规划管理方可能会自己想要或者在当权官员的指示下重新将资源由规划评估转移到新的规划活动。现在有越来越多的政策和规划评估由学术机构、游说组织和媒体负责。

虽然政策分析员从事的测量与评估科学获得了进步,但评估任务可以说比以前更难了。困难的第一部分在于基本规划条件的不确定性以及这些条件可能会如何影响预测的置信级。以前的“总体规划”通常要对一些关键变量(人口、就业、投资)进行未来 20 年甚至 25 年的预测。一个经典案例是《伦敦东南部规划(1970)》,政府本来打算将其作为一份为期 20 年的总体规划,但执行短短几年后,由于有清楚证据证明预测存在错误,这份规划实际上就被废止了。如果有什么区别的话,经济变革带来的波动和不稳定、以合法或其他方式进行的人口迁移以及财政环境都使现在进行预测变得更难了。第二,除了关键趋势线条的波动外,规划所处的财政和经济环境下不仅受制于商业和投资周期的异常情况,还受影响深远的“国际因素冲击”即严重的经济衰退和金融危机的影响。前者从一定程度上至少可以通过预测一系列规定的情境得到解释,而后者则会使城市和地区遭受永久性产能损耗,而非只是劳动力和资本的暂时受损,且这种暂时的损失在衰退期结束后可以获得恢复。典型例子包括 1997 年亚洲金融危机和 2008 年金融危机,如今在很多城市里这两场危机的影响还非常明显。

第三，现在很多项目，包括作为城市改造战略组成部分的那些项目都需要两级或多级政府的共同资源（资金、人员、政策和法规），政治学家在解释“多层次管理（MLG）”时提到了这一点。这种情况在城市开发方案中越来越常见，因为资源规模可能会超过当地和地区政府的负载能力，且高层政府（更大规模的地区、州、省和中央政府）在开发项目的结果中也存在利害关系。但是，尽管“多层次管理”项目因为问题的规模和复杂性合乎情理，但由于涉及多个层次（这种情况在欧盟、加拿大和美国很常见），在评估结果时自然会更加复杂。

最后，除了以上这些提到的问题，在很多情况下不断发展的全球化也使计划的实施以及评估任务变得更加复杂。在整个政策流程的前端，全球各股势力让影响城市和地区规划开发的因素更加复杂化，而且还可能会让评估变得更具挑战性。这些势力也可能会成为“干扰变量”，破坏或者改变规划或项目中计划好的开发过程。至于评估，或许很难弄清楚全球化和“城市二次调节”带来的外部因素对评估结果的影响程度如何。对更大的城市来说，比起如何与其他国际性大都市交往，它们在地区和国家城市体系中的地位或许没那么重要。

文化规划特有的评估问题

以上每个简单提及的问题都可能会影响文化规划和项目的进展，我将在本章后面的部分研究一些代表性例子。但是，我也可以提出很多或许仅限于文化规划领域的评估问题。第一个难题和文化规划通常施行的地点有关，即后工业（或者至少是经过全面结构重组的）城市市中心的边缘地带。计划或规划的“利益相关者”之间还可能会存在不同（有些情况下相反）的需求和目标。

除了就地对结果做出均衡评估这个问题，外部因素的影响尤其严重，因为就外来投资来说，以改造为目的的“再开发”可能会带来成功，但其效益与成本将会出现分配不平衡。以文化为导向的改造也经常会对邻近的区域和居民区产生溢出效应。与此相关的是，在社区层次上，文化规划评估也面临着挑战。因为在这个层次上，“创造力”投入与其他变量特别是技术和资本之间配合十分密切（Pedro Costa 在里斯本案例中证明了这一点），从而使项目评估进一步复杂化。

文化区、创造力与技术创新：比较里斯本的两个区域

佩德罗·科斯塔

佩德罗·科斯塔（Pedro Costa）在其关于葡萄牙首都里斯本的著作中，为帮助我们理解文化导向区域开发中不同的开发方法和经验做出了重要贡献。Bairro Alto-Chiado 区是里斯本一个具有历史意义的中心区，在那里，基于经典演出与实践的传统文化和与数字产业及蓬勃的消费行业相联系的外部因素格格不入，从而被强加了一种新的生产与消费的创意经济，其中的冲突与矛盾是佩德罗·科斯塔分析创新与重组的一个重要方面。但是，为了达成本节目的，我们将对 Bairro Alto-Chiado 区和这座城市东部 Parque des Nações 工业

港口区的“新经济空间”就其创新性、行业动向和当地政府的作用进行比较。

在里斯本的老中心城区，科斯塔发现“传统”文化机构和文化活动之间存在冲突，它们包括歌剧院、交响乐团和各种盛大的表演，前者以经典建筑和石碑为代表，后者则以各种演出和旺盛消费力带来的新文化经济为代表。与这种冲突伴随而来的是各演员和活动参与者之间的分歧，这种分歧背后的部分原因在于文化、阶层和人口统计数据上的各种差异。但在研究的某一部分中，他的重点在于城市里不同形式的空间和地点的“环境效应”，以及这种效应如何在里斯本逐渐耗尽。一开始，科斯塔(2010;2013)关心的是“布局和空间对组织文化和创意活动，尤其是这些活动深处的地域性产生的影响”(2010：5)，这使人想起凯文·摩根(Kevin Morgan)关于发达经济体中地方性创新体系的观点。

在对里斯本进行长期的实地调查研究后，佩德罗·科斯塔得出了两个区域在文化生产与创造性上的关键区别如下：在位于中心的 Bairro Alto-Chiado 区，文化产业和创意企业面临着一些早已存在的特征，例如地处中心区域的优势、重要机构的存在以及一套更加多样化的现代化因素，其中包括一种新兴的青少年亚文化，这种文化由音乐、艺术和舞蹈这种具有表演性特征的活动、社会文化创新、药物使用以及社会升级和搬迁的常见趋势等因素构成。Bairro Alto-Chiado 区和其他欧洲城市的中心区域一样，有着丰富多彩的文化产业、各种机构和活动，包括音乐、出版、设计、美术馆、博物馆和时尚等方面。但是随着租金上涨、空间竞争更加激烈，更年轻的创新型企业以及作为当地创新主要推动力的员工们面临着重重压力，从而破坏了创新和创造力的催化剂，而创新和创造力正是中心城市文化区需要向城市改造提供的东西。

另一方面，Parque das Nações 区的发展历史和当代创意环境的形成则显示了一个传统的港口工业区的起源，它深深地受到了全球化和工业结构调整的影响，大城市里出现的投资回收以及劳动力缩减就是这种影响的表现。科斯塔表示，大型项目里斯本世界博览会（Expo '98）的召开加快了这个区域的再开发周期，这个活动吸引了房产、建筑和公共领域等行业内感兴趣的机构汇聚里斯本，重建 Parque 区，为这个后工业区启动了新的发展征程。除了投资电信系统、改善公共基础设施和建筑环境的质量，市政机关还通过促进交通互连性、增加交通设施、提供有吸引力的零售设施等手段建设里斯本的 Parque 区，所有这些措施的目的都在于推动这个区域建立一个以文化为导向、受技术影响的发展模式。

佩德罗·科斯塔承认，从一些重要方面看，Parque das Nações 区可以被视为一个成功的例子，尤其是因为它在里斯本的空间经济内创造了一个新的发展极。在政府当局做出规划并支出初期资本后，私企对其进行了大量投资。但他怀疑这个项目是否可以真正被视为一个文化导向的改造典范，部分原因在于中心 Bairro Alto-Chiado 区的“创新环境”相对较不发达，这个区域（不出意料地）更像是一个经典的“区域创新”之地。即便如此，随着 Parque 区走向成熟，它很可能会接近文化导向创新要求的门槛水平，所以这对政策评估是一个挑战。

此外，由于文化规划的目的在于某种形象重塑，因此这种目标和结果的“无形性”可能会让项目评估变得更难。我们可能还要考虑直接的和“下游”的成本，正如玛格丽特·范登贝格（Marguerite van den Berg）（2015）对 2014 年在里约热内卢举行的国际足联世界杯和仅两年后的夏季奥林匹克运动会进行的观察，发现这两次活动的形象重塑带来了直接经济成本（宣传、通信），直接社会成本（贫民窟搬迁），以及间接的社会成本（在偏重映射科帕卡巴纳海滩和伊帕内玛海滩的“狂欢节镜头”下里约的形象失真），都是很高的。

文化规划、政策和项目的演变

可以说各座城市几乎一直在进行某种文化规划，这种规划不一定会有文化政策这个标签本身，但却通常夹杂于许多部门机构的总体规划中。一个重要例子是针对城市建筑和现有环境出台的包含各类遗产保护项目的政策和相关指导，各类设计审查机构必须对关于修建新楼、改善公共领域的提案进行质量评估。有时，从外地请来的专家也是这些指导的参与实施者。在这一点上，我可以引用约翰·彭特(John Punter)的知名著作《温哥华的成就》，这本书对温哥华建筑创新和城市设计的质量进行了详细的评估(Punter, 2004)。

继20世纪60年代知识分子的骚动后，社会和社区规划开始含蓄地(如果不总是正式地)带上了某种程度的文化规划意味，很多城市里的社会规划部门是独立的机构而非城市规划部的附属或下属单位。并且，很多"后工业"城市的老街区在20世纪七八十年代启动的早期再开发(或"改造")项目都支持当地的艺术文化活动，虽然这种支持并不一定是这类项目的核心内容。

城市文化规划中方法和命名法的转变

另一种情况是文化规划在基本模型、所针对部门、活动以及目标等方面的发展轨迹并不总是笔直的。从这一点看，格雷姆·埃文斯观察到了政策集群和系统命名法的转变：从艺术、遗产和文化产业到"创意产业"，以及近期从"文化和创新城市"向"知识城市"这个更广泛的名称的转变。这种变化包含了文化、研究开发以及各种技术密集型生产等因素(Evans, 2009: 1013)。各种形式的"文化"、可持续发展以及"可持续城市"的理念之间的联系越来越紧密。在这种联系中，"文化"被视为城市生态系统中的重要元素，它在社会多样性和宽容度中处于关键位置，是对各种文化生产的要素投入，能使逐渐全球化的经济体获得更多的竞争优势。

城市"主流"文化政策、规划和计划

尽管人们还在就文化在城市中的意义及其在城市不断进化的身份中的位置进行辩论，但无可否认的是文化（和创造力）越来越在城市规划中占据中心位置。正如我们在第 3 章中看到的那样（见表 3.2），我们现在可以轻易地追溯"文化"在几乎每个地区城市的政策领域中表现出的特征及其具体应用，这些政策领域包括经济发展战略，土地使用，城市设计和现有环境、社区和居民区规划，就业和劳动力市场，城市营销和品牌形象推广等。

构建文化规划和计划的发展框架还有另一个方法，就是找出它和更大的经济趋势的联系，以及工业创新和重组领域内的重要"时刻"。这些包括以下几点，每一点我都只用少数例子来解释：(1)20 世纪七八十年代城市街区的"文化革新"，在那之前传统工业衰落，导致城市美学领域内的"新中产阶级"开始崛起（Ley，1996）；(2)哈维关于重新定义城市管理变化的著名模型碰巧发现了"企业型城市"的崛起，其中文化被视为一个积极促进发展的工具以及一种竞争优势；(3)20 世纪 90 年代的技术繁荣，所谓的".com"出现，这是多媒体（现在为新媒体）行业综合技术与文化的关键特征；(4)基于办公室的中间服务发展速度放缓（甚至相对来说出现下降），而这种服务曾经推动了大多数西方城市的发展。这种放缓既源于劳动力目前新的工业化分工（与之相关的是某些行政人员被资本替代以及企业合并与精简），也是在寻求新兴行业如文化和创意产业的发展，特别是受佛罗里达关于"创意阶层"是万应药的说法影响，这种寻求更加强烈；(5)最新几轮全球化使几乎每个地区的城市开始进行文化规划和计划；(6)2008 年损失惨重的金融危机造成的影响依然存在，这使各个城市更加将文化视为持久的发展方式，特别是鉴于重要城市中创意产业及其就业市场的相对繁荣性。

评估艺术家在城市经济发展中的角色

我们将（从城市文化经济评估的视角，进一步）考察艺术家作为主要动力为推动创意城市发展所做的贡献（和经历的困难）。我们的指导性假设是艺术家在文化导向的改造中扮演着关键角色，他们不仅是各种“文化产品”如画作、雕塑和其他视觉艺术的“主要生产者”，还能为积极的城市形象和品牌重塑做出贡献，并且偶尔也会为各种产业包括电影和电子游戏制作、室内设计和建筑等提供劳动力。

安·马库森（Ann Markusen）和格雷格·施洛克（Greg Schrock）在他们经常被引用的城市学论文《艺术的收益：城市艺术专门化及其对经济发展的影响》（2006：vol. 43）中，对艺术家在城市经济发展中的作用做了一份具有重大影响力的评估。马库森和施洛克通过列举关于“艺术收益”的很多重要观察结果展开了他们的论述：第一，用于衡量艺术家对经济增长的贡献的传统分析方法是简单地把主要艺术组织的收入和赞助人的支出相加，并采用标准乘数效应，这种方法总体来说十分狭隘，无法体现重要的间接收益；第二，从城市规模和专门化这两个方面的数据可以发现，不同地方艺术家造成的影响规模相差很大。

首先看经济影响这个问题，马库森和施洛克发现传统的分析倾向于为城市经济中的艺术和文化产业假定一个几乎完全排外的本地市场，但诸如纽约和巴黎这样的世界主要文化中心除外，因为在那里的文化产品和服务消费群体中，游客占很大一部分。这些文化产品和服务包括重要的交响音乐会、歌剧院和舞蹈公司等等，吸引了大量“国内”（例如来自本国其他城市的旅客）和“海外”游客光顾。在很多城市，如雕塑家、作家、摄影师和画家这样的艺术家作品具备有形文化价值，这种价值使这些作品可以出口到其他国家。但一般来说，大多数艺术家的输出在传统的经济基础分析中都被归为“非基础的”（即本地的）市场部门，而经济基础分析是经济评估最常见的模式。

但马库森和施洛克给出了一个令人信服的抗辩，他们认为艺术和文化在城市地区经济中扮演着越来越重要的角色，对提升关键行业和部门的出口绩效具有重要作用。两位作者在这里提出了一个评估模型，这个模型包括文化职业和产业，为艺术的完整“经济收益”提供了一个更加全面、更加细微的视角。他们将标准经济基础分析的特征归结为：

> 将自己限制于艺术组织和与其相关的事件造成的影响中，没有对一个地区的艺术家用才能推动地区生产力和输出的诸多方式进行追溯。例如，它无法评估艺术家为优化一个地区内制造业产品的设计特点或营销效果所做的工作。它并未统计摄影师、画家、作家、诗人和平面设计师通过网络、艺术博览会或其他直接销售渠道将自己的作品从本地输出

> 的成功案例。它也没有对进行戏剧、音乐或舞蹈巡演的团体或个人艺术家获得的收入进行解释。它也没有考虑许多艺术家通过教授其他人相关技能获得的收入和创造的人力资本。它也并未追溯提供支持服务的员工获得的收入,这类员工有的建造拍摄场景,有的编辑手稿,有的印刷书籍和乐谱,有的作为经纪人或代理方在艺术机构之外从事有偿宣传活动。而霍华德·贝克(Howard Becker)在他的著作《艺术世界》中则让我们清晰地看到了这种纽带的作用(1982)。
>
> [Markusen and Schrock, 2006: 1662]

关于艺术与文化在城市地区经济中产生的影响,马库森和施洛克指出的最后一点是它们可能会替代进口商品,“因为比起在满是进口产品的购物中心花钱,消费者更想去看演出、购买艺术品”(1662)。就这一点而言,我们可以引用第5章中的一份观察结果,该结果显示“新中产阶级”和跨国精英倾向于购买各种文化产品(一种阶级标记),更具体地说包括“产品”(艺术作品、摄影作品、具有高端设计感的家具和时尚产品)和“服务”(尤其是当地餐饮、舞蹈剧院等等)。

传统经济基础分析被当作评估工具,用于估计艺术和文化对城市经济的价值,马库森和施洛克对于这种做法的批评听上去真实可靠。他们提出要考虑更广范围内的好处,以估量全面的“艺术收益”,这种想法十分具有说服力。但由此得出的推论是,为了更好地理解艺术收益的一些局限之处,我们需要承认艺术家和创意企业在城市环境中发展时面临的掣肘和压力。在上一章中,我讨论了可能会阻碍大城市中文化公司和创意作品发展的一些趋势，其中包括城市房地产市场的重新估价。根据观察，由于再开发和/或投机活动导致一些市场出现的通胀压力可能会通过以下途径破坏文化经济企业的生存能力：（1）由于投资收益增加，尤其是高密度房产导致的土地使用竞争激烈化；（2）诸如商业和金融业等产业的升级以及具有更大利润的文化公司（例如建筑公司和广告公司）通过安迪・普拉特描述的“工业中产阶级化”（2009）对艺术家和创业公司的挤压；（3）最后是直接搬迁的影响，通常为了建造新高楼或者进行合适的二次利用，原本聚集创意企业的老式建筑会被人拆除或改造。

另一方面，或许城市里很多艺术家和创意企业面临着一些未被重视的限制，即市政政策和规划的严格性，其中包括监管、许可和视察等活动。在这个领域内，克里・阿瑟斯（2013）通过仔细研究温哥华市内由艺术家经营的工作室和美术馆，帮助我们理解了以上这些创意企业面临的局限（并且因此“艺术收益”也受到了限制）。

对文化规划的比较评估

在文化经济发展领域和其他分析领域，虽然对单个城市进行个案研究的传统方法可以发现很多东西，但利用比较研究法则可以通过多个案例对发展趋势和结果得出重要的观察结论，提高归纳概括的可能性。吉姆・肖特霍斯（Jim Shorthose）在研究英国东米德兰地区时表示，在某些情况下，对文化规划的比较分析包括战略层次上的选择问题，既要强调本地现有的文化资产和创新人才（内生式发展），也要通过引介文化生产新形式，加快新机构、新企业成长，从而“催化”或“营造”发展。肖特霍斯总结道，这个选择可能会让我们明白，选择城市改造的特定政策和项目应该基于对当地情况和需要的评估，而不应该对任何一个选项抱有“根深蒂固的偏见”。

莱斯特和诺丁汉“人工设计”和“本土自产”文化区的成型

吉姆·肖特霍斯解释如何区分文化区的不同发展路径

不管从理论还是政策应用的角度看，文化区成型的一个关键问题在于“自发性”发展和政策引导之间的平衡，前者主要受社会和市场因素作用推动，后者通常靠大型城市改造项目下的政策推动建立创意场所。对于文化区项目评估中的这个关键领域，吉姆·肖特霍斯（Jim Shorthose）发表了一篇见解深刻的论文，比较了英国东米德兰地区两大主要城市莱斯特和诺丁汉的相关经验。

肖特霍斯的论文将诺丁汉文化区的非正式起源与莱斯特进行了比较，并称后者是“专业、政策导向、机构引导的文化区发展模式”（2004：1）。在这篇论文中，肖特霍斯有效地采用了伊万·伊利胥（Ivan Illich）对“人工设计”和“本土自产”发展方式的分类，并将其作为评估的框架。就这一点而言，伊利胥将“人工设计”的方法描述为“被专业人员和相关机构出于职责引领的发展模式”，且“带有一种正式的合理性，在‘专业体系’中向统一化方向发展”(1973：3；以及Giddens，1991)。相反，“本土自产”的方式是“人们作为日常社会文化网络内在一部分发展、分享并控制的东西”。

诺丁汉文化区的发展方式是继艺术家和先锋中产阶级崛起后出现的后现代主义典型模式。诺丁汉市中心东部的蕾丝市场(Lace Market)一直是一个成功的纺织品和蕾丝生产区域，直到20世纪60年代受英国基础产业大幅收缩的影响，这些产业迅速萎缩，从而留下了很多闲置的工厂建筑。大量的空间和便宜的租金吸引了很多艺术家和其他创作人员来此重振这个区域。而位于蕾丝市场区边缘的老旧零售区也开始吸引一群新的时装设计师，生产具有民族特色产品的企业和新式书店等，之后酒吧和音乐演出场所也纷纷入驻这里。这些都符合其他后工业城市市中心区域发展模式转变的一般过程。20世纪80年代，前诺丁汉电影剧院作为百老汇影院重新开张，这是一个重要的发展事件，因为百老汇逐渐变成了诺丁汉独立文化生产者的中心聚集点。肖特霍斯直率地承认，对蕾丝市场区房地产重新估价时肯定排除了小演员和之前的利益，但是这个区域保留了它大部分最初的随意性和各种宴会。蕾丝市场区作为社会性聚会场所和文化生产地的实际地位被承认后，正式成为诺丁汉的文化区。

和诺丁汉不同，莱斯特文化区成型的方式更加刻意或者说经由“人工设计”，其中涉及大量的前端过程，如机构的规划、基础设施投资和政府对进驻企业的甄选等。肖特霍斯表示，诺丁汉的新型创意产业和活动是在蕾丝市场区之前留下的工业建筑物中发展起来的，而莱斯特的文化改造是政府通过投资带有高端设计感的新建筑引导其发展的过程。被选中进行文化改造的是圣乔治区，这个区域在“文化上中立”，市政官员认为这是一个优点，因为这样的话，从一开始设计文化改造项目时就能适应莱斯特的文化多样性。而且，为应对莱斯特缺少“本土的”文化实力这一问题，政府采用了挽留当地各所大学创意专业毕业生的策略。

肖特霍斯表明，他基本上对“本土自产”和“人工设计”这两种模式没有偏好，但他表示具体城市采用的方法要能够适应当地的文化发展条件。他总结道，发展模式应该符合“所应用城市的具体条件”(9)，包括“文化生态中各种成分可能扮演的积极角色”(10)。

[Ivan Illich (1973) *Tools for Conviviality*. London: Calder and Boyars.]

本节接下来的部分，首先将从近期很多调查和研究中抽取部分对文化规划和政策的概括性综述和评估；之后将对特定城市和文化政策领域内的某些关键案例进行研究，并从中得出关于文化规划状态的有用见解；最后以评论文化规划创新的某些方面结尾。这些可能会帮助各个城市及其社区、工作人员和居民向更好的方向发展。

首先，我将对三份重要的城市文化规划评估进行综述，其中包括两份国际性研究（Indergaard、Pratt and Hutton, 2013; Evans, 2009），以及一份聚焦美国各城市文化规划和设计经历的研究（Grodach and Loukaitou-Sideris, 2007）。我将简单描述每个案例的目的、具体目标，并在适当的地方介绍采用的方法，这些在某种程度上可以解释在规划和项目评估这个专业领域内进行比较的基础。

“创意城市、创意空间和城市政策”

格雷姆·埃文斯（Graeme Evans）是创意城市和创意产业领域最知名的学者之一，专门研究规划和政策的比较分析。埃文斯2001年出版的研究成果《文化规划：一种城市复兴?》是这个领域的关键著作之一。上个世纪末他就城市学的一个特殊主题发表了长篇论文《新经济的轨迹》（46卷，第5和第6页），其中调查了各种不同类型的城市和国家所属区域就城市复兴采用的方法和相关经历。

对于这些进行过文化规划和设计的目标城市，埃文斯从四个重要领域分析了它们的经历：“政策原理”、创意“产业”与“集群”、“干预类型”以及“实际干预”，并总结如下。

政策原理

在格雷姆·埃文斯的调查中，多样的政策原理体现了“文化”与城市政策领域的广泛交叉，其中包括下列内容：经济发展与就业、基础设施、改造、教育与培训、旅游业/重要事件、城市品牌打造、社会/可使用权、生活舒适度/质量以及遗产。格雷姆·埃文斯调查的很多城市在开发和执行文化经济的政策和项目时都会涉及一个以上的原理。在这些政策领域中,“经济发展和就业”(后者包括吸引新的就业岗位和工作留用机会)占主导地位,之后是“基础设施”,其中包括交通以及信息通信技术。“改造”这一原理在调查样本中排名前列,这个结果并不出人意料,因为文化和创造力通常在后工业城市的老旧城区、不同地点和土地的再开发中起主导作用。“社会可使用权”和“遗产”是排名最低的原理(虽然它们可能被归为保护既有环境的范围之内);通常在发展中国家和东欧地区,这两个原理会更加重要,这往往和当地文化价值体系“对精英主义、‘创意阶层’分裂性以及商品化带来的威胁的反应”(1024)相关联。埃文斯在回顾政策原理时发现,“在很多排名前列的创意城市中存在一个‘严酷的事实’,即社会和经济上的高度不平等”(1024),其中包括像旧金山、纽约、洛杉矶和波士顿这样的典范城市。

创意产业与集群

旨在提供政策和项目支持的创意部门和产业包括以下分类(按级别/顺序):电影/电视/动画行业;艺术业(包括与旅游业和改造相关的表演和视觉艺术);音乐、媒体和设计行业;建筑与时尚业;出版业和信息通信技术/技术业;旅游业/手工艺业/珠宝业;以及广告业。埃文斯在这里指出了一股强劲的趋势,即传统的针对单一产业的政策正转向对文化产业“集群”更全面的支持。例如，在苏格兰格拉斯哥、爱丁堡和敦提(Dundee)这些主要城市中，数字媒体、电影/电视业和音乐行业会被规划为一类集群。在芬兰，领头羊公司诺基亚入驻了港口城市图尔库的“文化”孵化综合大楼，且政府也对这栋大楼投资了一份专项资金。新加坡的直落亚逸和小印度，在施行艺术和保护项目时，政府定向对其中主要的文化设施包括电影制作、品牌推广和平面艺术集群进行了投资。欧洲主要的文化中心巴塞罗那虽然受到了西班牙和南欧大部分地区经济不景气的影响，但仍为波里诺(Poblenou)区的数字媒体校园建设投资了8 000万欧元。

干预类型

格雷姆·埃文斯对城市文化政策和项目的调查揭示了政策的干预，它涉及以下六个领域(以应用频率高低排序)：房地产、商业支持服务、津贴和贷款、财政/税收政策以及基础设施，最后一点包括“硬”和“软”基础设施，其中“软基础设施”包含信息通信技术(如高速宽带)、教育、网络开发和市场营销。在很多最佳案例中，这些干预并不是“一次性”的实验，而是被纳入十年规划战略中(阿姆斯特丹、巴塞罗那、新加坡和伦敦就是这样做的)，这样就有时间让整套干预措施产生积极和相对持久的改变。从机构上来看，很多情况下会有专门机构和协会负责执行整套政策。埃文斯的调查揭示，一些案例会因为没有充分理解“创造力”的内涵、项目与商业发展模式匹配不佳以及相关机构投入不足受到影响。

埃文斯就这一点指出，很多案例中的文化项目旨在改善弱势群体的就业前景，这种情况下持续投入资源十分关键。“如果新的创意经济不能增加就业或者不愿意投资支持性服务，那么这个发展方式显然是有问题的”(1028)。

实际干预

就像我们之前在研究城市文化经济治理模式时观察到的那样，“多层次治理”(MLG)的创新形式通常会被应用于实现资源利用最大化，从而支持创意产业、机构和就业的发展。格雷姆·埃文斯在这里承认，欧洲文化产业中的干预模型比较特殊，社会对国家和公共机构的“干预”接受度相对较高，而且我们还发现复杂的发展政策、项目和规章通常在欧洲比较常见。一个重要的例子就是伦敦，针对其12年间的政策进行评估，内容包括埃文斯所称的“在一个非常局部的层次上显现出来的欧洲、国家、地区以及更小区域内的利益集结和出于实用目的的结盟”(1029)。伦敦的案例对我们来说具有启发性，因为那里的创意产业政策最开始是在20世纪80年代中期由当时的大伦敦市议会制定，之后市长创意产业委员会和地区经济发展机构的一个新部门在2004年再次为其注入“能量”，再之后欧盟在持续三轮的预算周期内投资目标领域，双方(欧盟和英国)出资高达1.43亿英镑，进一步增强了创意产业政策的影响力。埃文斯也指出，实际上欧洲很多文化开发策略在项目开始前十年内都依赖于公共补贴——这其实是在纠正认为文化政策和规划“前景一片光明”的观点。

在总结对文化产业内政策模型和经历的研究时，格雷姆·埃文斯表示或许理查德·佛罗里达提出的通过吸引“创意阶层”获得发展的建议能“延长相关地点竞争策略的寿命”(1056)，而与之相反的是强调要培养当地艺术家，文化产业、机构和公司的发展，这种方法没有那么有吸引力，但就社会意义而言更加具有进步性。

迈克尔·因德加德、安迪·普拉特和汤姆·赫顿：“金融崩溃后的创意城市”

这是一个 2013 年的项目，共同主编（Michael Indergaard、Andy Pratt and Tom Hutton）想要测试创意产业在 2008 年金融危机打击下的恢复能力，同时顺便调查世界上不同区域内各个城市的经历。这是一场严重的经济危机，其间很多著名公司纷纷破产，比如纽约雷曼兄弟公司。这个项目假设 2008 年金融危机可能会影响文化产业，并进一步影响在这些产业主导下的城市。第二，这个项目旨在基于各座城市的经历深入了解创意产业，这些城市的文化经济不仅制度基础和项目目标不同，管理与政治经济体系也相差很大。

样本城市包括纽约和伦敦这两大世界顶尖的金融中心，它们在创造力和文化生产上处于全球领先位置，其金融经济和文化产业之间的关系异常密切。其中尤其包括纽约曼哈顿区各银行和公司独特的“文化消费”模式，那里有着和伦敦某些地方同名的切尔西和苏荷美术馆及艺术市场。但这个项目也包括处于中间层次的文化城市如米兰和哥本哈根，以及巴塞罗那、雅典这样面临经济问题的地中海城市，以及横滨。

迈克尔·因德加德：纽约的文化经济与结构调整

2013年，迈克尔·因德加德对2008年金融危机后纽约“文化和创意产业”(CCI)的发展状况进行了翔实细致的评估，并在其中指出了厘清因果、弄清纽约这座美国最大城市中“不稳定因素”的难度。总体来说，因德加德发现，虽然纽约的确受到了金融危机的破坏性影响，但其失业率比预计的数字要低得多——低于美国的平均水平。

为了深入探究纽约劳动力市场发生变化的原因和结果，迈克尔·因德加德没有采用新古典主义和流行的“消费主义”观点，而是选择仔细回顾以往几次工业创新和结构调整，这种方法更有可能得出更加深刻的见解，并且或许可以促进对文化经济中政策评估任务的了解。首先，因德加德描述了纽约在互联网经济热潮(约1993—2003年)中的地位。在这个时期曼哈顿和旧金山的市场街南区[SOMA]以及伦敦的“金融城边缘区[City Fringe]”共同成为主要的全球创新与发展中心。在这段时期前(即20世纪90年代初)，世界经济出现了严重衰退，造成约36万人失业，金融、房地产市场和逐渐壮大的文化经济之间的关系变得尤为错综复杂。新媒体远非一个繁荣的艺术文化社区的自然衍生物，事实上，它已经成为“华尔街一种新的投机手段，可以使科技创业公司的首次公开募股(IPO)获利丰厚”(46)。因此，证券、计算机服务、信息技术、广告、娱乐和艺术等行业的就业机会都得到了大量增加。但是,2000 年互联网经济出现的泡沫以及之后的“9·11”恐怖事件影响了整个就业市场,而“曾经从事互联网投机活动的行业的失业情况比纽约的整体情况更糟”(46)。

纽约面临的下一轮浪潮是 2003—2010 年按揭抵押的高速发展,这个时期的经济增长主要源自住房抵押贷款的证券化。这一时期的“低息贷款”刺激了房地产业的繁荣,而和房地产业联系最密切的其他产业(包括工程设计、建筑和室内设计)以及相关的就业机会带动了文化与创意产业的发展。可以预见的是,或许 2008 年金融危机对证券业造成了严重冲击,但整体上文化与创意产业受到的影响比之前互联网经济出现泡沫时更低。因德加德总结道,“破坏程度的大幅降低显示,整体来说,创意产业与抵押证券业的关联度要比它与互联网热潮的关联度低”(46)。在评估纽约经济的长期趋势时,迈克尔·因德加德总结道:(1)制造业将长期维持衰退的趋势;(2)尽管金融服务业(包括银行业、证券业和其他专门的中间金融产业和就业岗位)无疑对于纽约的战略地位至关重要,但相对甚至绝对来说,它提供的就业机会将会减少;(3)从 1993—2010 年,涵盖甚广的文化与创意产业显然一直保持增长,其中专业性、技术性和科学性服务行业新增近 10 万个工作岗位,增长了 44.2%,而艺术、娱乐和休闲行业新增 25 700 个工作机会,增长了 62.8%。2000 年至 2009 年,设计类工作岗位增长了 75%。因德加德还总结道,文化与创意产业就业机会增加的部分原因还在于政策上的支持,即工业政策的“文化(及创意)转向”(48)。这种支持包括对能够促进文化与创意产业发展的非营利文化产业进行大量投资。我将在下面讲到美国城市中的政策与文化经济时再次提到这个主题。

尼克斯·索利奥蒂斯：雅典的古典文化、新文化及其面临的危机

接下来的内容是对欧洲主要文化中心的文化经济规划和项目的评估，这些国家的整体经济面临着严重的问题，而政坛不稳又导致这些问题进一步恶化。首先，尼克斯·索利奥蒂斯（Nicos Souliotis）提出了一份及时的雅典案例研究评估，其框架是“文化经济、国家债务危机和当地背景情况的重要性”（2013：62）。当然，雅典是西方文化与文明的重要基础，因此政府在想要将现代创意经济和雅典在欧洲地中海地区的象征地位结合起来时才会面临诸多复杂的挑战。

索利奥蒂斯称，雅典历时25年的当代文化经济政策留下了一些特别深刻的教训，其中包括中央和地方政府常在哪些地方出现矛盾以及外在因素（包含欧盟、标志性事件以及周期性财政危机）的影响力量。战后，雅典别具风情的各处遗产、古典的风景和景点吸引了大量游客，因此公共政策的重点是保护这座历史性城市的遗址。20世纪70年代末80年代初，欧洲和北美的其他很多城市也引进了城市发展管理项目，这些项目设计的部分目的在于保护历史遗址脆弱的外表材质。

但是，这种趋势“并未与经济环境（包括衰退的倾向）结合起来”（66）。到20世纪80年代中期，政府决定通过提高资本经济生产率来促进增长，以使希腊在欧盟里更具竞争力。政府将重

点放在了高水平服务业和文化产业上。这是一个尤其以消费为导向的城市复兴项目,包括增加咖啡厅和酒吧数量,加大对正式的文化经济的投资等,一个重要的例子就是一家公私合营(PPP)集团修建了雅典音乐厅。到20世纪90年代,公有经济面临的长期性问题推动了公私合营的发展,PPP也成了雅典经济复兴的工具之一。雅典获得2004年夏季奥运会的举办权后,希腊政府转而新推出了一份基于银行业、电信业、交通运输业、文化和旅游业的经济规划,但是像研发和生产性服务业这样的"新经济"部门却"因为政府认为雅典缺乏相关竞争优势而未被纳入项目"(67)。

虽然2004年奥运会以及各家公私合营集团带来了一系列投资,且雅典也因此受益良多,但索利奥蒂斯指出雅典仍然面临着希腊的很多结构性问题,包括在欧盟中处于边缘地位,以及因举办奥运会欠下的遗留债务以及持续发酵的国家债务危机,而2008年金融危机带来的残余负面影响更是让这些问题进一步恶化。他表示,雅典面临的严重衰退危机以及欧盟和国际货币基金组织(IMF)对其采取的紧缩措施"不仅挫伤了中产阶级的文化消费能力,还影响了新的经济精英阶层(包括银行业和金融业精英)的壮大"(67)。索利奥蒂斯以一份悲观的观察评论进行了总结,按照这些精英阶层的观点,国内尤其是外国投资方"唯一可能的发展路径"就是加强利用雅典独特的各类资产——尤其是不动产、环境和文化资本以及这座城市的"文化象征性资本"(67)。这对当地的艺术家、文化企业及其员工的确是一个可怕的预言。

玛丽安娜·德·奥维迪奥和马克·普拉德尔：巴塞罗那和米兰的制度创新、协会经济以及“本地主义”

米兰和巴塞罗那是欧洲乃至世界范围内两个最重要的文化中心，两座城市都具有一些独特的标志性特征。这些特征包括壮观的大教堂，比如著名的米兰大教堂，它是伦巴第大区首府的核心历史性建筑，以及巴塞罗那的圣家族大教堂，它由高迪(Gaudi)设计，有人将其视为西班牙最受欢迎的旅游胜地；还有标志性的现代建筑物(例如米兰带有别致的现代主义风格的皮瑞里大厦，见图8.1)、有影响力的饮食文化、时尚、设计与足球行业等，这

图8.1 米兰皮瑞里大厦(民间博览会的模型)

里有三家世界上最成功、最著名的足球俱乐部，包括 AC 米兰足球俱乐部、国际米兰足球俱乐部和巴塞罗那足球俱乐部，最后这家俱乐部（及其足球文化）被很多业内人士评为“比赛十分精彩”。每座城市所处的区域都聚集了它们各自国家大量的经济政治力量：伦巴第大区（米兰）和加泰罗尼亚区（巴塞罗那）以及两个国家历史上法西斯/西班牙长枪党时期带来的争议。每座城市都包含文化经济中的战略性场所和区域，我们在上一章讲到经济空间和地点时就提到过这一点。

但是和其他城市相比，巴塞罗那和米兰案例中的管理和政策背景非常复杂，其中包括上层战略性规划和当地机构之间的关系，以及经济衰退和财政危机在国家层面上造成的负面影响。但是这两座城市也有重要的城市大型项目，发生过国际性“标志事件”（2001 年之后），这些都可以作为城市发展的工具，尤其是巴塞罗那夏季奥运会（1992）和计划将 Poblenou 工业区打造为“新经济”区的全面再开发项目（图 8. 2 和 8. 3）；米兰则相应地有比可卡项目（见第 3 章）以及规模更小的培养文化产业和创造性劳动力的其他项目。在这里，玛丽安娜·德·奥维迪奥和马克·普拉德尔（Marianna d’Ovidio and Marc Pradel, 2013）对“认知—文化经济”中的“社会创新和体制化”进行了有见地的分析，并进行了两种本地化政策的比较研究。

两位作者从一份全面的实地调研项目（由有影响力的参与者、观察结果和长期现场视察构成）中选取了两个例子，以研究巴塞罗那和米兰在发展文化资本、促进创意类就业时的“工作创新”。从政策的视角看，两座城市的当地部门致力于促进创意行

图 8.2　巴塞罗那 Poblenou 工业区面貌

图 8.3　巴塞罗那 Poblenou 区 22@项目的新经济地点

业员工和专业人员协会的发展，这体现了“机构配置及其与公共机构的关系”，与第6章中讨论的“区域或环境”(71)的对比相悖。首先，在巴塞罗那案例研究中，德·奥维迪奥和普拉德尔描述了“Hangar”的几个发展阶段。1997年时，Hangar中心（位于Poblenou工业区）负责推广加泰罗尼亚视觉艺术家协会（AAVC）的艺术生产与联合研究。根据其用途，Hangar中心配有大量基础设施，包括一家媒体实验室、两套电影布景、15家工作室以及相关设备和后勤人员。Hangar中心的主要目标是通过提供“有利于催生新想法、新项目的环境和机制框架”来培养“艺术活动的专业性”(71)。AAVC作为一家重要机构，其目标在于“通过建立标准、促进与公私立机构建立正式联系以及保护艺术家的专业兴趣来鼓励、维护艺术家走向专业化”(71)。

在关注艺术家和其他专业创意人员职业发展的同时，两位作者还证实了Hangar中心的建立和巴塞罗那更宏观的政策目标以及发展轨迹密切相关，“其背后原因在于游客数量大幅增加、大城市工业活动外迁以及文化越来越能够推动城市经济的发展”(71)。在Poblenou区内，Hangar中心是支持当地艺术家、反对这个后工业化地区内占主导地位的技术密集型“新经济”潮流的重要机构，并且符合当地工人阶级群体的价值观——他们对市政府包含产业升级、拆迁、重建和再开发的新经济议程一直持强烈抗议的态度。在这个由上至下的新经济计划中，Hangar是唯一一个“民间团体”项目。但是，尽管Hangar项目已经成为当地许多艺术家的催化剂，巴塞罗那乃至整个西班牙严重的经济问题带来的政治经济后果还是对这个项目造成了不利影响，再加上保守政权当选并组建了地区政府和市政府，公用事业开支“大幅缩水”，问题变得更加严重。在描述政治/政策危机及其给 Hangar 项目带来的影响时，德·奥维迪奥和普拉德尔总结并预测，“新的多层管理框架以及政府对地区和当地债务的严格控制使公用事业开支更加难以维系”(72)。

而米兰案例采取的形式是对“时尚之岛(Isola della Moda)”的讨论，这种讨论的目的是在米兰重点文化产业中展示“时尚设计的创新性及批判性方法”。正如以上巴塞罗那参考案例描述的那样，米兰案例具有很多项目创新的重要特征，这些特征既展示了米兰这座城市和文化产业的独特性，又体现了支持文化产业发展的各个项目的丰富结构。

米兰与巴黎：高级时装设计的世界领军者。米兰的时尚产业由主要的设计公司主导，这些公司的品牌在著名的蒙特拿破仑大街两旁的高端店铺中比比皆是，包括范思哲、普拉达、华伦天奴和萨尔瓦多·菲拉格慕等。但德·奥维迪奥和普拉德尔证实，虽然高端设计的奢侈品时尚几乎是米兰的代名词，但“时尚产业并不能促进整个城市的发展；它并不能给有天赋的设计师带来真正的机会，因为在这个时尚体系中，只有实力雄厚的参与者能够获利”(73)。

玛丽安娜·德·奥维迪奥和马克·普拉德尔表示，作为创新项目的“时尚之岛”不仅代表着政府为培养年轻的米兰设计师所做的努力，还与整个时尚设计行业的发展方式大相径庭，因为这个项目的组织和运营综合了政治经济、环保意识和社会平等等各方面的因素。“时尚之岛”是米兰“重点时尚产业”中的风险项目，在这里我们可以摘引德·奥维迪奥和普拉德尔在《城市》的一篇文章里提到项目网站的部分，内容如下：

> 消费性的“重点时尚产业”不仅要关注风格和潮流，最重要的是还应注重穿衣人的伦理问题。尊重环境与实验室，评估手工艺品、创造力和自产。重新发现传统精细加工方法以及产商与顾客之间的人际关系是时尚新视角中的重要价值观念，这是一种和传统的各大公司主导、批量生产以及消费主义大相径庭的批判性视角。
>
> ［“时尚之岛”网址 www. isoladellamoda. net 于 2011 年 6 月 10 日访问；复制于玛丽安娜·德·奥维迪奥和马克·普拉德尔的作品，2013：72］

米兰时尚产业具有第 4 章中描述的文化类工作和劳动力市场的一个普遍特征，即“二元化越来越明显”以及工作的不稳定性，“时尚之岛”就是为应对这种情况而诞生的，它体现了合作的原则，并且注重设计质量，是一种更进步、更包容的时尚产业发展方式。“时尚之岛”给年轻的时尚设计师提供了空间以及一个“容纳小型规模经济”的网络，并为他们带来了和其他专业人员建立联系的机会。

在总结巴塞罗那和米兰的案例研究时，德·奥维迪奥和普拉德尔强调了项目以及制度创新的重要性，这种创新不是政府也不是主要行业协会的创新，而是指每个案例中民间团体的创新。在两座城市中，现代设计工作的高度社会性都是由小型组织实现的，这就避免了大型公司和协会带来的距离感。年轻艺术家和刚起步的设计师们容易在面临各种公司和机构的大规模以及各种权力关系时“迷失”自己的兴趣和志向，而正如我们在第2章提到的那样，这些公司和机构在逐渐全球化的世界中越来越占据主导地位。

世岛秀晃：横滨的多层次管理和排斥的政治

我们现在来看文化政策的另一个案例研究，这个例子生动地展示了不同统治政权和社会政治文化背景下城市内部在未来可能发生的变化：横滨黄金町社区。大阪市立大学世岛秀晃（Hideaki Sasajima，2013）写道，在这里我们通过各种政策、政府的应对措施以及东亚地区典型的当地社区组织来观察当代文化区的成型过程。

我们在介绍其他城市文化经济创新与评估时曾经提到，经济衰退或者至少经济停滞的背景常因为中央政府的政治危机进一步恶化。在经历长期的加速工业化和经济增长时期后，日本经济从20世纪90年代开始陷入停滞。这一时期被称为“失去的十年”，经济衰退的主要原因在于出口贸易低迷，日本主要银行和实业公司面临资产折现问题以及供过于求给房地产市场带来的冲击和压力。其他影响因素包括欧美消费者由于就业市场不稳定、可支配收入减少而购买力下降，以及中国以令人震惊的速度快速崛起，成为东亚占主导地位的工业强国。

我们的案例研究内容为日本第二大城市横滨（370万人口）

建立文化区背后的政策和规划，其中包括多标量的各种过程和多层次的管理举措。横滨这座大都市在历史上是著名的海上贸易及相关产业的中心，这里有很多重要的俄罗斯人和(尤其是)华人社区，是一座国际化的城市。但是，横滨也靠近东京的边缘地带，因此难免会受到首都区域的影响，其规划开发计划的部分内容就旨在发展自己的产业和企业以提高独立性，其中包括强调商业发展的 MM 21 城市大型项目。

就像我们在很多欧洲和北美的例子中看到的那样，政府对培养文化产业、促进创意产业就业的兴趣通常和工业的衰退相关，因为工业衰落使政府需要寻找替代产业和可持续的经济活动。当然，经济衰退也是促使日本政府出台相关政策的部分原因。但黄金町文化区的开发揭示了其他新的重要原因。长期以来，黄金町都是专门的性交易红灯区，这一点和很多港口城市相同。但是二战之后由于美军强占黄金町，这里发生了一些变化。

据估计，本世纪早期的黄金町街区有上百名妓女，其中很多来自拉丁美洲以及除日本外的亚洲其他国家和地区。妓院数量的上升和犯罪团伙作案增加、艾滋病传播以及人口贩卖都有关系。正如世岛秀晃所说，为了将黄金町从一个充斥着犯罪、性交易等各种混乱的街区转型为现在的文化区，当地的市政府和社区都做出了努力。首先，当地相关机构提出了很多措施，从而形成了整个社区对性交易以及相关犯罪活动的抵制。2002 年，两个邻近的社区协会合并为阻止性交易扩散协会，这个协会之后被改名为清理行动协会。后来，随着一个由家长和老师组成、致力于为孩子们改善街区社会环境的协会加入，清理行动协会的社会基础进一步扩大。

黄金町的这些社区群体开始与正式的政府机构建立联系，主要目的在于获得“组织经验”（81），其次就是为了对政坛决策者产生影响。社区协会和横滨中区共同向日本政府递交请愿书，希望“打击”性交易和相关犯罪活动，并且还请求出动当地警方参与这项行动。这些举措导致了2005年对性交易工作者的大规模逮捕和驱逐。但是在这个过程中，政府也在执行一项全国性的政策议程，即2000年开始实施的“全国管制娱乐业街区议程”（82），其中最著名的例子就是东京市长批准对新宿歌舞伎町（日本最大的娱乐业街区）妓女进行大规模逮捕。

所有这些都是黄金町“文化改造”（过去10年这个社区社会重构的变革性过程）的重要序曲。正如世岛秀晃所言，在2005年的“大规模逮捕”和驱逐行动后，横滨市政府几乎立即“启动了创意城市项目，在已经变成‘空白’社区的地方创造新的艺术空间”（82）。发展“创意黄金町”（82）的项目包括两个主要部分：其一，整修之前的妓院出租给艺术家。到2011年，大概有20家这样的地方仍在运营，包括艺术家工作室、咖啡厅、餐馆和商店。其二，这个以文化为导向的街区改造项目中还有很多机构对各类活动（比如著名的黄金町市集艺术节）给予了支持与管理，其中包括社区协会、中区政府、市政府和县厅警力的参与和付出。

2008年金融危机对日本造成了冲击，各级政府的预算和收入都受到了影响。但是，尽管公共财政面临着这些下行压力，针对横滨文化改造和创意城市项目的投入仍然在快速增长，其中就包括增加对黄金町文化改造项目的资助。正如世岛秀晃所称，在经过一组面谈和实地调查后，神奈川县政府和横滨市内行政区政府依然继续拨款支持艺术改造项目的发展，这反映了它们与社会规划协会的共同努力——将充斥着犯罪与混乱的区域进行整治并改造为文化区。

世岛秀晃在黄金町案例研究的末尾表达了自己的疑问，即这个区域的"文化同质性"是否真的证实了它作为"创造性环境"的头衔，因为很多人认为"创造性环境"应该综合了各种不同甚至有时相互矛盾的价值观、身份和做法。我们还可以将黄金町出台的各种措施与很多欧美城市以社区为基础的项目进行对比，前者实际上是通过驱逐妓女、打击犯罪活动对这个地区进行了"消毒"，而后者则至少试图将性交易工作者和吸毒者包括在改造项目参与者之列。

甚至是新加坡这样以严格抵制"反社会因素"著称的国家也在城市国家的某些特定区域对性交易从业者、异装癖者和非主流文化采取了选择性容忍的手段，以便增加创意经济策略中的"包容"元素。这种做法背后的依据是佛罗里达的"创意阶层"万应药说法（Florida，2002），而这种说法显然对"发展中的城市国家"来说具有很大的吸引力（Perry、Kong and Yeoh，1997）。罗曼·赛布里乌斯基（Roman Cybriwsky）称日本的六本木十字路口（Roppongi Crossing）使他产生了对充斥着各种社会角色的"混合空间"的思念之情（2011）。综上所述，世岛秀晃叙述的横滨黄金町街区在上个10年间的再开发使我们进一步了解了创意城市议程中更多样化的政策措施和项目结果，或许还让我们了解了某些东亚国家的政治和社会文化。

文化建设战略与城市复兴：一份对美国城市的调查

在前面的部分，我从国际性的视角对比评估了政策在文化建设中的作用，下面是一份针对美国的文化建设规划状态的重要研究。此研究由卡尔·格洛达持(Carl Grodach)和安娜塔西亚·楼凯投-西德里(Anastasia Loukaitou-Sideris)负责，并在《国际文化政策期刊》(2007：13卷，第四期)上发表。

格洛达持和楼凯投-西德里开篇先指出了以下内容：文化规划在市政府整体政策中的地位获得了大幅提升(之前政府机关就一直在关注文化在旅游业和娱乐业中的作用)；人们最近开始关注文化在改造"后工业化"城市中的推动作用；许多城市中的数字化生产(一种新生的文化经济)"逐渐主流化"；以及文化经济越来越能吸引投资者和高水平的创意人员。两位作者引用了莎伦·佐金一句经常被引的话——"文化越来越成为城市里的商业"(1995：2)，但他们指出相对于欧盟城市更加成熟的评估体系，美国普遍缺乏对文化规划的评估(见上，Evans)。

格洛达持和楼凯投-西德里开篇还提到一个实用的原创性概念，即"文化建设战略类型学"，并将其作为指导各种美国城市进行文化规划项目评估的组织性概念。他们提出的三个方法"不能完美地体现各城市文化建设战略的多样性，也不能将我们调查中的机构'统一归为'一个特定的模型"，因为很多情况下单个城市的战略可能会显示出多个模型的特征(352)。

创业促进战略

这是文化规划与开发最“经济主义”的方法，实施创业促进战略的城市通常“绝对不会回避有利于促进经济发展的社会目标”(352)。此范畴内的一系列项目包括20世纪70和80年代为应对城市中心区的衰落而发展各种公立和私立的零售企业。这种项目为“一流的”文化活动和设施(包括高端设计建筑项目)带来了更多的投资，致力于通过重塑城市品牌吸引更多的企业。相关优惠政策包括减税、提供土地和资产减记以及“放松对城市分区的控制”，这样各个市场竞争者就有了更多的土地使用选择权。格洛达持和楼凯投-西德里肯定地表示，这些创业促进政策和项目的重要支持者和“目标受众”包括流动工人和固定工人、当地的富裕居民以及郊区人口。

创意阶层战略

格洛达持和楼凯投-西德里承认，“创意阶层战略”强调提高“生活质量”和“生活方式”，将其视为促进消费经济的关键，用来吸引理查德·佛罗里达描述的不受拘束、寻求舒适的创意人员。这些创意人员五花八门，包括软件工程师、建筑师、艺术家、作家和律师等。格洛达持和楼凯投-西德里进一步表示，文化活动和培养公民群体的包容性对“创意城市”的发展非常重要，因为它们“提供了消费、休闲以及增加创意阶层阅历的机会”(354)。而创意阶层包括城市里年轻的专业人员和“知识型工作者”等与艺术区以及遗产保护区关系密切的一群人。支持通过创意阶层模型促进文化发展的人表示,这类政策的成效可能向下渗入到低收入居民,但很多持批评意见的人强调,支撑创意阶层战略的新自由主义价值观,更有可能会带来两极分化和拆迁问题。

进步性战略

当地政府实施的文化规划项目"挑战了发展文化建设方法的基本原理",对增长的红利能"渗入"社会等级制度持怀疑态度,这些项目"专注于将红利广泛分散于各个公民"(355)。格洛达持和楼凯投-西德里表示,一般来说进步性政策和项目的主要目标,包括通过收取影响费从私营部门的发展中获得公共收益,建设经济适用房使其数量达标,以及投资公共交通。市政府对于文化产业保持积极的态度,他们的目标通常是"扩大艺术的覆盖面和参与度,支持当地的文化生产并利用艺术增强社区的独特性"(355)。规划的内容可能包括出资支持大范围的艺术教育和训练,投资社区文化中心以及促进对遗产的保护。美国的例子包括巴恩斯德尔艺术公园(Barnsdall Art Park)(洛杉矶)、小黑珍珠车间(Little Black Pearl Workshop)(芝加哥)和东区艺术联盟(Eastside Arts Alliance)(奥克兰)。虽然美国各城市鼓励以社区为基础的艺术及文化建设项目,但卡尔·格洛达持和安娜塔西亚·楼凯投-西德里则表示这类项目面临着"结构性限制",而这种限制存在于"由私有部门操控开发建设决议"的资本主义经济中(355)。

格洛达持和楼凯投-西德里调查的结果总结为：依据2000年人口普查公开的数据，共对人口超过25万的所有美国城市发放调查问卷49份，并收回29份有效问卷。目标调查对象是市政府文化事务部的高级官员，他们代表着与城市文化经济规划和政策联系最直接的机构。

在这29位受访者每年资助的文化活动、项目和设施中，最常见的包括博物馆和/或美术馆（83%的受访者）；文化活动和节日（79%）；各种“表演”和表演艺术剧院、文化艺术活动推广以及公共艺术项目（各76%）。接下来是博物馆展览（66%）、社区艺术/文化中心（62%）、当地遗产保护项目（34%）以及文化或艺术区（21%）。因此，鉴于重点明显在于宣传和投资特定的活动和设施，格洛达持和楼凯投-西德里称“这些机构和城市压倒性地支持创业促进战略”，虽然很多这些机构（72%）并不资助艺术家（358）。

关于涉及文化政策和项目目标的问题，本次调查的“绝大多数”受访者（93%）认为“提高所有公民的生活质量”是城市文化活动“最重要的收益”。其他指标包括：59%的调查受访者认为“吸引来访者和游客”是一个重要的好处，而只有超过三分之一（34%）的受访者认为文化活动可以“增强城市的竞争优势”（359）。

最后，格洛达持和楼凯投-西德里基于他们的调查结果得出结论，美国城市文化经济中创业促进战略“最为显著”（364）。主要的大城市文化中心例如纽约和芝加哥则在其整体项目中综合了所有三个模型的要素——创业促进战略、创意阶层战略和进步性战略，这种现象的主要原因在于当地文化产业和创意人员的规模及复杂性。而“创意阶层”政策则属于波兰、圣地亚哥这样创造力的“麦加胜地”采取的战略方法。但从整体上看，两位作家总结道，“由于人们主要从经济价值的角度评估文化活动，因此进步性战略整体处于边缘位置”(364)。

总结：通过政策评估，我们能对城市文化经济的未来有什么了解？

本章先介绍了城市文化经济发展中的管理因素，即各地区不同城市中政府机构和相关力量在结构上的异同，并对创意城市中的劳动力、房地产市场以及“地方性”特点进行了探讨。在此基础上，本章试图通过选择一些文化政策和规划的例子进行研究，来完善我们对城市及其文化经济的了解。本章全篇都承认，文化政策和项目评估具有挑战性，这种挑战源于政府和项目的多机构性，以及基于“成本”(支出、风险和不确定性、社会和工业结构升级导致的搬迁)评估“收益”(包括投资、创业、收入、城市社区复兴以及许多人通过文化表达和表演实现自我)范围和规模的难度。

此外，城市文化经济本身具有复杂性和高度的多样性。在很多情况下，它包括“正式”或经典形式的文化表演(交响乐、歌剧和芭蕾舞剧)以及早已存在的创意生产行业(建筑、广告和品牌推广、出版)，还有电子游戏、新媒体和社交媒体等行业。它们中的每一个要获得发展都可能有不同的要求，并在不同形式的政策和项目下产生变化。的确，促进某个特定文化产业或行业类型发展的政策可能会对其他产业或行业造成负面影响。

一般地说，虽然“艺术与文化”和赞助人以及相关机构的支持联系在一起，但很多情况下它们已经从一种个人表现的领域转变为当地整体政策和规划中的一个主要元素。文化经济显然是“创意的城市”的一部分，获得了各种政策上的支持，具有社会意义。另外，形式多样的文化经济不仅仅是一个简单的由各种行业、机构和劳动力组成的城市大型“产业”，它还遍及城市生活的几乎方方面面。文化与正式和非正式管理体系的这种联系以及全球化的力量很可能会改变城市中创造力的性质——我将在本书最后一章中谈到这个话题。

拓展阅读

Elizabeth Currid-Halkett and Kevin Stolarick. (2012) ‘Baptism by Fire: an occupational analysis of creative industries impact on regional economies’, *Cambridge Journal of Regions, Economy and Society* 6(1): 55 - 69. 这篇论文基于一份对职业的研究，就创意行业对地区发展的影响进行了实证分析。

Carl Grodach and Anastasia Loukaitou-Sideris. (2007) ‘Cultural Development Strategies and Urban Revitalization: a survey of U. S. cities’, *International Journal of Cultural Policy* 13(4): 349 - 369. 这是正在兴起的文化项目评估领域中的一篇重要论文。

David Hesmondalgh and Andy C. Pratt. (2005) ‘Cultural Industries and Cultural Policy’, *International Journal of Cultural Policy* 11: 1 - 14. 这篇论文发现了文化政策在管理与实践中出现的一些问题。

Michael Indergaard, Andy Pratt and Thomas Hutton. (eds.) (2013) *Creative Cities after the Fall of Finance*, special theme issue (on-line) for Cities (Elsevier): volume 33. 收编了研究 2008 年金融危机对各国城市行政辖区的文化产业造成的影响。

Luciana Lazzeretti. （ed.）（2013）*Creative Industries and Innovation in Europe：concepts，measures and comparative studies*. London and New York：Routledge. 这是在衡量欧洲发达经济体创造力和创新能力领域中的重要著作。

第九章

总结：对理论、前景以及实践的批判性反思

就21世纪城市中的新文化经济而言，相关文献的数字十分庞大并且在不断攀升。基于这些文献，本书结尾指出了主要的发展趋势、理论意义以及相关政策教训。城市文化经济是当代城市经济的支柱，抑或本质上只是主要城市经济部门、产业集群以及劳动力群体的补充？新文化产业如何与其他经济部门联系在一起，是通过所处地点的重合、生产网络还是住宅区市场和消费？文化经济从基本由本地企业组成且各公司及其关联的体系都位于城市特定区域，发展为逐渐全球化的生产网络（这是处于全球化进程中的城市和经济体的一个重要特征），这一转变促使我们能发现什么？这种变化会对创意产业和企业的成功造成什么影响？在文化经济成型过程中存在一般性过程和结构性变化，也存在更具偶然性的当地因素（包括政策的影响以及社会力量），那么两者之间"因果关系的平衡"具体指什么？

显然，现在不仅需要改进文化规划和政策的分类方法，

提高备择模型的功效，还要更深入地思考近期出现的问题，其中包括如何使文化企业和房产市场产生连结，如何将以吸引中产阶级入住为目的的工业区改造和社会升级趋势结合起来，以及如何应对边缘性群体难以在当代城市立足的问题。面临这一困境的群体无疑包括城市改造区内许多收入微薄的创意人员和创业公司。唐·米歇尔(Don Mitchell)在《城市权力：社会正义和公共空间的斗争》(吉尔福德出版社，2003)中以尤为尖锐的笔锋清晰地点出了这种困境；爱德华·索雅(Edward Soja)也在《寻求空间正义》(明尼苏达出版社，2010)中指出了“地理正义”的存在。

我对关于当代城市文化经济的理论推测进行了批判性思考。20世纪80年代以来，全球经济历经了约六次剧烈的结构重组与创新，包括“新经济”、“交易”或“联合”经济、知识型经济等，那么文化经济是否能顺利实现新的重组与创新呢？或者进一步说，它是否能实现可持续的发展轨迹？例如，此前曾有很多学者进行过推测，其中丹尼尔·贝尔(Daniel Bell)对40年前的后工业化社会崛起过程中的文化基本持消极看法(1972；1973)，那么是否可能基于这些预测和早期发展进程，将更多的城市概念化为创造力、文化生产和相关社会阶层形成的场所呢？

最后，本章还为城市学这个丰富的学科提出了关于研究新方向的建议，这些方向涉及了地理学、社会学、建筑学、设计学和规划学等相关领域。

城市文化经济：支柱或“有用补充”？

在本书中，我讨论了文化与创造力在城市经济中的中心性问题。论述内容包括：关于文化经济构成的激烈辩论；形成城市创造力的各种因素、促进文化活动发展最有效的治理模式；文化政策与项目结果下当地与外部效应的平衡；创造力与文化在城市学理论中所处的位置。我认为，文化产业与创造力并非仅仅是对更具推动力的高价值产业的“有用补充”，它们正越来越成为城市经济的支柱。例如，“高级生产性服务业”(APS)和技术密集型制造业就都属于高价值产业，虽然它们在生产体系和价值链中互相关联。文化产业带来投资、促进就业、增加产出、刺激贸易，对城市经济增长和发展具有重要的推动作用；它在维持城市活力、多样性和身份中具有核心地位；并在城市改造和社会规划战略中扮演重要角色。

安迪·普拉特曾经写道，需要对城市经济中的文化场所进行再概念化，更具体地说，要对造成文化产业不同于(或者类似于)其他产业和领域的因素进行批判性思考。他建议，在定义组织形式和生产模式的基础上，摒弃以往制造业与服务业之间的分界(这种分界将创意活动置于“新工业”轨迹内)，同时提倡“文化生产”模式并将其作为改造项目的基础(2014：1044)。虽然不同地方的文化经济发展过程千差万别，但有一种生产主义者模型，对于学术研究和城市改造项目来说，都是最有成效的理论平台，本书中的证据也倾向于支持这种看法。同时，这个模型中可容纳消费的空间十分充足，而且它还涉及城市各个空间内创造力与消费间的紧密联系。“生产功能”是文化经济的核心，因为所有的文化产品与服务在进入消费者市场（不管是满足最终需求还是中间需求）之前都必须以某种方式“生产”出来。文化经济的生产领域十分广阔，展示这一点的例子包括：设计以及创造力在生产体现符号价值的消费产品时发挥的作用；建筑师、城市设计师、市政官员以及当地社区在协同建造城市空间与“场所”时的相互关系；地方政府、企业以及其他社会力量在发展城市意象时做出的各种不同贡献。

但是，尽管生产是文化经济中的一个重要研究领域，强调生产并不意味着只专注于工业地理学领域，更不局限于微观经济学中的一种经济行为。本书评述过的学术研究对文化经济的成型过程采取了各种分析方法，包括跨国城市研究、世界主义、社区和性别（见第 2 章）；政治与管理因素的影响（见第 3 章）；以及资本、市场、产业、劳动力、空间等标准生产要素。原创性、复杂性和论争都是文化经济的重要方面，体现了创作欲和推动文化活动发展的丰富社会环境，并加剧了城市文化领域内当地和全球之间的冲突，重要的是，它还加剧了许多文化产业和创意类工作中的不平等和剥削问题。

而且，社交媒体的迅猛发展、文化企业产品种类的多样化以及对新兴市场的进军、电子零售业的发展都冲击了传统的零售方式，使得通过数字手段购买许多文化产品成为可能，以上种种因素都促进了文化生产、传播和消费体系的形成。在电子零售业发展的潮流中，免于受其影响的一个例外是各类高端文化零售部门

(潮流服饰、珠宝、高级定制首饰等),这些部门提供了高级的感官体验,具有身份象征意义。

城市：文化产业发展的创意场所

我在本书中评述了将城市视为创意场所的相关文献,以及讨论城市的审美感知性和城市作为文化发展环境的具体特性的学术研究。虽然很多城市不再具有发展传统产业的有利条件,尤其是大规模制造业和传统服务业,但大多数城市依然保持着创造力、文化生产和消费的环境优势。基础产业及仓储业的衰落,以及许多层次较低的服务业活动搬离商业区的现象,为城市文化产业和机构释放了更多的空间,但现在这些土地越来越面临着要应用于其他更高盈利目的的压力。

理查德·佛罗里达(2002)著名的"三 T"即"才能(talent)、技术(technology)和包容(tolerance)"理论给一些机构和团体提供了一种增加竞争优势的营销策略,但是艾伦·斯科特、安·马库森和斯蒂芬·克拉特克这样的学者则倾向于坚持资本、劳动力以及集聚经济的中心性,这为构建理论提供了更可信的基础。我将从这一点出发,在下面进一步阐述各城市在创意活动和文化发展上的优势。

一般来说,一座城市在创造力和文化发展上的优势包括以下内容：城市规模、密度和经济多样性,既促进了专门化,也推动了主要工业部门和就业市场(相对于小规模中心而言)的发展。正如斯蒂芬·克拉特克(2011：第 39 页及以后)所言,每座城市都能为文化产业提供各自独特的城市化和地方化经济优势，前者指的是城市内产业多样化为企业提供的积极外部因素，后者则指当地集群中的企业在产业内部可获得的外部效应。第二：城市中优质的劳动力，更确切地说是大量的创意人才、技术人员以及后勤员工储备，为城市文化经济提供了一个重要优势。

与此相关的是，各城市中的种族多样性，更具体地说各大城市作为跨国交流枢纽的地位，使它们和很多更小规模的城市及农村地区相比，进行创意性实验、创新和融合的可能性更高。通过长时间的地区生产，专门生产文化产品的小城镇可以凭借获得的信任、隐性知识以及高效的劳动力分工积累有益的社会资本。在各种情况下，创新能力、手工艺技能和技术知识都有利于先进的文化生产。一些主要的文化企业（例如苹果和谷歌）总部设在规模更小但舒适度高的城镇，但大多数情况下，它们重要的工程设计、产品开发和市场营销部门都位于大城市，因为那里高度城市化和地方化的经济能创造有利的条件。

各城市有形和无形的环境因素给城市文化发展带来了更多的优势。第6章和第7章中关于文化产业区和社区创意企业的案例研究发现，关键的环境因素包括独特的空间性、自然景观和城市的建成环境。显然，城市的空间和位置特点在吸引创意企业和劳动力入驻时十分重要。正如默里·麦肯齐（Murray Mckenzie）在温哥华案例（见第6章）中评述的那样，很多这种地方位于城市的文化遗产区，那里有着丰富的（通常具有冲突的）历史、记忆和内涵，并提供了邂逅文化和实际体验的机会，从而刺激着城市的创造力和文化生产。

城市里有各种各样的机构，都以某种方式推动着文化的发展。这些机构包括各个高等院校、美术馆、博物馆和展会，它们不仅为艺术家和其他创意人员提供展示作品的机会，在很多情况下还提供能培养博物馆管理能力及相关技能的带薪实习机会。而城市里的专业人员培训机构，例如电影学校和数字技术与成像中心，文化产业协会，提供带薪实习的机构以及行业工会等，则增加了"机构的厚度"，更有利于创意人员和企业的发展。许多情况下，市政机构会为从事各种文化教育和培训的当地机构提供资金和其他支持。

城市富裕人口购买力，有助于为各城市的各种创意企业提供重要市场，包括视觉艺术、表演（音乐、舞蹈、歌剧）、建筑、城市设计和高附加值的食品饮料生产等。与此相关的是，居住在某座城市中的富豪和有钱家庭可能会为该城市的艺术家和其他创意人员提供赞助。

最后，大城市会通过它们密集的交通网络、发达的通信基础设施系统（包括各电影、电视和新闻媒体）以及连接其他主要文化和商业中心城市的国际直航，为创意企业及其员工创造重要的优势条件。在纽约、巴黎、洛杉矶等城市，各大媒体（包括电视、新闻和特别报道）云集，由此增强了这些城市在全球市场和观众间的渗透力。在我们所处的时代，数字通信取得很大进展，促进了创意产业和文化意象的传播，但即使这样，上述城市依然提供了展示、传播和分享创意作品的独特平台。

文化经济的结构：改变与延续

我在第1章中指出，当代文化经济具有高度复杂的结构，这反映了创意企业组织的性质以及城市更大范围内的创新过程，而后者构成了发展的重要模型。“工厂世界”的各个生产体系及相关的仓储、分销与服务行业，再加上其中的劳动力，共同构成了典型工业城市的发展平台；而企业办公大楼和其中各部门的劳动力（高管、管理人员、行政人员、技术人员和销售人员）构成了所谓“后工业化”或以服务业为基础的城市及城市经济的重要支柱。空间对上述两种城市的发展都很关键：旧城区和滨水区主要发展制造业、仓储和分销业，而中心商业区的信息密集度及其联系其他区域的潜力使其成为建造高层办公大楼的优先地点。

由于劳动力的空间、社会和技术分工以及相关政治和管理因素出现变化，这些最典型的城市发展方式通常会具有复杂性和变动性。但上述每个经济周期的过程和结果都非常明晰，从而出现了前后连贯的城市经济发展和变化模型，尤其是后福特主义和后工业主义模式。但这种观点也受到了强烈的质疑。

文化经济反映并体现了不同行业中的企业与城市构成要素（空间、景观、身份、含义、劳动力、互通性和社会关系以及生活方式）之间极其微妙的关系。从基础的空间和实物层面看，文化经济的一体性低于工业和服务业经济，部分原因在于创意产业倾向于适应现有的空间和基础设施而非重新创造工业区。何光中明确表示，创意公司也开设于现有社会空间内。何光中在其题为

《创意经济中的社区》(2009)一文中进一步阐述了文化经济在形态上的复杂性。

尽管创新和细微差别是创意灵感中的固有因素，但受传统表达形式影响，还是存在一些持久性的文化经济体系。文化的某些表演性特征源远流长，尤其是歌剧、交响乐和室内音乐、戏剧、西方芭蕾舞剧以及东方社会中的传统建筑、音乐和舞蹈。但即使在这些传统领域中，先进的录音和传输系统也催生了表达的新形式，尤其是在视觉艺术领域。在各种相似团体和逐渐兴起的政治运动影响下，人们对各种表演和表达形式中具有表现力的"符号"的"再解码"，以及各类新媒体形式，都给"大众"文化和激进艺术团体的政治秩序带来了挑战。

人们将新文化形式用于政治目的的一个生动例子，就是社交媒体在"占领"运动发展过程中发挥的作用：原来局部的、以抗议银行权力、城市金融化发展趋势和纽约城市经济为目标的"占领华尔街"(OWS)运动，发展为在更广范围内、更多城市中的限价区域争取空间的运动。凯文·德卢卡(Kevin DeLuca)提出了一种视角，用于研究社交媒体在促进"占领华尔街"运动发展、通过数字渠道传播抗议活动和政治组织信息时发挥的作用。德卢卡将传统媒体和社交媒体进行了对比，前者对 OWS"刚开始视而不见，后来轻描淡写"，而社交媒体上对 OWS 的发展则"讨论热烈、经常进行庆祝或作出攻击"，这一过程创造了"传统媒体中不存在的激进主义新环境"(Deluca, 2012: 10)。

文化经济发展过程中体现变化的镜头：全球化、技术和政府管理

人们可以通过三个重要的镜头观察城市文化经济中得以延续和发生变化的代表性内容：全球化、技术和政府管理。全球化进程大大促进了某些文化形式（尤其是生产和表演领域）的传播，同时提高了文化差异的象征意义。关于后者，某些“地方”和一些文化产品之间存在着持久性关联。艾伦·斯科特在他著名的论文《城市文化经济》（1997）中就提到过这一点，哈维·莫勒奇（Harvey Molotch）则在讨论《产品中的城市》（2002）时对其做了进一步阐释。在某些情况下，文化经济的崛起促进了国际性大都市（例如纽约、巴黎和东京等）未来实力和势力的发展。对于其他正走向全球化的城市来说，文化产业的兴起已经在城市经济中占据领先地位，而制造业和先进的生产性服务业（APS）则相对式微，柏林就是一个明显的例子。而对于巴塞罗那而言，“文化”不仅是城市经济的支柱之一，还是地域特点和政治抱负的有力表征。

但是，形式和外表不一的全球化甚至强调了某些老牌城市和文化的生产地。例如，意大利东北部威尼托区慕拉诺岛（Murano）上著名的玻璃制造工匠就受到了生产成本上升、竞争对手减价的压力，而聚集在托斯卡纳区城镇的纺织品和皮革产品生产也面临着同样的情况。外部和本地的各种因素对传统文化产业、企业和劳动力都造成了压力。典型的例证就是纽约的服装业（见 Rantisi，2002）与海外产商之间的竞争，再加上曼哈顿房地

产市场升级和搬迁带来的影响，纽约中等价位服装生产就出现了波动。萨拉·特纳(Sarah Turner)(2006)、比约恩·萨伯格(Björn Surborg)(2006)都从不同的角度写到了全球化对河内老城区(Ancient Quarter)的影响。一千多年来，这个区域历经各种战争、占领和自然灾害，却一直是一个交互式的文化生产区，且与更大范围内的地区环境关系十分密切。但现在为了满足国际游客需求，很多新店铺(宾馆、咖啡厅、纪念品商店)纷纷涌现，给老城区带来了破坏。

第二，技术能促进文化经济结构和体系发生变化，有时甚至能产生革命性力量。技术能够大幅提高文化经济中的创新速度以及生产速度和效率，但也能激化某些产业的竞争。在那些产业中，成本至关重要，且资本代替劳动力的速度非常快。赫尔诺特·哥瑞波特(Gernot Grabher)(2001)描述了文化产业中新出现的流动的“项目生态”，它现在既包括当地集群(例如哥瑞波特谈到过的伦敦和慕尼黑的创意产业案例)，也包括生产规模的调整(在先进的数字通信技术推动下，生产规模由“鸟巢式”网络拓展为由外部转包和采购组成的“广阔的生产体系”)。

第三，政府管理及其各项权力和功能——政策、规章以及发展——都与城市文化经济有着直接或间接的关系。我要强调的是，政府及其管理在城市文化中的参与度得到了很大的提升，这和更早的经济体制，尤其是工业和后工业城市的经济体制形成了鲜明对比。在以前的经济体制中，政府的监管任务主要在于参与和联络，尤其是在城市分区、土地使用、建筑管理和设计规范等方面。认为“工业城市”经济“出于偶然”的说法并非完全正确。毕竟正如罗伯特·路易斯在芝加哥案例（Lewis，2004；2008）中描述的那样，市政府提供了基础设施、能源系统和监管服务，很多情况下还参与了工业发展规划。20世纪末，服务业主导的城市经济迅速发展，刺激了针对经济增长管理政策的相关试验，以解决修建城市写字楼的外部负面因素（主要是城市区域扩大后通勤距离拉长）（Bryson and Daniels，2007）。但是，我们可以确切地说，文化经济（以及技术行业中的文化经济，因为在战略性政策中它常与创造力以及文化产业联系在一起）象征着21世纪最卓越的"有意发展的城市"。据卡尔·格洛达持（Carl Grodach）和丹·西弗尔（Dan Silver）（2013）描述，这种"有意发展的城市"出台了包括发展和监管的全面计划，在某些更加进步的案例中这种计划还包括分配政策。

城市文化经济：成效与前景

有一种关于"文化"的观点认为：其一，相对于发达服务业和工业生产的"实体经济"来说，文化多少处于边缘位置；其二，一旦经济出现衰退，它可能是首批受到影响的行业之一。从这种观点看，比起更加基础的需求，人们在文化产品和服务上的支出更具有随意性。由迈克尔·因德加德、安迪·普拉特以及我共同编辑的一份《城市学》期刊（2013）收录了关于"金融崩溃后的创意城市"（见第8章）这一主题的相关论文，这些论文提出2008年金融危机后，从就业和支出情况来看，很多城市的文化产业的状况相对较为良好。当然，也存在特例，而且这种说法可能会误导人们认为文化经济能抵抗所有经济低迷和金融危机带来的影响。对文化产业和创意城市的相对恢复能力进行深入研究将是未来研究分析的一个可行方向，因为对文化行业的评估还处于发展的早期阶段（见第8章）。

城市文化经济的发展：供需角度

在城市文化经济的发展中，有一个维度和供应方面的各种因素有关。伊丽莎白·科瑞德-霍凯特（Elizabeth Currid-Halkett）（2008）、多米尼克·鲍尔（Dominic Power）、艾伦·斯科特（2011）以及大卫·赫斯蒙达（David Hesmondalgh）（2013）在其作品中将这些因素描述为文化经济生产和消费部门中企业、劳动力以及机构的发展。在劳动力供应方面，文化产业劳动力的壮大源于各所艺术学校和各个艺术人文项目。它们使学生获得了相关领域内的知识和技能，例如文化研究、艺术历史、语言等，为他们扩展了一些专门的机构和项目（例如音乐、电影和视频制作以及后期制作），并提供了创意行业技术层面（和数字艺术生产及通信有关）上的相关学位和证书项目。

在城市文化经济的发展中，另一个供应方面的关键因素是为创意行业中的教育、培训、生产和消费活动提供"空间"（土地和建筑）。大多数情况下，为创意活动提供空间的形式是对城市内现有土地和建筑物进行二次开发或利用。某些情况下，这需要政府的土地使用和分区政策做出调整以使"用途更改"合法化，但在其他情况下，创意企业能够在现有的工业用地制度下"直接使用"土地。创意企业加大利用城市现有空间和建筑物的趋势和之前先进技术产业的崛起形成了对比，后者在更大程度上是利用近郊（或远郊）的广阔区域发展，虽然一些观察人士指出，现在高价值、联络密集型的技术公司向市中心靠拢的趋势更加明显了。针对不利于文化产业发展的外部社会因素，即靠近内城“文化区”的低收入社区土地价格出现膨胀，以及要将文化区地块用于获利更高的房产开发的市场压力，政府出台了相关有力的政策进行应对。J·-P·卡图格（J. -P. Catungal）、黛博拉·莱斯利（Deborah Leslie）和伊冯·海依（Yvonne Hii）（2009）在多伦多自由村（Liberty Village）案例中观察到了前一种因素，而后一种因素则在纽约和伦敦的案例中有所体现。

文化经济的发展动力很大一部分来自对文化产品和服务的需求。文化支出可以用来满足“终端”和“中间”需求。关于前者，虽然2008年金融危机及其余波必然对个人、公司和政府的收入和财富造成负面影响，但还是有很多个人和家庭拥有大量财富，足够维持高于基本需求的高额文化支出。这种自主性支出大多用于购买充满高水平文化内涵（设计、款式和品牌认可度）的产品和服务，包括豪华汽车和游艇、主要或次要的住宅、高级时装以及视觉艺术（包括委托他人制作和在市场中购买的艺术品）等。除欧洲、美国和日本已有的富裕阶层、家庭和个人外，俄罗斯、中东、亚洲和非洲“新超级富豪群体”的崛起也给高价值文化产品开拓了新的消费市场。

而且，虽然西方发达经济体中的中产阶层群体确实受到了2008年金融危机及其余波的影响，但很多人依然拥有足够的购买力，会将部分个人支出用于购买“具有象征意义的产品及服务（被这一阶层视为地位和身份的象征）”。中国、印度以及亚洲其他新兴经济体中的中产阶级正在扩大，这类中产阶级主要包括金融、工商管理及相关行业人员，他们希望通过消费具有高水平象征意义的产品和服务表达自己的地位，例如在纽约、巴黎、多伦多和旧金山这样的国际性都市购买昂贵的房产，进行文化旅游消费等等。

虽然终端需求的确构成了一个维持文化产业就业、销售和收入的重要平台，但中间需求部门（销售、贸易和企业间交流）同样维系了文化工作和企业的发展。福特主义和传统制造业崩溃后的一个重要教训就是，要更多地强调高端设计附加值在提高发达国家和经济体工业生产的生存能力上的重要性。几乎所有消费品和服务，从日用商品、成衣与纺织品、电子产品到食品，要取得成功都需要关注设计、功能和价格这些方面的因素。作为证据，即使在制造业劳动力流向拉美、非洲和南亚这些新地区的背景下，在工资水平高的国家和辖区，例如德国、瑞典、芬兰、意大利北部、加泰罗尼亚和加利福尼亚等地，制造业仍然保持着顽强的生命力。

此外，政府正对“文化”进行各种形式的投资，包括公共建筑、美术馆和展览空间、城区设计和公共空间以及视觉艺术等，既是为了保持艺术内在的本地价值，在很多情况下也是为了吸引注重便利设施的劳动力、“文化旅游游客”以及投资等。很多情况下，人们都可能会质疑政府对文化项目如美术馆、展览空间和“标志性”建筑工程的投资是否能生效，是否能产生社会价值并促进社会公平。但是显然，很多城市和联盟机构已经开始认为对文化项目的投资能大幅提高企业和社区的经济效益，拉塞尔·普林斯(Russell Prince)(2010)讨论过的变化的“政策合集”就提及了这一点。

虽然城市文化产业即使在金融危机和经济低迷时期依然能保持良好状况，但我们必须知道并非所有的文化行业和劳动力都实现了同样的繁荣。传统的文化产业，尤其是印刷出版业的命运就和其他文化行业很不一样。出版业整体上都适应了数字时代的压力和机遇(包括线上营销和销售)，但印刷业作为一个孤立的行业却受到了冲击，因为越来越多的工作可以轻易地被转包或者在网上完成。随着创意经济走向成熟并在某种程度上遵循着其他经济体制的发展模式，例如工业城市时期的制造业体制或者服务业/后工业经济中白领阶层占主导的体制，文化产业刚开始的高速增长轨迹逐渐走平，新增企业数量和就业也相应地出现下降，文化产业面临着越来越多的竞争压力，从而容易在某些特定的行业催生出“胜者和败者”。

除了上述文化产业特有的压力，和其他主要部门相比，文化经济的独特性或许在于组织、劳动力结构和产品线上的灵活性。例如：亚马逊正从世界上最大的电商向其描述的“深层技术”公司转型，以使自己能在新产品和服务线(例如苹果生产的个人电脑)方面获得竞争力，同时，微软也在计划通过提供个人通信设备这样的“硬件”装备，来与诺基亚、黑莓及类似企业竞争。很多文化经济企业往往在工厂和生产设备等方面的固定资产较少(例如，相对于汽车制造商而言)，对人力资本的投入更多，因此能比传统企业更轻易地转向新兴的产品线和市场领域。

城市中的文化经济和不平等

关于文化经济与劳动力（第 4 章）和房产市场（第 5 章）交集的讨论展现了不断发展的创意工作形式与社会不平等之间的密切联系。文化经济在很多重要的方面都直接加深了城市的不平等，尤其是对劳动力市场和就业的影响，反映了很多文化行业特别是消费部门平均工资水平普遍低下的问题；同时，文化经济还与社会经济边缘化、工作不稳定、两极分化、非正式主义以及搬迁问题联系在一起。下面概述了一些更重要的后果。

不平等和两极分化。相对于其他主要的部门，创意类工作往往会催生出一个职业金字塔，一小部分处于顶端的是精英创意人员（电影公司高管、制片人、“明星经纪人”、社交媒体创意人员等）；其下是专业人士及骨干；构成底基的是大批低收入工作人员或临时工，其中包括各种行业和部门中的艺术家、年轻员工以及初创企业。很多文化行业中的工会组织数量相对较少（某些国家的电影行业例外），对员工工资、薪水和收入造成下行压力。

文化经济和“正式主义”。虽然人们通常把非正式劳动力的持续存在与“转型的”“迟缓的”“落后的”经济体或者运作不佳的发达城市经济体联系在一起，但像科林·威廉姆斯（Colin Williams）（2015）这样的学者已经证实，实际上“非正式”部门是大多数城市经济体中很重要的一部分，其中就包括“第一世界”的国际性都市，例如伦敦、纽约或东京、上海、孟买和约翰内斯堡等。

这个规模庞大、纷繁多样的非正式部门被从各个方面定义为由兼职、临时性、无序且通常缺乏正式文凭的人员组成。已有证据证明文化经济的劳动力过多地分布在非正式部门，他们主要包括生产以及消费行业的工作人员（咖啡师、餐馆和咖啡厅员工等）。因此，“非正式主义”是城市经济体的正常状况，此类工作人员涵盖倾向于选择兼职以适应其他日常活动的人，以及在很多文化行业中处于入门水平的员工。但是，文化经济产业中这种非正式的情况可能会出现问题，因为员工没有清晰的职业发展道路。

文化类工作和不安定的劳动力市场。很大一部分城市劳动力常处于“不安定”的状态，因为他们几乎没有任何福利、职业前景或者安稳的终身聘期。传统意义上来说，这部分人通常是未加入工会的产业工人、低收入的服务业人员以及外籍劳工等，其中很多人可能没有合法的居民身份，因此容易受到剥削。就像艾略特·西米提基（Elliot Siemiatycki）（2013）在温哥华案例中展示的那样，工作条件的“不安定性”也可能与某些岗位工资水平低以及生活成本尤其是房价的上涨有关。不安定性已经开始侵入更具优势的职业和领域，其中包括会计这样的专业领域。整体上看，文化类员工在不断增加的不安定岗位中可能占据的数量过多。在文化产业中，外部采办越来越常见（例如为电子游戏公司从中国采购不那么昂贵的艺术产品），而平均工资水平却很低。但正如罗莎琳德·吉尔（Rosalind Gill）和安迪·普拉特说的那样，很多情况下艺术家和其他创意人员的工作体验“十分令人愉快和满足”（Gill and Pratt，2008：15），这就使得评估文化工作条件的任务变得更加复杂，他们称需要一个更大规模的学术项目，专注于研究劳动力、移居以及公民身份相关的困境。

文化经济与城市学理论

鉴于文化对城市所有领域的渗透，以及过去 30 年间文化产业和创意劳动力的发展，城市文化经济的增长必定为城市学理论的发展给出了重要信号。“文化”显然是复杂理论架构中的一部分，因为它构成并改进了城市中的很多结构和系统，同时还在城市经济中占据一个更为中心的位置。文化加深了劳动力市场、就业、生产系统和空间不断变化带来的压力，从而在很多方面使理论体系更加复杂。

我将先选择两个变量进行追踪比较，即文化在城市经济和社会生活中的地位以及 20 世纪 70 年代工业重组和城市转型以来城市学理论话语的发展，并研究它们之间的相互关系。在宏观理论的层次上，美国社会学家丹尼尔·贝尔（Daniel Bell）承认马克思对 19 世纪的主流观点产生了主要的影响力，人们将社会经济变化视为在塑造“想象范围”；与之形成对比的是 20 世纪晚期，人们开始将“文化”看作促使发达经济体社会经济变化的决定性因素（Bell，1972）。贝尔提出，文化“变得最为重要”的背后有两个原因：第一，文化“已经超过技术本身的活力，成为我们的文明中最具活力的因素”（Bell，1972：11）；第二，文化使社会经济的转型变得合理，因为“改变和新奇的想法变得比实际变化更加引人注目”（Bell，1972：12）。

在贝尔对文化及其在“后工业化社会”成型中的角色做出预

测后，大西洋两岸经济体中的大都市在二十多年间历经了一场规模巨大的重组，即福特主义制造业崩溃，由服务行业和相关从业人员主导的新经济开始崛起。这些趋势的形成很大一部分源自各种市场因素（资本回收、市场淘汰制以及亚洲新兴经济体带来的日益激烈的竞争），但自由竞争、管制放宽以及私有化等政治性措施也在很大程度上推动了这些趋势的发展，同时也为我们当下时代流行的新自由主义进行了铺垫（Peck and Theodore, 2015）。

为适应这种重组，城市学文献主要包括三类话语：第一，对后工业主义给劳动者及其社区（尤其是英美两国）造成的剧烈影响进行批判性的、且通常较为激进的评估；第二，有大量研究强调大都市越来越高的支配性地位，各大城市在金融、企业控制以及发达的生产性服务业方面占据了全球经济的“制高点”；第三，提议将城市、文化与经济之间的关系放在“世界体系”（或网络）的理论框架中，强调霸权主义带来的系统性不平等。这一领域中有影响力的著作包括伊曼纽尔·沃勒斯坦（Immanuel Wallerstein）基于封建时代后的发展历史写成的《现代世界体系》，封建时代过后，原先互相独立、以资源为基础的“边缘性”局面逐渐演变为西欧和北美实现工业化（以及城市化）的“核心”，在各州越来越占优待地位（2011[1974]）；曼纽尔·卡斯特尔（Manuel Castells）在他的三部曲《信息时代：经济、社会和文化》（1996，1997，1998）中将信息经济以及“流动的空间”确认为 20 世纪后期的主要发展特点。让·戈特曼（Jean Gottmann）在他关于“新亚历山大体”网络的相关著作中，回忆了古典时代地中海地区交易体系中城市的成型过程，并在其中提及了城际交易与交流的历史基础（Gottmann,

1990；同见 Muscarà, 1998），那个过程是后来现代化全球城市成型的前身。戈特曼在其重要著作《特大城市》（1961）中强调了纽约和美国东海岸地区崛起过程中发达/“四重”（信息型和知识型等）服务业的重要性，影响了后来关于发达服务业促进全球化城市发展的作品。

在主流城市话语体系中，一座城市要在全球范围内占据前列，几乎唯一的办法就是实现金融（特别是商业银行、外汇及其衍生业务、其他中间银行业务）公司总部和企业以及专业化服务业的集中。具有批判眼光的城市学研究学者还谈到了全球化城市的形成会使劳动力市场和社会阶级出现两极化，因为服务业被分为两部分，一是高管、经理和专业人士组成的上层，二是由薪水和职业安定性都低的行政、保安、保洁以及物业人员组成的群体。伦敦和纽约是“金融化”发展轨迹（Epstein, 2005）的主要例证，在这个过程中，金融市场的力量压倒了工业经济，利润积累越来越来自金融交易而非商品贸易。直到 20 世纪中期，传统工业一直是大城市经济的主要元素，但在被誉为全球两大顶尖城市的伦敦和纽约历经制造业产量和劳动力的大幅缩水后，实际上国际性都市的经济状态就和传统工业割裂了开来。

具有影响力的城市学研究团体，尤其是英国拉夫堡大学的全球化与世界城市（GaWC）项目，做出了关于全球化城市成型的实证性详细描述，并在其中重点关注了金融和高级生产性服务业。在最近出版的刊物中，它们讨论的焦点涵盖了管理和政治性机构、媒体以及非政府组织（NGO）等（GaWC[439 号公告]2014）。整个过程的分析重点是将上述因素作为衡量工具，确定城市的不同等级和排名。GaWC组织成员尤其致力于将南半球国家（主要由发展中国家组成）中的城市“纳入”城市专业化范畴（包括文化、社会和制度上的度量标准）。但整体上看，城市学研究的主流依然是长期以来的两部分内容，即以理论为重点的研究和以城市发展为重点的研究，前者大部分聚焦于发达的西半球或北半球城市，而后者则主要研究亚洲、非洲和拉丁美洲的城市。

特雷弗·巴尔内斯以及城市学理论的“文化转向”

虽然在城市学研究和政策研究领域内，实证性分析主导着全球城市研究，但具有批判眼光的学者们还是想要对学术研究的基础以及城市学话语做出改变。特雷弗·巴尔内斯（Trevor Barnes）对城市学重点下属学科经济地理学进行了理论重塑，他将其简洁有力地称为从“计量革命”到“文化转向”的转变，并在2001年《美国地理学家协会年鉴》中发表。巴尔内斯提炼出了战后经济地理学家之间截然不同的世界观、政治观以及方法论偏好，以帮助人们理解文化在城市经济以及城市学理论中的位置。

正如巴尔内斯所言，战后早期的经济地理学在很大程度上受到了科学范式（包括物理学）的影响。

他针对“定量和理论革命”提出了深刻见解，认为它形成了“第一波理论”的时代，而这个时代的标志就是注重由1830年成立的皇家地理协会（RGS）理事会以及强调分类、算术和数据的美国地理协会（1852）理事会负责的测量结果。巴尔内斯引用了很多有影响力的经济地理学家的观点，这些学者认为详细具体的实证描绘占据了这个学科的核心，有利于推动相关认识的发展。

但是，20 世纪 70 年代以来，一种以理论的主观性为特征的"新型经济地理学"开始出现，即城市学研究的"文化转向"。巴尔内斯在此提到了德雷克·格利高里（Derek Gregory）的《意识形态、科学与人文地理学》一书（哈钦森出版社，1978），他认为这本书通过以下方式"重塑"了整体的理论框架：

> 第一，将理论化视为一种不能脱离理论家兴趣与背景的特殊社会实践（Gregory，1978：18）；第二，与第一波认识论层面上的理论化相比，提供一种更加有创造力、正式化程度很低的理论阐释手段（Gregory，1978：65—67）；第三，将人文地理学稳固地植入社会科学中，并指出社会学理论中的多样传统，虽然这些传统通常被忽略，但地理学家可以从中获取灵感（Gregory，1978，第 3 章至第 5 章）；第四，将理论描绘为一种多变的话语，它可以被应用于工作，可以被改变，还可以被驳斥，而非被放在一个受人敬仰、一成不变的位置。
>
> ［Barnes，2001：555］

这些理论策略——承认文化在发达经济体和当代城市生活中的中心地位；将研究全球性城市的学者分为两派，即对后工业主义中的两极化趋势和搬迁现象进行批判性研究的学者，以及对理论做出进步性阐释，更加关注关系结构和主观性而非实证科学的严格规范的学者，他们都为更加多样化的文化和城市观能够在以全球化、跨国主义和重组为特征的时代中获得认可开辟了道路。具有批判性眼光的学者并未只关注处于霸权地位的一流国际大都市和相关的经济强国，而是致力于探索城市的文化维度，并将其作为城市学理论中一个先进的新方向。

阿什·阿敏和斯蒂芬·格拉汉姆：文化以及“城市复苏”的极限

在城市学研究的内容转向更加多样的文化及其表现形式，转向研究文化在城市经济中的中心性的过程中，有一篇重点文章是阿什·阿敏（Ash Amin）和斯蒂芬·格拉汉姆（Stephen Graham）刊登在《英国地理学会学报》上的《平凡城市》（1997，NS 22：411–429）。需要再次重申的是时间维度非常重要——到20世纪末，基础工业崩溃，以先进服务业为基础的新经济崛起所带来的工业重组过程已经基本完成，对于学者们来说，似乎很明显，文化、创造力以及技术将在城市发展过程中起到更大的作用。

阿敏和格拉汉姆开篇先承认了特雷弗·巴尔内斯在他的年报文章中描述的城市学研究的转变，他们指出城市学研究出现了一场“不同寻常的复兴”，其“背后是结构主义者和之后出现的后结构主义理论对刻板的实证主义方法的取代”（Amin and Graham，1997：411）。阿敏和格拉汉姆（1997：413）并未将城市区域视为几个分区体系的组合，而是将其视为“各种各样观点、种族、物质以及空间的冲突点”，并将其视作展现“商品化的房地产业与越来越多的无公民权居民和移民人口之间矛盾”的地方，前一种观点是在斯蒂芬·派尔（Stephen Pile）（1996）观点的基础上提出的，后一种则和莎伦·佐金（1995：16）的观点相似。

在历经20年的工业衰退以及周期性金融危机后，20世纪后期的很多城市开始“复苏”甚至“复兴”，背后的动力就来自发达的服务业、技术和文化。但阿敏和格拉汉姆警告，对于这个新经济时代中的城市不能不加批判地持完全乐观的态度，并对寻找表面上经历了所有城市发展过程的“典型”城市的这种趋势表示了质疑。典型城市的想法代替了“关于城市多样性和特殊性的讨论，并很快使其变为一种各城市之间可能存在一定程度的相同点的假设”（417）。一种更先进的观点是，承认能促进城市整体发展的经济、社会、文化和空间资产组合的多种多样性甚至独一无二性。

阿敏和格拉汉姆承认以文化、信息和知识为基础的活动能给城市带来长久的优势，虽然悲观主义者预测通信技术的发展会导致“距离的死亡”，且后工业化时代将迎来一种“去物质化的”经济。阿敏和格拉汉姆在关于城市发展趋势的部分论述道：“在公共空间的框架下，城市文化、媒体、娱乐、运动和教育互相交织作用，再加上合适的政策，‘创意城市’能够获得积极发展”（415），这与兰德里（Landry）以及比安基尼（Bianchini）的观点（1995）类似。阿敏和格拉汉姆的预见性文章论述了创造力在城市发展和变革中的中心地位，同时批判性地指出了社会成本和不平等的问题，他们坚持“不同点”和应变能力的重要性，对本世纪兴起的关于文化、城市和城市经济的话语（Peck 2005；Markusen 2006；Scott 2008；Krätke 2011；Hesmondalgh 2013）做出了贡献（这些话语在本书第1章中都有提到）。同时，他们还批判了佛罗里达的“创意阶层”计划（第3章）。

城市文化经济：再理论化的发展

一种悲观(或者说理性严谨)的观点认为，或许城市学学者研究的城市环境处于各种“瞬变的形态”中，不存在一种能适应所有情况、解释所有问题的“超然理论”。20 世纪大多数城市学研究形式包括城市案例研究、本地人种学研究以及对能够揭示城市结构模型的土地使用模式的分析。大多数情况下，城市学研究为二元性结构，分为对“西方”或“发达”社会以及“发展中”或“第三世界”案例的研究，它们各自的理论基础和研究议程都不一样。但是，受后殖民主义、全球化、跨国主义和劳动力国际分工反复迭代的影响，这种理论的二元性越来越不明显。

杰米·派克：城市学理论的“对比转向”

杰米·派克(Jamie Peck)发表于《区域学研究》上的一篇见地深刻的文章强调，城市学理论存在问题，因此城市学研究也面临着问题，同时他还在文章中指出，关于城市和城市变革的研究出现了“对比转向”。他同意转移原来单一特殊案例的研究重点具有充分的合理性，无论这些案例是纽约和伦敦这样传统的全球顶尖都市，还是所谓的“典型”城市(20 世纪大部分情况下是芝加哥，后来是洛杉矶，两座城市的案例都有杰出学者做过研究)。但佩克对大部分对比性城市学研究都持批判性态度，他认为这些研究“有失偏颇，研究方法通常更多的是寻找差异和解构手段而非更新城市理论和重建项目”(Peck, 2015：160)。他尤其反对政治经济的衰退以及有影响力的概念的兴起，例如行动者网络理论(ANT)，遵循这种理论的学者在城市规划和发展研究中往往只关注重点人物及其附属物，缺乏对整体环境的考量。如果我们谨记佩克的忠告，那么通过研究文化经济对特定理论领域的影响，或许可以建立一个更加具有战略性的城市文化经济概念框架：空间、建成环境、劳动力和社会阶层，以及本章最后一部分将提到的可能取得成效的研究前沿。

城市文化经济与城市空间的重建

“空间”代表着城市学理论的一个关键维度，早期的相关建构包括一个世纪前阿尔弗雷德·马歇尔在其重要经济理论中阐明的“工业区”概念以及“社会生态”概念，后者是两次世界大战之间芝加哥学派构筑著名形态学模型的主要元素。战后，地理学和城市学研究领域的学者更多地试图研究全球化，周期性工业重组以及相应的经济与金融危机，与劳动力市场变革、国际移民、性别问题以及人口特征变化相关的社会变化等因素对空间带来的影响。

这些城市与其各个系统分裂的过程周而复始，对构建具有持久性的城市空间理论造成了不利影响，迈克尔·迪尔(Michael Dear)和斯蒂芬·福莱斯特(Stephen Flusty)在他们关于“很难找到城市空间模型”的主张中承认了这一点(Dear and Flusty, 1998：50)。作为应对之法，许多城市学研究人员开始关注空间的衍生，并将其作为很多城市学理论的框架。这些空间衍生包括社区、居民区、城中村、公共领域和文化区等等，归属于更大范围内关于全球空间以及重新衡量城市的话语。从理论上讲，所有这些加起来是什么仍然是一个问题，但我认为，文化经济是当代城市的重要发展轨迹，壮大文化经济是重新思考城市空间的前奏曲，吸引力十足，发展前景良好。

一个有用的办法就是，在一个更广阔的时间框架内，承认空间与创造力和文化经济成型相关的属性，从属于更大范围内的理论探查内容。在此我再度引用阿敏和格拉汉姆近 20 年前发表在《英国地理学会学报》上的文章，其中城市经济的空间性包括城市中“独特的地方性密度”，从而产生了一种“关系邻近性”。

> 这种关系邻近性往往集中于人口稠密的集群、知识和知识分子所处的地区、专业化公司聚集区或者文化创造力的重点集中区等等。而绝对的优势通常来自一组固定或者不可交易的因素，尤其是隐性知识、非正式或面对面接触以及互惠互信的关系。
>
> [Ash and Amin，1997：415]

文化经济中这些空间与空间“结构性”特征在第 7 章的大都市案例研究及其简介中都有体现，每一种特征都揭示了多样性、复杂性和偶然性等方面，被阿敏和格拉汉姆定为当代城市的特点。

但是，工业城市和以服务业为基础的“后工业化城市”（空间特点为高层 CBD 建筑群）中的一体化区域（工业区和邻近的工人社区）与文化经济中更加多样化的空间相比，具有非常显著的不同点。文化建成环境的历史遗留物包括能够引起共鸣的各种建筑，例如主要的美术馆、博物馆以及展览空间，这些形成了巴黎、佛罗伦萨、布拉格、圣彼得堡、纽约和很多其他城市的象征性特点。城市中的文化产业主要位于改造后的现有建筑和空间而非特意建成的新建筑里。如今城市生活中文化的影响力和社会复杂性越来越高，继阿敏和格拉汉姆（1997）以及巴尔内斯（2001）为城市学研究话语贡献他们的观点后，我们似乎能合理地认为：在新理论架构下，能有效地将关于空间的概念分为两部分，一为工业创新的常见建构工具，二为体现不同之处、需要通过对比研究进行详述的场所。“空间”是城市文化经济发展过程中的一个动态概念，其中必须包括资本重组、几乎不变的搬迁影响以及“最高级和最好用途”（例如信息技术服务、金融和高档房产）的渗透。

除近期杰米・派克、阿什・阿敏和斯蒂芬・格拉汉姆等理论家的作品外，学者们还可以从个人、社区和国家等多个视角研究创意城市中文化、后殖民主义和空间之间的交集，这一领域的研究潜力十分巨大。布伦达・杨（Brenda Yeoh）和孔莉莉（Lily Kong）共同编辑一卷名为《地方的肖像：新加坡的历史、社区与身份》（1995）的书籍，该书开篇就承认了虽然“记忆可能会自发地进化，但我们也可能会被国家强加记忆”（15）。在城市空间的文化印记中，国家、社会力量和个体之间的关系通常很复杂，对其进行解释说明的文献包括：“20 世纪 30 年代英国殖民期间设计的新社区——中峇鲁已有环境中的集体表征和社会生活”（Yeoh and

Kong，1995）；张道诚（Chang Tou Chuang）关于荷兰村“侨民化”的一篇论文（1995）——内容非常有趣，初步概述了本世纪在外国人口涌入的影响下城市中常见的街景变化；解释和“消失”有关的怀旧情绪的论文——珀尔·瑟克那（Pearl Sequerah）关于忠邦村“过去的生活方式”的文章（Sequerah，1995），以及 K. K. 西兹（K. K. Seets）“Wak Selat 最后的日子：一座村落的死亡”（Yeoh and Kong，1995）。

之后，瑞恩·毕晓普（Ryan Bishop）、约翰·菲利浦斯（John Philips）和杨微微（Wei-Wei Yeo）合编了一卷很有见地的书——《难以形容》（劳特利奇出版社，2004），主要为新加坡后殖民主义和全球化背景下关于景观含义的辩论，其中收录了历史学、建筑学、人类学、通信理论以及景观与文化领域内各专家的文章，生动地揭示了城市学中多学科和跨学科学者的丰富性，以及在文化表演、生产、身份建构和消费中“激活”的城市空间的复杂含义。

文化经济、建筑物和建成环境

不断修筑新建筑和场地的目的在于生产或复制文化符号，从而吸引参观者和“文化旅游顾客群体”（至少希望吸引新投资和熟练工人）。显然，我们还需要进一步研究这种策略在不同城市环境下的有效程度，以及考虑到对地方财政和其他资源的压力，这种策略是否合理。

除了城市发展战略中这种对建成环境的有益部署，未来研究方向还包括对意义、记忆和象征性的研究。讨论历史性建筑和遗产的复杂文化内涵的文献非常丰富，主要和社会认同感以及记忆相关，并且通常涉及不同国家、企业以及社区之间在建筑物价值上的显性或隐性冲突（Crinson，2005）。大多数城市都在建成环境和记忆上历经了这种冲突。柏林就是一个特别有力的例子，在过去的一个半世纪，它历经了勃兰登堡公国、霍亨索伦帝国、魏玛共和国、纳粹统治和共产主义政权等各个时代，以及第 7 章中描述的产业创新和艺术实验等各个周期，因此城市中遗留了各种风格的历史遗产。

玛丽亚·凯卡（Maria Kaika）论述了伦敦和世界上其他城市中建筑物、政府管理以及景观变化之间的矛盾。同时，她也描述了自己眼中影响 20 世纪 70 年代以来“象征性建筑物”出现的关键因素，其中包括资本与建筑之间关系的变化（2011）。她主张经济变革以及新精英阶层的崛起，更具体地说，从“地点受限、对地方忠诚度高的城市精英”向“自由的跨国精英”的转变，使建筑物产生了新风格和象征意义（2011：970）。

凯卡首先强调了在现代办公大楼中修建象征性建筑的重要作用，即当地资本家希望通过这种建筑表达自己的权力和雄心。这种现象在美国尤其常见，同时在其他社会中，“高耸入云的办公大楼也在彰显象征秩序正从国家及教会转移到企业和富人手中”（Kaika，2011：973）。现代高楼的设计还符合城市的身份和意象等建造背景，典型的例子就是芝加哥。与此形成对比的是，凯卡认为过去 20 年“明星建筑师”的激增是“自主设计领域的实验”，他们所在的大都市（纽约、莫斯科、北京、伦敦和巴黎）本质上只是为了“强调自我沉醉、专注自我的物体”的背景和“古董店”（Kaika，2011：978）。

文化经济、劳动力和城市阶层的构成/重构

过去学界更加关注文化经济发展和理查德·佛罗里达所说的“创意阶层”壮大带来的社会影响，而现在的主流研究更加具有规则性和批判性，主要关注当代社会阶层及其对社会形态的影响。安·马库森(2006)等一批学者支持佛罗里达的观点，强调了职业这一变量对于理解创意工作如何影响阶层构成的重要性，但他们坚持认为要细分主要职业，进行更细致的分析，否则将无法发现训练、专门化和任务说明中的重要变化。

刚进入本领域的学者可以先回顾一下 20 世纪晚期关于“新型中产阶级”的话语和辩论(第 5 章)，这些内容在理论和实证上都更加严谨，能帮助理解本世纪理查德·佛罗里达及其同事提出的创意阶层思想。进一步探究将创意工作视为“新型手工艺”劳动的想法(见第 4 章中对 Glen Norcliffe、Oliver Rendace 以及 Derrick Eberts 作品的讨论)也是一种受欢迎的做法。回顾迈克尔·斯道珀(Michael Storper)和罗伯特·塞莱斯(Robert Salais)关于“生产世界”的作品以及发达经济体技术与文化产业中相关的劳动专业化能够给我们提供重要信息，从而帮助我们更深入地理解深厚的地区生产文化以及发达经济体中的劳动分工。针对与社交媒体相关的创意劳动力，研究其新型社会、空间和技术分工及其对工作空间、社会阶层构成、居住地偏好以及身份标志的

影响，这些都是城市文化经济的重要研究方向。

重建城市文化经济理论体系？

在上一卷《内城区的新经济》（劳特利奇出版社，2008）中，我在结尾提出：由文化、技术和地点形成的“新经济”包括各种各样传统和新颖的做法及产品，实际上是一种由各个部门、行业、公司和劳动力“重组”的结构，并不是和过去完全割裂的工业体制。这个并不精致的术语至多是学者进行更深层次推测的定位标记，尤其是艾伦・斯科特和他提出的“认知文化经济”（2008）概念，另外斯蒂芬・克拉特克也提出了“城市创意资本”（布莱克韦尔出版社，2011）这个合理的概念。

除了其他优点，这些新理论的提出还成功地打断了 20 世纪最后 20 年学界不断出现新词的现象，那个时期陆续出现了“朝阳产业”“信息经济”“交易经济”“新经济”等类似新词。相对于早期模式，文化经济面临的一个问题是“创意”的工作方式几乎遍及所有产业和大多数工作和就业形式（虽然程度不一）。因此，接下来十年内，学者们可能会基于马库森、斯科特、克拉特克、派克及其他研究人士的作品提出新的理论猜想，同时还会像彼得・霍尔在《文明城市》（1998）中叙述的那样，对历史上的城市和文化进行梳理，从而更有效地将文化发展与城市和城市体系变革联系起来。

就这一点而言，迈克尔・斯道珀通过他的作品《城市的钥匙：经济、制度、社会交往和政治如何促进城市的发展》（2013）促进了关于城市及其经济的理论重建。作为序言，他在第一章“20 世纪城市与区域：它们为何发展、改变?”中概述了 20 世纪中期以来城市不断的重组，其中包括城市内部体系以及更大的城市网络发生的变革，而后者在全球空间内越来越能促进城市的发展与改变。斯道珀没有选择构建宏伟理论或者对城市变革进行单一过程的解释，而是针对能够促进发达城市经济体和社会发展的多个领域，探讨其中各个角色和机构之间的复杂互动。

城市文化经济：发展与研究前沿

本书结尾将对日益兴盛的城市文化经济进行推测，并为学者和政策研究指出一些方向。虽然新的研究以及商界和媒体界的日常头条证实了城市文化企业的组织和运营特征非常易变，但至少有足够的证据证明未来研究还有一些很有前景的领域和方向。

文化经济和全球城市话语

城市文化经济的发展是研究的一大热门领域，因为“文化”(生产、实践和表演)既体现也重塑着全球化城市，同时本身也被全球化过程重新配置。而且，在发展和城市研究的这一战略领域，“文化”可以按照城市的结构和空间、景观、社会结构和体系以及逐渐兴起的城市意象，来整合发展和变化出不同领域，从而有力地提高其理论重要性和目的性。

传统的生产专有文化的城市中心地区，是否能存续，这个问题当然也还有研究空间。在艾伦·斯科特出版其关于“城市文化经济”的重要作品(2000)的15年后，很多城市区域受到了各种因素的影响，包括技术创新、资本迭代和外部竞争。这些区域包括著名的第三意大利地区(意大利东北部和中部新兴工业化地区)，那里的服装产业和米兰、巴黎以及纽约的主要服装设计产业一样历经了各种命运，知名品牌保持着乐观状态，但中等层次的服装产品却受到了更廉价的海外产品的挤压。另一方面，斯图加特和巴伐利亚州(包括慕尼黑和因戈尔施塔特)绩效和设计水平很高的汽车产区也展现了强大的活力，主要原因在于优质的工程设计和工业外观设计以及较高的劳动生产率。从逻辑上来看，未来关于适应力的对比研究(或者外部对传统的文化生产专门化的影响)将包括对偶然性和结构性因素的评估。

跨文化对比城市学研究

对于城市、城市区域的创造力和文化的研究往往专注于发达国家内的案例，比如对著名/历史性的文化生产地(例如“第三意大利”和“新工业区”)的研究以及对特定城市和地点的研究，后者的主要著作包括迈克尔·因德加德(2004)对纽约“硅谷”的研究、理查德·罗伊德的柳条公园案例研究(2006)以及安迪·普拉特对霍斯顿区和肖尔迪奇区的进一步探究。

宏观层面上，文化经济在新兴全球化城市的秩序中如何发展也还有很充足的研究空间。随着越来越多这类城市出现在“转型”社会和“南半球发展中国家”里，文化经济可能会面临问题。并不是所有转型社会和发展中国家的大城市都能在最高层面(包括间接融资、企业控制以及发达的生产性服务业等传统国际标准)上竞争,但是其中很多城市(包括圣保罗、孟买和伊斯坦布尔)都具有独特的文化底蕴,能够因此获得经济优势。与此相关的是,学者们还能针对文化劳动力如何融入正在兴起的新型产业分工进行新的研究,而新的劳动力分工显然包括很多形式的服务工作,以及构成本领域基础的产业劳动力。

针对地理环境、发展体制和管理体系相差甚远的不同城市,探究其中文化和创造力的一个例子是安德鲁·哈里斯对伦敦和孟买的研究。当然,这两座城市都是国内顶尖的金融中心,并且也享有重要的国际地位,但研究时必须考虑或者至少承认两座城市存在很多“不同”。哈里斯的研究方法非常细致,他从社会的维度探究了每座城市的旧区改造过程,并采用了先进的分析方法,研究“硬城市体系”和相关的公平性问题(尤其是交通和基础设施领域),这些都在很大程度上揭示了21世纪全球性城市中和文化相关的内容(Harris, 2008;2012;2013;2015)。

文化经济、当地管理体制和社区

在本书整体的叙述和案例研究中,我一直都承认文化经济在促进城市(结构化)转型、增强文化和创意活动影响力上的作用,同时我还承认管理体制和相关政策的影响力。20世纪70年代以来,一开始艺术家作为城市改造代理人/潮流先驱开始逐渐衰退,取而代之的是一连串创新、重组和搬迁,这反映了资本、金融、商业和信息技术公司的印记以及富裕人口的涌入。

这种现象在CBD边缘区、内城区以及某些历史更久远的近郊尤其明显，因为它们都受到再投资和重新估价的影响。当地政府机构、非政府组织（NGO）、以社区为基础的组织（CBO）和专业人士都以不同方式投入到城市改造任务中，并获得了不同程度的成功。亚历山大·库斯伯特（Alexander Cuthbert）对半个世纪的城市设计实践进行了全面回顾，并对这一行业提出了尖刻的批评。在他看来，城市设计行业缺乏一个共同目标，即“将物质形式或城市空间‘设计’与根本性的社会发展过程联系起来”，因此大部分城市设计实践都是失败的（Cuthbert，2007：177）。与这种批评有些类似的是凯卡对于城市“高层建筑”的看法，她认为这是一种自我放纵，主要目的只是满足国际企业和跨国精英的心血来潮和自我价值感。

另外，虽然要将当地政府的举措从城市“文化区”的复杂情况中分离出来通常很困难，但还是有学者批评将规划作为一种职业和惯例的做法，特别是因为它没能抵制社区资本和社会升级带来的压力，而这一情况在新中产阶级涌入的地区尤其明显。正如本书（第2章）迈克尔·彼得·史密斯和拉奎尔·特立尼达卡·切雷斯对洛杉矶案例的讨论，对于当地文化要素和从事进步事业的协会之间的联合形式，还存在着更加具有进步性的可能。温哥华黑斯廷斯十字路口商业开发区（HCBIA）旨在为市中心东区内企业发展和劳动力就业提供更多机会，包括为文化和商业部门的公司、企业家和员工提供“会员服务”，例如组建联络网和宣传推广等等。同时，HCBIA致力于满足与初创企业共享空间的低收入和边缘群体的需求，并努力打造一种“社会经济”发展模式。虽然这种进步性活动有很多例子，但针对社区文化改造的备择模型进行对比研究依然受欢迎，并且很有用处，尤其是因为“创意城市”的不断升级以及人们对“包容性改造”的迫切需求（改造过程中空间公平性应该是第一目的）（Mitchell，2003；Soja，2010）。

城市、文化和性别

文化经济行业中通常有大量的年轻员工，但是他们工资水平低、常常充当“自愿”以及非自愿的“免费”（没有薪酬）劳动力，经常受到剥削。在更富技术性的新媒体文化行业（例如电子游戏开发）中，女性员工通常较少。

因此，有很多学者对结合创新元素和数字技术的“新文化经济”中员工群体及其性别等因素进行了研究和猜想。从 20 世纪 90 年代的“多媒体”发展到“新媒体”，再到现在将“社交媒体”纳入，后者不仅是一个跨越空间即时传输的渠道，显然还是一个具有独立性的行业。虽然女性的确是整体文化经济中的一个重要元素，琳达·麦克道尔（Linda McDowell）等学者观察到，年轻男性通常在从事数字产业的群体中占据优势地位，而数字产业包括了诸如电子游戏设计和生产这样的重要文化行业，从而成为体现不平等的一个重要方面。

创意经济技术部门中的这种性别差异背后的一个主要原因在于，不同性别接受教育和训练的不同，更具体地说，在于男性在科学、工程设计和技术领域内占据过多的比重。当然，初步看来还要探索其他因素，以便涵盖到社会组织、文化资本等问题以及偏见造成的影响。鉴于文化产业对于城市经济、劳动力市场和就业机会的重要性，我们应该把对创意工作的性别研究放在研究议程的前列。

文化、创造力和“普通城市”

诸如詹妮弗·罗宾逊(Jennifer Robinson)这样的学者极力主张对“普通城市”进行更持久的研究，而“普通城市”具体是指除特大城市、“全球性”城市、一流金融中心和聚集各国企业的城市外，规模不大、影响范围不广、没有高度专一性的城市。因此，学者需要提醒人们更加关注这些“普通城市”中文化和创造力的显著性，并意识到当地“日常文化”(经历、遭遇和生产)的重要性。在这个方面，蒂姆·伊登索尔(Tim Edensor)、黛博拉·莱斯利(Deborah Leslie)、史蒂夫·米林顿(Steve Millington)和诺尔玛·兰提斯(Norma Rantisi)编辑了一本关于城市“本土文化”(2012)的书。这是一本建设性的著作，不仅与纽约、巴黎和其他国际性都市有影响力的“正式性”文化经济形成了对比，还是一种进步性的体现，因为它承认了文化内涵在社区、家庭和个人层面上的渗透。

这一领域内的另一建设性进步或许是承认这个事实：虽然城市学研究的主流趋势是接受“国际性”和“普通”城市构成的二元性，但从局部、更易接近的层次看，即使在国际性都市中也存在“普通”的社区、小区和街区。城市学文献中有很多论文列举了在全球各种势力和工业重组作用下发生剧烈变革的社区例子，而这些社区位于纽约、伦敦和洛杉矶这样的城市。但即使面对资本重组及迁移、移民问题以及全球媒体带来的影响，大城市中依然有保持地方色彩（例如购物和饮食习惯）、旧时社会习俗和惯例的区域。

从单一标量和时间的维度上看，城市中的社会、文化和工业因素不断更新迭代，通过这种迭代我们可以探查城市以往历史的残余特征，但是城市的再开发工程却使这种探究不再可能。此外，还存在各种“日常全球化”模式，它们展现了“各种本土色彩糅合”的影子，相关的例子包括伦敦西部贝斯沃特的皇后大道。皇后大道上有带有不同国家和民族饮食特色的餐馆、咖啡厅和酒吧，还有 Pret 和星巴克等各家连锁商铺，本地居民和大量的游客都会光顾这里。但是，皇后大道的“文化消费景观”明显具有低调、价格低廉以及包容的特点，建筑物也较为低矮。这与切尔西和南肯辛顿更加高档的消费场所、肖迪奇和克勒肯维尔地区不断的更替和搬迁场景以及泰晤士河畔、斯特拉福德和伦敦金融区的国际都市风光形成鲜明对比。

文化与可持续性：新的理论和政策前沿？

在本章最后，我想预测一个包含各种可能性的领域，它主要涉及了形式丰富多样、互相矛盾的各种文化与“可持续发展”或可持续性之间的互相依赖性。

早期关于可持续性的研究几乎只关注环境方面的因素，威廉·里斯（William Rees）将其描述为“可持续性难题”（Rees

1999）。在这一方面，里斯和其他学者对人类的“生态足迹”（例如在有限的自然资源上留下的人类痕迹）进行了研究。过去 10 年间，关于可持续性的辩论和话语开始涉及社会问题，其中包括从社会公平的视角看待可持续性挑战。初步看来，将文化以更加系统的方式纳入可持续性话语具有非常可观的前景。由于人们非常担忧生产与消费的“物质经济”会导致自然资源枯竭，因此研究两者关系的一个视角可以是探索以惯例、风俗、社会文化关系和技能为形式的“文化”，能在什么程度上体现发达和转型经济体中可再生资源的发展前景。

但是另一个更加具有批判性的视角是：全球各种势力、搬迁以及移民群体对当地社会主流文化的适应可能会威胁“文化”的可持续性，更具体地说，会影响城市中各种文化的糅合。最后我想说，这组“问题群”很可能会在接下来 10 年间发展为城市可持续性研究的重要领域，同时我还想强调城市学领域中的文化能够衍生出极其丰富的各类主题。

拓展阅读

Ash Amin and Nigel Thrift. （2002） *Cities：reimagining the urban*. London：Polity. 此书敏锐地在人性化和有界限的城市结构中探讨了全球化和工业重组的“缺陷”，并讨论了城市学理论和实践产生的影响。

Trevor J. Barnes. （2001） ‘Retheorizing Economic Geography：from the quantitative revolution to the ‘cultural turn’, *Annals of the Association of American Geographers* 91(3)：546 – 565. 本文很有见地地揭示了西方学界经济地理学科历史上的主要转折点。

Alan Harding and Talja Blokland. （2014） *Urban Theory. A critical introduction to power, cities and urbanism in the 21st century*. London：Sage

Publications. 本书介绍了当代关于城市发展与变革的理论难题，包括城市学理论和现代性、全球化和增长机制，以及不平等在空间上的表达等，颇有趣味。

Andrew Harris and Louis Moreno. （2014）'Creative City Limits'. University College London，Department of Geography. 本文评论了创意城市图景的可能性和极限，内容翔实，但具有争议性。获取网址：www.creativecitylimits.org

Maria Kaika. （2011）'Autistic Architecture：the fall of the icon and the rise of the serial object of architecture'，*Environment and Planning D*. 29：968-992. 本文自20世纪70年代以来首次谈及了建筑实践价值观和愿景的决定性变化，强调当代城市办公楼设计的独特象征性、物质性和社会学意义。

Linda McDowell. （2015）'The Lives of Others：body work，the production of difference，and labor geographies'，Roepke Lecture in Economic Geography，*Economic Geography* 91：1-23. 本文研究对比了知识经济体中地位较高的劳动力和国内劳动力各自的状况，并呼吁更加关注劳动力市场群体的"不同之处"导致的区别对待。获取网址：www.economicgeography.org

Angela McRobbie. （1994）*Postmodernism and Popular Culture*. London and New York：Routledge. 本书批判性地讨论了后现代主义与大众文化之间的交集和协同效应，同时还涉及了后马克思主义、女性主义、媒体和青年文化等内容，语言生动，见解深刻。

Jamie Peck and Nik Theodore. （2015）*Fast Policy：experimental statecraft at the thresholds of neoliberalism*. Minneapolis：University of Minnesota Press. 本书深入分析并批判了新自由主义作为主导管理体制、政策和规划制定的价值观的全面蔓延。

Michael Storper. （2013）*The Keys to the City：how economics，institutions，social interaction and politics shape development*. Princeton University Press：Princeton，New Jersey. 本书综合考察了促进城市发展的各种因素，包含了对现有理论和新概念的批判思考。

Marguerite van den Berg. （2015）'Imagineering the City'，Chapter 10 in：Ronan Paddison and Tom Hutton（eds.）*Cities and Economic Change*，London and Thousand Oaks，CA：Sage Publications. 本文批判了"吞并时代"中"意象"在城市竞争中的中心地位，见解独到，其中还包括从性别视角的考量以及对里约热内卢和鹿特丹的案例研究。

参考文献

Abbas, A. (1997) *Hong Kong and the Politics of Disappearance*. Minneapolis, MN: University of Minnesota Press.

Abrahamson, M. (2004) *Global Cities*. Oxford: Oxford University Press.

Alderman, D. H., and Inwood, J. (2013) 'Landscapes of Memory and Socially Just Futures' in: Nuala C. Johnson, Richard H. Schein and Jamie Winders (eds.) *The Wiley-Blackwell Companion to Cultural Geography* (pp. 186 - 197). Chichester: John Wiley & Sons.

Allen, J. (2000) 'On Georg Simmel: proximity, distance and movement', Chapter 2 in: M. Crang and N. Thrift (eds.) *Thinking Space* (pp. 54 - 70). London: Routledge.

Amin, A. and Graham, S. (1997) 'The Ordinary City', *Transactions of the Institute of British Geographers* 22: 411 - 429.

Amin, A. and Thrift, N. (eds.) (2004) *The Blackwell Cultural Economy Reader*. Oxford and Malden, MA: Blackwell.

Anderson, B. (2014) 'Interesting Men, Interesting Places: jazz, race and home space', presentation to the International Conference on Arts and Humanities, Honolulu, HI: 10 - 13 January.

Anheier, H. and Isar, Y. R. (eds.) (2102) *Cities, Cultural Policy and Governance*. London: Sage.

Ansari, S. (2013) 'Studio rent is only half the battle', *Globe and Mail* BC

Section, February 12: p. S2.

Appadurai, A. (1996) *Modernity at Large: cultural dimensions of globalization*. Minneapolis, MN: University of Minnesota Press.

Arena, R. and Quéré, M. (eds.)(2004) *The Economics of Alfred Marshall: revisiting Marshall's legacy*. New York: Palgrave MacMillan.

Arthurs, K. (2013) *Creative Cities, Creative Spaces, and Urban Policy: the impact of regulations on artist-run centres and independent art spaces in Vancouver, British Columbia*. Unpub. MA Thesis, Centre for Human Settlements, School of Community & Regional Planning, University of British Columbia: Vancouver.

Association of American Geographers (2014) AAG Newsletter: 'A Decade of Change: the AAG Returns to Chicago' www.aag.org/cs/calendar_of_events.

Atkinson, R. and Bridge, G. (2005) *Gentrification in a Global Context: the new urban colonialism*. Abingdon and New York: Routledge.

Barnes, T. (2001) 'Retheorizing Economic Geography: from the Quantitative Revolution to the "Cultural Turn"', *Annals of the Association of American Geographers 91*: 546-565.

Bauman, Z. (1973) *Culture as Praxis*. London, Thousand Oaks CA, and New Delhi: Sage Publications.

Bauman, Z. (1998) *Globalisation: the human consequences*. New York: Columbia University Press.

Becattini, G. (1989) 'Sectors and/or Districts: some remarks on the conceptual foundations of industrial economics', in: E. Goodman, J. Bamford and P. Saynor (eds.), *Small Firms and Industrial Districts in Italy* (pp. 125-135). Abingdon and New York: Routledge.

Beck, U. (1998) *Democracy without Enemies*. Cambridge: Polity Press.

Bell, D. (1972) 'The Cultural Contradictions of Capitalism', *Journal of Aesthetic Education* 6: 11-38.

Bell, D. (1973) *The Coming of Postindustrial Society: a venture in social forecasting*. New York: Basic Books.

Bell, D. and Jayne, M. (2004) 'Conceptualizing the City of Quarters', in: Bell and Jayne (eds.) *City of Quarters: urban villages in the contemporary city*' (pp. 1 - 12). Aldershot, UK: Ashgate.

Bianchini, F. and Ghilardi (2004) 'The Culture of Neighbourhoods: a European perspective', in: D. Bell and M. Jayne (eds.), *City of Quarters: urban villages in the contemporary city* (pp. 237 - 248). Aldershot, UK: Ashgate.

Bianchini, F. and Schwengel, H. (1991) 'Re-imagining the City', in: J. Corner et al. *Enterprise and Heritage* (pp. 67 - 74). Abingdon and New York: Routledge.

Bishop, R., Philips, J. and Yeo, W. W. (2004) *Beyond Description. Singapore, space, historicity*. Abingdon and New York: Routledge.

Bluestone, B. and Harrison, B. (1982) *The Deindustrialization of America: plant closing, community abandonment, and the dismantling of basic industry*. New York: Basic Books.

Boschma, R. (2005) 'Proximity and Innovation: a critical assessment', *Regional Studies* 39: 61 - 74.

Bourdieu, P. (1991) *Language and Symbolic Power*. Cambridge, MA: Harvard University Press.

Branzanti, C. (2014) 'Creative Clusters and District Economies: toward a taxonomy to interpret the phenomenon', *European Planning Studies*, www. tandfonline. com, accessed 15 October 2014.

Brown, M. and Morrill, R. (eds.)(2011) *Seattle Geographies*. Seattle and London: University of Washington University Press.

Bryson, J. and Daniels, P. W. (eds.)(2007) *The Handbook of Service Industries*. Cheltenham, Glos: Edward Elgar.

Butler, T. and Lees, L. (2006) 'Supergentrification in Barnsbury, London: globalization and gentrifying global elites at the neighbourhood level', *Transactions of the Institute of British Geographers* 31: 467 - 487.

Cappello, R. (2007) *Regional Economics*. Abingdon and New York: Routledge.

Capello, R. and Faggian, A. (2005) 'Collective Learning and Relational Capital in Local Innovation Processes', *Regional Studies* 39: 75 - 87.

Castells, M. (1996) *The Rise of the Network Society, The Information Age: economy, society and culture Volume I*. Cambridge, MA and Oxford:

Blackwell.

Castells, M. (1997) *The Power of Identity, The Information Age: economy, society and culture Volume II*. Cambridge, MA and Oxford: Blackwell.

Castells, M. (1998) *End of Millennium: the Information Age: economy, society and culture Volume III*. Cambridge, MA and Oxford: Blackwell.

Catungal, J.-P., Leslie, D. and Hii, Y. (2009) 'Geographies of Displacement in the Creative City: the case of Liberty Village, Toronto', *Urban Studies* 46: 1095 - 1114.

Chua, B. H. (1995) 'That Imagined Space: nostalgia for kampungs', Chapter 11 in B. S. A. Yeoh and L. Kong (eds.), *Portraits of Places: History, Community and Identity in Singapore* (pp. 222 - 241). Singapore: Times Editions.

Chuang, C. T. (1995) 'The "Expatriatisation" of Holland Village', Chapter 7 in B. S. A. Yeoh and L. Kong (eds.), Portraits of Places: History, Community and Identity in Singapore (pp. 140 - 157). Singapore: Times Editions.

Chang, T. C. and Yeoh, B. H. (1999) 'New Asia — Singapore: communicating local cultures through global tourism', *Geoforum* 30: 101 - 115.

Cho, M. (2012) 'Mapping the Hong-Dae Area in Seoul: a new and unstable economic space?', Chapter 9 in: P. W. Daniels, K. C. Ho and T. A. Hutton (eds.) *New Economic Spaces in Asian Cities: from industrial restructuring to the cultural turn* (pp. 133 - 149). Abingdon and New York: Routledge.

City Fringe Partnership (2005) *Analysing the Creative Sector in the City Fringe*, London: A Report by TBR Economics.

City of San Francisco (1997) *Multimedia in San Francisco*, San Francisco: City of San Francisco Planning Department.

Clark, T. N. and Lloyd, R. (2004) *The City as an Entertainment Machine*. Amsterdam and Boston: Elsevier.

Clark, T. N. and Lipset, S. M. (1991) 'Are Social Classes Dying?', *International Sociology* 6: 399 - 410.

Clark, T. N. and Lipset, S. M. (2001) *The Breakdown of Class Politics*. Baltimore, MD: The John Hopkins University Press.

Conzen, M., Dahman, N. M. and Schuble, T. J. (2006) 'At Home Downtown: the residential transformation of Chicago's new global era core: 1981 - 2005', Chicago Committee on Geographical Studies, University of Chicago.

Costa, P. (2004) 'Milieu Effects and Sustainable Development in a Cultural Quarter: the "Bairro Alto-Chiado" area in Lisbon', paper presented to the Annual Meeting of the Association of American Geographers, Philadelphia: PA (March).

Costa, P. (2010) 'Creative Milieus and Urban Governance: a typology based on 10 case studies in Lisboa, Barcelona and São Paulo', paper presented at the 16th International Conference on Cultural Economics by the ACEI, Copenhagen: 9 - 12 June.

Costa, P. (2013) 'The Importance of Gatekeeping Processes and Reputation Building in the Sustainability of Creative Milieus: evidence from case studies' in Lisbon, Barcelona and São Paulo', Chapter 15 in: Luciana Lazzeretti (ed.), *Creative Industries and Innovation in Europe: concepts, measures and comparative case studies*, pp. 286 - 306. Abingdon and New York: Routledge.

Crang, M. (2000) 'Relics, Places and Unwritten Geographies in the Work of Michel deCerteau (1925 - 1986)', Chapter 6 in: M. Crang and N. Thrift, *Thinking Space* (pp. 136 - 153). London: Routledge.

Crang, M. and Thrift, N. (eds.) (2000) *Thinking Space*. London: Routledge.

Cremin, C. and Roberts, J. M. (2011) 'Postmodern Left-Liberalism: Hardt and Negri and the disavowal of critique', *Critical Sociology* 37: 179 - 197.

Crinson, M. (ed.) (2005) *Urban Memory: history and amnesia in the modern city*. Abingdon and New York: Routledge.

Crinson, M. and Tyrer, P. (2005) 'Clocking off in Ancoats: time and memory in the post-industrial city' in: Crinson, M. (ed.) *Urban Memory: history and amnesia in the modern city* (pp. 49 - 71). Abingdon and New York: Routledge.

Currid-Halkett, E. (2008) *The Warhol Economy: how fashion, art and music drive New York City*. Princeton, NJ: Princeton University Press.

Currid-Halkett, E. and Stolarick, K. (2012) 'Baptism by Fire: an occupational analysis of creative industries impact on regional economies', *Cambridge Journal of Regions, Economy and Society* 6(1): 55 - 69.

Currier, J. (2012) 'Selling Place through Art: the creation and establishment of Beijing's 798 Art District', Chapter 12 in: P. W. Daniels, K. C. Ho and T. A. Hutton (eds.) *New Economic Spaces in Asian Cities: from industrial restructuring to the cultural turn* (pp. 184 - 201). Abingdon and New York: Routledge.

Cuthbert, A. R. (ed.)(2003) *Designing Cities: critical readings in urban design*. Malden MA and Oxford: Blackwell Publishing.

Cuthbert, A. R. (2007) 'Urban Design: requiem for an era-review and critique of the past 50 years', *Urban Design International* 12: 177 - 223.

Cybriwsky, R. (2011) *Roppongi Crossing: the demise of a Tokyo nightclub district and the reshaping of a global city*. Athens, GA: University of Georgia Press.

Dell'Agnese, E. and Anzoise, V. (2011) 'Milan, the Unthinking Metropolis', *International Planning Studies* 16: 217 - 235.

Daniels, P. W. (1985) *Service Industries: A geographical appraisal*. London: Methuen.

Daniels, P. W., Ho, K. C. and Hutton, T. A. (eds.) (2005) *Service Industries and Asia-Pacific Cities: new development trajectories*. Abingdon and New York: Routledge.

Dear, M. and Flusty, S. (1998) 'Postmodern Urbanism', *Annals of the Association of American Geographers* 88: 50 - 72.

DeLuca, K. M. (2012) 'Occupy Wall Street on the Public Screens of Social Media: the many framings of the birth of a protest movement', *Communication, Culture & Critique* 5: 483 - 509.

Department for Culture, Media and Sport (2001) *Creative Industries Mapping Document*, London: DCMS and the Creative Industries Task Force.

d'Ovidio, M. and Pradel, M. (2013) 'Social Innovation and Institutionalisation in the Cognitive-cultural economy: two contrasting experiences from southern

Europe', *Cities 33*: 69 - 76.

Drake, G. (2003) '"This Place Gives Me Space": place and creativity in the creative industries', *Geoforum* 34: 511 - 524.

Eberts, D. (2004) 'Craft Production in Rural Manitoba: Preliminary findings', *Prairie Perspectives* 7: 57 - 70.

Edensor, T., Leslie, D., Millington, S. and Rantisi, N. (eds.) (2009) *Spaces of Vernacular Creativity: rethinking the cultural economy*. Abingdon and New York: Routledge.

Elliott, P. (2005) *Intra-Metropolitan Agglomerations of Producer Services Firms: The case of graphic design firms in metropolitan Melbourne, 1981 to 2001*. Master of Planning and Design thesis, University of Melbourne, Faculty of Architecture, Building and Planning.

Epstein, G. A. (ed.) (2005) *Financialization and the World Economy*. Cheltenham, Glos. and Northampton, MA: Edward Elgar.

Evans, G. (2001) *Cultural Planning: an urban renaissance?* Abingdon and New York: Routledge.

Evans, G. (2003) 'Hard Branding the Cultural City: from Prado to Prada', *International Journal of Urban and Regional Research* 27: 417 - 440.

Evans, G. (2004) 'Cultural Industry Quarters: From pre-industrial to post-industrial production.' In D. Bell and M. Jayne (eds.) *City of Quarters: urban villages in the contemporary city* (pp. 71 - 92). Aldershot, Hants: Ashgate.

Evans, G. (2009) 'Creative Cities, Creative Spaces and Urban Policy', *Urban Studies* 46: 1003 - 1040.

Fainstein, S. (2011) *The Just City*. Ithaca, NY: Cornell University Press.

Fanzini, D., Casoni, G. and Bergamini, I. (eds.) (2014) *Enhancement of Cultural Heritage and Development of the Territory*. Mantova: Fondazione Cariplo e Distretto Culturale, and Milan: Politecnico di Milano.

Florida, R. (2002) *The Rise of the Creative Class: and how it's transforming work, leisure, community and everyday life*. New York: Basic Books.

Florida, R. (2008) *Who's Your City? How the creative economy is making where to live the most important decision of your life*. New York: Basic Books.

Foord, J. (2013) 'The New Boomtown? Creative city to tech city in East London', *Cities* 33: 51 - 60.

Foot, J. (2001) *Milan since the Miracle: city, culture and identity*. Oxford and New York: Berg.

Foot, J. (2007) *Calcio: a history of Italian football*. London: Fourth Estate/Harper Collins.

Friedmann, J. and Wolff, K. (1982) 'World City Formation: an agenda for research and action', *International Journal of Urban and Regional Research* 6: 309 - 344.

Fröbel, F., Heinrichs, J. and Kreye, O. (1980) *The New International Division of Labour*. Cambridge: Cambridge University Press.

Geertz, C. (1986) 'The Uses of Diversity' in: Sterling M. McMurrin (ed.), *Tanner Lectures* Vol. 7 (pp. 251 - 275). Cambridge UK and Salt Lake City: Cambridge University Press and the University of Utah Press.

Gertler, M. (2003) 'Tacit Knowledge and the Economic Geography of Context, or the Undefinable Tacitness of (Being) There', *Journal of Economic Geography 3*: 79 - 99.

Giddens, A. (1991) *Modernity and Self-identity: self and society in the late modern age*. Cambridge: Polity.

Gill, R. and Pratt, A. C. (2008) 'Precarity and Cultural Work: In the Social Factory? Immaterial Labour, Precariousness and Cultural Work', *Theory, Culture & Society* 25: 1 - 30.

Glaeser, E. (2011) *Triumph of the City: how our greatest invention makes us richer, smarter, happier and healthier*. New York: Penguin.

Glaeser, E. L, Kolko, J. and Saiz, A. (2001) 'Consumer City', *Journal of Economic Geography* 1: 27 - 50.

Glass, R. (1964) 'Introduction', in *London: Aspects of Change*, London: Centre for Urban Studies. Reprinted in R. Glass (ed.) (1989) *Clichés of Urban Doom*, Oxford: Blackwell.

Global and World Cities Group (2014) 'Global Civil Society from Hyperlink Perspective: exploring the online networks of international NGOs', GaWC Bulletin No. 439 www. lboro. ac. uk/gawc/rb/rb/439. html, accessed 15 October 2014.

Gold, K. (2013) 'A foray into the city's hardscrabble heart', *Globe and Mail*, BC Section, February 2: page S6.

Gold, K. (2013) 'Among the housing have-nots', *Globe and Mail*, Real Estate section, February 16: page S7.

Goto, K. (2012) 'Craft and Creativity: new economic spaces in Kyoto', Chapter 6 in: P. W. Daniels, K. C. Ho, and T. A. Hutton (eds.) *New Economic Spaces in Asian Cities: from industrial restructuring to the cultural turn* (pp. 87 - 101). Abingdon and New York: Routledge.

Gottmann, J. (1961) *Megalopolis: the urbanized northeastern seaboard of the United States*. New York: Twentieth Century Fund.

Gottmann, J. (1974) 'The Dynamics of Large Cities', *The Geographical Journal* 140: 254 - 261.

Gottmann, J. (1990) 'Orbits: the ancient mediterranean tradition of the urban networks', in: J. Gottmann, *Since Megalopolis: the urban writings of Jean Gottmann* (pp 23 - 42.). Baltimore MD: The Johns Hopkins University Press.

Grabher, G. (2001) 'Ecologies of Creativity: the Village, the Group, and the Heterarchic Organisation of the British Advertising Industry', *Environment and Planning A* 33: 351 - 374.

Graham, S. and Marvin, S. (2001) *Splintering Urbanism: networked infrastructures, technological mobilities, and the urban condition*. Abingdon and New York: Routledge.

Gravier, J.-F. (1947) *Paris et le Desert Français*. Paris: Flammarion.

Greater London Authority (GLA) (2012) *World Cities Cultural Report*. London: GLA and Office of the Mayor.

Gregory, D. (1978) *Ideology, Science and Human Geography*. London: Hutchinson.

Grodach, C. and Loukaitou-Sideris, A. (2007) 'Cultural Development Strategies and Urban Revitalization: a survey of U. S. cities', *International Journal of Cultural Policy* 13: 349 - 370.

Grodach, C. and Seman, M. (2013) 'The Cultural Economy in Recession', *Cities* 33: 15 - 28.

Grodach, C. and Silver, D. (eds.) (2013) *The Politics of Urban Cultural*

Planning. Abingdon and New York: Routledge.

Hall, P. G. (1962) *The Industries of London since 1861*. London: Hutchinson.

Hall, P. G. (1966) *The World Cities*. London: Weidenfeld & Nicolson.

Hall, P. G. (1998) *Cities in Civilisation*. London: Weidenfeld & Nicolson.

Hall, P. G. (2000) 'Creative Cities and Economic Development', *Urban Studies* 37: 639 – 651.

Hall, P. G. (2006) 'The Polycentric City', PowerPoint presentation. London: The Bartlett School, University College London.

Hamnett, C. (2003) *Unequal City: London in the global arena*, Abingdon and New York: Routledge.

Hamnett, C. and Whitelegg, A. (2007) 'Loft Conversion in London: from industrial to postindustrial land use', *Environment and Planning A* 39: 106 – 124.

Hannigan, J. (1998) *Fantasy City: pleasure and profit in the postmodern city*. Abingdon and New York: Routledge.

Harding, A. and Blokland, T. (2014) *Urban Theory: a critical introduction to power, cities and urbanism in the 21st century*. London and Thousand Oaks, CA: Sage Publications.

Harris, A. (2008) 'From London to Mumbai and Back again: gentrification and public policy in comparative context', *Urban Studies* 45: 2407 – 2428.

Harris, A. (2012) 'Art and Gentrification: pursuing the urban pastoral in Hoxton', *Transactions of the Institute of British Geographers* 37: 226 – 241.

Harris, A. (2013) 'Concrete Geographies: assembling global Mumbai through transport infrastructure', *City* 17: 343 – 360.

Harris, A. (2015) 'Vertical Urbanisms: opening up geographies of the three-dimensional city', *Progress in Human Geography* (in press).

Harris, A., and Moreno, L. (2012) *Creative City Limits: urban cultural economy in a new era of austerity*. London: University College London. Available at: http://www.ucl.ac.uk/urbanlab/news/urbanlab/docs/creativecitylimits.

Hartman, C. [with S. Carnochan] (2002) *City for Sale: the transformation *of San Francisco*. Berkeley and Los Angeles: University of California Press.

Harvey, D. (1973) *Social Justice and the City*. Oxford: Basil Blackwell.

Harvey, D. (1982) *The Limits to Capital*. Chicago: University of Chicago Press.

Harvey, D. (1989) 'From Managerialism to Entrepreneurialism: transformation in urban governance in late capitalism', *Geografiska Annaler Series B-Human Geography* 88B: 145 - 158.

Harvey, D. (2001) *Spaces of Capital: toward a critical geography*. New York and Abingdon: Routledge.

Harvey, D. (2003) *Paris: capital of modernity*. New York and Abingdon: Routledge.

Haussmann, Baron (1893) *Mémoires du Baron Haussmann. Vol. III: Grands Travaux de Paris*. Paris: Victor-Havard.

Hayden, D. (1995) *The Power of Place: urban landscapes as public history*. Cambridge: MIT Press.

Hebdidge, D. (1979) *Subculture: the meaning of style*. London: Methuen.

Helbrecht, I. (2004) 'Bare Geographies in Knowledge Societies-Creative Cities as Text and Piece of Art: two eyes, one vision', *Built Environment* 30: 191 - 200.

Hesmondalgh, D. (2007) *The Cultural Industries*. London: Sage.

Hesmondalgh, D. (2013: Third edition) *The Cultural Industries*. London: Sage.

Hesmondalgh, D. and Pratt, A. C. (2005) 'Cultural Industries and Cultural Policy', *International Journal of Cultural Policy* 11: 1 - 14.

Hiebert, D. (2002) 'Cosmopolitanism at the Local Level: the development of transnational neighbourhoods', Chapter 13 in: S. Vertovec and R. Cohen (eds.), *Conceiving Cosmopolitanism* (pp. 209 - 226). Oxford: Oxford University Press.

Higgins, Michael (1980) '*Culture as Praxis by Zygmunt Bauman*', *Dialectical Anthropology* 5: 167 - 170.

High, Steven, and David W. Lewis. (2007) *Corporate Wasteland: the landscape and memory of deindustrialization*. Ithaca: Cornell University Press.

Ho, K. C. (1994) 'Industrial Restructuring, the Singapore city-state, and the regional division of labour', *Environment and Planning A* 26: 33 – 51.

Ho, K. C. (2005) 'Service Industries and Occupational Change: implications for identity, citizenship andpolitics', in: P. W. Daniels, T. A. Hutton and K. C. Ho, *Service Industries and Asia-Pacific Cities: New development trajectories* (pp. 93 – 109). Abingdon and New York: Routledge.

Ho, K. C. (2009) 'The Neighbourhood in the Creative Economy: policy, practice and place in Singapore', *Urban Studies* 46: 1187 – 1202.

Ho, K. C. and Kim, W. B. (1997) 'Studying Culture and the Built Environment', Chapter 5 in: W. B. Kim, M. Douglass, S. C. Choe and K. C. Ho, *Culture and the City in East Asia* (pp. 209 – 226). Oxford: Clarendon Press.

Hracs, B. (2009) 'Beyond Bohemia: geographies of everyday creativity for musicians in Toronto', Chapter 6 in T. Edensor, D. Leslie, S. Millington and N. Rantisi, (eds.) *Spaces of Vernacular Creativity: rethinking the cultural economy* (pp. 75 – 88). Abingdon and New York: Routledge.

Hutton, T. A. (2000) 'Reconstructed Production Landscapes in the Postmodern City: applied design and creative services in the metropolitan core', *Urban Geography* 21: 285 – 317.

Hutton, T. A. (2004) 'The New Economy of the Inner City', *Cities* 21: 89 – 108.

Hutton, T. A. (2006) 'Spatiality, Built Form and Creative Industry Development in the Inner City', *Environment and Planning A* 38: 1819 – 1841.

Hutton, T. A. (2008) *The New Economy of the Inner City: restructuring, regeneration and dislocation in the twenty-first-century city*. Abingdon and New York: Routledge.

Hutton, T. A. (guest editor) (2009) 'Trajectories of the New Economy', special theme issue of *Urban Studies* 46(5 & 6): 987 – 1269.

Illich, I. (1973) *Tools for Conviviality*. London: Calder & Boyars.

Indergaard, M. (2004) *Silicon Alley: the rise and fall of a new media district*. New York and Abingdon: Routledge.

Indergaard, M. (2009) 'What to Make of New York's New Economy? The politics of the creative field', *Urban Studies* 46(5 & 6): 1063 - 1094.

Indergaard, M. (2013) 'Beyond the Bubbles: creative New York in boom, bust and the long run', *Cities* 33: 43 - 50.

Indergaard, M., Pratt, A. C. and Hutton, T. A. (eds.) (2013) *Creative Cities after the Fall of Finance*, special theme issue of Cities 33: 1 - 96.

Jacobs, J. (1961, 1984 edition) *The Death and Life of Great American Cities: the failure of modern town planning*. London: Peregrine Books.

Jacob, D. (2010) 'Constructing the Creative Neighbourhood: hopes and limitations of creative policies in Berlin', *City, Culture and Society* 1: 193 - 198.

Jarvis, H. and Pratt, A. C. (2006) 'Bringing it all Back Home: the extensification and "overflowing" of work. The case of San Francisco's new media households', *Geoforum* 37: 331 - 339.

Jencks, C. (ed.) (1992) *The Post-Modern Reader*. New York: St Martin's Press.

Jones. E. V. (2014) 'Governing Creative Economies in Inner East London', presentation to the annual meeting of the Association of American Geographers, Tampa: 8 - 12 April.

Jung, N. (2012) 'New Economic Space, Policies and Social Actors', Chapter 8 in: P. W. Daniels, K. C. Ho and T. A. Hutton (eds.) *New Economic Spaces in Asian Cities: from industrial restructuring to the cultural turn* (pp. 118 - 132). Abingdon and New York: Routledge.

Kaika, M. (2010) 'Architecture and Crisis: re-inventing the icon, re-imag(in)ing London and re-branding the city', *Transactions of the Institute of British Geographers* NS35: 453 - 474.

Kaika, M. (2011) 'Autistic Architecture: the fall of the icon and the rise of the serial object of architecture', *Environment and Planning D* 29: 968 - 992.

Kaufman, N. (2009) *Place, Race and Story: essays on the past and future of historic preservation*. Abingdon and New York: Routledge.

Kim, W. B., Douglass, M., Choe, S.-C. and Ho, K. C. (eds.) (1997) *Culture and the City in East Asia*. Oxford: at the University Press.

King, A. D. (1976) *Colonial Urban Development: culture, social power and environment*. London and Boston: Routledge & Kegan.

Knox, P. (1987) 'The Social Production of the Built Environment: architects, architecture and post-modernism', *Progress in Human Geography* 11: 354 - 357.

Knox, P. (2011) *Cities and Design*. Abingdon (Oxon) and New York: Routledge.

Kong, L. and O'Connor, J. (eds.) (2009) *Creative Economies, Creative Cities: Asian-European perspectives*. New York: Springer.

Krätke, S. (2011) *The Creative Capital of Cities. Interactive knowledge creation and the urbanization economies of innovation*. Chichester: John Wiley & Sons.

Krätke, S. (2014) '*Cities in Contemporary Capitalism*', *International Journal of Urban and Regional Research* 38: 1660 - 1677.

Krätke, S. (2015) 'New Economies, New Spaces', Chapter 4 in: R. Paddison and T. A. Hutton (eds.), *Cities and Economic Change*. London and Thousand Oaks, CA. pp 57 - 73.

Krätke, S. and Taylor, P. J. (2004) 'A World Geography of Media Centres', *European Planning Studies* 12: 459 - 477.

Kristol, I. (1972) *On the Democratic Idea in America*. New York: Harper.

Kwon, M. (2002) *One Place After Another: site-specific art and locational identity*. Cambridge: MIT Press.

Landry, C. (2006) *The Art of City Making*. London and Sterling, Virginia: Earthscan Books.

Landry, C. and Bianchini, F. (1995) *The Creative City*. London: Demos.

Lazar, H. and Leuprecht, C. (eds.) (2007) *Spheres of Governance: comparative studies of cities in multilevel governance systems*. Montreal and Kingston: McGill-Queens University Press.

Lazzeretti, L. (ed.) (2013) *Creative Industries and Innovation in Europe*. Abingdon and New York: Routledge.

Lee, D. J. (2011) 'Networks, Cultural Capital and Creative Labour in the British Independent Television Industry', *Media, Culture and Society* 33: 549 - 565.

Lees, L. (1994) 'Rethinking Gentrification: beyond the positions of economics and culture', *Progress in Human Geography* 9: 199 - 217.

Lees, L. (2003) 'Super-Gentrification: the case of Brooklyn Heights, New York City', *Urban Studies* 40: 2487 - 2509.

Lees, L., Slater, T. and Wyly, E. (2008) *Gentrification*. New York and Abingdon: Routledge.

Lefèbvre, H. (1974) *Production de l'espace*. Paris: Anthropos; published in English as The Production of Space, translated by D. Nicholson-Smith, 1991. Oxford: Blackwell.

Leslie, D. and Rantisi, N. (2004) 'Identity, Consumption and the Home', *Home Cultures* 1: 187 - 208.

Leslie, D. and Reimer, S. (2003) 'Fashioning Furniture: restructuring the furniture commodity chain', *Area* 35: 427 - 437.

Lewis, R. (2004) 'Planned Districts in Chicago: firms, networks and boundaries, 1900 - 1940', *Journal of Planning History* 3: 29 - 49.

Lewis, R. (2008) *Chicago Made: factory networking in the industrial metropolis*. Chicago: University of Chicago Press.

Ley, D. F. (1995) 'Between Europe and Asia: the case of the missing sequoias', *Ecumene* 2: 185 - 210.

Ley, D. F. (1996) *The New Middle Class and the Remaking of the Central City*. Oxford and New York: Oxford University Press.

Ley, D. F. (2003) 'Artists, Aestheticization and the Field of Gentrification', *Urban Studies* 40: 2527 - 2544.

Ley, D. F. (2005) 'The Social Geography of the Service Economy in Global Cities', Chapter 4 in: P. W. Daniels, K. C. Ho and T. A. Hutton (eds.), *Service Industries and Asia-Pacific Cities: new development trajectories* (pp. 77 - 92). Abingdon and New York: Routledge.

Ley, D. F. and Hutton, T. A. (1987) 'Vancouver's Corporate Complex and Producer Services Sector: linkages and divergence in a post-staples economy', *Regional Studies* 21: 413 - 424.

Li, Wei (1998) 'Anatomy of a New Ethnic Settlement: the Chinese ethnoburb in Los Angeles', *Urban Studies* 35: 479 - 501.

Lloyd, R. (2006) *Neo-Bohemia: art and commerce in the postindustrial city*. New York and Abingdon: Routledge.

London Development Agency (2008) *London: a cultural audit*. London.

Lynch, N. (2013) 'Divine Living: marketing and selling churches as lofts in Toronto, Canada', *Housing, Theory and Society* 31: 1 - 21.

McDowell, L. (2012) 'Post-crisis, Post-Fordism and Post-Gender? Youth identities in an era of austerity', *Journal of Youth Studies* 15: 573 - 590.

McDowell, L. (2015) 'The Lives of Others: body work, the production of difference, and labor geographies', *Economic Geography* 91: 1 - 23.

McDowell, L. and Christopherson, S. (2009) 'Transforming Work: new forms of employment and their regulation', *Cambridge Journal of Regions, Economy and Society* 2: 335 - 342.

McRobbie, A. (1994) *Postmodernism and Popular Culture*. Abingdon and New York: Routledge.

McRobbie, A. (1997) 'Bridging the Gap: feminism, fashion and consumption', *Feminist Review* 55: 73 - 89.

McRobbie, A. (2011) 'Beyond Post-Feminism', *Public Policy Research* 18: 179 - 189.

Markus, T. A. (1993) *Buildings and Power: freedom and control in the origin of modern building types*. Abingdon and New York: Routledge.

Markusen, A. (1996) 'Sticky Places in Slippery Spaces: a typology of industrial districts', *Economic Geography* 72: 293 - 313.

Markusen, A. (2006) 'Urban development and the Politics of a Creative Class: evidence from a study of artists', *Environment and Planning A* 38: 1921 - 1940.

Markusen, A. and Schrock, G. (2006) 'The Artistic Dividend: urban artistic specialization and economic development implications', *Urban Studies* 43: 1661 - 1686.

Martin, J. E. (1964) 'The Industrial Geography of Greater London' in: R. Clayton (ed.) *The Geography of Greater London* (pp. 111 - 142), London: George Philip and Son Limited.

Martin, P. (2014) 'Population Record Rise in City Dwellers in Melbourne tops Nation's Growth Rate', *The Age (Melbourne)*: 6 April. Accessed online 31 July 2014.

Massey, D. (1984) *Spatial Divisions of Labour: social structures and the geography of production*. London: Macmillan.

Massey, D. (2007) *World City*. Cambridge and New Malden, MA: Polity Press.

Massey, D. and Meegan, R. (1980) 'Industrial Restructuring versus the Cities', in: A. Evans and D. Eversley (eds.) *The Inner City: Employment and Industry* (pp. 78 - 107). London: Heinemann.

Massey, D. and Meegan, R. (1982) *The Anatomy of Job Loss*. London: Methuen.

Mayor of London (2013) World Cities Cultural Report. London: Mayor's Office.

Miles, M. (2007) *Cities and Culture*. Abingdon and New York: Routledge.

Milman, O. (2014) 'Melbourne's Population is Australia's Fastest Growing, say ABS', *The Guardian.com*: 7 April. Accessed 30 July 2014.

Mitchell, D. (2003) *The Right to the City: social justice and the fight for public space*. New York: Guilford Press.

Molotch, H. (1976) 'The City as a Growth Machine: toward a political economy of place', *American Journal of Sociology* 82: 309 - 332.

Molotch, H. (2002) 'Place in Product', *International Journal of Urban and Regional Research* 26: 665 - 688.

Molotch, H. and Treskon, M. (2009) 'Changing Art: SoHo, Chelsea and the dynamic geography of galleries in New York City', *International Journal of Urban and Regional Research* 33: 517 - 541.

Momass, H. (2004) 'Cultural Clusters and the Post-industrial City: towards the remapping of urban cultural policy', *Urban Studies* 41: 507 - 532.

Moulaert, F. (2000) *Globalization and Integrated Area Development in European Cities*. Oxford: Oxford University Press.

Munn, N. and Thompson, L. (2003) *Creative Downtown: the role of culture in rebuilding Lower Manhattan*. New York: New York City Arts Coalition.

Murray, C. (2004) 'Rethinking Neighbourhoods: from urban villages to cultural hubs', Chapter 12 in: D. Bell and M. Jayne (eds.) *City of Quarters: Urban Villages in the Contemporary City* (pp. 191 - 205). Aldershot, UK: Eastgate.

Muscarà, L. (1998) 'Jean Gottmann's Atlantic "Transhumance" and the Development of His Spatial Theory", *Finisterra* XXXIII, 65: 159 - 172.

Norcliffe, G. and Eberts, D. (1999) 'The New Artisan and Metropolitan Space: the computer animation industry in Toronto', in: J.-M. Fontan, J.-L. Klein and D.-G. Tremblay (eds.) *Entre la Métropolisation et la Village Global: Les Scènes Territoriales de la Reconversion* (pp 215 - 232). Québec: Presses de l'Université du Québec.

Norcliffe, G. and Rendace, O. (2003) 'New Geographies of Comic Book Production in North America: the new artisan, distancing, and the periodic social economy', *Economic Geography* 79: 241 - 263.

Novy, J. and Colomb, C. (2013) 'Struggling for the Right to the (Creative) City in Berlin and Hamburg: new urban society, 'new "spaces of hope"?' *International Journal of Urban and Regional Research* 37: 1816 - 1838.

Ocejo, R. E. (2010) 'What'll it be? Cocktail bartenders and the redefinition of services in the creative economy', *City, Culture and Society* 1: 179 - 184.

Olds, K. (2001) *Globalization and Urban Change: Capital, Culture, and Pacific Rim Megaprojects*. Oxford: Oxford University Press.

Pasotti, E. (2013) 'Brecht in Bogotá' in: Carl Grodach and Dan Silver (eds.), *The Politics of Urban Cultural Policy* (pp. 42 - 53). Abingdon and New York: Routledge.

Peck, J. (2005) 'Struggling with the Creative Class', *International Journal of Urban and Regional Studies* 29: 740 - 770.

Peck, J. (2015) 'Cities Beyond Compare?' *Regional Studies* 49: 160 - 182.

Peck, J. and Theodore, N. (2015) *Fast Policy: experimental statecraft at the threshold of neoliberalism*. Minneapolis, MN: University of Minnesota Press.

Perry, M., Kong, L., and Yeoh, B. (1997) *Singapore: a developmental city-state*. Chichester: John Wiley & Sons.

Peterson, M. and McDonagh, G. W. (eds.) (2012) *Global Downtowns*. Philadelphia: Pennsylvania University Press.

Pile, S. (1996) 'The Strange Case of Western Cities: occult globalisation and the making of urban modernity', *Urban Studies* 43: 305 - 318.

Popp, A. and Wilson, J. (2007) 'Life Cycles, Contingency and Agency: growth, development and change in English industrial districts and clusters', *Environment and Planning A* 39: 2975 - 2992.

Porter, R. (1994) *London, A Social History*. London: Hamish Hamilton.

Portoghesi, Paolo (1992) 'What is the Post-Modern?', in: Charles Jencks (ed.) *The Post-Modern Reader* (pp. 208 - 214). London: Academy Editions and New York: St Martin's Press.

Power, D. and Scott, A. J. (eds.) (2004) *Cultural Industries and the Production of Culture*. Abingdon and New York: Routledge.

Pratt, A. C. (1997) 'The Cultural Industries Production System: a case study of employment change in Britain', *Environment and Planning A* 29: 1953 - 1974.

Pratt, A. C. (2009) 'Urban Regeneration: from the Arts "Feel Good" Factor to the Cultural Economy: a case study of Hoxton, London', *Urban Studies* 46: 1041 - 1062.

Pratt, A. C. (2014) *Cities: the cultural dimension*. Government Office for Science, UK, Future of cities: working paper. London. Available at: https://www.gov.uk/government/uploads/system/uploads/attachment_data/file/366138/14-821-cities-cultural-dimension.pdf.

Pratt, A. C. and Hutton, T. A. (2013) 'Reconceptualising the Relationship Between the Cultural Economy and the City', *Cities 33*: 86 - 95.

Prince, R. (2010) 'Policy Transfer as Policy Assemblage: making policy for the creative industries in New Zealand', *Environment and Planning A* 42: 169 - 186.

Punter, J. (2004) *The Vancouver Achievement: Urban Planning and Design*. Vancouver: UBC Press.

Rantisi, N. (2002) 'The Competitive Foundations of Localized Learning and Innovation: The Case of Women's Garment Production in New York City', *Economic Geography* 78: 441 - 462.

Rantisi, N., Leslie, D. and Christopherson, S. (2006) 'Placing the Creative Economy: scale, politics and the material', *Environment and Planning A* 38: 1789 - 1797.

Rees, W. E. (1999) 'Consuming the Earth: the biophysics of sustainability', *Ecological Economics* 29: 23 - 27.

Relph, E. (1981) *Rational Landscapes and Humanistic Geography*. New York: Barnes and Noble.

Relph，E. (1993) ‘Modernity and the Reclamation of Place.’ In D. Seamon (ed.)，*Dwelling，Seeing and Designing：toward a phenomenology ecology* (pp. 25 – 40). Albany，NY：SUNY Press.

Rizvi，F. (2011) ‘Experiences of Cultural Diversity in the Context of an Emergent Transnationalism’，*European Educational Research Journal* 10：180 – 188.

Robinson，J. (2006) *Ordinary Cities：between modernity and development*. Abingdon and New York：Routledge.

Romein，A. and Trip，J. J. (2013) ‘Notes of Discord：urban cultural policy in the confrontational city’，Chapter 4 in：C. Grodach and D. Silver (pp. 54 – 68). *The Politics of Urban Cultural Policy*，Abingdon and New York：Routledge.

Rossi，Aldo (1966) *The Architecture of the City*. Padua：Marsilio.

Rotterdam City Government (1990) *The New Rotterdam*. Report of the Local Government Coalition.

Ruskin，J. (1981[1853]) (abridged) *The Stones of Venice* (Introduction by J. Morris). Boston：Little，Brown and Company.

Sacco，P. L. and Tavano Blessi，G. (2009) ‘The Social Viability of Culture-led Urban Transformation Processes：evidence from the Bicocca District，Milan’，*Urban Studies* 46：1115 – 1136.

Sandercock. L. (1998) *Toward Cosmopolis：planning for multicultural cities*. Chichester：John Wiley & Sons.

Sasajima，H. (2013) ‘From Red Light District to Art District：creative city projects in Yokohama's Kogane-cho neighbourhood’，*Cities* 33：77 – 85.

Sassen，S. (2001[1991]) *The Global City：New York，London，Tokyo*，(Second edition). Princeton，NJ：Princeton University Press.

Saxenian，A. (1991) ‘The Origins and Dynamics of Production Networks in Silicon Valley’，*Research Policy* 20：423 – 437.

Schumpeter，J. A. (1954) *History of Economic Analysis*. New York：Oxford.

Scott，A. J. (1982) ‘Locational Patterns and Dynamics of Industrial Activity in the Modern Metropolis：a Review Essay’，*Urban Studies* 19：111 – 142.

Scott，A. J. (1988) *Metropolis：from the division of labor to urban form*.

Berkeley and Los Angeles: The University of California Press.

Scott, A. J. (1997) 'The Cultural Economy of Cities', *International Journal of Urban and Regional Research* 21: 323 - 339.

Scott, A. J. (2000) *The Cultural Economy of Cities*. London: Sage.

Scott, A. J. (2008) *Social Economy of the Metropolis: cognitive-cultural capitalism and the global resurgence of cities*. Oxford: Oxford University Press.

Scott, A. J. (2010) 'Cultural economy and the creative field of the city.' *Geografiska Annaler: Series B, Human Geography 92* (5): 115 - 130.

Scott, A. J. (2011) *A World in Emergence: cities and regions in the 21st century*. Cheltenham: Edward Elgar.

Seet, K. (1995) 'Last Days at Wak Selat: the demise of a kampung', Chapter 10 in: B. S. A. Yeoh and L. Kong (eds.), *Portraits of Places: History, Community and Identity in Singapore* (pp. 202 - 221). Singapore: Times Editions.

Sennett, R. (2008) *The Craftsman*. New Haven, Connecticut: Yale University Press.

Sequerah, P. (1995) 'Chong Pang Village: a bygone lifestyle', Chapter 9 in: B. S. A. Yeoh and L. Kong (eds.), *Portraits of Places: History, Community and Identity in Singapore* (pp. 140 - 157). Singapore: Times Editions.

Shaw, K. (2005) 'The Place of Alternative Culture and the Politics of its Protection in Berlin, Amsterdam and Melbourne', *Planning Theory and Practice* 6: 151 - 170.

Shaw, K. (2013) 'Independent Creative Subcultures and Why They Matter', *International Journal of Cultural Policy* 19: 333 - 352.

Shortell, T. (2014) *Everyday Globalization: a spatial semiotics of immigrant neighbourhoods in Brooklyn and Paris*. Abingdon and New York: Routledge.

Shorthose, J. (2004) 'The Engineered and the Vernacular in Cultural Quarters Formation, in: J. Shorthose and G. Strange (eds.), *Capital and Class*, 84: 159 - 178.

Siemiatycki, M. (2013) *Consumption City: precarious labour and capital in*

Vancouver, British Columbia. Unpub. PhD thesis, Vancouver: University of British Columbia.

Siemiatycki, M., Barnes, T. B. and Hutton, T. A. (2014) 'Trouble in Paradise: Vancouver's second life in the new economy', Department of Geography, University of British Columbia.

Smith, M. P. (2001) *Transnational Urbanism: Locating Globalization*. Oxford: Blackwell.

Smith, N. (2002) 'New Globalism, New Urbanism: gentrification as global urban strategy', *Antipode* 34: 427 – 450.

Soja, E. (1992) 'Taking Los Angeles Apart' in: Charles Jencks (ed.) *The Post-Modern Reader* (pp. 277 – 298). London: Academy Editions and New York, St Martin's Press.

Soja, E. (2000) *Postmetropolis: critical studies of cities and regions*. Oxford: Blackwell.

Soja, E. (2010) *Seeking Spatial Justice*. Minneapolis, MN: University of Minnesota Press.

Solnit, R. (with Schwartzenberg, S). (2000) *Hollow City: the Siege of San Francisco and the Crisis of American Urbanism*. London and New York: Verso.

Sommers, J. and Blomley, N. (2002) 'The Worst Block in Vancouver' in: Reid Shier (ed.) *Stan Douglas: Every Building on 100 West Hastings* (pp. 18 – 58). Vancouver: Arsenal Pulp Press.

Souliotis, N. (2013) 'Cultural Economy, Sovereign Debt Crisis and the Importance of Local Contexts: the case of Athens', *Cities* 33: 61 – 68.

Storper, M. (2013) *The Keys to the City: how economics, institutions, social interaction, and politics shape development*. Princeton, NJ: Princeton University Press.

Storper, M. and Salais, R. (1997) *Worlds of Production: the action frameworks of the economy*. Cambridge MA and London: Harvard University Press.

Storper, M. and Walker, R. (1989) *The Capitalist Imperative*. New York: Basil Blackwell.

Surborg, B. (2006) 'Advanced Services, the New Economy and the Built

Environment in Hanoi', *Cities* 23: 239 – 249.

Sutcliffe, A. (1973) *The Autumn of Central Paris: the defeat of town planning*, 1850 – 1970. London: Edward Arnold.

Taylor, M. and Thrift, N. (2013 [1986]) *Multinationals and the Restructuring of the World Economy*. Abingdon and New York: Routledge.

Thrift N. and Olds, K. (1996) 'Refiguring the Economic in Economic Geography', *Progress in Human Geography* 20: 311 – 337.

Turner, S. (2006) 'Hanoi's Ancient Quarter: "Traditional Traders" in a Rapidly Transforming City', Montreal: McGill University, Department of Geography.

UNESCO (2013) *Creative Economy Report* 2013 *Special Edition: widening local development pathways*. Paris: UNESCO/UNDP.

Urry, J. (1995) *Consuming Places*. Abingdon and New York: Routledge.

Van den Berg, M. (2015) 'Imagineering the City', Chapter 10 in: R. Paddison and T. A. Hutton (eds.) *Cities and Economic Change* (pp. 162 – 177). London and Thousand Oaks, CA: Sage Publications.

Van der Veer, P. (2002) 'Cosmopolitan Options', *Etnografica* VI: 15 – 26.

Vertovec, S. and Cohen, R. (2002) (eds.) *Conceiving Cosmopolitanism: theory, context and practice*. Oxford: Oxford University Press.

Walks, A. (2011) 'Economic Restructuring and Trajectories of Socio-spatial Polarization in the Twenty-First-Century Canadian City', Chapter 6 in: L. S. Bourne, T. A. Hutton, R. Shearmur and J. Simmons (eds.) *Canadian Urban Regions: trajectories of growth and change* (pp. 125 – 159). Toronto: Oxford University Press.

Wallerstein, I. (1974) 'The Rise and Future Demise of the World Capitalist System: concepts for comparative analysis', *Comparative Studies in Society and History* 16: 387 – 415.

Ward, J. (2004) Berlin: the virtual global city', *Journal of Visual Culture* 3: 239 – 256.

Weise, A. (2007) '"The House I Live in": race, class and the African American suburban dream in the postwar United States', Chapter 8 in: Kenneth L. Kusmer and Joe W. Trotter (eds.), *African American History Since World War II*. Chicago: Chicago University Press.

Wiebe, R. (2013) 'Vancouver Housing Markets Cannot Fully Escape the Chinese Dragon'. Ottawa, Canada: The Conference Board of Canada.

Wiener, V. (1971) 'Eighteenth-Century Italian Prints', *The Metropolitan Museum of Art Bulletin*, 29(5): 203 - 225.

Williams, C. C. (2015) 'Informal economies', Chapter 7 in: R. Paddison and T. A. Hutton (eds.), *Cities and Economic Change* (pp. 108 - 124). London and Thousand Oaks, CA: Sage Publications.

Wise, M. J. (1949) 'On the Evolution of the Jewellery and Gun Quarters in Birmingham', *Transactions of the Institute of British Geographers* 15: 57 - 72.

Wise, M. J. (1956) 'The Role of London in the Industrial Geography of Great Britain' (pp 219 - 232). *Geography* XLI (November).

Yeh, A. G. O. and Yang, F. F. (eds.) (2013) *Producer Services in China: economic and urban development*. Abingdon and New York: Routledge.

Yeoh, B. (2005) 'The Global Cultural City? Spatial imagineering and politics in the (multi) cultural marketplaces of South-east Asia', Urban Studies 42: 945 - 958.

Yeoh, B. and Huang, S. (1996) 'The Conservation-Redevelopment Dilemma in Singapore', *Cities* 13: 411 - 422.

Yeoh, B. and Kong, L. (1994) 'Reading Landscape Meanings: State Constructions and Lived Experience in Singapore's Chinatown', Habitat International 18: 17 - 35.

Yeoh, B. and Lau, W. P. (1995) 'Historic District, Contemporary Meanings: urban conservation and the creation and consumption of landscape spectacle in Tanjong Pagar' in: B. S. A. Yeoh and L. Kong (eds.),

Portraits of Places: History, Community and Identity in Singapore (pp. 140 - 157). Singapore: Times Editions.

Yeoh, B. and Kong, L. (eds.) (1995) *Portraits of Places: History, Community and Identity in Singapore*. Singapore: Times Editions.

Yeung, H. and Lin, G. C.-S. (2003) 'Theorizing Economic Geographies of Asia', *Economic Geography* 79: 107 - 128.

Young, M. and Willmott, P. (1957) *Family and Kinship in East London*. Abingdon and New York: Routledge & Kegan Paul.

Yu, H.-Y. and Donville, C. (2011) 'China's spreading wealth makes Vancouver house prices more expensive than New York City's'. http://www.bloomberg.com/news/2011-05-6 [accessed 5 September 2013].

Yue, A. (2006) 'Cultural Governance and Creative Industries in Singapore', *International Journal of Cultural Policy* 12: 17 – 33.

Yusuf, S. and Nabeshima, K. (2005) 'Creative Industries in East Asia', *Cities*, 22(2): 109 – 122.

Zhong, S. (2011) 'By Nature or by Nurture: the formation of new economy spaces in Shanghai', *Asian Geographer* 28: 33 – 49.

Zhong, S. (2012a) 'New Economy Space, New Social Relations: M50 and Shanghai's new art world in the making', Chapter 11 in: P. W. Daniels, K. C. Ho and T. A. Hutton (eds.) *New Economic Spaces in Asian Cities: from industrial restructuring to the cultural turn* (pp. 166 – 183). Abingdon and New York: Routledge.

Zhong, S. (2012b) 'Production, Creative Firms and Urban Space in Shanghai', *Culture Unbound* 4: 169 – 191.

Zukin, S. (1989 [1982]) *Loft Living: Culture and Capital in Urban Change*. New Brunswick, NJ: Rutgers University Press.

Zukin, S. (1995) *The Cultures of Cities*. Oxford: Blackwell.

Zukin, S. (1998) 'Urban Lifestyles: Diversity and Standardisation in Spaces of Consumption', *Urban Studies* 35: 825 – 839.

译后记

美国社会哲学家刘易斯·芒福德在著作《城市文化》中指出："城市是文化的容器，专门用来储存并流传人类文明的成果，储存文化、流传文化和创新文化。"可以说，城市和文化相伴着一起向前进化。

城市发展带动文化的发展。很显然，城市越发达、越富裕，人们越有财力在文化创意上消费，艺术画廊、博物馆、音乐厅和其他文化场所也就越多。反过来，文化又是助力城市经济发展的一个关键因素。文化产业不但提升城市居民生活品质，还能吸纳有才能、有抱负的人口。"文化"作为一种城市产业存在，对城市景观和建筑环境的结构一直产生着影响。随着经济结构的调整，文化产业在城市经济中的比重会越来越大。创意农业、观光工厂的迅速崛起就是得益于文化产业对第一、第二产业的反向支持。许多西方国家的大都市如伦敦、柏林、纽约、旧金山、墨尔本等，文化经济已经崛起为当地第三大产业。在经济全球化的背景中，"文化"成为全球城市的标志。文化既是城市的"独特差异"，也是城市全球化的强大力量。

《城市与文化经济》整合当代城市研究重要分支领域之一的最新研究成果和政策文献，讨论了文化和城市全球化、文化和城市劳动力市场改革、文化和房地产市场、城市“空间”和“地方”中的文化，以及包括伦敦、巴黎和上海在内的一些典型案例研究，内容详尽、资料齐整、素材充实。对于城市学、经济和社会地理学、社会学等领域的研究人员颇有启发价值。

本译著是多人合作翻译和校对的集体成果，参与的译校人员（按姓氏笔画为序）主要有：王岩、孔德蔚、李彦、陈芊芊、郑崇选、聂彦、钱泽红、徐清泉。上海社会科学院创新工程办公室在选题、组织翻译过程中，上海社会科学院出版社王睿编辑在本译著的出版过程中投入了大量的时间和精力，在此一并感谢。

上海社会科学院创新译丛

- 不平等简史
  米凯莱·阿拉塞维奇　安娜·索奇　著
- 超越不经济增长：经济、公平与生态困境
  乔舒亚·法利　迪帕克·马尔干　编
- 未来之城：科幻小说中的城市
  卡尔·阿博特　著
- 民俗学的宏大理论
  李·哈林　编
- 技术体系：理性的社会生活
  安德鲁·芬伯格　著
- 金融部门、金融监管和中央银行政策
  托马斯·卡吉尔　著
- 代码经济：从远古食谱、城市到区块链、人工智能
  菲利普·奥尔斯瓦尔德　著
- 谁统治地球：社会规则如何形塑我们的星球和生活
  保罗·F. 斯坦伯格　著
- 城市与文化经济
  托马斯·赫顿　著
- 先进制造：美国的新创新政策
  威廉姆·邦维利安　彼得·辛格　著
- 民主侦探：调查性新闻的经济学
  詹姆斯·汉密尔顿　著

图书在版编目(CIP)数据

城市与文化经济/(加)托马斯·A.赫顿著.—上海社会科学院公共文化服务与文化治理研究创新团队译.—上海:上海社会科学院出版社,2018
(上海社会科学院创新译丛)
书名原文:Cities and the Cultural Economy
ISBN 978-7-5520-2570-5

Ⅰ.①城… Ⅱ.①托…②上… Ⅲ.①城市经济学—研究②文化经济学—研究 Ⅳ.①F290;G05

中国版本图书馆CIP数据核字(2018)第291842号

Cities and the Cultural Economy 1st Edition / by Thomas A. Hutton / ISBN: 978-0-415-62409-1

上海市版权局著作权合同登记号:图字09-2018-538

城市与文化经济

著　　者:[加]托马斯·A.赫顿
译　　者:上海社会科学院公共文化服务与文化治理研究创新团队
策划编辑:应韶荃
责任编辑:王　睿
封面设计:李　廉
出版发行:上海社会科学院出版社
上海顺昌路622号　邮编200025
电话总机021-63315900　销售热线021-53063735
http://www.sassp.org.cn　E-mail:sassp@sass.org.cn
照　　排:南京前锦排版服务有限公司
印　　刷:江阴金马印刷有限公司
开　　本:890×1240毫米　1/32开
印　　张:16.5
插　　页:4
字　　数:340千
版　　次:2019年8月第1版　2019年8月第1次印刷

ISBN 978-7-5520-2570-5/F.564　定价:98.00元